Hans-Jürgen Fründt

City|Trip PLUS

# HAMBURG

## Nicht verpassen!

Karte S. 5

### 7 Rathaus [O10]

Hanseaten zeigen nicht gerne, was sie haben. Beim Rathaus machen sie aber eine Ausnahme. Das knapp 100 Jahre alte Gebäude hat eine prächtige Fassade und birgt im Inneren kunstvolle Schätze (s. S. 28).

### 32 38 Speicherstadt und HafenCity [O11/O12]

Hier die historische Speicherstadt, ein großer Lagerhauskomplex aus rotem Backstein, dort die moderne HafenCity, ein nagelneuer Stadtteil mit vielschichtigen Glasbauten. Außerdem gibt es in beiden Bereichen spannende Museen (s. S. 56 bzw. S. 64).

### 36 Miniatur Wunderland [N11]

Alle staunen über diese einmalige Eisenbahnanlage im Miniaturformat, die mit unglaublicher Präzision und Liebe zum Detail aufgebaut wurde. Züge rollen durch unterschiedliche Landschaftsbilder, auch die Hansestadt ist mit ihren wichtigsten Bauten nachgebildet worden (s. S. 63).

### 43 Landungsbrücken [L11]

Von hier legten einst die großen Schiffe ab, eine Prise Hafenluft kann noch immer erschnuppert werden. Fähren machen hier Halt und Container-Riesen schieben sich vorbei. Die ganze Anlage schwankt dann ein wenig, schließlich schwimmt sie auf Pontons. Für Landratten gibt es das volle Programm: Schiffe gucken, Hafenrundfahrt oder in ein Fischbrötchen beißen (s. S. 70).

### 49 Der Michel [M11]

Die St. Michaeliskirche (von den Hamburgern liebevoll „Michel" genannt) ist das Wahrzeichen Hamburgs und verfügt über einen weißen Innenraum und einen Kirchturm, von dem man in 82 Metern Höhe einen Blick über den Hafen genießt (s. S. 78).

### 51 Fischmarkt [I11]

„Aale, Aale, Aaaale, nu' kauf' doch endlich, ich will auch ins Bett!" Wenn Aale-Dieter auf dem Fischmarkt seine Ware anpreist, öffnet sich jedes Portemonnaie. Ein tolles Spektakel hier am Hafenrand: eine Mischung aus Floh-, Gemüse- und – ja, auch dies – Fischmarkt. Nur für Frühaufsteher, schon um 9.30 Uhr ist Schluss (s. S. 81).

### 52 Reeperbahn [J10]

Die „geile Meile" (O-Ton Udo Lindenberg) glitzert, lockt, verführt und bietet eine ganze Menge: hippe Musikclubs, Bier-Pinten, Sex-Schuppen und gute Restaurants. Außerdem gibt es ein paar Theater und eine große Musical-Bühne (s. S. 87).

### Leichte Orientierung mit dem cleveren Nummernsystem

Die Sehenswürdigkeiten sind im Text und im Kartenmaterial mit derselben **magentafarbenen ovalen Nummer** 1 markiert. Alle anderen Lokalitäten wie Geschäfte, Restaurants usw. tragen ein **Symbol und eine fortlaufende rote Nummer** (1). Die Liste aller Orte befindet sich auf Seite 266, die Zeichenerklärung auf Seite 271.

# Inhalt



## Stadtspaziergänge



*In der Speicherstadt ㉜ wurden die Waren auch auf dem Wasser angeliefert (Foto: 180hg©AlexanderAntony, stock.adobe.com)*

# Hamburg auf einen Blick

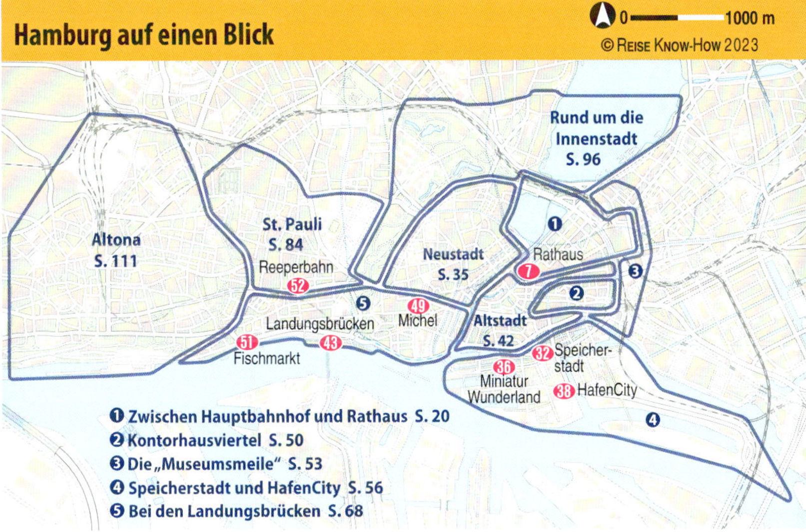




## Zeichenerklärung

★★★ nicht verpassen
★★ besonders sehenswert
★ wichtig für speziell interessierte Besucher

## 🦋 Der Schmetterling ...

... zeigt an, wo man Angebote im Bereich des nachhaltigen Tourismus findet.

[A1] Planquadrat im Kartenmaterial. Orte ohne diese Angabe liegen außerhalb unserer Karten. Ihre Lage kann aber wie die von allen Ortsmarken mithilfe der begleitenden Web-App angezeigt werden (s. S. 273).

## Updates zum Buch

**www.reise-know-how.de/citytrip-plus/hamburg23**

## Vorwahlen

› **Vorwahl von Hamburg:** 040
› **Vorwahl von Deutschland:** 0049

*Ein Ausflugsschiff erkundet die Speicherstadt* 32

Was für ein Empfang! Tausende standen am Elbufer und winkten begeistert, so mancher ältere Hamburger verdrückte sich deutlich mehr als eine Träne. Kein Wunder bei dem Anblick: Der Viermaster „Peking“ kehrte nach 88 Jahren und umfangreich restauriert an seinen Fertigungsort zurück. Zwar hatte die Restaurierung Millionen gekostet, aber was tut man nicht alles für eine Liebhaberei … Im Triumphzug bewegte sich das schmucke Schiff im September 2020 die Elbe hinauf, nun kann es im Deutschen Hafenmuseum besichtigt werden (s. S. 144). Dort halten auch die Schiffe der Maritime Circle Line (s. S. 237), sodass man stilecht auf dem Wasser anreisen kann.

Im Kontorhausviertel in der Innenstadt, am Kattrepel 10, wurde inzwischen eine Ausstellung zum Leben und Wirken des Ur-Hamburgers und ehemaligen Bundeskanzlers Helmut Schmidt eröffnet (s. S. 52). „Das wurde ja auch mal Zeit“, ließ sich da so mancher Hamburger vernehmen.

Auch gastronomisch gibt es einige spannende Entdeckungen zu machen. Bereits seit 1964 in Hamburg und äußerst beliebt auch bei Chinesen ist das chinesische Restaurant Dim Sum nahe dem Hauptbahnhof (s. S. 154). Ein anderes ist das Jill im Schanzenviertel, in dem es authentische neapolitanische Pizza gibt (s. S. 160). Oder das Maihan in Eppendorf, das afghanische Küche bietet (s. S. 154). Tiroler Küche kann man im Marend am Rande von St. Pauli genießen (s. S. 121). Und wer nach einem nächtlichen Reeperbahn-Bummel frühmorgens Appetit auf leckere Backwaren bekommt, kehrt bei Konditor Rönnfeld in der Hein-Hoyer-Straße 52 ein (s. S. 95).

002hg-sm

# HAMBURG ENTDECKEN

# Willkommen in Hamburg

*Die Hamburger Innenstadt ist ein relativ überschaubarer Bereich und bestens geeignet, um zu Fuß erobert zu werden, es gibt aber auch gute Verbindungen mit S- und U-Bahn. Zur Orientierung für Fußgänger stehen in der ganzen City kleine Wegweiser mit Entfernungsangaben zu den wichtigsten Sehenswürdigkeiten.*

In der **City** verbindet die Mönckebergstraße 2 den Hauptbahnhof 1 mit dem Rathaus 7. Nur wenige Schritte vom Rathaus entfernt befinden sich die schöne Binnenalster 10 und eine Shoppingzone mit mehreren Passagen. Genau in der entgegengesetzten Richtung schließt sich die Altstadt (s. S. 42) an, in der aber kaum noch historische Gebäude stehen.

Nur „einen Schlag" weiter (immer noch zu Fuß machbar) liegen zwei bemerkenswerte Gebäudekomplexe: das **Kontorhausviertel** (s. S. 50) und die **Speicherstadt** 32. Beide Komplexe entstanden etwa zur Wende vom 19. zum 20 Jh. Während in den Kontorhäusern noch immer Büros vermietet werden, hat die Speicherstadt ihre ursprüngliche Bedeutung weitestgehend verloren. Waren werden dort nur noch in wenigen Gebäuden gelagert, dafür sind hochinteressante Museen eingezogen.

Sozusagen im Rücken der Speicherstadt entsteht ein ganz neuer Stadtteil, die **HafenCity** 38. Dort wird noch sehr viel gebaut, aber erste Gebäude stehen bereits und bilden einen deutlichen Kontrast zu den Backsteinbauten der Speicherstadt. Während Letztere durchweg aus relativ gleichförmigen Backsteingebäuden besteht, wird in der HafenCity eine außergewöhnliche architektonische Vielfalt angestrebt: Hier dominieren Gebäude mit großen Glasfronten und teilweise ungewöhnlichen Formen und ganz am Rande entsteht sogar ein Kreuzfahrtterminal.

Der **Hafenrand** beginnt in etwa dort, wo die Speicherstadt endet, nämlich beim Baumwall 42 (die gleichnamige U-Bahn-Station ist gut vom Rathaus mit der U3, aber auch immer noch zu Fuß erreichbar). Hier beginnt eine nette Flanierpromenade, die direkt an der Elbe vor dem großen Hafen entlangführt, wo die Museumsschiffe Rickmer Rickmers 45 und Cap San Diego 44 liegen. Ganz in der Nähe erhebt sich das Hamburger Wahrzeichen, der Michel, wie die St. Michaeliskirche 49 liebevoll genannt wird. Am oberen Ende der Flaniermeile am Wasser werden die schwimmenden **Landungsbrücken** 43 erreicht, wo Elbfähren (s. S. 238) und Schiffe zu Hafenrundfahrten (s. S. 236) festmachen – und wo es ein anständiges Fischbrötchen und eine Buddel Bier gibt.

Von den Landungsbrücken zweigt auch die Davidstraße ab, die zur **Reeperbahn** 52 und damit nach St. Pauli führt. Wer nicht laufen mag, nimmt den Bus 112 von den Landungsbrücken Richtung Braune Brücke und fährt eine Station bis zur U-Bahn-Station „St. Pauli", wo die Reeperbahn beginnt. Oder man nimmt den Bus 111, der von den Landungsbrücken über die Davidstraße ebenfalls zur sündigen Meile fährt. Tagsüber zeigt sich

*Vorseite: Die Stadt mit dem Alsterdampfer (s. S. 236) entdecken*

## Kostenloser Panoramablick auf Hafen und Elbe

Das Hafenpanorama aus einer angesagten Bar genießen oder hoch oben vom Michel 49, das geht gut – kostet aber auch Geld. Hier sind fünf Tipps zusammengestellt, bei denen man kostenlos einen Top-Ausblick auf die Elbe und den Hafen genießen kann.

- **Stintfang** 47: Der Stintfang ist ein Hang, der sich unmittelbar vor den Landungsbrücken erhebt. Ganz oben befindet sich eine Jugendherberge (s. S. 226) und vom dortigen Vorplatz genießt man einen phänomenalen Blick über den Hafen und die Landungsbrücken. Zu erreichen: S/U „Landungsbrücken", Ausgang „Helgoländer Allee", dann gleich scharf rechts die Treppen hoch.
- **Seemannshöft:** Ein ruhiger, einsamer Punkt am gegenüberliegenden Ufer der Elbe bei Finkenwerder, von wo man einen schönen Blick auf die grandiosen Villen der Elbchaussee hat. Ganz weit hinten (nach rechts geschaut) bildet sich außerdem das Hafenpanorama mit seinen Kränen ab. Zu erreichen: Per Elbfähre 62 von den Landungsbrücken Richtung Finkenwerder bis „Bubendey-Ufer". Vom Fähranleger sind es nur ein paar Schritte nach rechts auf dem Deich bis zu Sitzbänken.
- **Alter Elbtunnel** 46: Den Alten Elbtunnel kann man zu Fuß passieren und auf der anderen Elbseite liegt ein Aussichtspunkt, von dem man das berühmte Hamburg-Panorama betrachten kann: die Landungsbrücken, beide Museumsschiffe, den Michel und die Stadtsilhouette vom Hafenrand.

  Zu erreichen: S/U „Landungsbrücken", dann erst über die Brücke zum Wasser und weiter 200 m nach rechts zum Eingang „Alter Elbtunnel". Per Fahrstuhl nach unten, durch die gekachelte Röhre laufen, auf der anderen Seite wieder per Fahrstuhl hoch. Das Gebäude verlassen und nach ungefähr 100 m zweigt ein schmaler Weg nach links ab, der zum Aussichtspunkt an die Elbe führt.
- **Süllberg:** Der Süllberg (74 m) ist der Hausberg von Blankenese 81 und mit seinem turmartigen Gebäude (ein Toplokal) schon von Weitem im Häusermeer zu sehen. Dort oben gibt es eine große Terrasse mit einem Biergarten und Getränkepavillon sowie tollem Blick über die weißen Häuser am Elbhang. Zu erreichen: S1/11 „Blankenese" (alternativ mit Bus 112 bis „Bahnhof Blankenese"), von dort weiter mit der „Bergziege", dem Kleinbus 488. Der fährt durch die engen Gassen bis hinunter zum Strandweg am Elbufer und klettert dann auf einer anderen Route den Geesthang wieder hoch. Aussteigen an der Haltestelle „Waseberg", von dort noch 300 m über die Richard-Dehmel-Straße zum ausgeschilderten Süllberg und dort links am Gebäude vorbei zur Terrasse.
- **Altonaer Balkon** 67: Bei ihm handelt es sich um einen Aussichtspunkt am Elbhang in Altona, der einen imposanten Blick auf das Hafenpanorama und die Köhlbrandbrücke in ihrer vollen Breite bietet. Sogar einige Sitzbänke gibt es. Zu erreichen: S „Altona", dann den Ausgang „Museumsstraße, Elbe" wählen und an einem Park vorbei bis zum weißen Altonaer Rathaus 65 gehen. Dahinter die stark befahrene Straße überqueren und schon ist man da. Alternativ mit Bus 112 bis zum Rathaus Altona fahren.

die Amüsiermeile allerdings doch etwas trist, erst am Abend glitzern die Leuchtreklamen so richtig verführerisch.

Keine Hamburg-Visite ist vollständig ohne einen Besuch auf dem **Fischmarkt** 51, der am Sonntag um 9.30 Uhr bereits zu Ende(!) ist. Also den Wecker auf sehr(!) früh stellen.

Nicht versäumen sollte man auch das pittoreske Viertel **Blankenese** 81, das etwas außerhalb der City liegt, aber problemlos mit der S-Bahn oder einem Schnellbus erreicht werden kann. Dort stehen Dutzende von kleinen, weißen Häusern malerisch am Elbhang. Blankenese gilt auch als einer der vornehmsten Hamburger Stadtteile. Nicht ganz so vornehm, aber durchaus von einer gewissen Gediegenheit, gepaart mit einem Schuss gehobener Lebenslust, zeigt sich **Eppendorf** 74. Das genaue Gegenteil findet man im alternativen **Schanzenviertel** 70 oder auch in **St. Georg** 62, wo Hamburgs Gay Community anzutreffen ist. Beide Stadtteile bieten ein buntes, schräges Panoptikum von kleinen Läden, Lokalen und jede Menge „andere" Atmosphäre. Nicht vergessen darf man auch **Altona** (s. S. 111) und sein Pendant **Ottensen** 69, heute ein geerdeter Stadtteil von Hamburg. Früher waren beide Stadtteile selbstständige Dörfer mit entsprechendem Selbstbewusstsein, das die Bewohner noch heute gerne ausleben.

> *Wuchtige Backsteingebäude in der Speicherstadt* 32

## Hamburg an einem Tag

Ein Tagesausflug kann sehr gut beim **Hauptbahnhof** 1 beginnen. Von dort führt die breite Einkaufsstraße, die **Mönckebergstraße** 2 zum Hamburger **Rathaus** 7. Schon die Außenfassade ist beeindruckend, erst recht die Inneneinrichtung. Eine 50-minütige Führung zeigt Besuchern die wichtigsten Räume. Vom Rathaus sind es nur wenige Schritte zur **Binnenalster** 10. Ganz in der Nähe befinden sich einige Shoppingpassagen, vor allem aber stehen etliche Prachtbauten rings um die Binnenalster. Vom Anleger **Jungfernstieg** 9 lässt sich eine knapp zweistündige Fahrt mit einem kleinen, weißen **Alsterdampfer** (s. S. 236) unternehmen. Und direkt neben dem Anleger steht das traditionsreiche Lokal **Alex im Alsterpavillon** (s. S. 161), von dessen Terrasse man einen formidablen Blick über die Alster genießt. Weitere Tipps für einen Spaziergang durch die Hamburger City finden sich auf S. 22.

Nun hinüber zum Hafenrand. Das geht per S-Bahn bis zur Haltestelle „Landungsbrücken", aber selbst zu Fuß ist es nicht übermäßig weit. Der **Hamburger Hafen** ist einer der größten in Europa und kann deshalb auch nicht so richtig gut zu Fuß besichtigt werden. Bei einem Spaziergang (s. S. 71) entlang der etwas im Wasser schaukelnden **Landungsbrücken** 43 bekommt man schon etwas von der wunderbaren Hafenatmosphäre mit, aber noch besser wäre eine **Hafenrundfahrt** (s. S. 236) mit einer der kleinen Barkassen oder mittelgroßen Schiffen, die alle hier starten. Von den Landungsbrücken schon sichtbar ist die **St. Michaeliskirche** 49, der **Michel.** Von seiner Aussichtsplattform (erreichbar per

Fahrstuhl) hat man einen phänomenalen Blick über den Hafen und die Elbe. Nicht ganz so weit, dafür aber kostenlos ist der Blick vom Vorplatz der **Jugendherberge Auf dem Stintfang** (s. S. 226). Dieser liegt schön erhöht am Elbhang direkt oberhalb der U-Bahn-Station „Landungsbrücken", ein Aufstieg lohnt allemal!

Von den Landungsbrücken ist es nicht sehr weit bis zur historischen **Speicherstadt** 32. Man kann gut zu Fuß gehen oder mit dem Bus Nr. 111 von den Landungsbrücken direkt dorthin fahren. Noch typischer geht es mit der Elbfähre 72 bis zum Anleger „Elbphilharmonie", von wo es nur wenige Schritte zur Speicherstadt sind. Das Ensemble von wuchtigen Backsteingebäuden war jahrzehntelang „Zollausland" und hier wurden Waren im Wert von Millionen gelagert, heute hat sich die Lage nach dem Aufheben der Zollgrenzen verändert und man kann mehrere hochinteressante Ausstellungen besuchen. Direkt im Rücken der alten Speicherstadt entsteht ein hochmoderner Stadtteil, die **HafenCity** 38. Etliche Gebäude sind schon fertig, aber insgesamt wird noch kräftig gebaut. Dennoch lohnt eine Besichtigung (s. S. 59) dieses Stadtteils, zumal dort mit dem **Internationalen Maritimen Museum** 41 auch eine sehr spannende Ausstellung besucht werden kann.

Und zum Abschluss soll es sicher einmal über die **Reeperbahn** 52 gehen. Aus der Speicherstadt fährt man dazu entweder mit Fähre 72 bis „Landungsbrücken" und von dort eine Station mit der U-Bahn bis „St. Pauli" oder mit der S-Bahn bis zur Station „Reeperbahn". Oder man nimmt den Bus: Die Linie 111 fährt von der HafenCity durch die Speicherstadt bis direkt zur Reeperbahn.

008hg Abb.: hf

# Hamburg in zwei Tagen

## 1. Tag

Den Hamburg-Besuch kann man mit einem Frühstück im **Alex im Alsterpavillon** (s. S. 161) starten. Dort gibt es zum Festpreis eine gute und breite Auswahl, außerdem genießt man einen formidablen Blick auf die morgendliche **Binnenalster** 10. Danach könnte sich eine Fahrt mit einem **Alsterdampfer** (s. S. 236) über die Binnen- und **Außenalster** 61 anschließen. Die Touren starten neben dem Alsterpavillon und kehren auch dorthin zurück. Von hier ist es nicht weit bis zum prächtigen **Rathaus** 7, das man unbedingt besichtigen sollte. Eine Führung dauert knapp 50 Minuten. Wer Hamburgs City gern bei einem Spaziergang näher erkunden möchte, findet Tipps auf S. 22.

Wem der Sinn mehr nach **Shopping** steht, taucht in die vom **Jungfernstieg** 9 abzweigende Straße **Neuer Wall** 12 mit ihren Edelgeschäften und den ganz in der Nähe liegenden Einkaufspassagen ein. Die größte Passage, die **Europa-Passage** (s. S. 178), befindet sich aber direkt beim Jungfernstieg/Ecke Ballindamm. In allen Passagen gibt es kleine und sogar größere Lokale, die gut für eine kurze Pause oder gar ein **Mittagessen** geeignet sind. Wer die Straße Neuer Wall bis ganz nach oben gegangen ist, kann auch an der Ampel die Straße überqueren und erreicht direkt dahinter die **Fleetinsel** 13. Dort liegen einige Lokale sehr schön am Fleet.

Nun geht es zurück in Richtung **Mönckebergstraße** 2, wo sich vor allem große Kaufhäuser befinden. Jenseits der Straße wird schnell die Hamburger Altstadt erreicht, wo das **Kontorhausviertel** (s. S. 50), die **Speicherstadt** 32 und die neu entstehende **HafenCity** 38 liegen. Die ersten beiden sind bemerkenswerte Gebäudeensembles aus der Jahrhundertwende. Die Speicherstadt hat mittlerweile ihre ursprüngliche Bedeutung verloren, dort sind heute mehrere interessante Museen eingerichtet. Tipps für einen Spaziergang durch Speicherstadt und HafenCity finden sich auf S. 59.

Abends wollen sie vielleicht ein **Musical** besuchen, aber ganz sicher einmal über die **Reeperbahn** 52 bummeln. Zur Einstimmung sollten Sie sich einen Cocktail in der **Tower Bar** des Hotels Hafen Hamburg (s. S. 166) direkt an den **Landungsbrücken** 43 gönnen. Also dann, viel Spaß!

## 2. Tag

Am Sonntagvormittag gibt es keine Kompromisse. Egal, wie lang die Nacht davor war, zum **Fischmarkt** 51 muss jeder! Und zwar so früh wie möglich, denn um 9.30 Uhr ist bereits alles vorbei. Nun ein spätes Frühstück? Dazu geht man entweder zu Fuß zu den **Landungsbrücken** 43 oder fährt eine Station mit der Fähre Nr. 62 (Abfahrt hinter der Fischauktionshalle). Wenn man nun schon einmal am Hafenrand ist, bietet sich dann auch gleich eine **Hafenrundfahrt** (s. S. 236) an, die direkt von den

*Ein lauschiger Platz im quirligen Stadtteil Ottensen* 69

Landungsbrücken startet (Tipps für einen Bummel an den Landungsbrücken s. S. 71). Danach ist es Zeit für einen Besuch im nicht weit entfernten **Michel** (St. Michaeliskirche 49) mit anschließender Turmbesteigung. Keine Angst, es gibt einen Fahrstuhl! Von oben genießt man aus 82 Meter Höhe einen fantastischen Ausblick über den Hafen. Zum **Mittagessen** geht man entweder in den sich gegenüber dem Michel befindenden **Old Commercial Room** (s. S. 83), wo es Hamburger Labskaus und andere leckere Gerichte gibt, oder in eins der **portugiesischen** und **spanischen Lokale**, die sich nur ein paar Schritte weiter in der **Ditmar-Koel-Straße** 48 angesiedelt haben.

Nun tut ein **Spaziergang** sicher gut. Entweder geht man an der Elbe entlang, beispielsweise von **Övelgönne** 80 (wird per Bus Nr. 112 ab S-Bahnhof „Landungsbrücken" erreicht) nach **Teufelsbrück** (s. S. 134) oder fährt mit der S-Bahn ab „Landungsbrücken" nach Blankenese 81 und läuft vom dortigen Bahnhof in 10 Minuten zum Treppenviertel am Elbhang. Ein Spaziergang führt durch schmale Gassen und Treppen an malerischen Kapitänshäusern vorbei hinunter zum Elbufer. Dort warten auch ein paar Lokale mit Kaffee und Kuchen, beispielsweise Schuldts Kaffeegarten (s. S. 141, mit formidablem Elbblick!), bevor es mit der „Bergziege", dem Kleinbus Nr. 488, direkt wieder zum Bahnhof Blankenese zurückgeht.

# Hamburg in fünf Tagen

*Wann auch immer der Besuch beginnt, eine Sache ist Pflicht: Den sonntäglichen Fischmarkt 51 darf man nicht verpassen. Egal, wie spät es in der Nacht vorher geworden ist, am Sonntag muss man ganz früh aufstehen, denn der Fischmarkt endet(!) gegen 9.30 Uhr. Das restliche Programm kann man dann um diesen Termin herumlegen.*

## 1. Tag

Ein geruhsamer Bummel durch die City (genauere Infos s. S. 22) könnte in der **Mönckebergstraße** 2 beim **Hauptbahnhof** 1 beginnen. Rechts und links warten große Kaufhäuser und kleine Läden auf Shoppingfans. Die Mönckebergstraße endet vor dem eindrucksvollen Hamburger **Rathaus** 7. Es lohnt sich, diesen Prachtbau einmal von außen in all seinen Facetten zu betrachten, aber auch eine 50-minütige Führung ist sehr interessant. Vom Rathaus sind es nur wenige Schritte bis zur **Binnenalster** 10: Sie wird von prächtigen Gebäuden umrahmt, die abends zauberhaft illuminiert werden. Bei einem Bummel um die **Außenalster** 61 bieten sich einem ständig neue Perspektiven und speziell von der **Lombardsbrücke** 11 genießt man einen wahren Postkartenblick. So richtig erschließt sich die Schönheit der Alster aber bei einer Fahrt mit einem kleinen, weißen **Alsterdampfer** (s. S. 236). Gestartet wird am **Jungfernstieg** 9 an der Binnen-

## Das gibt es nur in Hamburg

- *Von der U-Bahn auf die Fähre mit dem gleichen Ticket: Die Hafenfähren sind in das Netz vom **Hamburger Verkehrsverbund (HVV)** integriert, können deshalb mit HVV-Tickets genutzt werden (s. S. 232).*
- *Der **Dom** ist in Hamburg kein Gotteshaus, sondern ein riesiger Jahrmarkt, der dreimal im Jahr auf dem Heiligengeistfeld stattfindet (s. S. 188).*
- *Zu Fuß einen breiten Fluss unterqueren, der **Alte Elbtunnel** 46 machts möglich. Runter per Fahrstuhl, knapp 500 Meter durch eine gekachelte Röhre laufen, wieder rauf per Fahrstuhl – und dann das einmalige Hafenpanorama genießen!*
- *Von Null auf (mindestens) Hundert, das schafften die Macher des **Miniatur Wunderlandes** 36. Aus dem Nichts bauten sie eine der größten Modelleisenbahnanlagen überhaupt auf. Mit unendlicher Liebe zum Detail entstanden (und entstehen neue) thematische Landschaften, durch die nun nicht nur Züge rollen. Eine einmalige Anlage zum Staunen!*
- *Die **größte Kirchturmuhr Deutschlands** befindet sich am **Michel**, der St. Michaeliskirche 49. Allein das Zifferblatt hat einen Durchmesser von acht Metern und ist weit über Hamburgs Dächer zu sehen.*
- *Die **U-Bahn-Linie 3**, die zumindest teilweise auch oberirdisch fährt und dabei einen großartigen Blick auf die Elbe und den Hafen gewährt (s. S. 235).*

alster, dann werden schnell die zwei Brücken unterquert und es geht weiter in die Außenalster. Wer will, steigt an einer der acht Haltestellen aus und geht spazieren oder kehrt mit dem Schiff wieder zum Jungfernstieg zurück.

Von der Binnenalster sind es nur wenige Hundert Meter in die **Altstadt** (s. S. 42), die aber trotz ihres Namens nur noch wenige historische Bauten aufweist. Sehr eindrucksvoll ist das nahe gelegene **Kontorhausviertel** (s. S. 50) mit den beiden herausragenden Gebäudekomplexen **Chilehaus** 26 und **Sprinkenhof** 27. Speziell das Chilehaus wird am Abend sehr schön angestrahlt.

140hg Abb.: hf

## 2. Tag

In Hamburg darf ein Besuch des **Hafens** nicht fehlen. Dazu fährt man am besten per U-Bahn mit der Linie U3 bis „Baumwall" und geht ganz gemütlich an den **Landungsbrücken** 43 entlang (Tipps für einen Spaziergang finden sich auf S. 71). Es bietet sich ein toller Blick auf die vorbeiziehenden Schiffe und eine ganz eigene Hafenatmosphäre ist zu spüren, während man mit einem Fischbrötchen in der Hand den vorbeisegelnden Möwen nachschaut und das leichte Schwanken der Landungsbrücken spürt. Hier liegen auch die **Museumsschiffe Cap San Diego** 44 (Motorschiff) und **Rickmer Rickmers** 45 (Segelschiff) vor Anker. Die Schiffe und Barkassen starten zu einer **Hafenrundfahrt**, die sich niemand entgehen lassen sollte. Nur so bekommt man einen tieferen Einblick in die Welt des weitläufigen Hamburger Hafens und der Kapitän erzählt augenzwinkernd halbwahre Geschichten.

Von den Landungsbrücken kann man ihn schon sehen: das Hamburger Wahrzeichen, den **Michel**, wie die **St. Michaeliskirche** 49 liebevoll genannt wird. Die Kirche selbst ist schon beeindruckend, aber ein Blick von der Aussichtsplattform auf den Hafen und die Elbe ist einfach sensationell. Ähnlich spektakulär ist der Blick auf die Landungsbrücken vom gegenüberliegenden Elbufer. Um ihn zu genießen, muss man nur einmal durch den **Alten Elbtunnel** 46 laufen, auf der anderen Seite wieder hoch und dann ca. 100 m nach links zurück zum Wasser. Hier eröffnet sich einem ein Panoramablick mit Michel, den Museumsschiffen und den Landungsbrücken.

Zum Abschluss könnte eine **„Kreuzfahrt" mit der Elbfähre 62** folgen. Sie startet von den Landungsbrücken aus, passiert den **Fischmarkt** 51 und den **Mu-**

⌃ *Blick auf Landungsbrücken* 43 *und Hafen von der Elbphilharmonie* 39

**seumshafen Övelgönne** 79 und wechselt dann auf die andere Elbseite nach **Finkenwerder.** Von dort geht es entweder mit der Anschlussfähre 64 zurück über die Elbe zum Fähranleger Teufelsbrück (s. S. 134) oder man bleibt einfach auf der Fähre 62: Die kehrt nämlich auf dem gleichen Weg zurück zu den Landungsbrücken. Von Teufelsbrück kommt man wieder mit den beiden Fähren oder mit dem Schnellbus 36 zurück in die City.

## 3. Tag

Alt und neu liegen ganz dicht zusammen in der historischen **Speicherstadt** 32 und in der nagelneuen HafenCity 38. Die gut 100 Jahre alte Speicherstadt ist ein Ensemble von Backsteingebäuden, in denen jahrzehntelang Waren (vor allem Teppiche) gelagert wurden. Das geschieht heute zwar auch noch, aber deutlich seltener, seitdem die Zollgrenzen verschoben wurden. Dafür findet man heute eine Reihe von hochinteressanten Ausstellungen und Museen in der Speicherstadt. Herausragend ist das **Miniatur Wunderland** 36, aber auch der **Hamburg Dungeon** 35 ist spektakulär, genau wie die – allerdings auf eine ganz andere Art – äußerst eindrucksvolle Ausstellung **Dialog im Dunkeln** 37. Durch die gelungene Beleuchtung ist die Speicherstadt auch abends einen Besuch wert.

In ihrem Rücken entsteht mit der **HafenCity** ein neuer Stadtteil. Etliche Gebäude sind schon fertiggestellt, aber dennoch wird noch kräftig gebaut. Neben den hauptsächlich entstandenen Glaspalästen befindet sich hier auch eine spektakuläre Ausstellung, das **Internationale Maritime Museum** 41 und die **Elbphilharmonie** 39. Tipps für eine Erkundung von Speicherstadt und HafenCity finden sich auf S. 59.

Direkt neben der Elbphilharmonie kann man vom gleichnamigen Anleger mit der Elbfähre 72 zu den **Landungsbrücken** 43 fahren. Von dort hat man es nicht sehr weit bis nach **St. Pauli.** Eigentlich ist es nur eine Station mit U-Bahn oder S-Bahn, man kann aber auch zu Fuß gehen. Um einer Enttäuschung vorzubeugen: Am Tag sieht die **Reeperbahn** 52 ein wenig trist aus. Eindrucksvoll zeigt sie sich erst am Abend, wenn es überall glitzert. Aber klar, ein Bummel über die Reeperbahn muss sein, und auch ein Bierchen in einer der Kneipen, die ja zumeist schon tagsüber geöffnet haben, darf nicht fehlen.

141hg Abb.: sm

*Ein verwunschenes Häuschen mitten in der Speicherstadt*

## 4. Tag

**Blankenese** 81 sollte man bei seinem Hamburg-Besuch nicht verpassen. Wunderschön ziehen sich kleine, weiße Häuser hier am Elbhang hinauf. Steile, zumeist sehr schmale Straßen und Treppen führen durch das Häusermeer und wollen erlaufen werden. Die Orientierung ist kinderleicht: Nach unten gehts zur Elbe, nach oben ist es egal ... Auch unten am **Elbstrand** kann man wunderbar spazierengehen. Apropos **spazieren:** Je nach Ausdauer lässt sich Blankenese auf unterschiedlichen Wegen erreichen, entweder direkt per S-Bahn oder Bus, ganz vereinzelt auch per Schiff, aber eben auch zu Fuß! Okay, direkt aus der Innenstadt wäre es wohl doch etwas weit, aber ein Teilstück zu laufen, sei jedem Besucher angeraten: Von **Neumühlen** (Endstation von Bus 113) durch das alte Lotsendorf **Övelgönne** 80 bis zum Fähranleger **Teufelsbrück** geht es immer direkt am Elbstrand entlang. Das ist zu schaffen und außerdem warten unterwegs ein paar Lokale auf ermattete Wanderer. Wer nicht gerade an einem Sonntagnachmittag bei strahlendem Sonnenschein hier entlangläuft, wird die Stille am Elbstrand mitten in einer Großstadt zu schätzen wissen.

Wie man von Teufelsbrück nach Blankenese kommt, wird im Kapitel „**Elbspaziergang**" (s. S. 134) beschrieben.

## 5. Tag

Am letzten Tag bietet sich noch ein Ausflug – je nach Interessenlage – an: Fußballfans besuchen das **HSV-Museum** 77, Tierfreunde den **Tierpark Hagenbeck** 76 und wer einen Einblick in Hamburgs Auswanderergeschichte werfen möchte, fährt in die **Ballinstadt** 71. Zum Abschluss des Hamburg-Besuchs sei jedem noch ein Bummel durch das **Schanzenviertel** 70 oder durch **Altona** (s. S. 111) und **Ottensen** 69 empfohlen, denn dort findet man das „andere" Hamburg: das Hamburg jenseits der Gediegenheit und der Pracht der Villen am Elbhang oder an der Außenalster. Das schräge, bunte, alternative Hamburg – denn das gibt es natürlich auch.

*Das Treppenviertel von Blankenese* 81 *zieht sich den Elbhang hoch*

# Zwischen Hauptbahnhof und Rathaus

*Der Hauptbahnhof 1 und das Rathaus 7 werden durch die Kaufhausmeile Hamburgs, die Mönckebergstraße 2, verbunden. Ein Spaziergang führt den Besucher vom modernen innerstädtischen Einkaufsbereich hin zu althanseatischen Traditionen. Und ganz zum Schluss erreicht man dann noch das dritte innerstädtische Highlight, die Binnenalster 10.*

## 1 Hauptbahnhof ★ [Q10]

1906 wurde der Hamburger Hauptbahnhof in Betrieb genommen und machte damit mehrere bislang verstreut liegende Regionalbahnhöfe überflüssig. Das Gebäude wird von einer 35 m hohen und 140 x 120 m großen **Glas-Stahl-Konstruktion** überspannt, die **Gleiskörper** wurden etwas tiefer in den ehemaligen Wallgraben verlegt. Dem Autor, der seine ersten beruflichen Schritte bei der ehemaligen Bundesbahn trippelte, wurde immer erzählt, dass diese schiere Höhe der Bahnhofshalle wegen der damals noch verkehrenden Dampfloks nötig gewesen sei. Wenn nämlich mehrere gleichzeitig ihre Maschinen in Fahrt setzten und gewaltige Dampf-Fontänen ausstießen, sah man nicht mehr viel. Schöne Geschichte, vielleicht stimmt sie sogar.

Der heutige Bahnhof ist ein reiner **Durchgangsbahnhof**, nur wenige Züge enden oder starten hier. Endbahnhof für fast alle Züge ist in Hamburg der Bahnhof Hamburg-Altona.

Die **Bahnhofshalle** wurde übrigens nicht als Vorbau errichtet, sondern als eine Art Brückengebäude, das quer über die Gleise verläuft. Zwei quadratische Türme flankieren diese Halle. 1991 wurde die Bahnhofshalle aufwendig umgebaut, heute befindet sich auf beiden Seiten je eine gut besuchte Galerie mit **Geschäften** und etlichen **Lokalen.** Für viele Hamburger bieten sie eine gute Gelegenheit, auch außerhalb der Ladenöffnungszeiten zu shoppen.

› S/U „Hauptbahnhof"

## 2 Mönckebergstraße ★ [P10]

Benannt nach dem ehemaligen Bürgermeister **Johann Georg Mönckeberg** (1839–1908), erstreckt sich die „Mö", wie sie auch liebevoll abgekürzt wird, vom Hauptbahnhof 1 bis zum Rathausmarkt 7. Erbaut wurde sie erst 1908, als das damals völlig überfüllte „Gängeviertel" abgerissen wurde.

Entlang der Mönckebergstraße reihen sich heute große **Kaufhäuser**, aber auch einige kleinere Läden von bekannten Marken auf. Auf einer Länge von 800 m wurden vorwiegend große Gebäude errichtet, das zeigt schon die Tatsache, dass es nur 31 Hausnummern gibt. Die Mönckebergstraße ist gute 30 m breit und hat auffällig breite Bürgersteige. Sie ist verkehrsberuhigt, nur Taxis und Busse dürfen durchfahren.

Entlang der „Mö" sind auch einige wenige historische Gebäude zu finden, so beispielsweise das **Levantehaus** (Mönckebergstraße 7, s. S. 178), über dessen Haupteingang unübersehbar eine auffällige **Figurengruppe um einen Zentauren** schwebt. Es ist eine sehr schöne Passage entstanden, wo mehrere exquisite Geschäfte auf zwei Ebenen ihre Dienste anbieten. Auch nicht unwichtig für Touristen: Hier befindet sich eine Postfiliale.

Das **Hulbehaus** (Nr. 21) fällt im Konzert der relativ ähnlichen und vor allem hanseatisch-nüchtern wirkenden Häuser entlang der Mönckebergstraße durch seinen üppigen niederländischen **Renaissancestil** auf. Oben auf dem Stufengiebel thront eine **goldene Kogge**, eine Reminiszenz an hanseatische Kaufmannstugenden. Konzipiert hatte das Haus der Architekt Henry Grell, gebaut wurde es zwischen 1910 und 1911 für den Bauherrn Georg Hulbe, einen damals gefragten Buchbinder. Er fertigte viele hochwertige, in Leder eingefasste Bücher an, darunter auch das Goldene Buch der Stadt Hamburg im Jahr 1897. Der erste Eintrag in diesem Buch stammt von Otto von Bismarck. Bei dem Buch handelt es sich übrigens eigentlich um eine Sammlung loser Blätter.

Parallel zur Mönckebergstraße verläuft eine Fußgängerzone mit Namen **Spitalerstraße**, die ebenfalls eine Einkaufsstraße ist. Hier gibt es mehrheitlich kleinere Läden und auch ein paar kleine Lokale, aber auch Eingänge zu den großen Kaufhäusern an der Mönckebergstraße. Die Spitalerstraße stößt in Höhe des 1911 entstanden **Mönckebergbrunnens** auf die Mönckebergstraße. Direkt dort befindet sich heute im angeschlossenen kleinen Gebäude das Elbphilharmonie Kulturcafé (s. S. 218), wo es neben Kaffee auch Infos und Tickets für Hamburger Kulturveranstaltungen gibt.

› U/S „Hauptbahnhof" oder U3 „Mönckebergstraße"

038hg Abb.: sm

*Ein kunstvoller Türknauf am Eingang der St. Jacobikirche*

## 3 St. Jacobikirche ★ [P10]

Die St. Jacobikirche ist eine 1255 erstmals urkundlich erwähnte Kirche, deren Barock-Orgel als eine der bedeutendsten Europas gilt. Die **Ursprungskapelle** war recht klein und dem Apostel Jakobus geweiht. Sie lag am Pilgerweg nach Santiago de Compostela (Spanien), damals noch außerhalb der Stadtmauern. Die heutige St. Jacobikirche wurde dann im 14. Jh. als dreischiffige Backsteinhallenkirche erbaut und im 15. Jh. um ein viertes Schiff erweitert. 1529 wurde St. Jacobi **evangelisch** und **selbstständiges Kirchspiel.** 1813 erlitt sie während der französischen Besatzungszeit schwere

Schäden, 1944 wurde sie im Krieg völlig zerstört und bis 1962 wieder aufgebaut.

Im Inneren fallen die drei **bemalten Fenster** im Chorraum auf, sie stellen die drei wichtigsten Feste im Kirchenjahr dar: Weihnachten, Ostern und Pfingsten. Der **Trinitatisaltar** aus Eichenholz entstand um 1518. Die **Taufkapelle** hat einen 1827 aus rotem Marmor geschaffenen Taufstein und der **St. Petri-Altar** entstand bereits 1508. In der Apsis des südlichen Schiffes steht der **Lukasaltar,** der 1499 erbaut wurde und sich einst im Hamburger Dom befand. Nach dessen Abriss wurde er in die St. Jacobikirche überführt. Die 1693 erbaute **Orgel von Arp Schnitger** gilt mit ihren knapp 4000 Pfeifen als eine der **bedeutendsten Barock-Orgeln** Europas. Die **Kanzel** wurde 1610 aus Alabaster, Marmor und Sandstein erbaut.

An der Nordwand hängt ein **Gemälde von Joachim Luhn,** das die Stadt Hamburg im Jahr 1681 zeigt, besonders auffällig sind dabei die Kirchtürme, die die städtischen Häuser deutlich überragen. In der Apsis des Nordschiffes steht eine hölzerne **Statue des heiligen Jacobus,** dem Namenspatron der Kirche.

Wem es beim Eintreten nicht auffiel, der kann ja beim Verlassen der Kir-

KLEINE PAUSE

**Café**

In der St. Jacobikirche ❸ ist von Mai bis Oktober jeden ersten Samstag im Monat zwischen 12 und 18 Uhr ein Café geöffnet. Früher war es oben im Turm untergebracht, wegen neuer Brandschutzbestimmungen ist es nun aber nicht mehr dort zu finden. Es gibt Torten, Kuchen und fair gehandelten Kaffee.

## Spaziergang 1: Durch die City

*Vom **Hauptbahnhof** ❶ kommend, ha man die Wahl: Entweder man schlender durch die breite Mönckebergstraße ❷ ode durch die parallel verlaufende Fußgänger zone Spitalerstraße. Entlang der **Möncke bergstraße** stehen mehrere große Kau häuser, untergebracht in zumeist ziemlic eindrucksvollen Gebäuden, aber es gib dort auch zwei eindrucksvolle Kirchen. Di „Mö“, wie diese Straße abgekürzt wird, is verkehrsberuhigt. Hier dürfen nur Taxe und Busse durchfahren, man kann als recht angenehm auf den ziemlich breite Fußwegen entlangspazieren.*

*Eine reine Fußgängerzone ist die par allel zur „Mö“ verlaufende **Spitalerstra ße.** In den hier ansässigen zahlreiche Geschäften herrscht an Samstagen ein un glaublicher Andrang. Die Auswahl an Ge schäften ist größer als die auf der „Mö“ neben den großen Kaufhäusern gibt e hier noch sehr viel mehr kleinere Fach geschäfte und auch ein paar Lokale. Be Hausnummer 10 befindet sich übrigen im Eingangsbereich ein lebensgroße Denkmal für den Hamburger Architek ten **Gottfried Semper.** In Dresden baut er die großartige Oper, die seinen Name trägt, in seiner Vaterstadt kam er dage gen nie so recht zum Zuge.*

*Die Spitalerstraße mündet schließ lich wieder auf die Mö. Etwa im Schnit punkt beider Straßen befinden sich de **Mönckebergbrunnen** und der **Hamburg Pavillon.** Letzterer wurde 1911 von Obe baudirektor Fritz Schumacher erbaut un zunächst als Bücherhalle genutzt. U sprünglich wohl mal als würdevoller Ruhe punkt mit einem kleinen Tempel gedach* war hier lange Jahre die Filiale einer Burgerkette untergebracht, neuerdings befindet sich im Gebäude aber das Elbphilharmonie Kulturcafé (s. S. 218). Hier gibts neben Kaffee auch Infos und Tickets zu Hamburger Kulturveranstaltungen.

Etwas nach rechts abbiegend, erreicht man einen mittelgroßen Platz, den **Gertrudenkirchhof**. Dieser wurde vor ein paar Jahren komplett umgestaltet und wird durch eine eigenartig „gefaltete" Sitzkonstruktion geprägt. Muss man gesehen haben, um es zu verstehen.

Die Mönckebergstraße passiert schließlich den **Gerhart-Hauptmann-Platz** (rechte Straßenseite), einen uralten Platz, der schon 1266 als Marktplatz bekannt war, und heute einen kleinen Ruhepol zwischen den Kaufhäusern bildet. Im 18. Jh. stand hier ein Schandpfahl, an dem u. a. auch „liederliche Frauenzimmer" an den Pranger gestellt wurden. Hier befindet sich auch das 1843 gegründete und bei den Hamburgern sehr beliebte **Thalia Theater** (s. S. 169). Hinter der folgenden **St. Petrikirche** (6) wird nach wenigen Schritten nach links der **Domplatz** (5) erreicht, wo sich einst Hamburgs Keimzelle befand. Leider ist heute nicht mehr allzu viel davon zu bemerken.

Die Mönckebergstraße stößt schließlich auf den weitläufigen **Rathausmarkt** mit Hamburgs prächtigem **Rathaus** (7). Hier bleibt jeder erstmal ehrfürchtig stehen und bewundert die verschnörkelte Fassade. Eine Besichtigung ist lohnend, eine Führung dauert nur etwa 50 Minuten. Direkt gegenüber vom Rathausmarkt befinden sich die herrlich weißen **Alsterarkaden** (8), wo man Lokale und kleinere Geschäfte findet und nur wenige Schritte nach rechts wird die **Binnenalster** (10) erreicht.

Wie wäre es nun mit einem Spaziergang rund ums Wasser? Beispielsweise ab dem Jungfernstieg (9), einer breiten Straße, die rasch vom Rathaus aus erreichbar ist. Von der Brücke, die über die Alster führt, hat man einen phänomenalen Blick zum Rathaus, auf die Alsterarkaden und auch über die Straße auf die Binnenalster. Am besten wechselt man gleich die Straßenseite und geht hinüber zum alten **Alsterpavillon**, einem Traditionslokal, das heute eine Filiale der Gastronomiekette „Alex" (s. S. 161) beherbergt. Hier kann man wunderbar träumen und bei einem Drink, einem Kaffee oder auch einer kleinen Mahlzeit die Alster bewundern.

Der Spaziergang führt dann immer am Ufer der Binnenalster entlang, vorbei am prächtigen Hotel Vier Jahreszeiten hin zur **Lombardsbrücke** (11). Von hier genießt man einen wunderschönen Blick über die Alster zum Rathaus und auf die Gebäude am Jungfernstieg. Im Hintergrund (leicht rechts) kann man übrigens auch den **Michel** (49) erkennen.

Der weitere Weg mündet schließlich in den **Ballindamm** [O10], der unmittelbar entlang der Binnenalster nach rechts verläuft. Hier steht eine ganze Reihe von älteren Büro- und Kaufmannshäusern. Die Straße wurde nach Albert Ballin (1857–1918) benannt, dem ehemaligen Chef der Reederei HAPAG. Deren gewaltiges Kontorhaus, das HAPAG-LLOYD-Gebäude, befindet sich noch heute am Ballindamm.

*Wem nach einer Pause ist, der kann auf einem ehemaligen Alsterdampfer in der italienischen Alsterlagune (s. S. 157) oder im Alex im Alsterpavillon (s. S. 161) entspannen. Von beiden genießt man einen grandiosen Alsterblick. Schließlich hat man die Binnenalster umrundet und erreicht den Jungfernstieg. Genau an der Ecke Ballindamm/Jungfernstieg befindet sich dann die größte Passage der Hamburger Innenstadt, die* ***Europa-Passage*** *(s. S. 178) mit über 100 Geschäften, und der Shoppingmarathon kann beginnen.*



Alle weiteren Karteneinträge s. S. 266.

che im Turmeingang mal auf das **Portal** achten: Der Erzengel Michael zieht einen Vorhang zur Seite, zwei Griffe zum Öffnen der Tür werden sichtbar. Auf dem Vorhang wurden die Legende um den heiligen Jacobus und eine Pilgerfahrt Hamburger Bürger zu seinem Grab dargestellt.

› Jacobikirchhof 22, U3 „Mönckebergstraße", Tel. 3037370, www.jacobus.de, geöffnet: April–September Mo.–Sa. 10–17 Uhr und So. nach dem Gottesdienst bis 17 Uhr, jeden Do. um 12 Uhr Orgelführungen

### 4 Schauraum Bischofsburg ★ [O10]

Ein letztes, etwas größeres Überbleibsel aus den Anfängen der Hamburger Geschichte findet man in den Kellerräumen eines Gebäudes gegenüber der St. Petrikirche 6. Im Schauraum Bischofsburg sind die **Fundamente des ehemaligen Bischofssitzes** kreisförmig angeordnet. Sie wurden 1962 bei Ausschachtungen entdeckt. Das Fundament war von Kellersohlen ausgebombter Häuser überdeckt, beim Abriss dieser Ruinen stieß man schließlich auf den historischen Fund.

Im 9. Jh. wurde der Ringwall der Hammaburg erbaut. Darin stand die Missionskirche des heiligen Ansgar, der spätere Mariendom. Ausgehend von der Hammaburg breitete sich die spätere Stadt aus. Das ausgestellte Fundament stammt von **einem der ersten Steinbauten der Stadt**, errichtet Mitte des 12. Jh. Es handelt sich nach heutigem Stand um das Fundament eines Tores, das vermutlich zur Stadtbefestigung zählte. Anfänglich hatte man angenommen, dass es sich um ein älteres Gebäude des Bischofs handelte, diese These gilt heute als überholt.

› Kreuslerstraße 6, U3 „Mönckebergstraße" oder „Rathaus". **Der Schauraum ist derzeit geschlossen.**

## 5 Domplatz ★ [010]

Die Domstraße hat heute nichts Religiöses und einen Dom gibt es auch nicht mehr, der wurde 1804 geschleift. Lange Zeit wurde dieser Platz schnöde missachtet und gar als Parkplatz zweckentfremdet. Das ist heute aber vorbei: Der historische Ort zeigt sich als durchgehende Grünfläche mit Ruhesitzen, die Seiten sind mit wallartigen dunklen Wänden begrenzt. 39 weiße Acrylsteine symbolisieren heute die Pfeiler des ehemaligen Mariendoms.

› U3 „Rathaus" oder U1 „Meßberg"

## 6 St. Petrikirche ★ [010]

*1195 erstmals urkundlich erwähnt, gilt die St. Petrikirche als älteste Pfarrkirche Hamburgs. Die offizielle Adresse weicht etwas von der „gefühlten" ab, denn die Kirche liegt sehr prominent direkt an der Mönckebergstraße.*

Es wird vermutet, dass es sogar eine ältere Ur-Kirche gab, die seinerzeit außerhalb der Hammaburg stand, aber belegt ist dies nicht. Im 14. Jh. war Hamburg durchaus ein wohlhabender Ort, mehrere Kirchen entstanden in Backsteinbauweise, so auch St. Petri. 1327 wurde die Kirche geweiht, obwohl sie der Legende nach noch gar nicht fertiggestellt war. 1342 wurde der Grundstein für den Turmbau gelegt, was aus einer Inschrift am linken bronzenen Türzieher am Hauptportal hervorgeht. Besagter Türgriff gilt damit als das **älteste Kunstwerk Hamburgs.** 1383 wurde dann der Turm fertiggestellt.

Die Kirche wurde in späteren Jahren mehrfach vergrößert, beim Großen Brand 1842 aber **fast vollständig zerstört**, nur die Grundmauern blieben erhalten. Sieben Jahre später konnte dann der **Neubau** eingeweiht werden, der 132 Meter hohe Turm wurde erst im Jahre 1878 fertig.

Das Innere der Kirche erscheint bis auf die **großen, farbenfrohen Glasmalereien** ziemlich nüchtern. Die hübschen Fenster zeigen die drei christlichen Hauptfeste Weihnachten, Ostern und Pfingsten sowie die symbolische Darstellung des Alten Testaments. Die **Kanzel** aus Eichenholz entstand 1849 nach einem Plan des in Hamburg viel beschäftigten Baumeisters Chateauneuf. Die **sechs Alabasterfiguren** zeigen vier Apostel sowie die Evangelisten Lukas und Matthäus. Eine Figur des Namenspatrons der Kirche existiert nicht mehr, dafür noch eine **Sandsteinskulptur** des heiligen Paulus, des zweiten Namensgebers aus dem Jahr 1440. Auch die große **Sandstein-Madonna** stammt aus dieser Epoche, konkret aus dem Jahr 1470. Die aus Eichenholz geschnitzte **Kreuzigungsgruppe** datiert auf das Jahr 1500.

Zweimal ist der sogenannte „Apostel des Nordens", Erzbischof Ansgar, bildlich vertreten, einmal im Nordschiff als Gemälde und vor dem Chor als Holzstatue. Die Kunstwerke stammen aus dem 15. Jh.

Ein **zeitkritisches Gemälde** hängt an einem hinteren Pfeiler. Es zeigt die Vertreibung von Hamburger Bürgern während der französischen Besatzungszeit. Sie konnten nicht genügend Lebensmit-

tel aufbringen und wurden deshalb in bitterkalter Winterzeit aus der Stadt gejagt.

Besucher können auch zur **Spitze des 123 m hohen Turms** steigen und einen tollen Rundblick genießen. Aber Achtung: Bis zum höchsten Aussichtspunkt sind es exakt 544 Stufen! Allerdings erreichen Besucher bereits nach 330 Stufen einen Boden mit Bullaugen-Fenstern, aus denen man auch einen schönen Blick hat.

Außerhalb der Kirche steht an der Mönckebergstraße 2 ein Denkmal zu Ehren des Theologen **Dietrich Bonhoeffer**, der 1944 den Nazis zum Opfer fiel.

› Speersort 10, U3 „Mönckebergstraße", Tel. 3257400, www.sankt-petri.de, Kirche: Mo.–Fr. 10–18 Uhr, Mi. bis 19 Uhr, Sa. 10–17 Uhr, So. 9–20 Uhr, Turm: Mo.–Sa. 10–16.30 Uhr, So. 11.30–16.30 Uhr, Turmbesichtigung: 4 €, Café geist†reich geöffnet: Mo.–Sa. 10–18, So. 11.30–18 Uhr

*Drei Türme: links das Rathaus 7, in der Mitte die St. Petrikirche 6, rechts die St. Jakobikirche 3*

## 7 Rathausmarkt und Rathaus ★★★ [010]

*Hamburger zeigen nicht gerne, was sie haben. Selbst schwerreiche Hanseaten halten sich dezent zurück, wenn es um die Zurschaustellung von Wohlstand geht. Nur einmal, da haben die Hamburger Kaufleute eine Ausnahme gemacht und die ganz weiten Spendierhosen angezogen. Beim Bau des Rathauses wurde an Nichts gespart und dem klammen Senat äußerst großzügig unter die Arme gegriffen. Nach heutigem Wert hat der Bau etwa 80 Mio. Euro gekostet, der Gesamtwert des Rathauses allerdings ist gar nicht schätzbar, angesichts all der kostbaren Spenden, die im Inneren zu finden sind.*

Nur wenige Schritte von der St. Petrikirche entfernt, erreicht man den weitläufigen **Rathausmarkt.** Hier bleibt man zunächst einmal staunend stehen und bewundert die verschnörkelte, ja verspielte **Fassade des Rathauses.** Fast ein wenig un-hanseatisch wirkt diese Außenfront, aber schon sehr beeindruckend! Aber auch der große Platz davor hat seinen Reiz. Leider gibt es hier keine gemütlichen Cafés, sondern nur ein paar einfache Kioske. Wer etwas verschnaufen möchte, hockt sich einfach auf die **Treppe an der Binnenalster** 10 beim Reesedamm und guckt den vorbeipaddelnden Schwänen oder Alsterschiffen beim Schleusen zu.

Vor dem Rathaus stehen zwei gewaltige **Fahnenmasten,** die je ein goldenes

Schiff tragen. Außerdem ehrt ein Denkmal den Dichter **Heinrich Heine**, dessen Onkel ein reicher Hamburger Bankier war. Unmittelbar links vom Haupteingang zum Rathaus erinnert eine **Bodenplatte** daran, dass bis 1841 dort das **Johanniskloster** nach seiner Umwandlung in die Gelehrtenschule Johanneum stand, in dem 1721 bis 1767 der Organist **Georg Philipp Telemann** wirkte.

Ein 12,50 m hoher **Gedenkstein** in Höhe der Schleusenbrücke beim Reesedamm wurde für die Toten des Ersten Weltkrieges aufgestellt. Das Relief ist von **Ernst Barlach** und trägt den Titel „Trauernde Mutter mit Kind". Die Nazis zerstörten dieses Bild, nach Kriegsende wurde es dann erneut dort platziert.

Wenn größere Veranstaltungen hier stattfinden, verwandelt sich der ruhige Rathausmarkt mehrmals im Jahr in einen **quirligen Treffpunkt.** Dann wird der Platz mit Buden vollgestellt und die Hamburger strömen in Scharen herbei: beispielsweise bei gelegentlichen Konzerten oder Sportveranstaltungen wie dem Triathlon (s. S. 191) oder Radrennen und in der Adventszeit zum Weihnachtsmarkt.

Das imposante **Rathaus** wurde 1897 eingeweiht. Ein Neubau war fällig geworden, da das alte Rathaus beim **großen Brand 1842** komplett zerstört worden war. Nachdem sich das Feuer nach ein paar Tagen endlich gelegt hatte, zog der Rat vorübergehend in das ehemalige Waisenhaus in der Admiralitätsstraße. Später tagte man dann im Gebäude der Patriotischen Gesellschaft, erst nach 55 Jahren endete diese Notlösung.

Das Rathaus ruht auf über **4000 Eichenpfählen**, die tief in den morastigen Untergrund gerammt werden mussten. Von außen fällt zunächst die **reich verzierte Fassade** auf, fast wirkt sie ein wenig untypisch für das sonst recht nüchtern gebaute Hamburg. Insgesamt **20 Kaiserstatuen** säumen die Fassade und genau in der Mitte erhebt sich der 112 m hohe **Turm.** Über dem Haupttor steht in lateinischer Sprache eine Mahnung an die Nachwelt: „Libertatem quam peperere maiores nostri digne studeat servare posteritas" („Die Freiheit, die unsere Vorfahren errungen, mögen die Nachfahren würdig zu erhalten suchen"). Eine Treppe führt im Rathausturm zur Spitze, innen an der Wand sind Höhenangaben gemacht. Es steht dort beispielsweise „20 Meter über R.-M." (Rathausmarkt), nicht „über N.N." (Normalnull), wie es wohl üblich wäre.

Die Rathausdiele betritt man durch das **Hauptportal**, das von einer reich verzierten, schmiedeeisernen Gittertür verschlossen wird. Auf der rechten Seite kann man sich dann über den Termin der nächsten Führung informieren. Hier in der **Diele** tragen 16 Sandsteinsäulen, die mit 68 Porträts verdienter Hamburger Bürger und Bürgerinnen verziert sind, das Gewölbe. Das **Treppenhaus** zum Sitzungssaal der Bürgerschaft besteht aus sardischem Marmor und ist geschmückt mit Bildnissen, die den Lebensweg eines Bürgers von der Wiege bis ins hohe Alter zeigen.

Insgesamt gibt es in dem Gebäude 647 Räume. Der **Saal der Hamburger Bürgerschaft** fällt – verglichen mit dem Prunk der umliegenden Räume – rela-

*Nicht nur bei Festbeleuchtung eine Pracht: das Hamburger Rathaus*

EXTRATIPPS

### In 3-D durchs Rathaus

Wer möchte, kann auch schon von zu Hause aus einen **virtuellen Rundgang** durch das Hamburger Rathaus machen: www.rathaus-3d.hamburg.de.

### Hamburg zum Anfassen

Auf dem Rathausplatz steht unmittelbar vor dem Bucerius Kunst Forum (s. S. 146) ein **Blinden-Tastmodell** mit den Gebäuden der Hamburger City. Dargestellt ist die gesamte Innenstadt zwischen Michel und Hauptbahnhof. Sehr gut erkennbar und eben auch ertastbar sind die einzelnen Kirchen und Gebäude.

tiv schlicht aus. Die Bürgerschaft ist in Hamburg ein reines Feierabendparlament und tagt alle zwei Wochen am Mittwoch um 15 Uhr. Als nächstes wird der **Bürgersaal** erreicht, der Empfangssaal der Bürgerschaft. Die Porträts von ehemaligen Bürgerschaftspräsidenten und ein Bildnis des „Baumhauses", einer alten Zollstation am Hafen, schmücken die Wände.

Dann folgt der **Kaisersaal**, der diesen Namen nach dem Besuch von Kaiser Wilhelm II. anlässlich der Eröffnung des Nord-Ostsee-Kanals erhielt. Auffällig ist hier die Deckenmalerei, die die Handelsschifffahrt unter deutscher Flagge symbolisiert. Die Tapete des Raums wurde aus gepresstem Rindsleder hergestellt.

Im anschließenden **Turmsaal** findet immer der Neujahrsempfang statt und gelegentlich treten hier Bürgermeister oder andere illustre Gäste zu besonderen Anlässen auf den Balkon und begrüßen die Bevölkerung auf dem Rathausmarkt. Beispielsweise, wenn der HSV die Fußballmeisterschaft gewinnt, was aber lange nicht geschah. An den Wänden hängen Bildnisse alter Stadtrepubliken.

Im folgenden **Bürgermeistersaal** fällt der gewaltige Kamin auf. Dort wird bei Staatsbesuchen der Eintrag ins Goldene Buch der Stadt zelebriert. Gegenüber hängt ein großes Gemälde an der Wand, das den kompletten Senat 1897 bei der Einweihung des Rathauses zeigt. Die Herren zogen in alter spanischer Amtstracht ein, die übrigens gute 50 Pfund wog! Diese Tradition wurde erst 1918 abgeschafft.

Als nächstes folgt das **Waisenzimmer**. 80 Hamburger Waisenkinder schnitzten die Wandornamente in fünfjähriger Arbeit! Der **Phoenixsaal** ist nach dem mythischen Vogel über dem Kamin benannt. Der Phoenix symbolisiert Hamburgs Aufstieg nach dem verheerenden Brand von 1842. Daran erinnert auch etwas Handfesteres, nämlich ein zerschmolzener Silberbarren aus einer Bank, der auf einem Sims an der Seite steht.

Am Eingang zum sogenannten **Senatsgehege** stehen die zwei Statuen, „Gnade" und „Gerechtigkeit", dahinter liegt der **Sitzungssaal des Hamburger Senats.** Jeden Dienstagvormittag tagt der Senat hier hinter verschlossenen Türen. Der Raum hat keine Fenster, aber ein Glasdach. Symbolisch tagt der Rat so nach altgermanischem Brauch unter freiem Himmel.

Am Übergang zum Großen Festsaal passiert man die **Treppe**, an der der Bürgermeister immer seine Gäste empfängt. Er geht ihnen nicht bis zur Tür entgegen, sondern lässt sie die Treppe zu ihm hochkommen. Auch dies ist althanseatischer Bürgerstolz.

## Das Hamburger Feierabendparlament

*Der **Stadtstaat,** wie die **Freie und Hansestadt** auch gern genannt wird, ist zugleich ein Land der Bundesrepublik Deutschland. Deshalb gibt es, wie in anderen Bundesländern auch, ein **Parlament** und eine **Regierung.** In Hamburg heißen das Parlament „Bürgerschaft" und die Regierung „Senat".*

*Seit dem Jahr 1952 gilt die Hamburger Verfassung, nach der alle fünf Jahre die Abgeordneten zur Bürgerschaft gewählt werden. Insgesamt sitzen **123 Parlamentarier in der Bürgerschaft.***

*Diese tagt alle zwei Wochen am Mittwochnachmittag jeweils ab 13.30 Uhr. Die Volksvertretung könnte man damit als klassisches „Feierabendparlament" bezeichnen, was für eine Stadt dieser Größe sicher als ungewöhnlich bezeichnet werden darf.*

*Nicht nur aus der Mitte der Parlamentarier stammen die Senatoren mit einem „primus inter pares" („Erster unter Gleichen") als Bürgermeister. Der **Senat** besteht zurzeit aus elf Mitgliedern, die vom Bürgermeister berufen werden, im Range von Ministern fungieren und jeweils einer Behörde (Ministerium) vorstehen. Der Senat tagt in der Regel dienstags um 10 Uhr.*

*Interessant ist die in der Verfassung festgeschriebene **Ämterteilung.** Ein Senator kann nicht gleichzeitig als Abgeordneter im Parlament, d. h. in der Bürgerschaft, sitzen. Außer in Hamburg findet diese strikte Trennung nur noch in Bremen Anwendung, ansonsten sind in allen Landesregierungen Abgeordnete zugleich auch Minister. Ein Hamburger Senator muss sein Bürgerschaftsmandat ruhen lassen.*

Der **Große Festsaal** misst 46 m in der Länge, 18 m in der Breite und 15 m in der Höhe. Fünf Kolossalgemälde schmücken die Wände und zeigen Hamburgs Werdegang von der Urlandschaft um 800 bis hin zum modernen Hafen um 1900. Insgesamt 62 Wappen prangen an den Wänden, es handelt sich um die Stadtwappen des alten Hansebundes. Die drei Kristalllüster wiegen jeweils 30 Zentner und haben 278 Glühlampen: für jeden (damaligen!) Arbeitstag eine.

Im **Innenhof** steht der Hygieia-Brunnen, der an die Choleraepidemie von 1892 erinnert.

› Rathausmarkt, U3 „Rathaus", www.hamburg.de/rathaus, Tel. 428312064 (Infos allgemein), Tel. 428312064 (mit Infos, ob das Rathaus wegen eines Staatsbesuchs oder eines anderen Events geschlossen hat), Eintritt: Erw. 5 €, Kinder bis 14 Jahre frei, Führungen: Mo.–Fr. 11–16, Sa. 10–17, So. 10–16 Uhr jeweils alle halbe Stunde. Man sollte unbedingt vorher unter www.hamburg.de/rathausfuehrung überprüfen, ob am jeweiligen Tag tatsächlich eine Führung stattfindet.

### 8 Alsterarkaden ★★ [010]

Die Alster fließt über das Fleet Kleine Alster durch die Rathausschleuse am Rathaus vorbei zur Elbe. Direkt an diesem Alsterfleet reihen sich die wunderschönen weißen Alsterarkaden. Sie wurden

KURZ & KNAPP

### Alsterschwäne und Schwanenvater

Die Alsterschwäne paddeln friedlich auf der Alster herum und lassen sich von den Touristen füttern. Sie gehören seit Jahrhunderten zum Bild der Alster und werden auch schon so lange gehegt und gepflegt. Bereits 1591 ist eine **Abrechnung für Futterbereitstellung** belegt, die dem Senat zuging. Seit 1664 sind die Tiere **unter Schutz gestellt** und dürfen nicht gejagt und „nicht beleidigt" werden und seit 1818 betreut sie ein sogenannter „Schwanenvater", der sie im Spätherbst einsammelt und in ein Winterquartier überführt. Im Frühjahr kommen sie dann selbstverständlich wieder zurück auf „ihre" Alster. Beide Aktionen werden in der Zeitung bekanntgegeben und es finden sich immer viele Hamburger ein, um „ihre" Schwäne zu verabschieden bzw. sie zu begrüßen.

1844 bis 1846 vom in Hamburg stark engagierten Baumeister **Alexis de Chateauneuf** entworfen und orientieren sich an Vorbildern aus Venedig. An den Alsterarkaden locken einige **edle Geschäfte** Kundschaft an, außerdem kann man hier in **Cafés** schön draußen sitzen und einen tadellosen Blick auf das Rathaus 7 genießen.

Auf der anderen Seite sitzen Hamburger und Besucher gerne in der Sonne vor dem Rathausplatz auf ein paar Stufen, die zum Alsterfleet hinunterführen und füttern die **Alsterschwäne.** Diese werden übrigens im Herbst eingefangen und über den Winter von einem „Schwanenvater" betreut, der sie im nächsten Frühjahr wieder aussetzt.

## 9 Jungfernstieg ★★ [010]

Vom Rathausmarkt 7 sind es nur ein paar Schritte bis zum Jungfernstieg, der hinter der Reesedammbrücke beginnt. Offiziell beginnt der Jungfernstieg zwar erst nach dem Überqueren des Alsterfleets, aber ob das auch jeder Hamburger weiß?

Der Jungfernstieg jedenfalls ist **eine der ältesten Straßen der Stadt**, bereits 1665 existierte er als Flaniermeile für die hanseatischen Bürger. 1842 hinterließ der Große Brand auch hier seine zerstörerischen Spuren, ebenso der Bombenhagel im Zweiten Weltkrieg. **Nach Kriegsende** wurden etliche mehrstöckige Häuser mit einer weitestgehend einheitlichen Fassadenfront wieder aufgebaut, die irgendwo zwischen hanseatisch gediegen und nüchterner Eleganz angesiedelt werden kann. Hier liegen mondäne Geschäfte, kleinere, inhabergeführte (immer weniger!) Läden und ein großes Kaufhaus. Es gibt erstaunlich breite Fußwege. Besonders erwähnenswert sind das große Kaufhaus **Alsterhaus** (s. S. 178), die Passage **Hamburger Hof** (Jungfernstieg 26–30). Heute hat der Jungfernstieg sicher nicht mehr den Status einer Flaniermeile, dafür flutet zu viel Verkehr durch. Dennoch spazieren hier und in den abzweigenden Straßen täglich und besonders an langen Samstagen Abertausende von Hamburgern und Umlandbewohnern zum Einkaufsbummel entlang.

Direkt an der Alster liegt ein Traditionslokal, der **Alsterpavillon.** Die Lage ist nur schwer zu toppen und die Historie reicht

*Die Alsterfontäne schießt bis zu 60 Meter in die Höhe*

zurück bis ins Jahr 1799. Hier traf man sich zum gepflegten Plausch in einem ehrwürdigen Kaffeehaus. Der Alsterpavillon in der jetzigen Form stammt aus dem Jahr 1953, es ist der siebte Umbau insgesamt. Damals war die Form wohl der letzte Schrei, heute wirkt es ein wenig nostalgisch, aber gleichwohl ist es ein ungemein beliebter Treffpunkt. Das Lokal heißt heute Alex im Alsterpavillon (s. S. 161). Es bietet noch immer einen formidablen Blick auf die Alster, gutes Essen und am Sonntag Brunch zum Festpreis.

› U/S „Jungfernstieg"

## 10 Binnenalster ★★★ [09]

*So manche Stadt hat etwas Prägendes. Ein auffälliges Bauwerk etwa. Oder einen einmaligen Straßenzug. Vielleicht auch kuriose Typen. Hamburg macht es anders, Hamburg hat seine Alster.*

Man könnte meinen, die große **Wasserfläche** mitten in der Hamburger City sei ein See, tatsächlich aber handelt es sich um einen 51 km langen Fluss. Nur im innerstädtischen Bereich weitet sich die Alster zu einem „See", da der Fluss bereits im 12. Jh. aufgestaut wurde. Seit Anfang des 17. Jh. wurde Hamburg durch eine gewaltige Wallanlage geschützt, die mitten durch diesen aufgestauten Fluss verlief und so die Alster in „Binnenalster" und „Außenalster" teilte. Heute werden Binnen- und Außenalster durch zwei **Brücken** getrennt: die Lombards- 11 und die Kennedybrücke.

Außerhalb des Zentrums schlängelt sich die Alster als kleiner, schmaler Fluss durch schicke Villengegenden, aber auch durch gutbürgerliche Wohnviertel, die am Rande eines Wäldchens liegen. Hier kann man wunderbar spazieren gehen, allerdings weit draußen.

In der City ist die Binnenalster ca. 18 ha groß, für viele Angestellte, die in der Innenstadt arbeiten, ist es ein Pflichtprogramm, nach dem Mittagessen einmal um die Binnenalster zu spazieren. Dabei genießt man einen schönen Blick über das Wasser zum Jungfernstieg 9 mit der markanten Silhouette des Kaufhauses Alsterhaus (s. S. 178), oder auch quer hinüber zum Luxushotel Vier

Jahreszeiten. Im Zentrum schießt seit 1987 die **Alsterfontäne** immerhin gute 60 Meter in die Luft, was Spaziergänger bei starkem Wind unangenehm spüren können. Diese Attraktion wird übrigens von Privatleuten finanziert. Zur Weihnachtszeit wird anstelle der Fontäne ein riesiger Tannenbaum aufgestellt, der ebenfalls häufig gespendet wird. Rund um die Binnenalster gibt es einige **bemerkenswerte Gebäude**, die meisten werden abends zauberhaft illuminiert. Außerdem befindet sich dort auch der Anleger der weißen Flotte Alsterdampfer, die von dort zu einer einstündigen Tour über Binnen- und Außenalster starten (s. S. 236).

› U/S „Jungfernstieg"

## 11 Lombardsbrücke ★★ [09]

Die Lombardsbrücke wurde 1868 eingeweiht und verläuft auf der **ehemaligen Wallanlage**, die die Stadt einst schützte. Der Name ist auf das ehemalige **Pfandleihhaus Lombard** zurückzuführen, das bereits im 17. Jh. hier stand. Ursprünglich überspannte nur eine hölzerne Brücke die Alster, aber dann wurde die heutige 69 m lange **Steinbrücke** mit drei Bögen errichtet. Heute flutet hier ein dichter Auto- und Bahnverkehr über die Brücke, dennoch lohnt ein kurzer Abstecher. Besonders wenn die Dämmerung sich langsam senkt, die vier **gusseisernen Kandelaber** Licht spenden, die **Alsterfontäne** sprüht und die umliegenden Häuser zauberhaft beleuchtet werden. Dann vergisst man schlicht den Autolärm. Obendrein hat man von der Lombardsbrücke einen schönen Panoramablick auf das Rathaus, das Alsterhaus und die Kirchtürme der Stadt.

EXTRATIPP

### Unterhalb der Brücken

Man kann durch einen **Tunnel** unterhalb der beiden Brücken von der Binnen- zur Außenalster spazieren. Zu finden: auf der Nordseite, an der auch das Hotel Vier Jahreszeiten liegt.

Die zweite Brücke, die parallel zur Lombardsbrücke die Alster überspannt, ist die **Kennedybrücke.** Sie wurde 1952/53 als „Neue Lombardsbrücke" erbaut, um den stetig anwachsenden Verkehr aufzufangen. Auf dem äußeren Bürgersteig zur Außenalster markiert ein Steinrelief den **10. Längengrad östlich von Greenwich:** „10. Meridian" steht etwas blass auf der Steinreihe. Die Brücke wurde 1963 nach John F. Kennedy benannt.

› U/S „Hauptbahnhof"

### Kulinarisches

1 [P10] **Ahoi by Steffen Henssler** €, Spitalerstraße 12, Mo.–So. 12–22 Uhr. Steffen Henssler, der auch aus dem TV bekannte Koch, bietet in diesem rustikal-gemütlichen Lokal schnelle Küche mit Sushi, Fisch, Fleisch und Burgern.

› **Alex im Alsterpavillon** (s. S. 161). Traditionshaus mit tollem Blick auf die Alster. Gute Bistroküche, immer sehr gut besucht.

› **Alsterlagune** (s. S. 157). Ein ehemaliger, kleiner Dampfer, der auf der Alster fest vertäut am Ufer liegt und eine größere Terrasse auf einem Ponton hat. Toller Blick von dort über die Alster. Es gibt Pizza, Pasta und Fisch.

2 [P10] **Barefood Deli** €-€€, Lilienstraße 5–9, Tel. 36930540, Di.–Do. 12–22, Fr./Sa. 12–23 Uhr. Dieses Lokal ist sehr schick in hellen Farben gehalten. Der Tresenbereich befindet sich unten, genau wie einige etwas rustikale

Tische, oben folgt dann ein größerer Raum. Es gibt klassische Bistroküche, Frühstück bis 12 Uhr, anschließend z. B. Sandwiches, Burger, Salate, Fisch, Fleisch und Pasta.

3 [O10] **Daniel Wischer** €, Große Johannisstraße 3, U3 „Rathaus", Tel. 36091988, Küche: Mo.–Sa. 11–21 Uhr. Alteingesessenes, charmantes und familiäres Fischlokal mit dem Dauerbrenner hausgemachter Kartoffelsalat nebst einem Glas Fassbrause.

› **Gasthaus an der Alster** (s. S. 155). Gemütliches Lokal, nur einen Block von der Alster entfernt. Deftige norddeutsche Küche. Da sich das Lokal nur wenige Schritte von der Mönckebergstraße entfernt befindet, eignet es sich gut zum Shopping-Stopp.

## Shopping

Die Mönckebergstraße 2 und die benachbarte Spitalerstraße [P10] sind reine Einkaufsstraßen. Dort findet man sowohl große Kaufhäuser, als auch noch einige relativ kleine Spezialgeschäfte.

› **Alsterhaus** (s. S. 178). 1912 eröffnetes Kaufhaus, das heute noch in einem historischen Gebäude untergebracht ist und überwiegend hochwertige Lebensmittel bietet. Die Food-Abteilung lädt an etlichen Probierständen zum Schlemmen ein.

› **Closed** (s. S. 176). Geschäft eines Hamburger Labels.

› **Dr. Götze** (s. S. 174). Außergewöhnlich große Auswahl an Reiseführern und Landkarten.

› **Levantehaus** (s. S. 178). Auf zwei Etagen liegen etliche Geschäfte, die überwiegend etwas Besonderes anbieten.

› **Michelle** (s. S. 177). Musikshop der ersten Stunde. Neben CDs gibt es auch noch gutes altes Vinyl, und vor allem genau das, was man sonst kaum findet.

› **SportScheck** (s. S. 180). Großes Sportangebot auf vier Etagen, vor allem Outdoor- und Wanderkleidung.

042hg Abb.: hf

# Neustadt

*Das Areal der Neustadt befindet sich überwiegend zwischen dem zentralen innerstädtischen Bereich und St. Pauli. Eine Grenze bildet nach Osten das Alsterfleet, das am Rathaus 7 vorbeifließt und in die Elbe mündet. Früher war die Neustadt eher das Viertel der ärmeren Bevölkerung, heute gibt es hier zumindest in der Nähe des Alsterfleets sehr viele feine, exquisite und traditionsbewusste Geschäfte und Büros. Je mehr man sich aber aus dieser Zone entfernt und der Elbe oder St. Pauli nähert, desto bodenständiger wird es. Nicht umsonst hieß es früher, dass rund um die St. Michaeliskirche 49 (dem Michel) nur die Armen wohnten. Ein kleines Überbleibsel aus dieser Epoche ist sogar noch zu finden.*

*Lessing blickt auf den Gänsemarkt 14 hinab*

## ⑫ Neuer Wall ★ [N10]

Die Straße Neuer Wall ist die erste Adresse, wenn Blankeneser Schick und Geldadel mal wieder shoppen gehen, so zumindest ein Vorurteil, das viele pflegen. Natürlich ist das nicht ganz falsch, aber auch ziemlich einseitig gedacht. Tatsächlich residieren hier etliche exquisite **Geschäfte der Luxusklasse**, aber es gibt auch immer noch einige **Traditionsläden.** Denn hier kaufen viele Hamburger aus Tradition ein, die gar keine wechselnden Moden mitmachen wollen. Folgerichtig gibt es auch im Dezember die immer gleiche **Weihnachtsbeleuchtung** mit knapp 20 Lichtbögen und am Anfang der Straße wird seit 1926 der Schriftzug „Neuer Wall" zwischen die Häuser gespannt.

› U/S „Jungfernstieg"

KLEINE PAUSE

### La Chance

4 [M10] **La Chance** €€, Wexstr. 33, Tel. 38637431, Mo.-So. 17-23, Mo.-Fr. auch 11-15 Uhr. In der Wexstraße gibt es viele Lokale, dieses ist charmant-liebevoll eingerichtet, u. a. mit Kronleuchter und Fotos an den Wänden. Die Küche ist mediterran-orientalisch orientiert, es gibt auch Tapas und Gerichte zum Teilen.

## ⑬ Fleetinsel ★ [N10]

Am oberen Ende des Neuen Walls ⑫ befindet sich jenseits der Straße Stadthausbrücke die Fleetinsel. Die „Insel" ist nur schwer zu erkennen, es handelt sich auch eigentlich nur um eine **Landzunge**, die vom Herrengrabenfleet und vom Alsterfleet begrenzt wird. Viele Jahre passierte auf diesem Areal nichts, dann begann man in den 1980er-Jahren, dieses reizvolle Gebiet völlig neu zu bebauen.

*Alsterdampfer (s. S. 236) und Alsterpavillon (s. S. 161) liegen vor Hamburgs Prachtmeile, dem Jungfernstieg ⑨*

KLEINE PAUSE

### Pausenstopp in der City

5 [N10] **Edelcurry** €, Große Bleichen 68, Tel. 35716262, www.edelcurry.de, geöffnet: Mo.–Sa. 11–21 Uhr. Mal was anderes: Currywurst in Gourmetqualität. Die Wurst stammt von freilaufenden Weiderindern, die Pommes sind aus frischen Kartoffeln.

6 [N10] **Rheinischer Hafen** €, Stadthausbrücke 1–3, auf der Fleetinsel, S „Stadthausbrücke", Tel. 36006001, geöffnet: tägl. 12–1 Uhr, Küche bis 23 Uhr. Rheinische Lockerheit in der Stadt der Pfeffersäcke! Drinnen gibts Kölsch, rheinische Gerichte sowie allerlei Polit-Andenken als Deko an den Wänden.

Wer den Fleethof über die rechte Brücke verlässt, überquert das Fleet auf der **Ellerntorbrücke.** Sie überspannt das Herrengrabenfleet seit 1530. Das Ellerntor war einer der Zugänge zur Stadt und Bestandteil des Wallgrabens. 1668 wurde es abgerissen, die Brücke verband später das alte Hamburg mit der Neustadt.

Das **Herrengrabenfleet** war früher eine wichtige Wasserstraße. Der Name erinnert an ein herrschaftliches Privileg, denn hier durften nur „Herren", in diesem Falle Bürgermeister und Ratsherren, ihre Fische fangen.

Schräg gegenüber liegen die neu gestalteten **Stadthöfe,** ein großes Ensemble mit Büros, Wohnungen, Shops und auch einer Gedenkstätte im Buchladen „Lesesaal", denn hier war während der Nazizeit u. a. die Gestapo untergebracht.

•7 [N10] **Stadthöfe,** Stadthausbrücke 6

› S1/3 „Stadthausbrücke"

## 14 Gänsemarkt ★ [N9]

Dieser dreieckige Platz war nach allen bekannten historischen Quellen nie ein Marktplatz und ob hier einst Gänse gehalten wurden, ist auch umstritten. Egal, heute ist der Gänsemarkt ein **zentraler Treffpunkt.**

Im Zentrum des Platzes steht ein 1881 von Friedrich Schaper geschaffenes **Lessing-Denkmal.** Der Dichter und Philosoph Gotthold Ephraim Lessing (1729–81) war Dramaturg am Deutschen Nationaltheater, das heute nicht mehr existiert. Ebenso unübersehbar befindet sich am Platz die ehemalige „Finanzdeputation", heute profaner: die **Finanzbehörde.** Sechs lange Jahre baute man an dem typischen Hamburger Backsteinbau, bevor er 1926 eingeweiht wurde. Stadtplaner Fritz Schumacher schuf nicht nur ein Verwaltungsgebäude, sondern integrierte auch einige künstlerische Elemente. Es lohnt sich, einen Blick auf die Details zu werfen: z. B. auf den Schriftzug „Finanzdeputation" oder auf den Türgriff am Haupteingang, der eine Hansekogge zeigt. Bemerkenswert ist auch der Eingangsbereich (genannt „Bananensaal"), der durch hellgelbe Farben und Keramiksäulen nebst Brunnen glänzt.

› U2 „Gänsemarkt"

## 15 Johannes-Brahms-Platz ★ [M9]

Der Valentinskamp mündet auf den großen Johannes-Brahms-Platz, der vielen Hamburgern noch als Karl-Muck-Platz bekannt ist. Hier steht die **Laeiszhalle** (s. S. 171, vielen Hamburgern noch als „Musikhalle" bekannt), die in den Jahren 1904 bis 1908 nach einer großzügigen Spende des Hamburger Reeders

## Spaziergang 2: Durch die Neustadt

*Ein Bummel durch die Neustadt sollte an der für viele Hamburger immer noch edelsten* ***Einkaufsstraße*** *beginnen, dem* ***Neuen Wall*** *⓬. Hier befinden sich die Geschäfte von bekannten und zumeist teuren Marken. Kauflustige sind hier dennoch richtig, denn am Ende des Neuen Walls kann man hinüber zur* ***Fleetinsel*** *⓭ wechseln. Dies ist ein netter Ort mit ein paar Lokalen. Durch eine Parallelstraße des Neuen Walls geht es nun zurück zur Binnenalster. Dazu geht man ein Stück die Straße Stadthausbrücke hoch, bis man den* ***Axel-Springer-Platz*** *[N10] erreicht. Kurz davor passiert man die neu gestalteten Stadthöfe und biegt dann rechts in die Straße Große Bleichen ab. Hier gibt es mehrere kleine* ***Geschäfte*** *mit ausgesuchter, teils exquisiter Ware und außerdem befinden sich zwischen Große Bleichen, Neuer Wall und Jungfernstieg* *❾ mehrere* ***Einkaufspassagen*** *mit einer breiten Auswahl. Die Straße Große Bleichen stößt auf die Poststraße, hier geht man nach links und es bieten sich einem weitere Shoppingmöglichkeiten. Schließlich wandert man durch die Gerhofstraße zum* ***Gänsemarkt*** *⓮, wo die Kaufangebote so langsam weniger werden, auch wenn die abzweigende ABC-Straße noch einmal einige hochwertige Shops parat hat.*

*Jetzt noch eine Prise* ***Kultur*** *und* ***Historie?*** *Dann sollte man über den Valentinskamp bis zum Johannes-Brahms-Platz ⓯ gehen, wo das wunderschöne* ***Konzerthaus Laeiszhalle*** *(s. S. 171) steht. Kurz vorher liegt linker Hand vom Valentinskamp ein alternatives Künstlerviertel mit Häusern, die ebenfalls zum historischen Gängeviertel zählen. Von hier zweigt auch der* ***Bäckerbreitergang*** *⓰ ab, das letzte Überbleibsel aus Hamburgs untergegangenem* ***Gängeviertel,*** *einst eine bitterarme und sehr verruchte Zone.*

*Der Breite Gang bildet die Verlängerung des Bäckerbreiterganges und stößt auf den Rademachergang. An der Ecke* ***Breiter Gang/Rademachergang*** *zeigt eine kleine Figur – halbhoch am Haus – ihr Hinterteil und streckt es einer Wasserträgerfigur entgegen, dem* ***Hummel-Denkmal.*** *Diese Szenerie spielt auf den Hamburger Gruß an: Auf „Hummel, Hummel" folgt unweigerlich die Antwort „Mors, Mors". Hintergrund ist die Geschichte mit dem Wasserträger Johann Bentz (1787–1854), genannt „Hummel". Wenn er mit seinen Wassereimern vorbeikam, neckten ihn die Jungen mit dem Ruf „Hummel, Hummel". Johann Bentz konnte sich dann nur mit Worten wehren: „Ihr könnt mich mal am Arsch lecken", plattdüütsch kernig zu „Mors, Mors" (Mors = Arsch) abgekürzt. Der Rademachergang erreicht schließlich die Straße* ***Kohlhöfen,*** *über die man zum* ***Großneumarkt*** *⓱ kommt. Hier war eine Zeit lang eines der Ausgehzentren Hamburgs. Etliche* ***Kneipen*** *und* ***Restaurants*** *gibt es immer noch, in den Seitenstraßen befinden sich Shops, in denen* ***Nachwuchsdesigner*** *werkeln, und unübersehbar ragt in der Nähe der Michel ㊾ in den Himmel. Zum Hafenrand ist es also nicht mehr weit. Oder man schlendert durch den Alten Steinweg zurück zur Fleetinsel.*

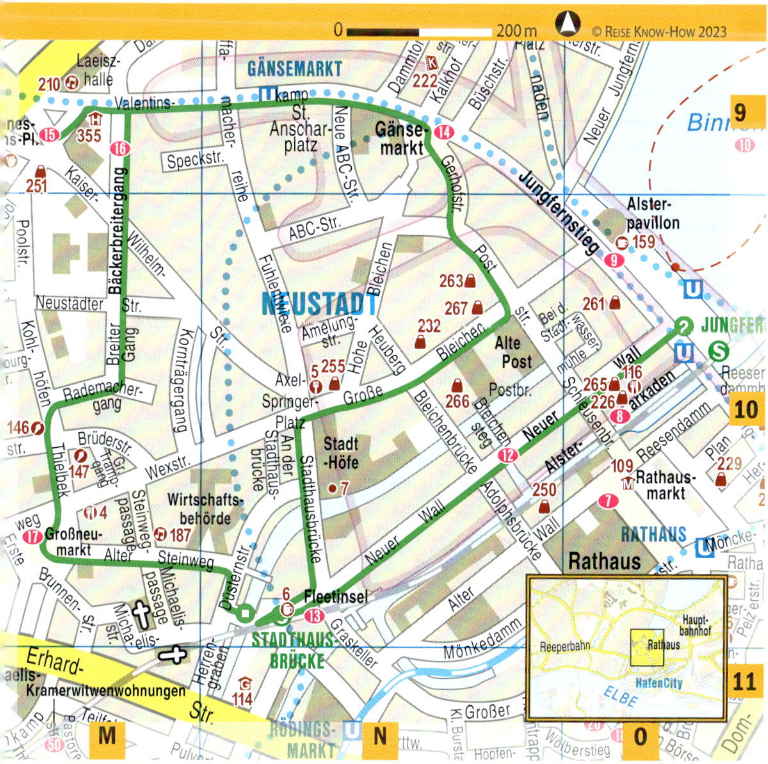


7 [O10] Rathausmarkt und Rathaus S. 28

8 [O10] Alsterarkaden S. 31

9 [O10] Jungfernstieg S. 32

10 [O9] Binnenalster S. 33

12 [N10] Neuer Wall S. 36

13 [N10] Fleetinsel S. 36

14 [N9] Gänsemarkt S. 37

15 [M9] Johannes-Brahms-Platz S. 37

16 [M9] Bäckerbreitergang S. 40

17 [M10] Großneumarkt S. 41

49 [M11] St. Michaeliskirche (Michel) S. 78

50 [M11] Kramerwitwenwohnungen S. 80

Alle weiteren Karteneinträge s. S. 266.

EXTRATIPP

**Einmal ums Eck: Subkultur im Gängeviertel**

„Komm in die Gänge", steht auf einem kreisrunden, knallroten Schild. Gemeint ist ein kleines Areal von zwölf Häusern, die zwischen Valentinskamp, Speckstraße und Caffamacherreihe [N9] liegen. Es sind die Reste des historischen Gängeviertels, die, nachdem sie lange vom Abriss bedroht waren, nach heftigen Protesten im Jahr 2009 letztendlich doch stehen bleiben durften. Hier ist dank einiger Engagierter inmitten gläserner Büropaläste Raum für alternative Projekte regelrecht erkämpft worden. Es gibt eine Galerie, einen Fahrradladen, einen Kiosk und ein Veranstaltungszentrum für Ausstellungen, Partys, Lesungen und Konzerte. Das „Kulturquartier Hamburger Gängeviertel" wurde folgerichtig 2012 von der UNESCO als „Ort kultureller Vielfalt" gewürdigt. Inzwischen gibt es sogar ein Buch zum Viertel („Mehr als ein Viertel", Verlag Assoziation A)

› www.das-gaengeviertel.info

Carl Heinrich Laeisz im **neobarocken Stil** gebaut wurde. Über dem Haupteingang, in Höhe der beiden Harfe zupfenden Engel, steht der mit dem Stifter verbundene Name. Noch heute finden in den beiden Sälen regelmäßig Konzerte statt.

Auf dem Vorplatz der Musikhalle kann man sich **zwei Skulpturen** anschauen, die dem Komponisten **Johannes Brahms** gewidmet sind. Die eine zeigt ein gewaltiges Porträt in Kubusform, die andere – abstrakte – symbolisiert seine Orchestermusik. Brahms wurde hier ganz in der Nähe, in der Speckstraße, geboren.

Das **Brahms-Kontor**, ein Bürohaus, steht hier seit 1904, wurde aber 1919/1920 umgebaut. Auffällig sind an den Seiten angebrachte Figurengruppen, vor allem die sechs übereinanderstehenden Athleten und der Elefantenreiter.

› U2 „Gänsemarkt"

## 16 Bäckerbreitergang ★ [M9]

Vom Johannes-Brahms-Platz 15 führt die Kaiser-Wilhelm-Straße zurück in die City und wird von dem unscheinbaren Bäckerbreitergang gekreuzt, wenn man nicht recht drauf achtet, läuft man glatt vorbei. Das sollte man aber nicht, denn der Bäckerbreitergang ist ein historisches Relikt aus der Zeit des **Gängeviertels** in der Neustadt. Das Gängeviertel war das Viertel der armen Leute, die hier und in einem anderen Gebiet in der Altstadt in engen Gassen lebten. Es war das Viertel der Handwerker, der Hafenmalocher und der Halbwelt. Kein ehrenwerter Hamburger Kaufmann traute sich hier herein.

Als die **Choleraepidemie** in Hamburg wütete, wurden die unhaltbaren hygienischen Bedingungen öffentlich. Die später einsetzende Neubebauung bedeutete dann das Aus für weite Teile dieser Arme-Leute-Siedlung. Der Bäckerbreitergang hat als einziger Weg aus dieser Epoche wenigstens teilweise überlebt.

Die letzten übriggebliebenen **schmalen Budenhäuser** stehen hier auf einer Straßenseite, zu finden bei den Hausnummern 49–58. Die Gebäude Nr. 49 und 50 wurden um 1780 erbaut, die Häuser 51–58 erst Anfang des 19. Jh. Übrigens bedeutet die Bezeichnung „Bude" lediglich, dass die Wohnung im Erdgeschoss lag, während ein eigener Eingang dann in eine andere Wohnung im Obergeschoss führte, den sogenannten „Sahl".

› U2 „Gänsemarkt"

## 17 Großneumarkt ★ [M10]

Der Bäckerbreitergang stößt auf den Rademachergang und dieser auf die Straße Kohlhöfen, die zum Großneumarkt führt, wenn auch der letzte Abschnitt dieser Straße Thielbek heißt. Dort steht bei Hausnummer 12–14 noch ein historisches **Fachwerkhaus aus dem Jahr 1780.** Es ist ein Beispiel dafür, wie hier vom 17. bis 19. Jh. alle Häuser aussahen, und das letzte seiner Art am Großneumarkt.

Der Platz selbst ist von einigen Bäumen bestanden und an Sommerabenden ein beliebter **Treffpunkt.** Am Mittwoch- und Samstagvormittag findet hier ein **Wochenmarkt** statt. Rings um den Platz ist eine Reihe von **Lokalen** zu finden, beinahe alle bieten Möglichkeiten zum Draußensitzen. Sowohl portugiesische als auch japanische Küche gibt es, Irish Rock und ganz normale Bierpinten. In den Seitenstraßen haben sich in letzter Zeit einige junge **Designer** angesiedelt, hier lohnt ein neugieriges Stöbern durch die kleinen Geschäfte. Am Großneumarkt ist man dann schon fast im Rücken des **Michel** 49 und hat den Bogen bis zum Hafenrand beinahe geschafft.

› S „Stadthausbrücke“

### Shopping

Der in diesem Kapitel beschriebene Bereich der Stadt ist eigentlich eine einzige Einkaufszone. Am **Neuen Wall** 12 liegen hauptsächlich Geschäfte der gehobeneren oder gar Luxuskategorie, in den **Passagen** findet man eine beeindruckende Vielfalt an Shops und auch in den kleinen **Seitenstraßen** lassen sich so manche Perlen finden. So auch in der **Wexstraße** [M/N10], die sich unmittelbar beim Großneumarkt befindet und wo sich in den letzten Jahren eine Vielzahl von kleinen, innovativen Läden und Designern angesiedelt hat.

- › **Bücherstube Felix Jud** (s. S. 174). Schöne, alte Buchhandlung mit ausgefallenen Werken und viel Fachwissen.
- › **Duske & Duske** (s. S. 175). Fachhandel für kubanische Zigarren. Auf kleinstem Raum, aber mit höchster Fachkompetenz.
- › **Ladage & Oelke** (s. S. 176). Hier kauft der Hamburger Kaufmann traditionell seine Maßkonfektionsware.
- › **Männersache** (s. S. 176). First-Class-Mode für Männer zu Schnäppchenpreisen.
- › **Secondella** (s. S. 177). Hochwertige Secondhandmode.
- › **Thalia Buchhandlung** (s. S. 175). Eine der größten Filialen dieser Buchhandelskette in der Innenstadt.

### Kulinarisches

- › Im **Piccolo Paradiso** (s. S. 158) werden neben vegetarischen Gerichten aus dem Mittelmeerraum ökologisch angebaute Weine angeboten.

⌄ *Häuser im Bäckerbreitergang*

196hg Abb.: sm

# Altstadt

*Nun betritt der Besucher Hamburgs ältestes Gebiet, stand hier doch eine erste Siedlung namens „Hammaburg". Leider ist aus jenen Tagen nicht viel übriggeblieben. Eine klassische Altstadt, wie man sie sich unter dem Namen vorstellen mag, existiert nicht. Zwei gewaltige Katastrophen haben nämlich so ziemlich alle historischen Gebäude vernichtet. 1842 wütete zunächst ein gewaltiges Feuer und zerstörte weite Teile der Altstadt. Nach diesem Unglück wurde die Innenstadt völlig neu konzipiert und wieder aufgebaut. Sie erlitt dann aber während der Bombardierungen im Zweiten Weltkrieg abermals schwere Schäden, weite Teile der Hamburger Innenstadt wurden völlig zerstört. Nur wenige historische Gebäude haben diese beiden Katastrophen überstanden.*

## 18 Trostbrücke ★ [011]

Eine erste Brücke wurde hier nachweislich bereits im Jahre 1266 gebaut. Die heutige Trostbrücke entstand 1881 und überquert das Nikolaifleet. Zwei **Standbilder** erheben sich links und rechts auf dem Geländer, sie stellen **Erzbischof Ansgar von Hamburg** (834–865) und **Graf Adolf III. von Schauenburg** (1164–1225) dar. Sie symbolisieren die Verbindung zweier Herrschaftsgebiete, denn die Brücke verband damals das bischöfliche Gebiet rund um den nicht mehr existierenden Dom (Gründer: Erzbischof Ansgar) und das Gebiet der kaufmännischen Neustadt, die dem Schauenburger unterstand.

Lange Zeit ging man davon aus, dass der **Name** der Brücke sich davon ableitete, dass hier zum Tode Verurteilten der letzte Trost zugesprochen wurde, aber diese These hat heute keinen Bestand mehr.

› U3 „Rathaus"

## 19 Laeiszhof ★ [011]

Direkt am Fleet stehen bei der Trostbrücke 18 zwei altehrwürdige Kontorhäuser, der Globushof 20 und der Laeiszhof. Der **Reeder Ferdinand Laeisz** ließ an dieser Stelle 1897/98 ein **Kontorgebäude** – heute würde man „Bürohaus" sagen – errichten. Dieser Bau schließt unmittelbar an das Nikolaifleet an und folgt etwas geschwungen seinem Lauf. Am Gebäude sind auch **vier Statuen** an-

gebracht: Kaiser Wilhelm I., Bismarck, Albrecht von Roon und Helmuth Karl Bernhard Graf von Moltke.

Laeisz' Reederei besaß 65 Frachtensegler, die als **Flying-P-Liner** bekannt wurden. Alle Schiffe trugen einen Namen, der mit P begann: Pamir, Passat, Padua, Pola usw. Diese Besonderheit wurde gewählt, da die Ehefrau des Reeders – wegen ihrer Frisur – den Spitznamen „Pudel" hatte. Noch heute ist am Kontorgebäude oben am Giebel zwischen zwei Türmchen eine **Pudelfigur** erkennbar.

› Trostbrücke 1, U3 „Rathaus"

### 20 Globushof ★ [011]

Gegenüber dem Laeiszhof steht ein anderes historisches **Kontorhaus**, der Globushof, der 1907 für die damalige Globus-Versicherung erbaut wurde. Das Dach ist mit zwei glänzenden **Koggen** geschmückt, abermaliger Ausdruck der Handelsmacht Hamburger Kaufleute. Sowohl Laeisz- als auch Globushof überstanden den Bombenhagel des Zweiten Weltkriegs unbeschadet, während ganz in der Nähe eine Kirche in Schutt und Asche fiel.

› Trostbrücke 2, U3 „Rathaus"

*◁ Graf Adolf III. von Schauenburg schaut von der Trostbrücke hinab*

## Spaziergang 3: Durch die Altstadt

*Die Hamburger Altstadt ist nicht sehr groß und sie zeigt sich auch nicht als eine „typische" Altstadt, da durch den* ***Großen Brand*** *und den* ***Zweiten Weltkrieg*** *viele historische Gebäude zerstört wurden. Dennoch lohnt ein Bummel durch diese ruhige Zone, in der einige bemerkenswerte Gebäude stehen. Vom Rathaus 7 geht man dazu zunächst durch die Große Johannisstraße und biegt dann links in die Straße* ***Börsenbrücke.*** *Hier ändert sich erkennbar die Gebäudestruktur, denn die Häuser sind kleiner und beherbergen viele* ***kleinere Geschäfte*** *und* ***Lokale.*** *Eine ganze Reihe von Hamburgern, die hier in der City arbeiten, nutzen diese Lokale für ihre Mittagspause, am Abend leeren sich die Straßen dann spürbar.*

*An der Ecke zur Straße Trostbrücke befindet sich ein eindrucksvolles Gebäude, die* ***Patriotische Gesellschaft.*** *Sie wurde 1765 als „Hamburgische Gesellschaft zur Förderung der Künste und nützlichen Gewerbe" gegründet und erhielt später ihren heutigen Namen. Die damaligen Honoratioren stellten sich die Aufgabe, für Verbesserungen in allen Lebensbereichen zu sorgen und (Zitat) „sich nicht auf Obrigkeit und Kirche zu verlassen". Eine frühe Interessengemeinschaft mit gemeinnützigem Anspruch also. Diesem Anspruch wurden die frühen Patrioten (die Mitglieder nannten sich selbst so) dann auch gerecht. Sie gründeten beispielsweise die*

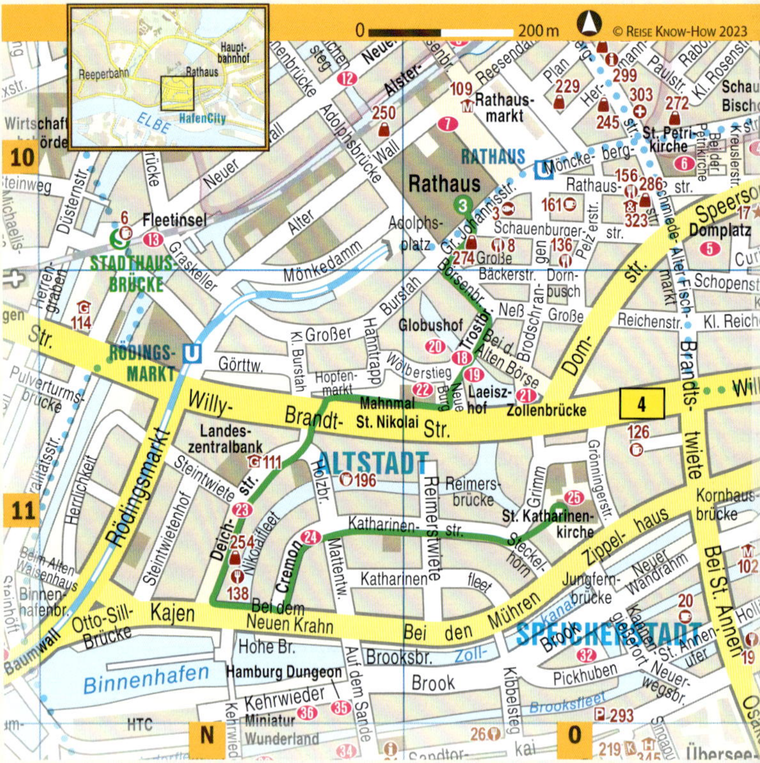


- ❹ [O10] Schauraum Bischofsburg S. 25
- ❺ [O10] Domplatz S. 26
- ❻ [O10] St. Petrikirche S. 26
- ❼ [O10] Rathausmarkt und Rathaus S. 28
- ⓬ [N10] Neuer Wall S. 36
- ⓭ [N10] Fleetinsel S. 36
- ⓲ [O11] Trostbrücke S. 42
- ⓳ [O11] Laeiszhof S. 42
- ⓴ [O11] Globushof S. 43
- ㉑ [O11] Zollenbrücke S. 46
- ㉒ [O11] Mahnmal St. Nikolai S. 46
- ㉓ [N11] Deichstraße S. 47
- ㉔ [N11] Cremon S. 48
- ㉕ [O11] St. Katharinenkirche S. 48
- ㉜ [O11] Speicherstadt S. 56
- ㉟ [N11] Hamburg Dungeon S. 63
- ㊱ [N11] Miniatur Wunderland S. 63

Alle weiteren Karteneinträge s. S. 266.

*erste deutsche Lebensversicherung, aber auch das Museum für Hamburgische Geschichte. Das Gebäude steht an der Stelle, wo vor dem Großen Brand das alte Hamburger Rathaus viele Jahrhunderte überdauert hatte, und wurde in den Jahren 1844 bis 1847 gebaut. Von 1859 bis 1897 wurde es von der Hamburger Bürgerschaft als Sitzungssaal genutzt, bevor diese dann in das neu erbaute, heute noch bestehende Rathausgebäude umziehen konnte.*

*Wer jetzt vorbei an zwei prächtigen Kontorhäusern, dem Laeisz-* 19 *und dem Globushof* 20*, über die* ***Trostbrücke*** 18 *bummelt, erreicht das* ***Mahnmal St. Nikolai*** 22*. Diese ehemals sehr große Kirche wurde im Jahr 1942 ein Opfer der Bombardierung und als Mahnmal und zerstört stehengelassen. Das Mahnmal St. Nikolai liegt an der stark befahrenen Willy-Brand-Straße. Dieser immer noch leicht rußgeschwärzte Kirchenturm ragt steil in den Himmel und symbolisiert sehr eindrucksvoll noch heute den Kriegswahnsinn. Eine Ausstellung im Untergeschoss ergänzt diesen Eindruck und erläutert die Geschichte der Kirche und der fürchterlichen Bombardierung Hamburgs. Um zum Hafenrand und zu Hamburgs ältesten Straßen zu gelangen, überquert man die breite Straße und erreicht auf diese Weise das auf der anderen Seite gelegene Nikolaifleet, über das die sogenannte* ***Holzbrücke*** *führt, wo sich eine Hamburger Institution befindet: das* ***Theaterschiff Hamburg*** *(s. S. 167), auch „Kulturdampfer" genannt. Hier finden auf begrenztem Raum in einer ganz besonderen Umgebung und Atmosphäre kulturelle Veranstaltungen statt.*

*Das* ***Nikolaifleet*** *ist eine Art Kanal, der aus dem ehemaligen Alsterlauf entstand. Er schlängelt sich an alten Hamburger Kaufmannshäusern vorbei und mündet in den Binnenhafen. Auf diesem Wege wurden früher Waren per Lastkahn zu den Handelshäusern gebracht und auf den Speicherböden zwischengelagert, sozusagen vom Schiff direkt ins Lager.*

*Beim Überqueren der Holzbrücke, die aber längst nicht mehr aus diesem Material besteht, kann man einen tollen Blick auf die Rückfront der Häuser an Deichstraße* 23 *und Cremon* 24 *genießen. Vor allem die* ***Deichstraße*** *bietet sich als Pausenstopp an, denn dort gibt es mehrere Restaurants, nicht nur das hier schon erwähnte Ti Breizh (s. S. 157). In der warmen Jahreszeit stellen etliche von ihnen Tische und Stühle vor die Tür, aber vor allem haben einige nach hinten heraus zum Fleet Plätze auf einem schwimmenden Ponton.*

*Dieser Bereich zählt zu den* ***ältesten Straßen Hamburgs.*** *Hier standen schon in den Anfängen der Stadt Kontorhäuser am Wasser. Säcke, Fässer und Paletten wurden entweder per Schiff oder über den Deich angeliefert und mit einem Lasthaken auf den Speicher hochgezogen. Heute gibt es hier einige* ***Lokale,*** *die hinten auf dem Fleet eine schwimmende Terrasse haben. Je nach Wasserstand muss der Besucher etwas mehr oder etwas weniger steil über die hölzerne Planke hinuntergehen. Von hier sind es nur noch wenige Schritte durch die Katharinenstraße zur* ***St. Katharinenkirche*** 25*, die im Viertel der ehemaligen Bierbrauer liegt.*

## 21 Zollenbrücke ★ [011]

Die schräg auf ein großes Versicherungsgebäude zulaufende Brücke, von der aus man den Laeiszhof besonders gut sehen kann, gilt als **älteste Fleetbrücke Hamburgs.** 1355 wurde sie erstmalig dokumentiert, die aktuelle Brücke stammt aus dem 17. Jahrhundert. An dieser Stelle stand einst ein Zollhaus der Grafen von Schauenburg.

› U3 „Rathaus"

## 22 Mahnmal St. Nikolai ★★ [011]

Über die Trostbrücke 18 erreicht man den **rauchgeschwärzten Nikolaiturm,** der sich hier in den Himmel reckt, vom Rest der Kirche ist nicht mehr viel zu sehen.

Eine erste kleine Kapelle wurde bereits 1195 hier erbaut. In den folgenden Jahrhunderten vergrößerte man sie zu einer beachtlichen **dreischiffigen Hallenkirche.** 1517 maß ihr Turm stolze 135 m. 1589 brannte der Turm und 1644 stürzte er bei einem weiteren Unglück sogar ein. Hamburger Bürger spendeten jedes Mal großzügig und die Kirche St. Nikolai wurde wieder aufgebaut. 1842 wurde auch sie jedoch durch den **Großen Brand** völlig zerstört. Noch einmal sammelten Hamburger Bürger und bauten die Kirche erneut auf, diesmal mit einem 147 m hohen Turm. Dieser war 1876 für kurze Zeit das höchste Gebäude der Welt und gilt auch heute noch als fünfthöchster Kirchturm weltweit. Ausgerechnet dieser überstand überraschenderweise den **Bombenhagel von 1943,** das gesamte restliche Gotteshaus wurde zerstört. Und diesmal beschloss man, den immer noch **dritthöchsten Kirchturm Deutschlands** nebst der Kirchenruine als Mahnmal stehen zu lassen. Eine völlig neue St. Niko-

### Über 2479 Brücken kannst Du geh'n

*„Über sieben Brücken musst Du geh'n", heißt es in einem bekannten Lied. Darüber kann ein Hamburger nur lachen, er hat ganz genau 2479 zur Auswahl, das sind **mehr, als Amsterdam und Venedig zusammen** bieten. Für Statistiker: 1172 Straßen-, 383 Hafen-, 517 Eisenbahn- und 407 Hochbahnbrücken. Wer also durch Hamburgs Innenstadt bummelt, hat gute Chancen, seinen Teil an den zweitausendvierhundertneunundsiebzig abzukriegen. Manche Brücke ist historisch (Zollenbrücke 21), manche etwas schaurig (Trostbrücke 18), andere sind nett anzusehen (Lombardsbrücke 11, vor allem bei Nacht), die allermeisten aber sind wohl nur praktisch. Aber eine, die hat was! Besonders, wenn man am Abend im Auto langsam über sie fährt (für Radfahrer und Fußgänger ist sie gesperrt). Die **Köhlbrandbrücke** misst gute 3,6 km und überspannt in 50 m Höhe einen Wasserlauf. Vom Elbufer aus gut zu sehen, genießt man umgekehrt von der Brücke einen wahrlich göttlichen Blick auf Hamburg, allerdings ist der Abriss ab 2034 geplant.*

› ***Tipp:** Der Bus Nr. 151 fährt vom S-Bahnhof Wilhelmsburg über die Köhlbrandbrücke. Genaue Infos gibt es unter www.hvv.de.*

laikirche wurde nun am Klosterstern im fernen Eppendorf (74) gebaut.

Im Turm der Nikolaikirche befindet sich ein **gläserner Lift**, der Besucher auf eine Höhe von 76 m bringt. Von dort oben genießt man einen tollen Fernblick. Ein **Museum** mitten im Kellerbereich der Ruine zeigt einen historischen Abriss über St. Nikolai und vor allem werden die schrecklichen Ereignisse rund um den „Feuersturm" nach der Bombardierung Hamburgs 1943 sehr eindrucksvoll dargestellt. Eine sehr gut gemachte Dokumentation!

› Willy-Brandt-Straße 60, U3 „Rödingsmarkt", Tel. 371125, www.mahnmal-st-nikolai.de, Eintritt: 5 €, Kinder 3 €, als Kombiticket mit Lift, geöffnet: tägl. 10–17 Uhr, Mai bis Sept. bis 18 Uhr. Ein Glockenspiel (Carillon) aus 51 Glocken hängt frei am Turm. Es spielt tägl. um 9, 12, 15 und 18 Uhr eine Melodie. Jeden Do. um 12 Uhr findet außerdem ein 30-minütiges Carillon-Konzert eines Carilloneurs statt.

## (23) Deichstraße ★★ [N11]

*Hier sind einige sehr schöne und vor allem historisch interessante Häuserfassaden zu sehen. Besonders das Ensemble zur Fleetseite kann sich bei Sonnenschein und auflaufendem Wasser richtig malerisch zeigen.*

Die Deichstraße wurde 1304 erstmals urkundlich erwähnt, damals wurde hier ein **Deich aufgeschüttet**, um das vergrö-

*Die Häuser der Deichstraße reichen nach hinten bis an das Nikolaifleet heran*

ßerte Stadtgebiet zu schützen. Die Straße verläuft ebenso wie die Parallelstraße Cremon (24) entlang des **Nikolaifleets,** wo sich der erste Hamburger Hafen befand. Hier in der Straße begann aber auch 1842 der fürchterliche **Brand,** der große Teile der Hamburger Innenstadt vernichtete. Das Feuer wütete mehrere Tage und kam erst kurz vor der Binnenalster zum Stillstand. Eine **Büste** erinnert an den **Kaufmann Theodor Dill** (1797–1885), der mit neun anderen Männern die Börse vor den Flammen gerettet hatte.

Einige **historische Gebäude** aus vergangenen Jahrhunderten sind noch erhalten: Das Haus mit der **Nummer 47** wurde 1658 erbaut, erlitt aber im Krieg schwere Bombenschäden. Nebenan gibt es noch einen klassischen Kolonialwarenhändler oder, anders gesagt, einen Tante-Emma-Laden. **Haus Nr. 43** wurde im Jahr 1697 erbaut. Im Haus mit der Nummer 42 brach der Große Brand von 1842 aus, der die Hamburger Innenstadt in Schutt und Asche legte. Das Gebäude mit der **Hausnummer 37** wurde 1686 erbaut und während des Großen Brandes stark beschädigt. Es ist das einzige Haus mit einer zweigeschossigen Diele. **Haus Nr. 27** enstand um das Jahr 1780 als Warenspeicher, was anhand der Luken und der Krannase noch erkennbar ist. Es gilt als ältester noch erhaltener Speicher der Stadt. Im **Haus Nr. 25** befindet sich das Lokal Zum Brandanfang, das heute als Hamburgs älteste Schankwirtschaft gilt. Ein erstes Lokal auf Pfählen wurde hier um 1570 erbaut.

› U3 „Rödingsmarkt"

KLEINE PAUSE

**Ti Breizh**

In der kleinen, gemütlichen bretonischen **Crêperie Ti Breizh** (s. S. 157) gibt es „oberleckere" *galettes* (Pfannkuchen) mit köstlichen Füllungen. Eine ebenso kleine Boutique mit Angeboten aus der Bretagne ist im Lokal integriert.

## (24) Cremon ★ [N11]

Die Straße Cremon wurde erstmals **1241 urkundlich erwähnt.** Sie verlief auf dem nicht mehr erkennbaren Westdeich der ehemaligen Cremoninsel entlang. Nur noch einige wenige **Speicherhäuser** aus dem 18. oder 19. Jh. sind erhalten geblieben, zu finden bei den Hausnummern 33 bis 36. Aus der Zeit der Wende zum 20. Jh. stammen die Häuser Nr. 37, 38 und 11. Überall sind die **Luken** der einzelnen Böden zu erkennen und ganz oben baumelt aus einer Dachluke immer ein **Kranhaken.** Damit wurden die Lasten hochgezogen und in die Speicherböden gehievt.

› U3 „Rödingsmarkt"

## (25) St. Katharinenkirche ★ [O11]

Erbaut wurde die St. Katharinenkirche in der Mitte des 13. Jh. auf einer damals noch existierenden Marschinsel. Nicht ganz ein Jahrhundert lang (1377–1450) dauerten die Arbeiten, bis die dreischiffige Kirche die heutige Größe erreichte. Damals lebten in der Gegend vor allem **Bierbrauer** und **Schiffbauer** vom und am Wasser.

Bis 1888 blieb alles beim Alten, aber in jenem Jahr wurde die **Speicherstadt** (32) **eröffnet** und die Bewohner des Areals umgesiedelt: Schlagartig wanderten 20.000 Gemeindemitglieder ab.

Im **Zweiten Weltkrieg** erlitt die Kirche schwere Bombenschäden, wurde aber nach einigem Hin und Her dann doch wieder aufgebaut.

Das **Kircheninnere** selbst wirkt sehr nüchtern, die hohen, hellen Wände sind nur vereinzelt geschmückt. Hervorstechend bleibt das gewaltige **Gloria-Fenster** im Chorraum mit seiner hübschen Glasdekoration. Davor steht ein relativ kleiner, dreiteiliger Altaraufsatz aus vergoldeter Bronze. Das Mittelstück zeigt das Pfingstwunder, die beiden Außenseiten Teile der Ostergeschichte. Auch der an der Seite stehende **Leib-Christi-Altar** fällt auf. Er versinnbildlicht die Darreichung des geteilten Brotes zur Überwindung von Feindschaft. Im Nordschiff wurde ein weiteres hübsches Glaskunstwerk geschaffen, das sogenannte **Tauffenster.** An der Westseite befindet sich eine **Gedenktafel** für die 80 ertrunkenen Seeleute des Segelfrachters Pamir, der 1957 in einem Sturm vor den Azoren sank. Oben an der Decke befinden sich 205 vergoldete Sterne.

› Katharinenkirchhof 1, U1 „Meßberg", Tel. 30374730, www.katharinen-hamburg.de, geöffnet: Mo.–Fr. 10–17, Sa./So. 11–17 Uhr, Orgelführungen: Mi. 12.50 Uhr

## Kulinarisches

› **Café Paris** (s. S. 161). Ein richtig schickes Bistro im Jugendstil mit viel französischem Charme.

› **Gröninger Braukeller** (s. S. 155). Uriger Brauereikeller aus dem Jahr 1750, wo noch eigenes, süffiges Bier gebraut und deftiges Essen serviert wird.

8 [O10] **Hanoi Deli Rathaus** €-€€, Schauenburger Straße 49, Tel. 60001910, www.hanoideli-rathaus.de, geöffnet: Mo.–Fr. 11.30–15.30, 16.15–22, Sa. 12.30–15.30, 16.15–22, So. und feiertags 13.00–15.30, 16.15–20.30 Uhr. Vietnamesische Küche und Mittagstisch, auch vegane und vegetarische Gerichte.

9 [P10] **Hofbräu Wirtshaus** €-€€, Am Speersort 1, Tel. 34993838, www.hofbraeu-wirtshaus.de/speersort, geöffnet: tägl. 11–24 Uhr. Rustikal-gemütlich mit bayerischem Touch und bayerisch-deftiger Küche. Im Sommer kann man auch auf der sehr großen Terrasse sitzen.

*Ein Detail des Gloria-Fensters in der St. Katharinenkirche*

# Kontorhausviertel

*Wo sich lange Zeit mit dem sogenannten Gängeviertel eines der ärmsten Viertel der Stadt befand, stehen seit Anfang des 20. Jh. wuchtige Kontorhäuser im Backsteinschick. Das Gängeviertel lag zwischen Steinstraße und Messberg und im Bereich der damals noch nicht existierenden Mönckebergstraße* 2. *Ein zweites Gebiet befand sich in der Nähe vom heutigen Johannes-Brahms-Platz* 15.

Geprägt waren die Viertel durch sehr **schmale, dunkle Gänge, enge Fachwerkhäuser** und **unhaltbare hygienische Zustände.** 1892 grassierte hier die **Cholera** und forderte Tausende von Opfern, danach wurde das Gebiet radikal saniert und das komplette Viertel abgerissen. Auf den nun freien Flächen baute man völlig neue Häuser, die sogenannten **Kontorhäuser.** Das waren wuchtige Backsteinbauten, in die neue Mieter einziehen sollten. Es entstanden keine Wohnungen, sondern **reine Bürohäuser.**

Zugleich wurde auch ein **jahrhundertealtes Prinzip** aufgebrochen. Bislang besaßen die wohlhabenden Kaufleute eigene Speicherhäuser, in denen sie selbst wohnten (zumeist unten) und in deren oberen „Böden" ihre Waren zwischenlagerten. Dieses Prinzip wurde nun geändert. In den Kontorräumen wurde ausschließlich Büroarbeit verrichtet, niemand wohnte dort, und Waren wurden im Hafen oder in der Speicherstadt gelagert.

Die „Bürohäuser" befinden sich beim zentralen **Burchardplatz** [P10/11], nur wenige Schritte von der imposanten Speicherstadt 32 entfernt. Hintergrund war der Hamburger Zollanschluss ans Deutsche Reich, wobei die Hamburger Kaufleute sich das Privileg sicherten, ihre Waren im sogenannten „Zollausland" in der Speicherstadt lagern zu dürfen. Nun fehlten nur noch die passenden Kontorhäuser und die erschuf **Baudirektor Fritz Schumacher.**

Die Bewohner des Gängeviertels wurden in die deutlich weiter entfernt liegende Jarrestadt (in Barmbek, wurde Anfang der 1920er-Jahre neu gebaut) und auf die Elbinsel Veddel **umgesiedelt.**

› Das Kontorhausviertel wird am besten mit der **U3 bis „Messberg" oder „Steinstraße"** erreicht.

## 26 Chilehaus ★★★ [P11]

*Das Kontorhaus hat eine Höhe von zehn Etagen und die Form eines spitz zulaufenden Schiffes. Abends ist es besonders schön anzusehen, denn dann wird es zauberhaft illuminiert.*

Entworfen vom Architekten Fritz Höger, wurde das Chilehaus 1922 bis 1924 für den **Reeder Henry Sloman** erbaut, der durch den Salpeterhandel mit Chile reich geworden war. Die spitz zulaufende **Form eines Schiffsbugs** dürfte einmalig in Hamburg sein und ist besonders von Osten betrachtet sehr eindrucksvoll. Die **obersten Stockwerke** wurden etwas zurückgesetzt gebaut, sodass sie ein wenig aussehen, als hätte man sie nachträglich aufgesetzt, ein Phänomen, das auch bei den meisten anderen Kontorhäusern beobachtet werden kann. Bemerkenswert ist auch, dass das Haus eine Straße (Fischertwiete) überspannt.

Heute befinden sich unten im Chilehaus einige **Geschäfte** und **Lokale**, der

Rest besteht nach wie vor aus **Büros.** Insgesamt hat das Gebäude eine Nutzfläche von 30.000 m². Am **Eingang A** prangt das chilenische Staatswappen, gestützt von einem Kondor und einem Andenhirsch.

Vollkommen in das Gebäude integriert ist auch eine Polizeiwache mit einem auffälligen Portal, die **Polizeiwache am Klingberg.** Bereits 1906 wurde dieses historisch-schöne Gebäude im Stil Althamburger Bürgerhäuser gebaut und später in das benachbarte Chilehaus einbezogen.

Seit 2015 zählen Chilehaus, Kontorhausviertel und Speicherstadt zum **UNESCO-Weltkulturerbe.**

› zwischen Burchardplatz und Pumpen

### Kulinarisches

10 [P10] **Altstädter Stube** €, Altstädter Straße 17, Tel. 335862, https://altstaedterstube.metro.rest, geöffnet: Mo.–Fr. 10–21 Uhr. Urig-rustikales, relativ kleines Lokal mit traditioneller deutscher Küche. Unter anderem gibt es „Bratkartoffeln mit …" Die Stube verströmt das Flair alter Zeiten und ist obendrein günstig, wenn man die Citylage bedenkt.

11 [P11] **bona'me** €, Burchardstr. 17, Tel. 32870170, https://bona-me.de, geöffnet: Mo.–Fr. 10–23, Sa./So. 9–23 Uhr. Kurdisch-türkische Küche in ziemlich großen Räumlichkeiten.

*Das Chilehaus wird nachts herrlich illuminiert*

## 27 Sprinkenhof ★★ [P11]

Der Sprinkenhof entstand zwischen 1925 und 1943 in drei Schritten. Es ist das größte Kontorhaus, steht gegenüber dem Chilehaus 26 und hat die Form eines **neunstöckigen Rechtecks.** Die für Autos gesperrte **Straße Springeltwiete** verläuft in zwei Durchfahrten durch das Gebäude und durch einen großen Innenhof, an dem sich ein paar **Lokale** und **Geschäfte** befinden. Das gesamte Ensemble hat drei große Innenhöfe. Der Architekt soll sich bei der Gestaltung an den Dogenpalast in Venedig angelehnt haben, der Sprinkenhof war seinerzeit das größte Bürogebäude Hamburgs. Die Fassade wird durchgängig von **Symbolen aus Handel und Handwerk** geschmückt.

› zwischen Altstädter Straße und Burchardstraße

## Weitere sehenswerte Gebäude

★12 [P10] **Altstädter Hof,** zwischen Altstädter Straße und Steinstraße. Dieses große Gebäude wurde zwischen 1936 und 1937 gebaut. Unten gibt es Geschäfte und Lokale, oben ausnahmsweise vermietete Wohnungen. Bemerkenswert ist, dass an der Außenfassade Figürchen angebracht sind, die Hamburger Berufe darstellen. Etwas versteckt im Innenhof von der Steinstraße kommend, befindet sich eine Skulptur von einem Fackelläufer im Olympiajahr 1936, die auf das Baujahr hinweisen soll.

★13 [P10] **Bartholomayhaus,** Altstädter Straße 1–3. Das Bartolomayhaus wurde 1938/39 für Rudolf Bartholomay als letztes Kontorhaus gebaut und fällt besonders durch seine riesigen Scheingiebel auf. Das sind Giebel, die lediglich vortäuschen, dass sich dahinter ein ganzes Stockwerk befindet. Sogar Windlöcher wurden gelassen, damit die Wände nicht bei einem Sturm umgepustet werden.

★14 [P11] **Miramarhaus,** zwischen den Straßen Kattrepel, Curienstraße und Schoppenstehl. Das Eckgebäude ist das erste im Kontorhausviertel gebaute Bürohaus. Es hat eine spitz zulaufende, aber abgerundete Ecke und entstand für die Handelsgesellschaft Miramar.

★15 [P10] **Mohlenhof,** Burchardplatz. Der Mohlenhof ist eines der zentralen Gebäude des Kontorhausviertels. Er wurde 1928 aus Backstein erbaut und über dem Eingangsbereich an der Hauptecke befindet sich eine Skulptur des Merkur, des Gottes der Händler.

★16 [P11] **Montanhof,** Niedernstraße, Ecke Katreppel. Dieses Gebäude entstand zwischen 1924 und 1926 und weist Elemente des Expressionismus auf. Es besitzt auffällige Dreieckserker und ein schon klassisches Staffelgeschoss.

★17 [O10] **Pressehaus,** Domplatz. Fast ein wenig am Rande des Kontorhausviertels steht das Pressehaus. Es entstand 1938 und war als Sitz einer Hamburger Tageszeitung geplant. Ursprünglich trug es ein Walldach, das aber im Krieg zerstört und durch ein Staffelgeschoss ersetzt wurde. Unten beifindet sich ein Arkadengang zur Steinstraße.

EXTRATIPP

**„Schmidt! Demokratie leben"**
Die Bundeskanzler-Helmut-Schmidt-Stiftung zeigt eine Dauerausstellung zur Person Helmut Schmidts und ihrer Bedeutung im deutschen und internationalen zeitgeschichtlichen Kontext.

18 [P10] **Helmut-Schmidt-Forum,** Kattrepel 10, Tel. 18231218, www.demokratie-geschichte.de/karte/4338, geöffnet: Mi.–So. 11–17 Uhr, Eintritt frei

# Die „Museumsmeile“

*Hamburg bietet die einzigartige Möglichkeit, auf einem Abschnitt von knapp einem Kilometer fünf Museen und Kunstausstellungen zu besuchen. Die im Folgenden beschriebenen Institutionen liegen alle in unmittelbarer Nähe zum Hauptbahnhof* ❶ *und man kann sie von dort alle locker zu Fuß erreichen.*

*Wer vorhat, sich mehr als ein Museum anzuschauen, sollte sich die Hamburg Card (s. S. 233) besorgen. Mit dieser Karte sind teilweise erhebliche Eintrittsrabatte verbunden.*

⌃ *Schon vor der Kunsthalle trifft man auf Kunstwerke, hier im Bild die Rotunde*

## ㉘ Hamburger Kunsthalle und Galerie der Gegenwart ★★ [P9]

*Die Hamburger Kunsthalle besteht aus zwei Gebäuden, die unterirdisch miteinander verbunden sind: die „eigentliche“ Kunsthalle und die Galerie der Gegenwart.*

Die Kunsthalle wurde in den Jahren 1863 bis 1869 als Ziegelrohbau mit Sandsteinelementen im Stil der **italienischen Renaissance** erbaut. Auffällig ist vor allem der Erweiterungsbau, die **Rotunde**, wo sich auch der Haupteingang befindet.

Auf mehreren Etagen findet der Besucher verschiedene **Themenschwerpunk-**

**te:** Galerie der alten Meister, Galerie des 19. Jahrhunderts (u. a. Impressionisten), Galerie der klassischen Moderne (Emil Nolde, Ernst Ludwig Kirchner, Max Beckmann, Paul Klee) und wechselnde Ausstellungen. Weiterhin wurde eine spezielle Sammlung zur Malerei in Hamburg eingerichtet. Außerdem gibt es mit dem **Hubertus-Wald-Forum** eine separate Ausstellungsfläche von 725 m², die durch eine Spende der Familie Wald von 1,8 Mio. Euro ermöglicht wurde.

Unterirdisch wird der Besucher über ein rotes Laufband in die **Galerie der Gegenwart** geführt. Der würfelartige Ergänzungsbau, 36 x 30 m in den Abmessungen, gehört seit 1997 zur Kunsthalle. Auf 5600 m² über fünf Etagen werden in hellen, lichtdurchfluteten Räumen etwa 450 Werke **moderner Kunst seit 1960** gezeigt. Zu finden sind beispielsweise Werke von Joseph Beuys, Andy Warhol und Horst Janssen.

› Glockengießerwall 1, U/S „Hauptbahnhof", Tel. 428131200, www.hamburger-kunsthalle.de, geöffnet: Di.–So. 10–18 Uhr, Do. bis 21 Uhr, Eintritt: Erwachsene 16 €, ermäßigt 8 €, ab 17 Uhr 8/5 €, unter 18 Jahren frei, jeden ersten Do. im Monat 18–21 Uhr freier Eintritt für alle. Für eine Stärkung sorgt das The Cube (ab 11 Uhr geöffnet, Besuch auch ohne Museumseintrittskarte möglich), das einen Blick auf die Binnenalster ermöglicht.

*Durch dieses Portal geht es in die Hamburger Kunsthalle* 28

## 29 Museum für Kunst und Gewerbe ★★ [Q10]

Bereits seit 1877 werden in diesem Museum Ausstellungsstücke zu vielseitigen Themen gesammelt. Rund 1 Mio. kamen so zusammen, von denen aber immer nur ein Teil gezeigt wird. Ein breiter Querschnitt zum **Kunsthandwerk der Antike, des Mittelalters und der Moderne** ist zu finden. Nicht vergessen wurden auch Darstellungen zur **Hamburger Geschichte.** So sind etliche Modelle des Architekten Chateauneuf ausgestellt, dessen Bauwerke noch heute stilbildend für das Hamburger Stadtbild sind.

Im **Erdgeschoss** finden sich in 17 Räumen Exponate aus Mittelalter, Barock, Renaissance und Klassizismus. Ausgestellt sind Möbel, Porzellan und Kleidungsstücke dieser Epochen, sogar ganze Wohnräume wurden wieder aufgebaut. In einem großen Saal (Nr. 3) stehen diverse historische Tasteninstrumente.

Im **ersten Obergeschoss** sind weitere Tasteninstrumente ausgestellt, aber auch Kunstwerke aus Asien, den islamischen Regionen sowie Stücke aus der Antike. Sogar ein japanisches Teehaus wurde originalgetreu nachgebildet, in dem manchmal auch die klassische japanische Teezeremonie gezeigt wird. Die **zweite Etage** zeigt Grafikdesign, Foto- und Plakatkunst der jüngeren Geschichte und Exponate aus Ostasien.

Nach dem Umzug der Redaktion des Magazins „Der Spiegel" in die HafenCity erhielt das Museum einen einzigartigen Neuzugang: Die denkmalgeschützte **Kantine des „Spiegel".** Diese wurde vom dänischen Architekten Verner Panton in den 1960er-Jahren entworfen und war viele Jahre an der Brandstwiete, dem ehemaligen Spiegel-Sitz, von außen einsehbar. So fiel allen Spaziergängern die grell-rote Dekoration auf, die sicher einzigartig war. Fast die gesamte Kantineneinrichtung hat nun als Zeitdokument der 1960er-Jahre einen Platz hier im Museum gefunden, aber ein kleiner Teil zog doch mit um in die HafenCity, damit die Spiegel-Leute beim Mittagessen nicht zu sehr ihr altvertrautes Umfeld vermissen.

Wen es nach so viel Querbeet-Kultur nach einer schöpferischen Pause verlangt, der kann sich in den ersten Stock des Museums, ins schöne **Restaurant Destille**, begeben.

› Steintorplatz 1, S/U „Hauptbahnhof", Tel. 428542732, www.mkg-hamburg.de, Eintritt: Erw. 12 €, Do. ab 17 Uhr 8 €, geöffnet: Di.–So. 10–18 Uhr, Do. bis 21 Uhr

## 30 Kunstverein ★ [Q11]

Der Kunstverein ist ein **hanseatischer Traditionsverein**, der bereits 1817 von Hamburger Bürgern gegründet wurde, mit dem Ziel, zeitgenössische Kunst zu präsentieren. Ausgestellt werden sollten vor allem einheimische Künstler, diese Ausrichtung wurde aber in späteren Jahren etwas erweitert. Nach mehreren Standortwechseln zog der Kunstverein 1993 in das heutige Gebäude in der ehemaligen **Markthalle** am Klosterwall um und präsentiert dort auf zwei Etagen **wechselnde Ausstellungen.** Unten befindet sich ein

EXTRATIPP

### Shopping

Bei **Freitag** (s. S. 180), einem Ableger des bekannten Schweizer Taschen-Labels, bekommt man ausschließlich recycelte Unikate aus Lkw-Planen u. Ä.

kleinerer Ausstellungsbereich (200 m²) mit Kunstlicht, während oben eine Fläche von 1000 m² mit Tageslicht zur Verfügung steht.

› Klosterwall 23, U1 „Steinstraße", Tel. 40322157, www.kunstverein.de, geöffnet: Di.–So. 12–18, Do. bis 21 Uhr, Eintritt: 5 €

### 31 Deichtorhallen ★ [P11]

Die beiden **Großmarkthallen** entstanden in den Jahren 1911 und 1912, da andere Marktplätze (wie der Hopfenmarkt) zu klein geworden waren. Bis 1962 wurde in den Deichtorhallen mit Gemüse und Obst gehandelt, dann zog der Großmarkt nach Hammerbrook in abermals größere Räume um. Knapp zwanzig Jahre handelten dann Händler und Großhändler mit Blumen, bis 1984 auch dies eingestellt wurde. Die Hallen wurden sich selbst überlassen und verfielen mit der Zeit.

Der **Großkaufmann Kurt Körber** spendierte schließlich ein paar Millionen und ließ die Hallen in neuem Glanz erstrahlen. Hier finden **wechselnde Ausstellungen** mit aktueller Kunst statt. Die südliche Halle wurde zum **Internationalen Haus der Photographie** umgebaut.

› Deichtorstraße 1–2, U1 „Steinstraße", Tel. 321030, www.deichtorhallen.de, geöffnet: Di.–So. 11–18 Uhr, Eintritt: pro Halle 12 €, ermäßigt 7 €, Kombi-Ticket 13 € (Halle für aktuelle Kunst und PHOXXI). **Das Haus der Photographie ist bis Sommer 2024 geschlossen**, eine temporäre Ausstellung („PHOXXI") steht hinter den Deichtorhallen.

*Die Anlieferung von Waren erfolgte in der Speicherstadt auch vom Wasser aus*

## Speicherstadt und HafenCity

*Die Speicherstadt galt als größter zusammenhängender Lagerhausbereich weltweit. Hier wurden Waren im sogenannten „Zollausland" gelagert, d. h. die Kaufleute zahlten keinen Zoll, solange die Ware nicht eingeführt wurde. Das ist heute vorbei, die Zollgrenzen wurden aufgehoben. Die wuchtigen Speichergebäude aus Backstein stehen immer noch und bilden ein ganz eigenes Viertel, das abends sehr schön angestrahlt wird.*

*Gewissermaßen im Rücken der Speicherstadt wird mitten in Hamburg ein Stadtteil aus dem Boden gestampft. Im Gegensatz zum Backstein, aus dem alle Speichergebäude gebaut wurden, sind die meisten Häuser in der HafenCity mit viel Glas versehen. Ein deutlicher Kontrast zwischen Moderne und Historie. Noch wird kräftig gebaut, aber einiges ist auch schon fertig. Und das kann sich durchaus sehen lassen!*

### 32 Speicherstadt ★★★ [O11]

Die Speicherstadt, seit 2015 zusammen mit dem Kontorhausviertel UNESCO-Weltkulturerbe, ist ein einzigartiges Ensemble aus roten Backsteinen, grünen Kupferdächern, güldenen Schriftzügen und allerlei Erkern, Krannasen und Luken. Neben den 22 Speicherblöcken gibt es noch einige Museen und Ausstellungen, die einen Besuch lohnen. Weite Teile der Speicherstadt werden außerdem nach Einbruch der Dämmerung beleuchtet, was man besonders von der Poggenmühlenbrücke [P11] mit Blick auf den Holländischen Brook gut sehen kann.

*Allzu lang ist sie nicht, diese „Stadt“, nur knapp 1,5 km, und sie besteht nur aus ein paar Straßen. Früher war es hier zwar nicht gerade beschaulich, denn Lkws lieferten ständig Waren an, aber heute hat sich das Bild insgesamt doch gewandelt. Besucher stromern zu Fuß herum und sogar einige Lokale locken nun Kundschaft an. Da im Rücken der Speicherstadt mit der HafenCity* 38 *ein hochmoderner neuer Stadtteil entsteht, geht es hier also mittlerweile immer ziemlich quirlig zu. Die ersten Wohnhäuser und Büros der nahen HafenCity sind bezogen und frischen auch die Speicherstadt ein wenig auf.*

1871 wurde das Deutsche Reich proklamiert. Die Hansestädte Bremen, Lübeck und Hamburg hatten sich das Recht erstritten, einen **Freihafen** zu betreiben. Die Lübecker gaben dann als erste ihre Position auf, die Hamburger wollten jedoch von ihrer jahrhundertealten Handelstradition nicht lassen. Waren aus aller Welt wurden innerhalb der Hamburger Stadtmauern **zollfrei** und damit billiger als sonst im Deutschen Reich verkauft. Diese Freiheit hätte den Hanseaten bereits seit dem Mittelalter zugestanden, argumentierten die Hamburger Kaufleute und verwiesen immer wieder auf einen Freibrief, in dem Kaiser Barbarossa ihnen am 7. Mai 1189 genau dieses Recht zusprach. Um die Wichtigkeit dieses Briefes zu untermauern, feiert man übrigens noch heute am 7. Mai alljährlich den **Hafengeburtstag**. Dumm nur, dass besagter Brief mittlerweile als Fälschung angesehen wird. Egal, mit diesem „Beleg“ trotzten die Hamburger viele Jahre Bismarcks Begehr nach reichsweiter Einheitlichkeit. Nach einigem Hin und Her sowie **handfesten Drohungen** von Seiten des eisernen Kanzlers entschlossen sich die Hamburger schließlich aber doch, eben-

falls dem Zollgebiet des Deutschen Reiches beizutreten. Unter einer **Bedingung:** Ein genügend großes Gebiet sollte trotz allem zollfrei bleiben – die Geburtsstunde der Speicherstadt. Am 15. Oktober 1888 trat Hamburg dem **Zollgebiet des Deutschen Reiches** bei und der Kaiser kam höchstpersönlich zu diesem feierlichen Akt.

KLEINE PAUSE

### Fleetschlösschen

**19** [011] **Fleetschlösschen by Daniel Wischer** €, Brooktorkai 17, U1 „Messberg", Tel. 30393210, geöffnet: tägl. 10.30–22.30 Uhr. Kleines Bistro in einem Backsteinhäuschen, das direkt an einem Fleet gelegen ist. Gehört zu Daniel Wischer (s. S. 35), daher gibt es hier vor allem Fisch, aber nicht nur.

Die Hamburger bekamen also einen Platz, wo sie Waren zwischenlagern konnten, **ohne Zoll zu bezahlen** – es sei denn, sie führten die Waren nach Hamburg ein, dann war Zoll fällig. Deshalb wurde noch bis vor kurzem tatsächlich jedermann von Zöllnern kontrolliert, der die Speicherstadt verließ.

Das Gelände, auf dem der neue Lagerkomplex damals entstehen sollte, war allerdings bewohnt, und zwar von **20.000 Menschen.** Diese wurden kurzerhand **umgesiedelt**, der gesamte Wohnraum abgerissen und die neuen Lagerräume aus Backstein hochgezogen. Dort lagerten die Kaufleute nun ihre Waren wie Kaffee, Tee oder auch Teppiche. Die Waren konnten hier verarbeitet oder veredelt und dann weiterverkauft werden.

Diese Regelung galt bis 2003, als die **Freihafengrenze** erstmals **verlegt** und ein Jahr später dann ganz **aufgehoben**

KLEINE PAUSE

**Café im Kaffeemuseum**

In einem alten Kaffeespeicher wurde ein einladendes Café eingerichtet. Im Untergeschoss befindet sich ein Museum, in dem Hunderte von Exponaten zum Thema Kaffee ausgestellt sind.

20 [O11] **Kaffeemuseum,** St. Annenufer 2, Tel. 55204258, www.kaffeemuseum-burg.de, Di.–So. 10–18 Uhr, Museumsführungen (50 Min.), auch mit Verköstigung, nach vorheriger Online-Anmeldung

wurde. Einfacher Grund: Die meisten Güter kommen nicht mehr als Stückgut, sondern in Containern und werden deshalb auch ganz woanders im Hafengebiet gelagert. Die Gebäude sind aber natürlich geblieben. Sie haben jeweils einen Zugang von der Straße und einen vom Wasser, denn die Speicherstadt ist von mehreren **Fleeten** und **Kanälen** durchzogen. Früher wurden die Waren auf flachen Booten geliefert, später per Lkw. Die **22 Speicher** haben fünf bis sieben „Böden“ (Stockwerke), dicke Mauern, aber keine Heizung, dennoch herrscht hier ein relativ gemäßigtes Kli-

*Das kleine Bistro Fleetschlösschen befindet sich zwischen der alten Speicherstadt 32 und der neuen HafenCity 38*

## Spaziergang 4: Durch die Speicherstadt und die HafenCity

*Ein Spaziergang durch die Speicherstadt kann an verschiedenen Stellen begonnen werden. Ein guter Einstieg wäre z. B. die Straße **Bei St. Annen** [O11], da hierher die Buslinie 6 von der Mönckebergstraße 2 kommend herfährt. An der Hauptkreuzung der Speicherstadt steht mit der Adresse **St. Annen 1** ein auffällig hübsch verschnörkeltes Gebäude. Hier sitzt die **Verwaltung** des Areals, deshalb wird es auch „Rathaus der Speicherstadt“ genannt. Ein klein wenig Ähnlichkeit mit dem „richtigen“ Hamburger Rathaus 7 kann nicht verleugnet werden.*

*Um einen guten Eindruck von den Speicherböden zu gewinnen, kann man von hier durch die Straße St. Annenufer gehen. An dieser Straße liegt auch das **Speicherstadtmuseum** 33, das einen profunden Einblick in die frühere harte Arbeitswelt hier in der Speicherstadt gewährt.*

*Ein Stückchen weiter stößt die folgende Straße Pickhuben schließlich auf die Straße Brook und deren Verlängerung ist die Straße Kehrwieder. Hier befinden sich mit dem **Miniatur Wunderland** 36 und dem **Hamburg Dungeon** 35 zwei Sightseeing-Highlights.*

*Über die Straße Auf dem Sande werden zwei weitere spannende Ausstellungsbereiche erreicht: **Spicy's Gewürzmuseum** 34 entführt in die wunderbare*

*Welt der Gewürze und das* ***HafenCity InfoCenter*** *(s. S. 64) im unübersehbaren ehemaligen Kesselhaus informiert über die neu entstehende HafenCity – auch mit einem sehr detaillierten Modell.*

*Wenn man nun schon informativ den Brückenschlag vom alten Viertel, der Speicherstadt, zum neuen, der* ***HafenCity*** *38, gemacht hat, sollte man auch den Weg dorthin fortsetzen. Dazu überquert man den Sandtorkai und geht zwischen den modernen Gebäuden durch und später über eine Brücke hinunter zum* ***Traditionsschiffhafen.*** *Hier liegen mehrere historische Schiffe an einem Steg vor Anker und bilden einen wunderbaren Kontrast zu den modernen Häusern, deren auffälligstes Merkmal offensichtlich viel Glas ist. Der Hauptzugang zum Ponton mit den historischen Schiffen liegt bei den Magellan-Terrassen [O12], einem kleinen Platz, von dem man einen ausgezeichneten Blick auf die modernen Wohnhäuser links und rechts hat, auf die historischen Schiffe und natürlich auch auf die Elbphilharmonie 39, die sich in ihrer gesamten Pracht im Hintergrund präsentiert.*

*In der HafenCity wird immer noch viel gebaut, aber fertiggestellt ist beispielsweise die Zone um den Kaiserkai [N/O12]. Dort kann man mal exemplarisch sehen, wie die HafenCity einmal ausschauen wird und Flaneure können sich heute dort bereits in mehreren* ***Lokalen*** *stärken. Am anderen Ende erhebt sich Hamburgs neues Leuchtturmprojekt, die Elbphilharmonie, die sich ziemlich eindrucksvoll zeigt. Früher war sie umstritten, heute wird sie von den meisten Hamburgern geliebt. Zurück über den Kaiserkai direkt am Wasser geht es dann durch eine schon fertig gebaute Zone mit schicken Glasbauten am Sandtorpark vorbei hinüber zum Überseequartier, wo sich ein hochinteressantes Museum befindet: Das* ***Internationale Maritime Museum*** *41 bietet eine wohl einmalige Übersicht zur Geschichte der Seefahrt.*

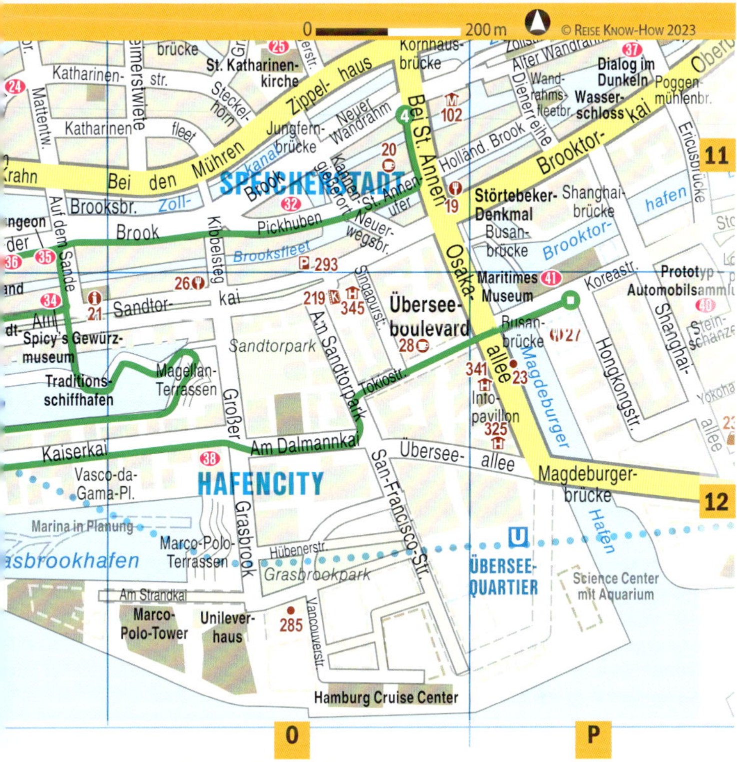


23 [N11] Deichstraße S. 47
24 [N11] Cremon S. 48
25 [O11] St. Katharinenkirche S. 48
32 [O11] Speicherstadt S. 56
33 [N12] Speicherstadtmuseum S. 62
34 [N12] Spicy's Gewürzmuseum S. 63
35 [N11] Hamburg Dungeon S. 63
36 [N11] Miniatur Wunderland S. 63
37 [P11] Dialog im Dunkeln S. 64
38 [O12] HafenCity S. 64
39 [N12] Elbphilharmonie S. 66
40 [P12] Prototyp – Automobilsammlung S. 67
41 [P12] Internationales Maritimes Museum Hamburg S. 67
42 [M11] Baumwall S. 69

Alle weiteren Karteneinträge s. S. 266.

ma. Die Lagerung der Waren wurde im Auftrag Dritter von kleinen Firmen mit eigenen **Quartiersleuten** abgewickelt. Das waren hochkarätige Experten, die auch für die Qualitätsprüfung zuständig waren. Zumeist bestand die Firma aus vier Mann, der Älteste gab seinen Namen, die anderen drei waren dann „Consorten". So findet man noch heute manchmal Firmennamen wie „Hinsch & Con."

Heute lagern nur noch einige wenige Firmen ihre Waren (hauptsächlich Teppiche) in der Speicherstadt, aber unübersehbar haben moderne Firmen (IT-Branche, Werbung) hier ihre Büros eingerichtet und vor allem aber gibt es interessante Ausstellungen und Museen.

Die Speicherstadt kann über verschiedene Brücken betreten werden, heute wird hier niemand mehr kontrolliert. Die **Kornhausbrücke** entstand kurz vor Fertigstellung der Speicherstadt und war schon immer einer der Hauptzugänge. Sie ist die Verlängerung der Straße Brandstwiete, wo der „Spiegel" viele Jahre seinen Redaktionssitz hatte, bevor die Redaktion 2011 in die HafenCity umzog. Bemerkenswert ist hier, dass die Brücke mit Skulpturen berühmter Seefahrer geschmückt ist: James Cook und Magellan (beide sind heute verschwunden) standen zur Freihafenseite, Kolumbus und Vasco da Gama (noch existent) zur Stadtseite.

Ein weiterer Zugang zur Speicherstadt führt vom Baumwall (42) (gleichnamige U-Bahn-Station) kommend über die Niederbaumbrücke Richtung Kehrwiederspitze. Dabei wird eine zweite Brücke überquert, die **Wilhelminenbrücke.** Direkt vor dieser Brücke steht etwa in einem Abstand von etwa einem Meter ein Duckdalben (Pfahl zum Festmachen von Schiffen) im Wasser, auf dem oben etliche **Münzen** liegen: Besucher versuchen nämlich immer wieder, Münzen so geschickt zu werfen, dass sie oben liegenbleiben – oft mit Erfolg. Auffälliger ist aber vielleicht noch der 27 Meter lange **Orientteppich aus farbigen Natursteinen**, der den Fußgängerbereich der Wilhelminenbrücke ziert. Er wurde im Jahr 2005 vom Künstler Frank Raendchen erschaffen und ist ein Symbol für den Handel mit Teppichen in der Speicherstadt.

› U3 „Baumwall" oder U1 „Meßberg". Anfahrt per Schiff: Mit der Maritime Circle Line, die mehrmals am Tag von den Landungsbrücken, Brücke 10, auch zur Speicherstadt fährt, aber noch weitere Stopps einlegt, u. a. bei der Ballinstadt, ebenfalls mit Bus Nr. 111, der am Sandtorkai in der Speicherstadt hält.

### (33) Speicherstadtmuseum ★ [N12]

Das Museum ist eine Außenstelle des Museums für Arbeit, und genau dies ist auch das Thema: die **harte Arbeit auf einem der Speicherböden.** Hier ist gut nachvollziehbar dokumentiert, warum die Speicherstadt überhaupt entstand und wie die Quartiersleute arbeiteten. Stapeltechniken und Gerätschaften werden erklärt und auch, wie man Warenproben zog. Ergänzt wird die Ausstellung von historischen Fotos aus der Speicherstadt und Erklärungen längst vergessener Berufsbezeichnungen einzelner Arbeiter.

› Sandtorkai 36, U1 „Meßberg", Tel. 321191, www.speicherstadtmuseum.de, geöffnet: Nov.–Feb. tägl. 10–17, März–Okt. Mo.–Fr. 10–17, Sa./So. 10–18 Uhr, Eintritt: 4,50 €

### 34 Spicy's Gewürzmuseum ★ [N12]

Spicy's Gewürzmuseum befindet sich auf dem zweiten Boden eines Speicherblocks, der Besucher hat also die Möglichkeit, einen Eindruck vom Inneren eines Speichers zu erhaschen. Beim Eintreten klingelt eine Glocke und die eiserne Tür fällt schwer ins Schloss. Drinnen breitet sich der Duft der weiten Welt aus. Eine Vielzahl von **Gewürzen** verströmen aromatische Gerüche. Geruchsproben können von kleinen Schälchen gezogen werden. Man lernt hier alles über die Gewürze, ihre Herkunft sowie z. B. die Verarbeitung von Pfeffer.

› Am Sandtorkai 32, U1 „Meßberg", Tel. 367989, www.spicys.de, Eintritt: Erw. 5 €, Kinder bis 14 Jahren 2 €, geöffnet: tägl. 10–17 Uhr

### 35 Hamburg Dungeon ★★ [N11]

Das Hamburg Dungeon ist eine Einrichtung, die auf eine ganz eigenwillige Art den Besuchern **Hamburger Geschichte** nahebringen will. Hier sollte zunächst einmal der Begriff „Museum" vergessen werden, der trifft es nämlich nicht. Laut Wörterbuch ist ein „Dungeon" ein **Kerker** oder **Verlies**, und das deutet zumindest die Richtung an. Im Dungeon werden bestimmte Ereignisse der Hamburger Historie auf Mitmachbasis vorgestellt. Nähere Details sollen hier nicht verraten werden, sonst wäre der Reiz weg. Die Besucher konsumieren nicht nur einfach, sondern werden **Teilnehmer des Geschehens.** Neugierig geworden? Es ist schon ein tolles Spektakel, aber „Kindern unter 10 Jahren wird der Besuch nicht empfohlen" (Zitat von der Website).

› Kehrwieder 2, Bus Nr. 6 bis „Auf dem Sande", U1 „Meßberg", Tel. 36005520, www.thedungeons.com, geöffnet: Di.–Do. 11–16, Fr. 12–17, Sa. 10–18, So. 11–16 Uhr, Eintritt: ca. 25 €, Kinder bis 14 ca. 20 €

### 36 Miniatur Wunderland ★★★ [N11]

*Ein begeisterter Besucher schrieb: „Die Anlage – ein Traum!", und genau das stimmt. Das „MiWuLa" ist eine der größten und schönsten Modelleisenbahnanlagen überhaupt.*

Man steht mit leuchtenden Augen davor und verliert sich in den vielen kleinen Szenen, die dort zu sehen sind. Mehrere Landschaften bauten die Macher mit einer unglaublichen **Liebe zum Detail** nach. Sie lassen **Züge, Autos und Seilbahnen** fahren und man kann sogar Flugzeuge abheben sehen. Alle 15 Min. kann man den Wechsel von Tag zu Nacht und umgekehrt, inklusive Abendrot und Morgengrauen, beobachten. Es gibt bereits die Themenbereiche Skandinavien, Harz, Hamburg, Amerika, Österreich, Schweiz, Venedig und die Fantasiestadt „Knuffingen" zu sehen. Aus Hamburg sind u.a. der Michel, die Speicherstadt, die Landungsbrücken und das HSV-Stadion (mit 12.000 „Zuschauern"!) nachgebildet. Und das Projekt wächst fortwährend weiter.

› Kehrwieder 2, Block D, Bus Nr. 3 bis „Auf dem Sande", U1 „Meßberg", Tel. 3006800, www.miniatur-wunderland.de, Eintritt: 15 €, Kinder bis 15 Jahre 7,50 €, Senioren 13 €, Kinder unter 1 Meter in Begleitung der Eltern oder Großeltern frei, Tickets können auch übers Internet bestellt werden, geöffnet (die folgenden Angaben sind Mindestöffnungszeiten): zwischen 9.30 und 18 Uhr, an Wochenenden auch deutlich länger. Tagesaktuelle Zeiten siehe Website. Als besonderen Service gibt es im Internet auch eine „Wartezeitenprognose".

KLEINE PAUSE

### Oberhafenkantine

22 [Q11] **Oberhafenkantine** €, Stockmeyerstraße 39, U1 „Steinstraße“, www.oberhafenkantine-hamburg.de, Tel. 32809984, geöffnet: Mi.–Sa. 12–22, So. 12–17.30 Uhr. Dieses windschiefe Häuschen ist fast schon eine Legende. Früher war es eine klassische „Kaffeeklappe“, von denen es einige im Hafen gab. Speisen und Getränke (nicht nur Kaffee) wurden durch eine Klappe an die Hafenarbeiter gereicht. Heute gibt es hier ehrliche norddeutsche Hausmannskost und eine Prise Legende obendrauf.

EXTRATIPP

### HafenCity InfoCenter

21 [N12] **HafenCity InfoCenter,** im Kesselhaus, Am Sandtorkai 30, U3 „Baumwall“ oder Bus 6 bis „Auf dem Sande“, Tel. 36901799, geöffnet: Di.–So. 10–18 Uhr. Hier kann man sich anhand eines großen Holzmodells informieren, wie die nahe HafenCity einmal aussehen soll, zudem gibt es ein kleines Café. Es werden auch kostenlose Führungen durch die HafenCity angeboten, beispielsweise jeden Samstag um 15 Uhr oder von April bis Oktober auch jeden Donnerstag um 18 Uhr.

## 37 Dialog im Dunkeln ★★ [P11]

Eine ganz besondere Ausstellung, die einlädt, die **Welt der Blinden und Sehbehinderten** zu entdecken. Zu „sehen“ gibt es demzufolge natürlich nichts, aber eine Menge mit allen Sinnen zu entdecken. Eine wirklich einmalige Erfahrung!

Ähnlich aufgebaut ist auch die Tour „Dialog im Stillen“, bei der Gäste mit schalldichten Kopfhörern in die Welt der Gehörlosen eintauchen. Und dann gibt es noch den „Dialog mit der Zeit“, bei der Besucher erfahren, wie es sich anfühlt, alt zu sein.

› Alter Wandrahm 4, U1 „Meßberg“, Tel. 3096340, www.dialog-im-dunkeln.de, geöffnet: Di.–Fr. 9–17, Sa./So. und an Feiertagen 10–16 Uhr, 90-minütige Tour Erw. ab 13,50 €

## 38 HafenCity ★★ [O12]

In diesem nagelneuen Viertel direkt an der Elbe entstehen **Wohnungen** und **Büros** sowie einige bemerkenswerte **Museen.** Wer wissen möchte, wie das Ganze später mal ausschauen soll, hat dazu im HafenCity InfoCenter (s. oben) Gelegenheit, das sich im alten Kesselhaus der Speicherstadt 32 befindet. Dort ist ein Ausstellungs- und Dokumentationszentrum untergebracht, das ein 8 x 4 Meter großes **Modell der kompletten HafenCity** im Maßstab 1 : 500 zu bieten hat.

Noch wird kräftig **gebaut** und das dürfte sich auch noch einige Jahre hinziehen, aber unverkennbar sind auch schon ganze Straßenzüge fertiggestellt und viele Geschäfte und Lokale wurden eröffnet. Die Häuser unterscheiden sich mit ihren **klaren, geraden Linien** erheblich vom Backstein der Speicherstadt. Die Gebäude liegen überwiegend schön **am Wasser,** was sie zu begehrten Immobilien macht. So zählt beispielsweise der **Marco-Polo-Tower** am Strandkai 1 mit

*Das Dach der Elbphilharmonie 39 ist Wellen nachempfunden*

zu den teuersten Immobilien überhaupt. Er hat auch eine weithin auffällige Bauweise mit überkragenden Stockwerken, die im Gegensatz zu den meisten Gebäuden hier nicht in geraden Linien und 90°-Ecken gebaut wurden, sondern das ganze Haus wirkt, als ob die einzelnen Etagen jeweils schlecht gestapelt oder etwas verschoben wurden.

Zwei nette Bereiche, von denen man die ganze Pracht sehr schön betrachten kann, sind die **Magellan-Terrassen** [O12] und die **Marco-Polo-Terrassen** [O12]. Auch der **Sandtorpark**, der sich im Rücken der Magellan-Terrassen befindet, ist fertiggestellt. Entwickelt werden nun das eher in der hinteren Reihe liegende Oberhafenquartier und die Zone um den Baakenhafen. Der **Lohsepark** ist die größte Grünfläche (4,4 ha) der HafenCity, hier stand einst der Hannoversche Bahnhof. Heute befindet sich hier der **Gedenkort Hannoverscher Bahnhof**, denn von hier wurden während der Nazizeit etwa 8000 Juden, Sinti und Roma deportiert.

Als echter Hingucker hat sich auch der **Traditionsschiffhafen** vor den Magellan-Terrassen entwickelt, an dem an einer 380 m langen Pontonanlage dauerhaft etwa 20 historische Schiffe liegen werden. Gegenüber vom Maritimen Museum steht etwas versteckt der **Nachhal-**

EXTRATIPP

### Schöne Aussicht

Einen reizvollen Fernblick auf die HafenCity und die Silhouette der Hamburger Innenstadt mit den Türmen einiger Kirchen und des Rathauses hat man von der U-Bahn-Station Elbbrücken [S12].

EXTRATIPPS

**Wo Störtebeker seinen Kopf verlor**

An der Osakaallee befindet sich etwa in Höhe des Internationalen Maritimen Museums 41 das kleine **Denkmal für den Piraten Klaus Störtebeker.** Der wurde hier in der Nähe 1401 mit dem Schwert hingerichtet, nachdem er jahrelang mit seiner Bande von „Liikedeelern" („Gleichteilern") die Schiffe Hamburger Kaufleute überfallen hatte.

**Per Bus und U-Bahn in die HafenCity**

Es sind schon etliche Schritte vom Zentrum bis zur HafenCity. Viel bequemer geht es mit dem Metro-Bus Nr. 6. Er fährt beispielsweise von der Mönckebergstraße bis zur Speicherstadt. Eine weitere Möglichkeit ist die Linie 111, die von der Reeperbahn oder den Landungsbrücken bis U-Bahnhof HafenCity Universität und Baakhöft fährt. Direkt in die HafenCity verkehrt die U4 vom Jungfernstieg. Sie hält an drei Stationen, die letzte heißt Elbbrücken [S12].

**tigkeitspavillon.** Hier wird eindrucksvoll über ökologisch nachhaltige Stadtentwicklung informiert, außerdem befindet sich dort ein kleines Café.

- •23 [P12] **Nachhaltigkeitspavillon,** Osakaallee 9, **war zuletzt geschlossen.**
- › **Kostenlose Führungen durch die Hafen-City:** Sa. 15 Uhr, Treff am InfoCenter
- › **Radtour:** April bis Oktober jeden 1. und 3. So. im Monat um 11 Uhr
- › U4 bis „Überseequartier". Kostenlose Führungen durch die HafenCity: Sa. 15 Uhr, Do. 18 Uhr, Treff am InfoCenter im Kesselhaus (s. S. 64).

### 39 Elbphilharmonie ★★★ [N12]

Die Elbphilharmonie ist das wohl **ambitionierteste Projekt der gesamten HafenCity**, ein hochmodernes Konzerthaus und ein weithin sichtbares neues Wahrzeichen von Hamburg. Das Konzerthaus ist auf den schon bestehenden Kaispeicher aufgesattelt, der völlig entkernt wurde, sodass nun ein Glaskörper mit einem markant geschwungenen Dach auf einem Backsteingrund sitzt. Die Außenfassade besteht aus 1100 individuell hergestellten und leicht gebogenen Glaselementen. In der „Fuge" zwischen den Gebäudeteilen befindet sich auf 37 Metern Höhe ein neuer öffentlicher Platz, die sogenannte **Plaza.** Von diesem Bereich genießen Besucher einen tollen Hafenblick.

Eine 82 m lange, leicht gewölbte **Rolltreppe** („Tube" genannt) befördert Schaulustige nach oben, über eine zweite Rolltreppe wird dann die Plaza erreicht.

Die Elbphilharmonie verfügt über zwei Konzertsäle, einen **kleinen Saal** (550 Plätze) und den **großen Saal** mit Platz für 2100 Zuschauer. Letzterer ist etwas ganz Besonderes, denn das Orchester sitzt nicht vorne und damit frontal zum Publikum, sondern tief unten in der Mitte des Raumes. Die Zuschauerränge steigen ringsum an, kein Platz ist weiter als 30 m von der Bühne entfernt. Auch die Akustik ist ein Highlight, denn der Saal ist vom gesamten Restgebäude entkoppelt, hat eine eigene Außenwand und ruht auf gewaltigen Stahlfedern. Die Innenwand besteht aus 10.000 Gipsfaserplatten, die den Klang optimal reflektieren.

In das Gebäude sind außerdem 45 Wohnungen und ein Hotel mit 244 Zimmern integriert, außerdem zwei Lokale.

- Platz der Deutschen Einheit 1, U3 „Baumwall“, Bus Nr. 111 bis „Am Kaiserkai“, Elbfähre Nr. 72 ab Landungsbrücken bis „Elbphilharmonie“, www.elbphilharmonie.de
- Besucher der **Plaza** benötigen ein **Ticket**, das für ein Zeitfenster ausgegeben wird. Tickets für denselben Tag sind kostenlos am Automaten im Besucherzentrum und im Eingangsbereich der Elbphilharmonie erhältlich. Tickets für spätere Tage mit stundengenauem Termin gibt es auch online, sie kosten 2 €. Die Plaza ist von 9 bis 24 Uhr geöffnet. Das Besucherzentrum steht gegenüber der Philharmonie am Kaiserkai 60–62 (geöffnet: tägl. 9–20 Uhr).
- **Führungen** durch das Konzerthaus kosten 20 € (stark nachgefragt, rechtzeitig reservieren), dauern eine Stunde und finden mehrmals täglich statt. Hotline für Konzert-Tickets: Tel. 35766666 (tägl. 10–20 Uhr).

## 40 Prototyp – Automobilsammlung ★ [P12]

Die Ausstellung trägt den genauen Namen „Prototyp – Personen.Kraft. Wagen“. Insgesamt werden etwa **40 historische Autos** gezeigt, darunter auch einige Unikate. Schwerpunkt ist aber eine **Sammlung von Porsches**, auch hier sind seltene Modelle darunter. Außerdem gibt es einige **Rennwagen** zu sehen, unter anderem einen Jordan F1, mit dem Michael Schumacher 1991 fuhr. Aber nicht nur Gucken ist möglich, in einem **Fahrsimulator** kann sich jeder Besucher mal in einen Porschefahrer verwandeln.

- Shanghai-Allee 7, U1 „Meßberg“ oder Bus 6 bis „Auf dem Sande“, Tel. 39996968, www.prototyp-hamburg.de, Eintritt: Erw. 10 €, Kinder (4–14 Jahre) 4,50 €, Di.–So. 10–18 Uhr

## 41 Internationales Maritimes Museum Hamburg ★★★ [P12]

*Die einzigartige Ausstellung beruht auf der weltweit größten maritimen Privatsammlung.*

Die schieren **Zahlen** sind schon **beeindruckend:** 1000 größere Schiffsmodelle, 36.000 Miniaturmodelle, 5000 Gemälde, Grafiken und Aquarelle. Ein Großteil davon wird dauerhaft auf **neun Ausstellungsdecks** mit jeweils eigenen **Themenschwerpunkten** präsentiert. Große Entdecker und ihre Fahrten werden vorgestellt, die Entwicklung des Schiffbaus, der Segel-, Passagier- und Handelsschifffahrt sowie auch verschiedener Marinen.

Für Kinder wurde auf Deck 1 das **Schwimmende Klassenzimmer** eingerichtet, wo Spiele, Bücher und Bastelmaterial zur Verfügung stehen. Dort befindet sich auch ein Modell des Kreuzfahrtschiffes „Queen Mary 2“, modelliert aus fast 1 Mio. Legosteinen!

147hg Abb.: sm

⊡ *Kleine Pause mit Blick auf den spektakulären Marco-Polo-Tower (s. S. 64)*

Spannend sind auch die auf Deck 7 vorgestellten Informationen zur **Tiefseeforschung.** Oben auf Deck 8 befinden sich eine breite Kunstsammlung zur **Marinemalerei** sowie eine **Schatzkammer** mit Modellen aus Elfenbein, Bernstein und einem Schiffsmodell aus purem Gold. Es zeigt die „Santa María", eines der Schiffe, mit denen Kolumbus Amerika entdeckte. Ganz oben auf Deck 9 rundet eine einzigartige Ausstellung von **Schiffsmodellen im Miniaturformat** die Ausstellung ab.

› Kaispeicher B, Koreastr. 1, Bus 6 bis „Auf dem Sande", Tel. 30092300, www.imm-hamburg.de, geöffnet: tägl. 10–18 Uhr, Eintritt: Erw. 15 €, ermäßigt 11 €, Familie: 17,50 € bzw. 32 €, ab 16.30 Uhr „Störtebecker-Ticket" für 7 €

## Kulinarisches

**24** [Q12] **Hobenköök** €€, Stockmeyerstr. 43, Tel. 22865538, Restaurant: Di.–Sa. 9–23, Markthalle: 9–19 Uhr. Gelungener Mix aus Restaurant und Markthalle mit urig-rusitkalem Charme in einer ehemaligen Industriehalle. Gerichte aus regionalen und saisonalen Lebensmitteln. Die Produkte werden hier auch gleich verkauft.

**25** [N12] **Kaiserperle** €, Am Kaiserkai 47, www.kaiserperle.de, Tel. 30068895, geöffnet: tägl. ab 10 Uhr. Leichte, regionale Küche, Mittagstisch sowie leckerer Kuchen. Alles kann auch auf der netten Terrasse am Wasser verzehrt werden.

**26** [O12] **Markthalle** €, Am Sandtorkai 24, Tel. 0157 33924558, geöffnet: tägl. 11–18 Uhr. Ein kleiner „Food-Court" mit sechs unterschiedlichen Küchen (u. a. europäisch, asiatisch), untergebracht in einem Speicherblock. Gäste bestellen direkt am Tresen und tragen ihr Gericht dann mit einem Tablett selbst an einen Tisch.

**27** [P12] **Strauchs Falco** €€-€€€, Koreastr. 2, Tel. 226161511, Mo.–Fr. 12–15 und 17–24, Sa./So. 12.30–24 Uhr. Mediterrane Küche mit orientalischen Einflüssen, unter anderem mit Fisch und Fleisch vom Lavasteingrill, aber es gibt auch Hamburger Klassiker. Große Terrasse zum Wasser (Magdeburger Hafen), oben befindet sich eine Wein- und Tapasbar.

**28** [O12] **Wildes Fräulein** €-€€, Überseeboulevard 2, Tel. 88230951, Mo.–Sa. 10–20, So. 10–19 Uhr. Das Café bietet deftige Bauernküche aus dem Alpenraum, beispielsweise Knödel, Käsespätzle und Kaiserschmarrn. Im Außenbereich gibt es eine recht große Terrasse.

# Bei den Landungsbrücken

*Wenn der Hafen das wirtschaftliche Herz der Stadt Hamburg ist, dann sind die Landungsbrücken ihre sentimentale Seite. Hier kann jeder eine Prise Hafenluft schnuppern, eine kleine Seereise durch den Hafen starten oder einfach bei einem Bierchen das Panorama bestaunen.*

Hamburg und sein Hafen – die gehören zusammen. Der **Hafen** steht für harte, ehrliche **Maloche.** Geknüppelt wurde hier schon immer: Wer hier schuftete, musste hart anpacken – da war nix mit Anzug und so! Und nach der Schicht gab's eine Pulle Astra, Hamburgs „ehrliches Bier". So weit die Klischees, die diesmal sogar stimmen. Wer im Hafen arbeitete, wurde nicht reich. Das wurden nur die Händler, die Kaufleute, die Reeder – die Anzugträger. Eine Menge Leute leben noch heute vom Hafen. Etwa 45.000 Menschen sind direkt dort beschäftigt. Hamburgs Hafen zählt zu einem der größten Häfen Europas.

Vom heutigen Hamburger Hafen mit seinen Werftanlagen, Stückgutschuppen, Containerterminals und den „Giraffen" (Containerbrücken, die ihren Hals in die Höhe recken) wird man als Tourist nur wenig sehen, zu weitläufig ist das Gelände. Eine **Hafenrundfahrt** bringt Neugierige zu weit entfernten Kais und die *„He lüchts"* (plattdüütsch für „Er lügt", damit sind die Barkassenführer gemeint) *vertellen* so manchen *Tüünkroom* (erzählen so manchen Unsinn, aber augenzwinkernd, sodass es auch jeder merkt). Aber nicht nur, sie bieten auch fundierte Informationen. Beispielsweise, dass es an die 100 km Fleete und Kanale in Hamburg gibt. Dass für alle Schiffe über 90 m Länge ab Brunsbüttel (Elbmündung in die Nordsee) Lotsenpflicht besteht: Dort geht der Elblotse an Bord. Und dass die Schiffe, die den Hamburger Hafen ansteuern, eine Länge von bis zu 360 m haben, oder dass etwa 120 blinde Passagiere pro Jahr von der Wasserschutzpolizei erwischt werden.

EXTRATIPP

### Hafenpanorama von der U-Bahn aus genießen

Obwohl eine U-Bahn ja eigentlich unterirdisch verläuft, befährt die Linie U3 ein Teilstück direkt vor dem Hafenpanorama **oberirdisch,** nämlich zwischen den Stationen „St. Pauli" und „Rathaus". Fast ist es so, als ob man die Fahrgäste den **Blick auf Hamburgs Kontorhäuser** und den **Hafen** genießen lassen möchte, kriecht die Bahn doch regelrecht aus der unterirdischen Röhre ins Freie. Hoch über dem Autoverkehr befährt der Zug eine eigene Stahlbrücke und bietet einen herrlichen Ausblick. Schade, dass nach drei Stationen schon wieder alles vorbei ist.

Aber genug damit, es soll ja nicht gleich alles verraten werden.

Einen sehr schönen Eindruck vom Hafen kann jeder bei einem **Spaziergang entlang der „Fußgängerzone am Hafenrand"**, wie die Landungsbrücken (43) auch genannt werden, gewinnen. Man wird hier nicht die riesigen Containerschiffe sehen, dafür aber viel Hafenatmosphäre schnuppern können.

## (42) Baumwall ★ [M11]

An der U-Bahn-Station „Baumwall" beginnt die „Fußgängerzone" der Landungsbrücken. Der **Name** „Baumwall" hat eine historische Bewandtnis. An der Einfahrt zum Binnenhafen an der Alster wurde 1662 ein imposantes Gebäude gebaut, das sogenannte **Baumhaus.** Von dort kontrollierte der Zoll alle Schiffe. Wenn sich die Nacht senkte, legte der Zoll eine **Holzbarriere** vor die Einfahrt, kein Schiff konnte dann mehr passieren. Dieser sogenannte **Niederbaum** bestand aus einer doppelten Palisadenreihe mit einem Schwimmbaum. Er wurde bereits 1531 gebaut, zunächst nur als Bestandteil der Stadtbefestigung, und nach Fertigstellung des Baumhauses gegenüber der Kehrwiederspitze am Steinhöft bis 1852 vom Zoll genutzt. Aus dem Begriff „Baum" leitet sich der Name Baumwall ab. Das Baumhaus wurde 1857 abgerissen.

Der Bahnhof „Baumwall" ist über eine Fußgängerbrücke direkt mit dem auffälligen **Verlagsgebäude von Gruner+Jahr** verbunden. Der Glaspalast scheint auf Stelzen zu stehen und seine Form ist vier Schiffsrümpfen nachempfunden.

Der breite Baumwall ist nicht nur ein **Flanierweg** mit sehr breiten Sitztreppen, sondern auch eine Hochwasserschutzanlage.

Etwas zurückversetzt steht an der Straße Baumwall (Ecke Steinhöft) das **Slomanhaus.** Dieses gewaltige Kontorhaus wurde in den Jahren 1908/1909 für die seit 1793 existierende Reederei Sloman gebaut. Der Bauherr, Henry Sloman, war im Salpeterhandel mit Chile zu unglaublichem Reichtum gekommen. So ließ er neben dem Kontorhaus für die eigene Firma auch das Chilehaus 26 in der Innenstadt bauen.

Am Hafen beim Baumwall befindet sich der **Sportboothafen.** Eigentlich ist die Lage mitten in der City für einen Liegeplatz grandios, allerdings muss man schon ein gehöriges Stück segeln, um den städtischen Bereich zu verlassen. Hier im Hafen befindet sich auch das 1952 erbaute **rote Feuerschiff,** das heute aber nicht mehr in Dienst steht. Das ursprünglich aus England stammende Schiff wurde generalüberholt und fungiert heute als **Lokal** mit mehreren Gastronomiebereichen. Sogar übernachten kann man hier!

› U3 „Baumwall"

## 43 Landungsbrücken ★★★ [L11]

*Ohne Übertreibung ist dies einer DER touristischen Anziehungspunkte Hamburgs! Kein Besucher lässt sich einen Spaziergang auf den schwankenden Pontons entgehen, jeder möchte eine Prise Hafenluft schnuppern, in ein Fischbrötchen beißen und nach St. Pauli ist es obendrein auch nicht weit.*

Die Landungsbrücken bestehen im Wesentlichen aus einem 200 m großen Abfertigungsgebäude und einer Zone aus acht miteinander verbundenen, insgesamt 956 m langen schwimmenden **Pontons.**

Die ersten Landungsbrücken wurden bereits 1839 erbaut. Damals kam gerade die **Dampfschifffahrt** in Mode und verdrängte langsam die Lastensegler. Die Hamburger Kaufleute begrüßten zwar die

*Zwischen Landungsbrücken und Elbphilharmonie 39*

EXTRATIPP

**Herrlicher Ausblick**
Einen schönen Blick auf den Hafen genießt man von einem etwas versteckt liegenden Fußweg namens „Bei der Erholung", der erhöht am Elbhang unterhalb des Hotels Hafen Hamburg verläuft.

neuen Schiffe, denn die waren schneller und fuhren unabhängig vom Wind, die Kostenvorteile im Blick, erkannten sie aber auch mögliche Gefahren. Die Dampfschiffe mussten Kohlen bunkern und fuhren unter Feuer. Das sah man als einen Gefahrenherd für den gesamten Hafen. Als Lösung wurde weit außerhalb des damaligen Hafens eine **Landungsbrücke** gebaut, an der Kohlen gebunkert werden und Leute ein- und aussteigen konnten. Im Unglücksfall konnte hier nicht übermäßig viel passieren. Diese Lösung erwies sich als Volltreffer und 1907 bis 1909 wurden die Landungsbrücken im großen Stil zu einem **Wasserbahnhof** umgebaut. Nicht nur Lastschiffe, sondern auch der Übersee- und der sogenannte Bäderverkehr (Ausflugsschiffe zu den Nordseeinseln) sollten hier jetzt abgewickelt werden. Dazu entstand das noch heute existierende **Abfertigungsgebäude** mit den markanten Ecktürmen. Die Passagiere gelangten durch das Gebäude und über bewegliche Brücken auf die Pontons und damit zu den Schiffen. Der Turm an der Ostseite zeigt neben der Zeit auch den Wasserstand an und wie es sich für ein maritimes Wahrzeichen gehört, schlägt der Uhrenturm auch richtig seemännisch die Glasen, das heißt alle halbe Stunde wird die Schiffsglocke geschlagen.

Im **Zweiten Weltkrieg** wurden auch die Landungsbrücken stark beschädigt. Von

## Spaziergang 5: Entlang der Landungsbrücken

*Ein guter Startpunkt für diesen Spaziergang wäre die **U-Bahn-Station „Baumwall"**. Schon vom Bahnsteig aus hat man einen schönen Blick auf das Hafenpanorama und auch noch auf Teile der Speicherstadt (32). Direkt am Bauwall steht übrigens auch das auffällige **Verlagshaus von Gruner+Jahr.** Errichtet 1990, zeigt es vier zur Elbe ausgerichtete Baukörper, die durch Querspangen verbunden sind und Schiffskörper symbolisieren sollen.*

*Vom Baumwall spaziert man ganz entspannt direkt am Ufer der Elbe auf einem breiten Weg, der durch seine leichte Erhöhung vom Straßenverkehr getrennt ist. Überall hat man einen schönen Blick auf den Hafen, die vorbeifahrenden Containerschiffe und die kleinen Barkassen.*

*Zunächst wird die **Überseebrücke** erreicht, wo auch das Museumsschiff **Cap San Diego** (44) vor Anker liegt. An der Überseebrücke machten früher die Auswandererschiffe fest, die Tausende von Emigranten vor allem in die USA brachten. Ein kurzes Stück weiter folgen die eigentlichen **Landungsbrücken** (43), ein 700 Meter langer, schwimmender Ponton. Mehrere Brücken führen hinunter und man kann dort sehr schön direkt am Wasser weitergehen. Unten machen Hafenfähren fest, es gibt Souvenirshops und etliche gastronomische Betriebe. Hier kommt schon eine gehörige Prise Hafenatmosphäre auf und hier befin-*

*det sich auch das zweite große Museumsschiff, die* ***Rickmer Rickmers*** *45.*

*In Höhe des unübersehbaren ehemaligen Abfertigungsgebäudes liegt ein Lokal mit beeindruckender Terrasse: das Block Bräu (s. S. 83). Ein kurzer Pausen-Stopp lohnt nicht nur wegen des leckeren, selbstgebrauten und äußerst süffigen Bieres, nein, auch wegen der unvergleichlichen Aussicht auf den Hafen von der Dach-Terrasse. Von hier bietet es sich an, einmal kurz die Landungsbrücken zu verlassen und links neben dem Gebäude der U- und S-Bahn auf der Treppe den Geesthang hochzusteigen zum sogenannten* ***Stintfang*** *47. Dort oben befindet sich nicht nur eine Jugendherberge, von ganz oben genießt man auch einen wahrlich sagenhaften* ***Fernblick*** *über den Hafen. Auch und gerade bei Sonnenuntergang lohnt von hier oben ein Blick, wenn so langsam die Lichter angehen und auch drüben im Hafen das Zucken der Lichter der Containerkräne sich mit den typischen Hafengeräuschen vermischt.*

*Zeit für eine Pause? Dann ab in die nahe* ***Ditmar-Koel-Straße*** *48, denn dort gibt es Dutzende von zumeist portugiesischen Lokalen. Am oberen Ende dieser kurzen Straße wird Hamburgs Wahrzeichen erreicht, die* ***St. Michaeliskirche*** *49, kurz Michel genannt. Ein Besuch hoch oben auf der Plattform in 82 Metern Höhe sollte sich niemand entgehen lassen (Fahrstuhl oder 449 Stufen). Der Fernblick ist einfach gigantisch!*

*Der weitere Weg über die Hafenstraße bis zum Gelände des* ***Fischmarkts*** *51 ist*

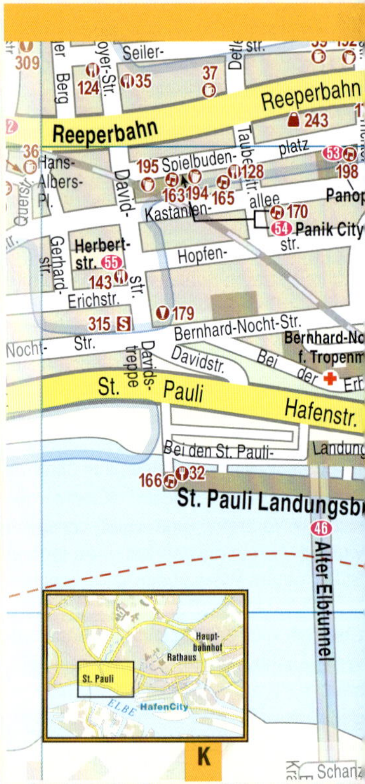


*nicht ganz so reizvoll, der Verkehr fließt jetzt doch ziemlich nahe am Fußweg vorbei. Der Ausblick auf den Hafen bleibt zwar weiterhin nett, aber außerhalb der Fischmarktzeit (sonntags 5–9.30 Uhr, November–März 7–9.30 Uhr) wirkt das Gelände doch ein wenig trist und wird außerhalb der Marktzeiten teilweise als Parkplatz genutzt.*

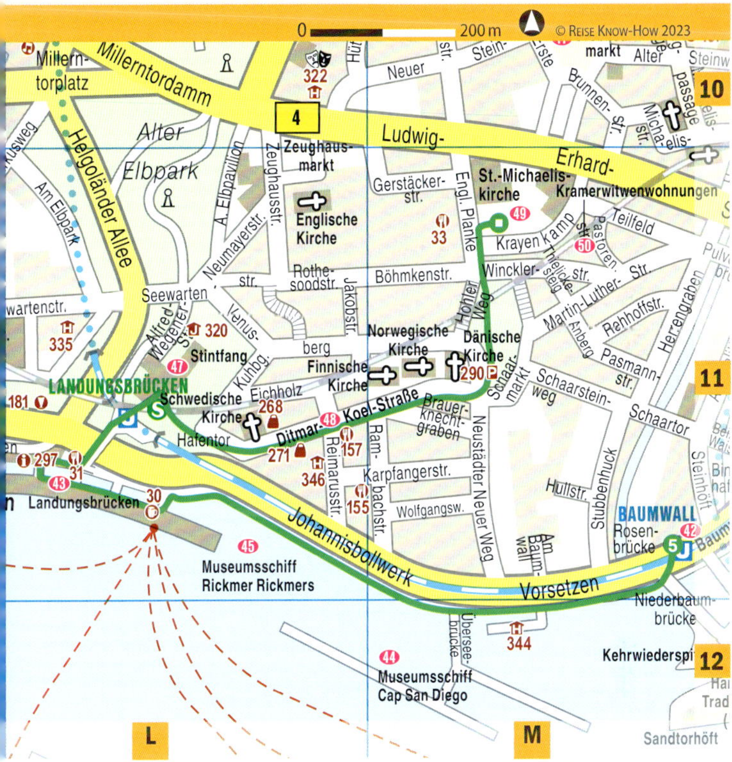

- 42 [M11] Baumwall S. 69
- 43 [L11] Landungsbrücken S. 70
- 44 [M12] Museumsschiff Cap San Diego S. 74
- 45 [L11] Museumsschiff Rickmer Rickmers S. 75
- 46 [K11] Alter Elbtunnel S. 76
- 47 [L11] Stintfang S. 77
- 48 [L11] Ditmar-Koel-Straße S. 77
- 49 [M11] St. Michaeliskirche (Michel) S. 78
- 50 [M11] Kramerwitwenwohnungen S. 80
- 53 [K11] Panoptikum S. 88
- 54 [K11] Panik City S. 90
- 55 [K11] Herbertstraße S. 90
- 56 [J10] Große Freiheit S. 91

Alle weiteren Karteneinträge s. S. 266.

1953 bis 1955 baute man dann die heute noch existierenden schwimmenden Pontons. Diese müssen wegen der Tide, dem Unterschied von Ebbe und Flut, frei beweglich bleiben.

Die Zeiten der Überseedampfer sind genauso vorbei wie der Bäderverkehr, dennoch kann jede „Landratte" noch heute von den Landungsbrücken eine kurze Schiffsreise antreten: Heute legen hier die Barkassen zur **Hafenrundfahrt** ab, aber auch die nach regulärem Fahrplan verkehrenden **Elbfähren.** Die Fähren fahren auf die andere Elbseite oder hinüber nach Finkenwerder und teilweise weiter bis Blankenese 81 aber auch in die HafenCity zum Anleger vor der Elbphilharmonie. Sie sind voll in das Netz des Hamburger Verkehrsverbundes integriert (abgesehen von der Fähre nach Blankenese, s. S. 232).

Direkt auf den Landungsbrücken gibt es noch eine ganze Reihe von **Gastronomiebetrieben,** die eine Terrasse mit Hafenblick bieten.

› U/S „Landungsbrücken"

## 44 Museumsschiff Cap San Diego ★★ [M12]

Am oberen Ende der Landungsbrücken 43 befindet sich die **Überseebrücke.** Heute steht man nicht besonders ehrfürchtig davor, denn sie erscheint einem ziemlich profan. Im 19. Jh. war die Überseebrücke allerdings das Sprungbrett für Tausende von Auswanderern in Richtung Übersee. **Auswanderung** war für die meisten Menschen eine Notlösung, die Hamburger Kaufleute machten daraus allerdings wieder einmal ein Geschäft. Sie bauten Baracken am Stadtrand und steuerten schon im Hinterland Auswanderungswillige gezielt nach Hamburg. Hier betraten die Emigranten dann über die Überseebrücke die Schiffe, die sie in ihre neue Heimat bringen sollten.

Wer nun hinuntermarschiert, erreicht den Pier, an dem das **Museumsschiff Cap San Diego** festgemacht hat. Die MS Cap San Diego wurde 1962 als **Stückgutfrachter** von der Reederei Hamburg-Süd in Dienst gestellt. Bis 1982 befuhr sie unter Hamburger Flagge alle Weltmeere, dann wurde sie ins Ausland verkauft. Nur wenige Jahre später sollte das Schiff verschrottet werden, aber der Hamburger Senat sprang rechtzeitig ein und kaufte den Dampfer. Seit 1986 liegt die San Diego nun als Museumsschiff im Hafen.

**Besichtigen** kann man beinahe alles, nur wenige Räume sind gesperrt. Wer eintaucht in das Labyrinth aus schmalen Gängen, steilen Treppen und mehreren Decks, kann nur staunen, über wieviel Technik so ein Schiff von 140 m Länge verfügt. Der Dieselmotor hatte 11.650 PS und schaffte eine Geschwindigkeit von 40 Knoten. Immerhin knapp 10.000 Tonnen Ladung konnten gebunkert werden. Neben dem Maschinenraum können auch Mannschaftskammern, Offiziersmesse und Kapitänskajüte besucht werden.

Man kann auch in einer der original erhaltenen vier Einzel- oder vier Doppelkabinen **an Bord übernachten** (s. S. 229).

› Überseebrücke, U/S „Landungsbrücken", Tel. 364209, www.capsandiego.de, geöffnet: tägl. 10–18 Uhr Eintritt: Erw. 9,50 €, Kinder unter 14 Jahren 2,50 €, Schüler/Studierende 5 €, Familien 21 €, Audioguide: 3 €

*Hamburg wie gemalt: Landungsbrücken 43, Michel 49 und Rickmer Rickmers 45*

## ㊺ Museumsschiff Rickmer Rickmers ★★ [L11]

Die 97 m lange Rickmer Rickmers wurde 1896 erbaut und im gleichen Jahr als **Lastensegler** in Dienst gestellt. 1912 übernahm eine Hamburger Reederei das Schiff und setzte es auf der Strecke nach Chile ein, um Salpeter zu transportieren. 1916 legte die Rickmer Rickmers einen Zwischenstopp auf den Azoren ein. In Europa herrschte Krieg und die Portugiesen beschlagnahmten das Schiff kurzerhand. Nach Kriegsende nutzte die **portugiesische Marine** den Segler als **Schulschiff** und nannte ihn nun „Sagres".

1962 wurde das Schiff außer Dienst gestellt und dümpelte 20 Jahre vergessen in einer Werft herum. Davon erfuhr der **Verein „Windjammer für Hamburg"**. Erste Gespräche wurden geführt und nach einigem Hin und Her einigte man sich. 1983 wurde der Segler nach Hamburg geschleppt und nach vier Jahren Renovierungsarbeiten durch freiwillige Helfer erstrahlt die Rickmer Rickmers seit 1987 im alten Glanz.

**Besucher** können sich alle Räume anschauen, sowohl die kargen Kajüten der Mannschaft als auch die etwas komfortableren Offiziersquartiere. Und im ehemaligen Frachtraum befindet sich heute ein **Restaurant** mit zwei Sälen für 60 bzw. 120 Personen.

› St. Pauli Landungsbrücken, U/S „Landungsbrücken", Ponton 1a, Tel. 3195959, www.rickmer-rickmers.de, geöffnet: tägl. 10–18 Uhr, Eintritt: Erw. 6 €, Kinder 4 bis 12 Jahre 4 €, Schüler/Studierende 5 €, Familien 15 €

## 46 Alter Elbtunnel ★★ [K11]

Eine **kleine technische Sensation** war es schon, als 1911 der Elbtunnel eröffnet wurde. Heute heißt er „Alter Elbtunnel", da 1975 der neue, moderne Tunnel unterhalb der Elbe gebaut wurde, durch den die A7 führt.

Der Hafen boomte Ende letzten Jahrhunderts und viele Menschen fanden Arbeit auf den Werften und in den Lagerschuppen. Nur ein **Problem** blieb: Wie sollten all diese Menschen über die Elbe zu ihren Arbeitsplätzen gelangen? Die kleinen Fähren schafften bald den Ansturm nicht mehr und da entschloss sich der Senat zu einem richtungsweisenden Bau. Ein fast 500 Meter langer Tunnel mit zwei Röhren wurde tief unterhalb der Elbe von einem Ufer zum anderen getrieben. Keine leichte Aufgabe! Am 7. September 1911 wurde er aber feierlich eröffnet und die Arbeiter strömten sogleich durch den neuen Tunnel.

EXTRATIPP

### Beachclubs

Nicht einmal 100 m vom Alten Elbtunnel 46 entfernt locken die sommerlichen Beachclubs (s. S. 165). Mehrfach mussten sie bereits ihren Standort wechseln und haben auch mächtig an Fläche verloren. Dennoch: Scheint die Sonne, sind die Hamburger da. Zu finden sind sie auf dem **Deck eines Parkhauses** am oberen Ende des Fischmarkts 51 in unmittelbarer Nachbarschaft der Landungsbrücken 43. Richtig nett ist es dort, mit **weichem Sand, Strandkörben,** mindestens einer **Bar,** legeren **Sesseln, Deckchairs** oder ganzen **Liegen.** Es ist also urgemütlich, vor allem zum Sundowner! Bus 112 hält genau „vor der Tür".

Auch heute noch steht der Tunnel Fußgängern und Fahrradfahrern als Verkehrsweg offen. 2019 wurde die sanierte **Oströhre** wieder eröffnet, zurzeit wird an der Sanierung der **Weströhre** gearbeitet.

Ob mit dem Fahrrad oder zu Fuß – man fährt wie schon in den Anfängen des Tunnels **per Aufzug** hinunter: Speziell für Fußgänger gibt es einen modernen Lift, aber auch eine Treppe. Früher wurden auch die Autos mit dem Lift hinunter- und nach der Durchfahrt auf der anderen Seite wieder hinaufbefördert. Heute allerdings ist die Durchfahrt für Autos nicht mehr möglich. Unten führen zwei relativ **schmale, gekachelte Röhren** auf die andere Seite hinüber, Autos schrammten immer haarscharf am Kantstein vorbei, die Tunnel waren eben nicht für moderne Pkws geplant, sondern für die Breite einer Kutsche. Die Fahrspur hat gerade mal eine Breite von 1,92 Metern und die Höhe (6 Meter) wurde an einer aufgestellten Kutscherpeitsche gemessen. Auf der anderen Seite des Tunnels geht es dann abermals mit einem Lift nach oben. Fußgänger und Radfahrer zahlen nichts und können den Tunnel jederzeit passieren,

Einmal durch den Alten Elbtunnel zu marschieren, lohnt sich allemal. Oben auf der anderen Elbseite angekommen, sollte man den kurzen Weg zur Elbe zurückgehen. Von dort bietet sich einem ein unvergleichlicher **Panoramablick** auf die Elbe mit den Landungsbrücken, dem Michel und der Rickmer Rickmers.

› U/S oder Bus 112 „Landungsbrücken"

☐ *Fußgänger im Alten Elbtunnel*

## 47 Stintfang ★★ [L11]

Direkt hinter den belebten Landungsbrücken 43 führt eine Fußgängerbrücke über die stark befahrene Straße und zur S- und U-Bahn-Sation „Landungsbrücken". Dahinter erhebt sich eine Stintfang genannte Anhöhe, auf der sich die Jugendherberge Auf dem Stintfang (s. S. 226) befindet. Selbst wer hier nicht übernachten möchte, sollte unbedingt einmal die Treppen hinaufsteigen, denn oben hat man vom Vorplatz einen phänomenalen **Blick über den Hamburger Hafen.**

Im Hintergrund kann man es nun schon von Weitem „hinter" dem Stintfang sehen, das **Bismarck-Denkmal.** Wuchtig steht er da, der „Eiserne Kanzler". Er stützt sich auf ein gewaltiges Schwert und richtet den Blick nach Westen – in Richtung seiner Feinde. 1903 bis 1906 wurde diese Kolossalstatue erbaut, und zwar „im Stil eines mittelalterlichen Rolandsbildes" und als Symbol für „den Schutz des Reiches für Hamburgs Seefahrt und Handel", so erklärt es zumindest eine Tafel am Sockel des Monuments.

› U/S „Landungsbrücken"

## 48 Ditmar-Koel-Straße ★ [L11]

Von den Landungsbrücken 43 zweigt eine äußerlich unscheinbare Straße ab, die Ditmar-Koel-Straße. Benannt ist sie nach einem ehemaligen **Hamburger Bürgermeister** (1548–1563), der vorher Kapitän und Piratenjäger war. An der Kersten-Miles-Brücke, die bei der U-Bahn-Station „Landungsbrücken" die Helgoländer Allee quert, befindet sich ihm zu Ehren eine Skulptur. Einst war diese Gegend eine reine **Arbeitergegend,** die mit dem und vom Hafen lebte und das Gebiet hat eine gehörige Portion Flair aus jenen fernen Tagen retten können.

Man findet hier **kleine Läden,** die Kurioses und Notwendiges, Handgemachtes und Vergangenes anbieten. Man sollte sich Zeit lassen bei einem Bummel über die 380 m lange Straße, dann bleibt man vielleicht bei einem der zahlreichen kleinen Läden stehen, ganz bestimmt aber an einem der vielen **spanischen und portugiesischen Lokale.** Die gibt es hier an jeder Ecke, und das darf wörtlich genommen werden, deswegen trägt diese Zone auch den Beinamen **„Portugiesenviertel".** Kurios und auch irgendwie passend: Die **Kirchengemeinden aller**

**vier skandinavischen Länder** haben einträchtig in der Ditmar-Koel-Straße ihren Sitz. Ab Mitte November wird hier an den Wochenenden vor dem ersten Advent in allen vier Kirchen ein Adventsmarkt mit skandinavischen Produkten abgehalten.
› U/S „Landungsbrücken“

## 49 St. Michaeliskirche (Michel) ★★★ [M11]

*Der „Michel“, wie die St. Michaeliskirche von den Hamburgern genannt wird, ist nicht nur ein Wahrzeichen der Hansestadt, die Hamburger haben auch eine regelrecht liebevoll-emotionale Bindung an diese Kirche entwickelt. Das wird immer wieder durch das hohe Spendenaufkommen bewiesen und draußen vor der Kirche durch quadratmetergroße Spenderplatten mit allen Namen dokumentiert. Aber auch der ungemein hohe Zuspruch, wenn im Michel Konzerte stattfinden oder kurz vor Heiligabend bekannte Schauspieler die Weihnachtsgeschichte lesen, spricht Bände. Dann sind die 2500 Plätze ruckzuck ausverkauft und man kann eine Stecknadel zu Boden fallen hören, so feierlich-gespannt wird gelauscht. Wie gesagt, die Hamburger haben ein sehr emotionales Verhältnis zu „ihrem“ Michel.*

057hg Abb.: sm

Ursprünglich gab es nur eine kleine St. Michaeliskirche (die existiert übrigens noch heute), aber nachdem die westliche Vorstadt in den Befestigungsring der Stadt einbezogen wurde, reichte diese nicht mehr für die Kirchengemeinde aus. Ein Neubau musste her und der wurde unter Anleitung von **Christoph Corbinus** aus Altona von 1648 bis 1661 nur knapp 200 m von der alten Kirche entfernt gebaut. Diese erste **dreischiffige Backsteinkirche** wurde am 10. März 1750 von einem Blitz getroffen und brannte aus.

Der Wiederaufbau begann 1751 nach Plänen von **Johann Leonard Prey.** Es gab zwischenzeitlich einige Verzögerungen durch Konstruktionsveränderungen, aber am 19. Oktober 1762 wurde der Michel dann erneut feierlich eingeweiht. Der **Turm** entstand später (1777–1786). Bis zum 3. Juli 1906 blieb die Kirche unverändert, dann brach bei Lötarbeiten am Turm erneut ein **Feuer** aus. Der Turm stürzte ins Kirchenschiff und setzte es in Brand. Es war aber keine Frage, der Michel wurde erneut aufgebaut. Noch einmal wurde die Kirche durch **Bombenangriffe** während des Zweiten Weltkrieges schwer beschädigt, die letzten Schäden konnten erst 1952 beseitigt werden.

An der Außenwand befinden sich **Denkmäler** zu Ehren **Martin Luthers** und des ehemaligen Bürgermeisters **Johann Heinrich Burchard** (1852–1912). Etwas versteckt wurde außen auch eine **Plakette** angebracht, die erklärt, dass 1983 ein Hamburger Kaufmann aus Übersee die Summe von 4 Mio. DM für die Reparatur des Kirchenturms spendete. Wie gesagt, die Hamburger haben eine emotionale Bindung an „ihren" Michel.

Über dem Eingang prangt eine auffällige **Skulptur**. Sie stellt den heiligen Michael dar, wie er den Satan besiegt. Der **Innenraum** des Michel ist strahlend weiß und goldfarben gehalten und hat den Grundriss eines gedrungenen Kreuzes. Die aus Marmor geschaffene **Kanzel** wurde so platziert, dass sie von allen 2500 Sitzplätzen aus eingesehen werden kann. Der 22 Meter hohe **Altar** wurde 1910 ebenfalls aus Marmor erschaffen, das Bild zeigt u. a. die Auferstehung Christi und das letzte Abendmahl. Die **Steinmeyer-Orgel** steht auf der Westempore und zählt 6665 Pfeifen und ist damit Hamburgs größte Orgel. In der Mitte des Kirchenraumes befindet sich an der Decke eine ovale Öffnung, die von einem Gitterwerk mit goldenen Rosen verdeckt wird. Dies ist ein Schallloch zu einem Fernwerk. Zwanzig Meter über dem Steinmeyer-Orgelprospekt befindet sich nämlich eine zweite Orgel mit 1222 Pfeifen, deren Klang durch einen Schallkanal geleitet wird und mit leichter Verzögerung durch das Schallloch herausströmt.

In der Mitte des Altarbereiches steht auch das kleine **Taufbecken** (1763), umgeben von einem kunstvollen, schmiedeeisernen Gitterwerk. Der schmiedeeiserne Opferstock, der sogenannte Gotteskasten, stammt noch aus dem 18. Jahrhundert. Der Opferstock steht am Eingang zur Gruft, der **Krypta**. Der Gruftkeller verläuft unterhalb der gesamten Kirche und ist relativ niedrig. Insgesamt 52 Granitsäulen unterteilen den Raum, in dem früher die Toten bestattet wurden. Ein Teil der alten und meist recht schlichten Grabplatten auf dem Boden sind noch erkennbar. Es gab 268 Grabkammern, die bis zu 4 Meter tief in die Erde reichten. Hier wurden bis zu vier Särge gestapelt. In der Zeit von 1762 bis zum Verbot der Bestattungen innerhalb der Stadtmauern im Jahr 1812 wurden 2145 namentlich bekannte Bürger und auch eine Reihe anonymer Toter im Michel beigesetzt. Im Jahr 1906 wurden nach dem Brand die letzten menschlichen Überreste zum Friedhof Ohlsdorf überführt.

Neben Grabstelen einiger bekannter Hamburger befindet sich in der Gruft auch die Ausstellung „**Michaelitica**" zur Geschichte des Michel und es läuft permanent ein 30-minütiger Film über die Geschichte Hamburgs.

Auf den **Kirchturm** wollen wohl alle Besucher. Entweder steigt man dazu 452 Stufen hoch oder man fährt viel bequemer mit dem Fahrstuhl. Der Turm hat eine Höhe von 132 Metern, die Aussichtsplattform befindet sich in 82 Metern Höhe. Ein kaum noch zu überbietender Rundblick über die Stadt ist der Lohn für den Aufstieg.

*Der Michel ist Hamburgs ganzer Stolz*

Knapp unterhalb der Aussichtsplattform befindet sich die **größte Kirchenuhr Deutschlands.** Allein das Zifferblatt hat einen Durchmesser von 8 Metern. Der kleine Zeiger misst 3,65 Meter, der große 4,95 Meter! Der Minutenzeiger beschreibt pro Stunde mit seiner Spitze einen Kreis von 24 Metern! Seit 1762 treten unterhalb der Uhr **Turmbläser** in Aktion. Werktags um 10 und 21 Uhr sowie sonntags um 12 Uhr wird in alle vier Himmelsrichtungen ein Choral geblasen. Ursprünglich bliesen sie sogar stündlich, verkündeten so die Zeit.

› Krayenkamp 4C, U3 „Baumwall" oder S1/3 „Stadthausbrücke" oder Bus 37 (hält direkt vor der Kirche), www.st-michaelis.de, Tel. 376780, Turm: Erw. 6 €, Kinder unter 16 Jahren 4 €, Krypta und Hamburg History: 5/3 €, Turm, Krypta, Hamburg History: 8/5 €. Der Turm ist Mai bis Sept. tägl. von 9 bis 20 Uhr, November bis März von 10 bis 18 Uhr und April sowie Okt. von 9 bis 19 Uhr geöffnet. Die Kirche ist zu den gleichen Zeiten geöffnet (Eintritt frei), am Sonntag erst ab 12.30 Uhr. Außerdem sind zwischen 18 und 22.30 Uhr nächtliche Besuche des Turms möglich, Infos: www.nachtmichel.de, Preis: 10,50 €, Kinder 8,50 €. Tickets können auch online unter www.michelshop.de bestellt werden. Tickets und Souvenirs gibt es im Besucherzentrum am Vorplatz, geöffnet: Mai–Sept. tägl. 9–20, April–Okt. tägl. 9–19, Nov.–März tägl. 10–18 Uhr.

*Nicht nur Fisch, sondern auch Obst für „fast geschenkt" gibt es auf dem sonntäglichen Fischmarkt*

## 50 Kramerwitwenwohnungen ★ [M11]

Ganz in der Nähe des Michel 49 liegen die Kramerwitwenwohnungen, das letzte erhaltene Beispiel für einen **typischen Hamburger Wohnbereich.** Das Krameramt war ein **Interessenverband der örtlichen Händler** (Krämer genannt), den es bereits seit 1375 gab. Die Zunftzeichen, Balkenwaage und Elle, sind im Untergeschoss der Museumswohnung zu sehen.

Das Krameramt stellte schon 1676 für insgesamt 20 Witwen **freien Wohnraum** zur Verfügung. Hintergrund war, dass die **Witwen** aus ihren Wohnungen über den Läden ausziehen sollten, damit ein neuer Händler Arbeits- und Wohnstätte übernehmen konnte.

Die erhaltenen Reihenhäuser zeigen eine **typische Wohnsituation des 17. Jh.** Sie sind schmal, alle gleich gebaut und haben drei Etagen. In einer **Museumswohnung** kann man die typische Aufteilung der Häuser sehen: Im **Erdgeschoss** befindet sich neben dem Flur die Küche, im **ersten Stock** der Wohn- und Schlafbereich und dann existiert noch ein **Dachgeschoss** mit Außenluke, durch die früher beispielsweise Brennstoff (Holz, Torf) gereicht wurden. Eine schmale Treppe führt nach oben, die Fenster weisen zum engen Innenhof. Die Einrichtung in der Museumswohnung stammt zumindest teilweise tatsächlich aus ehemaligen Witwenwohnungen.

Heute befinden sich in den Häusern an dem schmalen Gang neben der Museumswohnung kleine **Geschäfte** und ein **Lokal** („Krameramtsstuben"). Geht man den Gang bis nach hinten durch, erspäht man die Kuppel des Michels 49 über dem Dach – ein schönes Fotomotiv.

KLEINE PAUSE

29 [J11] **Überquell** €-€€, St. Pauli Fischmarkt 28-32, Tel. 3344212260, geöffnet: Mo.-Do. ab 17, Fr.-So. ab 13, Brew Pub Do.-Sa. ab 17 Uhr. Das Lokal unterteilt sich in den Brew Pub, wo es 30 verschiedene Biere gibt, das Pizza-Restaurant und den großen Terrassenbereich. Sehr lässiges Ambiente am Hafenrand.

An der linken Wand, gleich neben dem Eingang zum Komplex, befindet sich ein humoresk gezeichneter Abriss zu den wichtigsten Stationen der Hamburger Geschichte.

› Krayenkamp 10, S1/3 „Stadthausbrücke" oder U3 „Baumwall", Tel. 37501988, www.hamburgmuseum.de, Eintritt Museumswohnung: 2,50 €, geöffnet: April-Okt. Mo., Mi.-Fr. 10-17, Sa./So. 10-18, Nov.-März Sa./So. 10-17 Uhr. Die Häuserzeile ist kostenfrei zu besichtigen.

## 51 Fischmarkt ★★★ [I11]

*Keine Frage, den sonntäglichen Fischmarkt muss man besucht haben, egal wie lang die Nacht vorher war. Gehandelt wird hier alles, aber die Stars sind bestimmte Händler, die ein wahres schauspielerisches Talent an den Tag legen. Ein tolles Spektakel, nur leider muss man sehr früh aufstehen, denn bereits um 9.30 Uhr ist Schluss!*

Der **St. Pauli Fischmarkt**, wie er ganz genau heißt, ist eine Hamburger Institution und findet hier schon seit 1870 statt. Davor wurde er weiter in der Innenstadt abgehalten, aber die Hafenentwicklung verdrängte die Fischer an den Hafenrand. Bereits ab 1703 wurde am Sonntagmorgen am Landungsplatz von den Elbfischern Fisch verkauft. Somit lag der Hamburger Fischmarkt in unmittelbarer Nähe des Fischmarktes der damals noch selbstständigen **Stadt Altona**.

EXTRATIPP

### U-434 am Fischmarkt

Direkt beim Fischmarkt liegt ein 1976 gebautes U-Boot am Kai. Es handelt sich dabei um ein ehemaliges **russisches, nichtatomgetriebenes U-Boot** von ca. 90 Meter Länge. Es kann sowohl in einer geführten Gruppe als auch individuell besichtigt werden: Mo.–Sa. 9–20 Uhr, So. 11–20 Uhr, Erw. 9 €, Kinder 6 €, Senioren 7 €, Fam. 20–22 €, Führungen: 5 € pro Person, Infos: www.u-434.de.

Am 1. Mai 1887 fand die erste Fischauktion Deutschlands auf dem Hamburger Markt statt, die Altonaer zogen am 22. Juni nach. In Altona wurde dann 1896 eine große, dreischiffige Fischauktionshalle gebaut, diesmal zogen die Hamburger zwei Jahre später nach. Bereits ab 1890 überlegte man, beide Märkte zusammenzuschließen, doch das klappte erst 1933.

Die Altonaer hatten gegenüber den Hamburgern einen entscheidenden Vorteil, ihre Halle hatte direkten **Gleisanschluss.** So konnten sie mehr umschlagen, weswegen viele Fischer lieber dorthin lieferten. Der Fischmarkt findet jeden **Sonntag von 5 Uhr** (Mitte November bis Mitte März von 7 Uhr) **bis 9.30 Uhr** statt, dann ertönt ein Gong, Hamburgs Hymne „Hammonia" erklingt und der Handel ist vorbei. Früher wollten die Markt-Autoritäten damit den Fischhändlern die Möglichkeit einräumen, rechtzeitig zur Kirche gehen zu können. Heute ist es mehr ein Signal, eine zu lange Nacht ausklingen zu lassen.

Der Fischmarkt hat sich gewandelt. Natürlich wird immer noch Fischiges gehandelt, aber längst hat er sich zu einem weitläufigen **Obst-, Gemüse-, Blumen- und Flohmarkt** entwickelt. Die Stars sind einige Händler, die ein wahres **schauspielerisches Talent** an den Tag legen. Mit heiserer Stimme krächzt beispielsweise Aale-Dieter von seinem Verkaufswagen hinunter ins Volk: „Aale, Aale, Aale, Aaaale ... Nu' kauf' doch endlich! Ich will doch auch ins Bett!" Wurst-Willy ruft „Un' hier noch ne Mettwuast, un' noch ne Blutwuast, un' noch ne Kochwuast!", und stopft alles in eine Tüte. „Kriechst du nich' füa 25 Euro, nich' füa 20 Euro, nich' füa 15 Euro. Nee, die schenk ich dia füa 10 Euro! Los, gib schon her!" Auch Bananen-Fred ist dabei, schnappt sich eine Staude, pflückt einzelne Bananen ab und schleudert sie in die Menge. „Ahahahaha – hia gibts was umsonst! Los Herrschaften, ich will's loswerden! Hallo! Nehmt schon! Nu mach hinne! Ahahahaha", ruft er und schleudert noch ein paar Apfelsinen hinterher. Ein tolles **Spektakel,** keine Frage. Frühaufsteher treffen sich hier mit Übriggebliebenen, die die Nacht auf St. Pauli durchgemacht haben.

An Werktagen ist das Gelände des Fischmarkts meist verlassen. Die alte St. Pauli Fischauktionshalle wurde 1971 abgerissen, aber die ehemalige **Altonaer Fischauktionshalle** wurde restauriert und ist heute noch zu sehen. Hier finden unregelmäßig Veranstaltungen statt und sonntagmorgens gibt es während des Fischmarkts natürlich Livemusik und Bier. Am oberen Teil des Fischmarktgeländes begrüßen zwei **Bronzefiguren** die Marktbesucher. Abgebildet sind – natürlich – zwei Marktbeschicker: Mann und Frau tragen Fischkörbe zum Markt.

› S „Reeperbahn", So. 5–9.30 Uhr, Mitte November bis Mitte März 7–9.30 Uhr

## Kulinarisches

Die **Ditmar-Koel-Straße** 48 wird liebevoll und treffend „Portugiesenviertel“ genannt. Dort gibt es im Wortsinn an jeder Straßenecke ein portugiesisches Lokal, darunter auch etliche kleine, gemütliche Cafés. Und ein paar Spanier gibt es auch.

**30** [L11] **Astra-Biergarten,** Landungsbrücken, Brücke 2, Tel. 31794484, geöffnet: April–Okt. tägl. 10–22, Fr./Sa. bis 1 Uhr. Sensationelle Lage leicht erhöht direkt an den Landungsbrücken mit einer ziemlich großen Terrasse, von der man wunderbar auf die Elbe schauen kann.

**31** [L11] **Block Bräu** €€, Landungsbrücken, Brücke 3, Tel. 44405000, geöffnet: tägl. 11–24 Uhr. Rustikal-gemütliches Lokal mit einem großen Gastraum mit langen Bänken und einer ebenso großen Terrasse, von der man einen superben Hafenblick genießt. Serviert werden herzhafte Kost (Fisch, Fleisch, Brezel, aber auch Salate) und selbstgebrautes Bier.

**32** [K11] **Brücke 10** €, Landungsbrücken, Brücke 10, Tel. 65046899, https://bruecke10.com, geöffnet: April–Okt. Mo.–Sa. 10–22, So. 9–22 Uhr. Das kleine, legere Lokal liegt ganz am Ende der Landungsbrücken, aber der Weg dorthin lohnt. Was es gibt, steht oben über der Tür: „Fischbrötchenbude“. Hier werden natürlich nicht nur, aber hauptsächlich Fischbrötchen angeboten, besonders die „meeeterdick“ belegten Krabbenbrötchen sind legendär – allerdings auch deren Preise ...

› **Fischerhaus** (s. S. 156). Altehrwürdiges, bodenständiges Fischlokal mit großen Fenstern zur Elbeseite.

172hg Abb.: hf

Das Elbufer (s. S. 179) ist ein für diese Gegend typisches Geschäft

**33** [M11] **Old Commercial Room** €€, Englische Planke 10, Bus 37 hält am Michel, oder U3 „Baumwall“, www.oldcommercialroom.de, Tel. 366319, geöffnet: Mo.–Sa. 16–23 Uhr. Geboten werden solide Fisch- und Fleischgerichte und vor allem das weithin geschätzte Labskaus.

› **Tower Bar** (s. S. 166). Gigantischer Ausblick auf den Hafen. Sollte man sich einmal gönnen!

## Shopping

› **Elbufer** (s. S. 179). Hamburg-Souvenirs mit Pfiff und Wohnaccessoires.

› **The Art of Hamburg** (s. S. 180). Hier gibt es jede Menge Unikate und limitierte Auflagen von Produkten mit Hamburg Touch, vor allem das beliebte Maschinisten-Shirt, nur echt, wenn es so richtig schietig-dreckig ist ...

EXTRATIPP

**Park Fiction**

In der Nähe des Fischmarktgeländes befindet sich die sogenannte **Hafentreppe**, eine Fußgängertreppe, die von der stark befahrenen Straße St. Pauli Fischmarkt zum höhergelegenen **Hamburger Berg** führt. Eine Fußgängerbrücke quert zusätzlich die Straße und bringt Spaziergänger vom Elbufer auf die andere Seite. „Hamburger Berg" war bis 1833 der Begriff, mit dem das Vergnügungsviertel **St. Pauli** vor den Mauern der Stadt Hamburg umschrieben wurde. Oben erstreckt sich eine kleine Grünanlage, die **Park Fiction** genannt wird und teils als hübscher kleiner Rosengarten, teils mit künstlichen Palmen auf ebenfalls künstlichen, leicht wellig geschwungenen Rasenflächen auf Beton angelegt ist, die auch „Fliegender Teppich" genannt werden. Es sieht ziemlich gemütlich aus und der Blick auf den Hafen ist eine Wucht! Der offizielle Name des Areals lautet Antonipark, aber allgemein hat sich mittlerweile Park Fiction durchgesetzt, obwohl dies ursprünglich nur der Name für ein Kunstprojekt war.

•**34** [J11] **Park Fiction,**
Bus 112 bis „Hafentreppe"

# St. Pauli

*„Auf der Reeperbahn*
*nachts um halb eins,*
*ob du'n Mädel hast oder auch keins,*
*amüsierst du dich, ja das findet sich,*
*auf der Reeperbahn*
*nachts um halb eins."*

*Ja, Hans Albers hatte Recht! Ums Amüsieren ging es hier schon immer, und zwar bereits in den Anfängen, als die Gegend noch „Hamburger Berg" hieß und vor den Toren der Stadt lag. Der Hafen ist nicht weit und so kam zusammen, was zusammen gehörte: Matrosen auf Landgang suchten Vergnügen, Pinten, Kneipen, Bordelle boten sich an und die Hamburger Bürger kamen auch. So war es schon immer und so ist es auch heute. Nur die Matrosen kommen nicht mehr so häufig, die Liegezeiten der Schiffe sind einfach zu kurz geworden.*

Das Sündenbabel war zunächst alles andere als sündig. Auf der Reeperbahn 52 regierten die **Reepschläger** und nicht Eros. Die sogenannten Reepschläger waren Seilmacher, die Schiffstaue aus Hanf herstellten. Dazu benötigten sie bis zu 300 m lange Bahnen, wo sie ihre Seile spannten und verdrehten. Diesen Arbeitsvorgang kann man an einem Modell im Museum für Hamburgische Geschichte 57 sehr schön nachvollziehen.

Ganz in der Nähe legten dann auch die ersten Schiffe an und es kam, wie es halt kommen musste. **Matrosen** suchten Abenteuer, Hamburger Bürger Abwechslung, und wo es Nachfrage gibt, da entsteht auch alsbald ein Angebot. Schausteller bauten Buden und Zelte auf und ein Name für diesen Platz war Ende des 18. Jh. wie aus dem Nichts geboren: **Spielbudenplatz.** Er heißt noch heute so.

1848 gab es 19 **Bordelle** – offizielle! Aber erst nachdem 1860 die Torsperre fiel und die Leute auch nachts zum Hamburger Berg konnten, florierte das Amüsement so richtig. Offiziell wurde die Zone nun auch **St. Pauli Vorstadt** genannt, nach einer Kirche, die noch heute am Pinnasberg steht und dem heiligen

Paulus geweiht ist (St. Pauli Kirche). Theater entstanden, Varietés, Kneipen und – natürlich – **Prostitution.** Mehr oder weniger geduldet, fanden Freier und leichte Mädchen in den Musiklokalen zusammen. Aber es gab auch seriöse Lokale, die die Prostitution nicht duldeten.

Als Lösung wurden die Frauen in einer **Bordellstraße** angesiedelt, der **Herbertstraße** 65, die im vorletzten Jahrhundert aber noch anders hieß. Das genügte jedoch nicht, die Nachfrage war größer. Das Jahrhundert wechselte und in den **1920er-Jahren** zog eine neue Lebenslust auf St. Pauli ein. Bordelle gab es natürlich auch, aber hauptsächlich vergnügten sich die Hamburger auf der Reeperbahn in Varietés, Theatern und Kneipen.

Dann kamen die **Nazis** und brachten die heute noch existierenden Sichtblenden an der Herbertstraße an. Der Krieg verschonte auch den Kiez nicht, viele Häuser wurden zerstört und mussten danach wieder aufgebaut werden.

Immer wieder wurde etwas Neues erfunden, beispielsweise das **Schlammcatchen** von barbusigen Frauen. Etwas niveauvoller ging es im Café Keese beim **„Ball Paradox“** zu. Dort forderten Damen die Herren zum Tanz auf, wer ablehnte, flog raus. Dieses „seriöse“ St. Pauli trat aber alsbald in den Hintergrund, es ging vor allem ums **Abzocken.** Touristen wurden auf der Reeperbahn gekobert, also von Türstehern angequatscht, in niveaulose Stripshows hineinbugsiert und dort ausgenommen. Zweitklassige Sexshows, dumme Anmache, sogenannte Peepshows und gnadenlose Abzocke brachten den **Kiez schwer in Verruf.** Schon bald gingen die Hamburger zum Amüsieren nicht mehr nach St. Pauli, sondern nach Pöseldorf oder Eppendorf 74.

Es gab aber auch eine gegenläufige Tendenz, der **Star-Club** machte auf und in seinem Gefolge einige Diskotheken wie das **Grünspan.** Mit einem Mal zogen wieder junge Menschen zum Kiez. Nächster Schritt war 1967 der Bau des **Eros Centers,** eines Großbordells unweit der Großen Freiheit 56. Für viele Jugendliche wurde es zur Mutprobe, hier mal mit schlotternden Knien durch den Kontakthof zu gehen. Die Straßenprostitution sollte wieder mal verschwinden, aber natürlich klappte das nicht.

Dann kam die Zeit der St. Paulianer **Luden.** Zuhälter gab es schon immer im Milieu, aber in den 1970er-/1980er-Jahren dominierten einige den ganzen Kiez. Da gab es den sogenannten **„Paten von St. Pauli“,** der allergisch reagierte, wenn ihn jemand mit seinem Spitznamen „Frieda“ anredete. Der Pate hatte lange Zeit alles im Griff, schlichtete Streitigkeiten ohne Waffen und sprach, so munkelt man, als Höchststrafe „Kiez-Verbot“ aus. Anfang der 1980er-Jahre wanderte „Frieda“ dann ins Gefängnis und verstarb knapp zehn Jahre später.

Es folgten schillernde **Zuhältergangs,** die auch für reichlich Schlagzeilen sorgten. Da gab es die sogenannte GMBH, die sich so nach den Vornamen ihrer Mitglieder nannte (Gerd, schöner Mischa, Beatle und hundertjähriger Harry). Oder auch die **Nutella-Bande,** die so genannt wurde, weil die Mitglieder angeblich derart jung waren, dass sie sich noch Nutella aufs Brötchen schmierten. Sie gaben das klassische Bild des Luden ab: Jogginghose, Minipli, Rolex, dickes Auto und reichlich Muskeln. Mit ihnen kam aber auch eine neue **Spirale der Gewalt:** „Lackschuh-Dietmar“ und „Chinesen-Fritz“ zählten zu den Opfern, „Kara-

te-Tommy" kam gerade noch mal davon. Trauriger Höhepunkt war der Fall eines verhafteten Auftragskillers. Während des Verhörs im Polizeipräsidium zauberte er plötzlich eine Waffe hervor, erschoss den Staatsanwalt, seine eigene Ehefrau und dann sich selbst. Die GMBH und die Nutella-Gang verschwanden dann aber von der Bildfläche und ausländische Banden rückten nach. Türkische, kurdische, albanische Gangs kontrollierten nun Teile vom Kiez.

In den **1990er-Jahren kehrten die Hamburger zurück,** denn der Kiez wandelte sich abermals. Corny Littmann eröffnete 1988 das Schmidt Theater (s. S. 167) und zeigte schräge Shows, die eine Zeit lang im Fernsehen auf NDR liefen und so manchen Zuschauer empörten, der rein zufällig(!) dort hineinzappte, aber sowohl das Schmidt Theater bekannt machten als auch St. Pauli wieder hoffähig. Etliche der tristen Animierläden verschwanden, Musikclubs, Discos und angesagte Kneipen machten auf. Speziell in der Großen Freiheit 56 oder auch rund um den Hans-Albers-Platz [J/K11] locken **schwer angesagte Locations,** wie es jetzt „neudenglish" so schön heißt. Am ehesten findet man noch am Hans-Albers-Platz und am Hamburger Berg typische Pauli-Pinten mit „Geradeaus-Publikum" und ohne großes „Club-Trara".

**Der Kiez ist wieder in,** keine Frage. Und es ist ja schon immer das Wichtigste gewesen, dass man sich amüsiert, egal ob im Szeneschuppen oder in der Schmuddelkneipe, denn auch die gibt es noch. Dort ist die Flasche Bier immer

*In der Straße Große Freiheit glitzert St. Pauli ganz besonders*

noch spottbillig. Wer sich in so ein Lokal hineintraut, erlebt ein St. Pauli wie in den Anfangsjahren. Eine Wirtin im Alter irgendwo zwischen 29 und 51 mit Oberweite 120 und ähnlichem Hüftumfang beugt sich lässig über den Tresen, stützt das Kinn auf die rechte Hand, platziert ihr Dekolleté auf den Tisch und guckt dir gaaaanz tief in die Augen: „Na, Süßer, was trinkst du denn?" Wer jetzt nicht unfallfrei „Ein Astra, bibidde!" sagen kann, sollte lieber gehen.

Ein zahnloser Alter am Tresen keckert schon los, freut sich über ein neues Opfer, das seine Lebensgeschichte noch nicht kennt. „Neuchenhundertneunundfunchzich, da lagen wia vor Madagachka!" Und wenn dann Hans Albers loslegt, muss spätestens, aber allerspätestens(!) bei der zweiten Strophe auch der schwäbische Gast halbwegs hamburgerisch mitgrölen: „... amüsierst du dich, ja das findet sich, auf der Reeperbahn nachts um halb eins!"

EXTRAINFO

### Vorsicht auf dem Kiez!

**Am Wochenende** tummelt sich viel Volk auf der Reeperbahn und der **Alkohol** fließt in Strömen. Und wie das dann so ist: Die Stimmung steigt und teilweise auch die **Aggressivität.** Die Folge: Schlägereien entstehen teilweise aus dem Nichts. Das war zwar schon immer so, aber mittlerweile tragen viel zu viele auch **Waffen** mit sich herum. Einige ganz böse Messerstechereien hat es schon gegeben, sodass für St. Pauli ein generelles **Waffenverbot** gilt, das auch streng von der **Polizei** kontrolliert wird. Selbst der Verkauf von Alkohol in Flaschen an Kiosken, Tankstellen etc. ist jetzt am Wochenende verboten. Deshalb als Rat an alle Kiezbesucher: Gerne fröhlich feiern, aber auch ein wenig mit ausgefahrenen Antennen über die Reeperbahn ziehen und sich **nicht provozieren lassen.**

## 52 Reeperbahn ★★★ [J10]

*Eigentlich ist sie nur eine vierspurige Straße, die zumindest tagsüber wenig Anrüchiges zu bieten hat. Aber je näher der Abend kommt, desto mehr wandelt sich die Reeperbahn tatsächlich zur sündigen Meile. Und nach Einbruch der Dunkelheit blinkt und glitzert es dann auch an allen Läden.*

Diese Straße misst **knappe 900 Meter** und kann zumindest am Tag ziemlich trübe wirken. Da glitzert nichts, da wirkt kaum etwas verrucht und man muss schon ein wenig genauer hinschauen, um Lokale wahrzunehmen. Natürlich haben auch einige tagsüber geöffnet, aber das wahre **St.-Pauli-Feeling** kommt erst am Abend auf. Trotzdem: Ein Bummel über die „geile Meile" (Udo Lindenberg) muss einfach sein, egal ob tagsüber oder eben doch besser am Abend.

Ein guter Startpunkt für einen Spaziergang über die Reeperbahn und angrenzende Straßen wäre die **U-Bahn-Station „St. Pauli"** direkt am Millerntor. Sozusagen im Rücken öffnet sich ein riesiger Platz, das **Heiligengeistfeld**, hier findet dreimal im Jahr ein großes vierwöchiges Jahrmarktspektakel statt, der Hamburger Dom. Das Heiligengeistfeld war ursprünglich einmal ein großes Weideland, das dem Hospital Zum Heiligen Geist gehörte, daher leitet sich der Name ab. Direkt am Anfang der Reeperbahn stand das **Millerntor**, das 1819 als eines von fünf Stadttoren erbaut wurde. Erhalten geblieben ist nur noch ein kleines, helles Häuschen, das ehemalige Wachhaus. Da dieses zunächst zu nahe an der stark befahrenen Straße stand, wurde es 2004 in einer spektakulären Aktion von einem Kran an seinen jetzigen Platz versetzt.

Vom Millerntor kommend wird es dann speziell auf der linken Straßenseite etwas bunter, parallel zur Reeperbahn verläuft die Straße **Spielbudenplatz.** Hier werden im **Operettenhaus** (s. S. 168) seit gut drei Jahrzehnten Musicals aufgeführt und es locken etliche **Musikclubs** und **Kneipen** sowie das **Panoptikum** 53. Außerdem steht hier ein auffälliges Gebäude: zwei leicht etwa in der Mitte geknickte Haustürme, die auch „Tanzende Türme" genannt werden. Wer sie sieht, versteht den Namen sofort (s. S. 150).

Ein Stück weiter passiert man das schrille Kiez-Theater **Schmidts Tivoli** (s. S. 167), das bunt schimmernde **Clubhaus** und erreicht dann die bekannte **Davidwache** (ohne Genitiv-s), die das mit gerade mal 0,92 km² kleinste Reviergebiet Hamburgs (und angeblich sogar von ganz Europa!) betreut. Das aktuelle Polizeigebäude stammt aus dem Jahr 1914, aber bereits im Jahr 1840 wurde ganz in der Nähe für St. Pauli eine eigene Polizeiwache stationiert. Ein paar Schritte die Davidstraße hoch passiert man die **Herbertstraße** 55. Dies ist eine **Bordellstraße**, durch die Frauen und Jugendliche nicht gehen sollen, Sichtblenden versperren den Eingang. Gegenüber der Davidwache befindet sich in der Davidstraße 23 der **Salon Harry**, wo sich schon die Beatles die Haare schneiden ließen, wie ein Schild im Schaufenster verrät.

Nur wenige Schritte weiter die Reeperbahn entlang wird der **Hans-Albers-Platz** [J/K11] erreicht, wo es dann ein wenig „kiezmäßiger" wird. Dieser Platz ist so etwas wie der zentrale Punkt an der Reeperbahn. Außer einem eigenwilligen **Denkmal** zu Ehren vom „Blonden Hans" (Hans Albers), geschaffen vom Künstler **Jörg Immendorff**, und einer bunte Palette an Lokalen wird man nicht allzuviel Spannendes entdecken. Geboten wird alles, sowohl Kultdisco als auch schmantige Pauli-Pinte. In den angrenzenden Straßen setzt sich die Mischung aus Szeneläden, Bordellen und ganz regulären Wohnungen fort. Hier ist am Wochenende immer schwer was los! Die Reeperbahn verläuft noch bis etwa zur gleichnamigen S-Bahn-Station und kurz davor zweigt die Straße **Große Freiheit** 56 ab, in der es viele Musikclubs und ein paar Sexläden gibt. Auch hier ist nachts immer sehr viel los. Kurioserweise befindet sich oben fast am Ende der Großen Freiheit auch eine **Kirche** und wer noch ein Stückchen weiterläuft, entdeckt alsbald eine Schule und ein Krankenhaus. St. Pauli ist eben doch nicht nur eine Feiermeile.

› S „Reeperbahn" oder U3 „St. Pauli"

## 53 Panoptikum ★ [K11]

Das **Wachsfigurenmuseum** ist seit 1879 am Spielbudenplatz ansässig. Ca. 100 berühmte Persönlichkeiten sind in Wachs modelliert zu bestaunen, darunter viele Politiker, Künstler, natürlich viele internationale Stars, aber auch einige Hamburger Größen wie Otto Waalkes, Jan Fedder (Schauspieler aus der Serie „Großstadtrevier"), Udo Lindenberg oder Hans Albers.

› Spielbudenplatz 3, U3 „St. Pauli", Tel. 310317, www.panoptikum.de, geöffnet: Mo.–Fr. 10–20, Sa. 10–22, So. 10–20 Uhr, Eintritt: Erw. 6,90 €, Pers. unter 18 Jahren 5 €, Senioren 6,50 €

## FC St. Pauli

Neben dem Millerntor öffnet sich ein weitflächiger Platz, das **Heiligengeistfeld.** Genau dort befindet sich auch das Fußballstadion des FC St. Pauli, der hier mal mehr, mal weniger erfolgreich kickt. Aber das ist auch beinahe schon unwichtig, der FC St. Pauli ist für viele Leute **mehr als ein Fußballverein,** er ist eine Art Familienersatz. Und für die Familie muss man ja bekanntlich manchmal was tun, beispielsweise, wenn es ihr finanziell schlecht geht. Dann müssen **gute Ideen** her: 2005 gab es z. B. ein Angebot des Vereins, für 1910 Euro eine lebenslange Dauerkarte (Stehplatz) zu erwerben. Das hat so mancher getan und freut sich heute diebisch, denn damals kickte Pauli nur in der dritten Liga. Aber nicht nur das: „Retter"-T-Shirts wurden gekauft, Patenschaften für Rasenquadrate übernommen oder schlichtes „Solidarisches Saufen" durchgeführt. Hauptsache, Geld kam in die Kasse. 2002 gewann „Pauli" gegen Bayern 2 : 1 und sofort wurden T-Shirts mit dem Schriftzug „Weltpokalsiegerbesieger" produziert, denn die Bayern hatten kurz vorher den Weltpokal errungen. Ideen muss man halt haben!

Derart anarchistische Aktionen zur Rettung des Clubs sind nicht mehr nötig, nachdem der Verein sich in den letzten Jahren konsolidiert hat, auch finanziell, und sogar das Stadion ausbauen konnte. Zuletzt konnten Fans und Mannschaft sogar ganz realistisch vom Aufstieg in die 1. Bundesliga träumen.

Der Besuch „auf St. Pauli" ist jedenfalls immer ein Erlebnis, selten gibt es so kritische, aber auch selbstkritische Fans. Leider sind die Spiele immer schnell ausverkauft, aber bei echtem Interesse kann man ja mal nachfragen.

› **FC St. Pauli Kartencenter** (s. S. 191)

*„Kämpfen, Pauli, kämpfen!" Die St.-Pauli-Fans stehen wie ein Mann hinter „ihrem" Verein*

*Das Vereinswappen des stolzen Kiez-Vereins*

105hg Abb.: jg

106hg Abb.: jg

## 54 Panik City ★★ [K11]

Panik City ist eine **Multimedia-Schau zum Leben und Wirken des Panik-Rockers Udo Lindenberg.** Dank ausgefeilter Technik werden Udo und seine künstlerische Welt hautnah erlebbar: Gäste können beispielsweise mit dem Künstler malen und sogar mit ihm singen. 90-minütige Führungen durch die Panik City finden in Gruppen bis max. 20 Personen statt.

› Im Clubhaus, Spielbudenplatz 21–22, Tel. 64665500 (Tickets), www.panikcity.de, geöffnet Mi.–So. ab 12 Uhr, letzter Einlass zwischen 17 und 18 Uhr (abhängig vom Wochentag), Eintritt: Mo.–Fr. ab 18,50 €, Sa./So. ab 29,50 €. In Gruppen bis max. 20 Personen finden 90-minütige Führungen statt.

*Durchgang für Frauen verboten: die Herbertstraße*

*Große Freiheit 36 und Kaiserkeller (s. S. 95), zwei Musikclubs in der Straße Großen Freiheit*

## 55 Herbertstraße ★ [K11]

Irgendwie hat schon jeder mal von ihr gehört, glaubt nicht so recht, dass es sie wirklich gibt und sucht sie natürlich. Die Herbertstraße, zwischen David- und Gerhardstraße gelegen, nur einen Block von der Reeperbahn 52 entfernt, ist die einzige Straße, in der alle Häuser eine **Bordell-Konzession** haben. In der Herbertstraße arbeiteten schon im 19. Jahrhundert Prostituierte. Die Nazis ließen dann die roten Metalltore anbringen, **Sichtblenden** genannt. Ein Schild am Eingang weist darauf hin, dass Frauen und Jugendlichen unter 18 Jahren der Zutritt verboten ist.

Was erwartet einen denn da so Geheimnisvolles? Eigentlich nur die Tatsache, dass hier **Prostituierte** im Schaufenster sitzen, um ihre Dienste anzubieten. Die Schaufenster werden „Schotten" genannt, sie sind mit weichem Licht sanft und schmeichelhaft ausgeleuchtet. Das soll die Freier animieren, mit den Frauen eine Etage höher zu gehen.

› S „Reeperbahn"

## 56 Große Freiheit ★ [J10]

Direkt an der Einfahrt zur Großen Freiheit befindet sich ein Beatles-Platz, markiert durch eine **überdimensionale Schallplatte** (29 m Durchmesser), die in den Boden eingelassen wurde, und ergänzt um eine **Figurengruppe** aus Edelstahl, die die Silhouette der „Fab Four" darstellt (s. S. 164).

Wer je bei einem Bericht über die Reeperbahn 52 ein Foto mit Leuchtschriften wie „Salambo", „Regina" oder „Safari" gesehen hat, der hat ein Bild der Großen Freiheit betrachtet. In dieser nur 300 m langen Straße **reiht sich ein Lokal an das nächste.** Einige existieren schon über 40 Jahre (Kaiserkeller, Indra, Grünspan, Gretel und Alfons), andere wechseln nach nur wenigen Monaten Konzept und Namen. Übrigens hält sich standhaft eine schöne Geschichte aus den Anfängen der Beatles, als sie noch völlig unbekannt auf dem Kiez Musik machten: Damals feierten die Pilzköpfe gern bei Gretel und Alfons, aber einmal (1962) vergaß Paul McCartney, seine Rechnung zu bezahlen. Die bewahrte der Wirt auf und als Paul Jahrzehnte später (1989) mal nach Hamburg kam, beglich er anstandslos seine Zeche mit Zins und Zinseszins. Im **Salon Harry** in der Davidstraße 23 ließen sich die Beatles die Haare schneiden.

In den letzten Jahren hat sich die Große Freiheit als **Szenetreff** gemausert. Sexläden gibt es zwar immer noch („Dollhouse" mit Tabledance), aber seitdem das Salambo mit seiner mehr oder weniger künstlerischen Sexshow geschlossen wurde, trumpfen verstärkt **Musikclubs** auf. Wie gesagt, die Läden wechseln, aber momentan findet man etliche schwer angesagte Musikclubs in der Großen Freiheit, die allerdings überwiegend nur am Wochenende öffnen. Darunter auch mehrere Bars von Hamburgs wohl bekanntester Drag Queen Olivia Jones, u. a. mit einem Men-Strip-Lokal, in das nur Damen Einlass finden. Dann gibt es noch den Kaiserkeller und die Große

## Der Star-Club und das Ende der Dorfmusik

*Manchmal beginnen **Revolutionen** mit leisen Tönen. Beispielsweise im April 1962, als ein unscheinbares rotes Plakat verkündete: „Die Not hat ein Ende! Die Zeit der Dorfmusik ist vorbei!" Was war geschehen? Noch gar nichts, nur öffnete der **Star-Club** am 13. April 1962 seine Pforten. Star-Club – da bekommen gestandene Sechzigjährige heute noch feuchte Augen und erinnern sich wehmütig an die **Anfänge der Beatmusik** und erste Erlebnisse auf dem Kiez. Der Star-Club, Große Freiheit 39, ist noch heute, 40 Jahre nach seinem Ableben, eine Legende. Wie kam es dazu?*

***Ende der 1950er-Jahre:** Internet, MP3s und Musiksender gab es nicht. Plattenspieler hatten die wenigsten und im Radio dudelte man Schlagermusik. Wer Rock hören wollte, flüchtete zu amerikanischen oder britischen Soldatensendern. Dann tourte **Bill Haley** 1958 durch deutsche Städte und die Fans spielten verrückt. Kreischen, Ausflippen, Saalschlachten, das ganze Programm, von dem die Eltern meinten, dass es so was gar nicht geben könne. Offensichtlich fehlte der Jugend aber etwas. Es gab ein Vakuum.*

*In dieses Vakuum stießen auf St. Pauli ein paar clevere Jungs. Sie eröffneten in der Straße Große Freiheit den **Kaiserkeller** (Große Freiheit 36) und das **Indra** (Große Freiheit 64). Dort konnten **Bands** auftreten und den nach Rockmusik lechzenden jungen Leuten kräftig einheizen. Beide Läden gibt es noch heute und beide schmücken sich mit einer kleinen Plakette, die besagt, dass die **Beatles** dort ihre ersten Auftritte absolvierten. Im Indra war es am 17. August 1960 so weit: Hier hatten die Beatles ihr erstes Engagement in Deutschland!*

*Und so war es auch, nur dass die Beatles damals nur **eine Band von vielen** waren. Die Musiker kamen vor allem aus **England** und spielten den ganzen Abend für schmale Gage. George Harrison erinnerte sich: „Wir mussten sechs Stunden spielen, dann die andere Band ebenfalls sechs Stunden. Wir spielten eine Stunde, sie spielten eine Stunde und so wechselten wir uns ab, tagein, tagaus, für ein paar Kröten im Monat." Ein Beteiligter vom Star-Club: „Hauptsache, sie waren laut, wild und gaben kräftig Zunder." Und das taten sie! **Rockmusik live und zu erschwinglichen Preisen**, das war neu und – heute würde man sagen – cool.*

*Dann kam **Manfred Weißleder.** Er besaß schon ein paar Lokale auf St. Pauli und baute das ehemalige Stern-Kino um zu einem Musikschuppen, zum **Star-Club.** Seine Idee: Eine Bühne, dahinter die Skyline von Manhattan und vorne genügend Platz für die Fans. Vor allem aber sollte nicht mehr nur eine Band sechs Stunden spielen, sondern lieber sechs Bands je eine Stunde. Das **Ende der Dorfmusik** wurde also verkündet.*

*Weißleder engagierte reihenweise unbekannte Bands aus Liverpool, aber nach und nach auch echte Stars. Der Eintritt blieb stets gleich niedrig, egal, wer auf der Bühne stand. Und so strömten die Fans hierher. Das Konzept schlug ein wie eine Bombe, der Erfolg sprach sich he-*

*rum. Größen der damaligen Zeit wie Tony Sherridan, Bill Haley, Chuck Berry, Ray Charles, Jimi Hendrix, Little Richard und eben auch die Beatles - damals aber noch völlig unbekannt - gastierten im Star-Club. Die Fans drängten sich bis an die Bühne, standen nur einen knappen Meter von ihren Idolen entfernt. Die Flasche Bier vorne am Bühnenrand abgestellt, die Texte - soweit bekannt - mitschreiend, mitjohlend, mitsingend.*

*Hier war man in einer völlig anderen Welt, die nichts mit der Welt zu Hause, in der Schule, in der Familie zu tun hatte. Draußen, im Beruf, in der Nachbarschaft, bei den Eltern regierte der Muff. „Solche" Musik hörte man einfach nicht. „Dahin" - nach St. Pauli - ging man schon gar nicht, und „so" lange Haare trug man schon mal überhaupt nicht. Der Star-Club war ein Refugium für alle, die nur ein Stückchen* ***anders sein,*** *ein bisschen* ***Freiheit*** *wollten. Und für die, die* ***authentischen Rock*** *hören wollten, denn den bekamen sie dort auf die Ohren. Im Star-Club fühlten sich alle heimisch, Musiker genauso wie Gäste. Nicht selten zogen nach den Konzerten alle zusammen ein Haus weiter und feierten den Rest der Nacht durch.*

*Das ging ein paar Jahre gut, dann begann ein* ***schleichender Niedergang.*** *Die hohen Gagen der Stars konnten einfach nicht eingespielt werden. Gute Bands traten mittlerweile auch in größeren Sälen auf und auch die Fans strömten nicht mehr so selbstverständlich in den Star-Club. Dazu kamen langsam* ***Discos*** *in Mode und es gab andere,* ***neuere, spektakuläre Musikläden.*** *So eröffnete das damals völlig neue Grünspan (Große Freiheit 58, existiert noch heute). Weißleder zog sich 1967 zurück und verpachtete den Star-Club, aber es half alles nichts. Der Club war ein Kind seiner Zeit, und die war abgelaufen. „Er war zur richtigen Zeit der richtige Laden. Ein paar Jahre früher oder später, und nichts wäre passiert", erinnert sich ein Freund.* ***Silvester 1969*** *fand dann das endgültig letzte Konzert statt, der Star-Club schloss seine Pforten.*

*Sieben Jahre vorher hatte seine Eröffnung das Ende der Dorfmusik eingeläutet, jetzt beendete seine Schließung eine Ära. Seine* ***Legende*** *hat ihn allerdings überlebt. Fragen Sie mal einen x-beliebigen Sechzigjährigen in Hamburg. Nicht wenige bekommen dann beim Stichwort „Star-Club" leuchtende Augen und erinnern sich, ach ja, damals ... Fast ein bisschen wie ein kurzer Sommer der Revolution.*

*Heute gibt es nicht einmal mehr das Gebäude des Star-Clubs. Als die Musiker gingen, zog ein Sextheater ein. Das Salambo erfreute jahrelang Kiezgänger mit einer anderen Art von „Liveact": mehr oder weniger harten Sexshows.* ***1983 brannte das Haus völlig aus,*** *das Salambo zog um und die Ruine blieb ein paar Jahre so stehen. 1986 war es endgültig vorbei, die* ***Abrissbagger*** *kamen. Heute erinnert an der Großen Freiheit 39 nur noch eine* ***Gedenktafel,*** *etwas versteckt in einem Innenhof angebracht, an die legendären Zeiten.*

KURZ & KNAPP

**Verschlossenes Tor zur Welt**

Der Name „Große Freiheit“ leitet sich übrigens von der **Religions- und Gewerbefreiheit** ab, die in **Altona** schon immer großzügiger gehandhabt wurde, denn diese Straße lag schon auf Altonaer Stadtgebiet. Eine schmiedeeiserne **Laterne** an der Reeperbahn, kurz vor der Einmündung der Straße Große Freiheit, markiert exakt den alten Grenzverlauf.

Obwohl sich Hamburg als **„Tor zur Welt“** bezeichnet, gäbe es einen kleinen, aber feinen Unterschied, meinen jedenfalls Spötter und Altonaer Lokalpatrioten. Denn sowohl Hamburg als auch Altona würden ein Tor in ihrem Stadtwappen tragen. Das Hamburger Tor sei aber verschlossen, während das von Altona geöffnet wäre. Was eben den Unterschied ausmache ...

Freiheit 36 als Veranstaltungsbühnen (beide Hausnummer 36), den Uralt-Klassiker Grünspan an der Großen Freiheit 58 und das Indra (Hausnummer 64). Der legendäre **Star-Club** befand sich an der Großen Freiheit 39. Mehr als eine kleine Gedenktafel im Innenhof ist von ihm aber nicht erhalten geblieben.

Bei der Hausnummer 43 befindet sich übrigens eine **katholische Kirche** aus dem 18. Jh., die St.-Joseph-Kirche. Ein Gotteshaus hätte man hier wohl am allerwenigsten erwartet, aber es werden tatsächlich am Sa. um 18.30 und So. um 8.30 Uhr Gottesdienste abgehalten. Direkt bei der Großen Freiheit 36 zweigt die **Schmuckstraße** ab. Hier gab es vor dem Zweiten Weltkrieg eine kleine chinesische Gemeinde, die Wäschereien, Lokale und Geschäfte betrieb – zumindest offiziell, was sonst noch so passierte, blieb der Fantasie überlassen. Am 13. Mai 1944 wurden insgesamt 160 Chinesen von den **Nazis** verhaftet und in ein **Arbeitslager** gesteckt, wo 17 von ihnen starben. Die Überlebenden verließen nach Kriegsende Hamburg. Nur eine kleine **Erinnerungstafel** an einem kleinen Fußballplatz erinnert an diese Zeit. Zwei Querstraßen weiter zweigt rechts die Straße **Hamburger Berg** [K10] ab. Sie führt zurück zur Reeperbahn und hier gibt es einige Kneipen ohne großen Lichterglanz, ohne Nepp und ohne großen „In-Status“. Sie sind eher der Treff der alternativen Szene.

› S „Reeperbahn“

## Kulinarisches

› **Cuneo** (s. S. 157). Seit 1905 wird im Cuneo italienisch gekocht, das Lokal ist bei Promis und Medienmenschen sehr beliebt.

› **Freudenhaus** (s. S. 155). Kleines Restaurant mit deutschen Gerichten, die auch noch pfiffig arrangiert sind.

**35** [K10] **Piceno** €, Hein-Hoyer-Straße 8, S „Reeperbahn“, Tel. 310477, geöffnet: Di.–So. 16–23 Uhr. Guter Italiener mit familiärem, fast schlichtem Ambiente. Nicht teuer.

## Kiezkneipen

› Gegenüber vom Hans-Albers-Platz zweigt die Straße **Hamburger Berg** [K10] von der Reeperbahn ab. Hier trifft sich eine ureigene Szene in Lokalen wie Roschinskys, Barbarabar oder Blauer Peter: nix Glitzeriges, eher einfach gestrickt, teilweise leicht trashig, aber an Wochenenden immer ziemlich voll.

**36** [J11] **Hans-Albers-Eck**, Hans-Albers-Platz 20, S „Reeperbahn“, Tel. 3175960, www.hans-albers-eck.de, geöffnet: Fr./Sa. 20–7 Uhr. Angesagte Kneipe mit einem immer schwer umlagerten Tresen in Form eines Schiffskörpers, einer Tanzfläche und sogar einem Biergarten mit Außentresen.

KURZ & KNAPP

### Auf den Spuren der Beatles

In der Großen Freiheit (Nr. 64) befindet sich das **Indra,** ein Urgestein der Kneipenszene auf St. Pauli. Hier spielten am 17. August 1960 die Beatles erstmals auf deutschem Boden, wie ein Schild stolz bemerkt. Auch im **Kaiserkeller** (Große Freiheit 36) spielten sie mehrfach und ein Stückchen die Straße hoch findet sich etwas versteckt an der Querstraße **Paul-Roosen-Straße** bei Nummer 33 der Hinweis, dass die Beatles 1960 hier gewohnt hatten: Unter ziemlich einfachen Umständen, neben dem Vorführraum des Bambi-Kinos, worauf aber nur ein aufgemaltes Bambi auf einem Garagentor hinweist.

**37** [K10] **Herzblut,** Reeperbahn 50, U1 „St. Pauli“, Tel. 33396933, www.herzblut-st-pauli.de, geöffnet: Mo.–Fr. ab 17 Uhr, Sa./So. ab 13 Uhr. Bar-Restaurant mit günstigem und gutem Essen. Drinnen ist viel Platz, aber es gibt auch eine gar nicht so kleine Terrasse draußen direkt an der Reeperbahn.

**38** [K10] **Konditorei Rönnfeld,** Hein-Hoyer-Str. 52, Tel. 313536, geöffnet: Mo–Do. 6.30–13, 14–18, Fr. 6.30–18, Sa. 6.30–16, So. 8–16 Uhr. Nur fünf Minuten Fußweg von der Reeperbahn entfernt werden richtig leckere Backwaren aus eigener Herstellung verkauft.

**39** [K10] **Lehmitz** €, Reeperbahn 22, U1 „St. Pauli“, Tel. 314641, Do. 16–4, Fr. 14–4, Sa. 12–4, So. 12–24 Uhr. Rustikale Kneipe mit einem großen Rundtresen. Sehr beliebt, zwanglose Stimmung, sehr gemischtes Publikum. Existiert seit Jahrzehnten und wird von nicht wenigen als eine der letzten echten Kneipen an der Reeperbahn angesehen. Do.–Sa. Livemusik auf dem Tresen.

184hg Abb.: hf

**40** [J11] **Zum Silbersack** €, Silbersackstraße 9, S „Reeperbahn“, Tel. 314589, geöffnet: tägl. ab 17 Uhr. Eine richtig ehrliche Pauli-Pinte, die 1949 gegründet wurde. Bier gibts aus Flaschen und Musik aus der Jukebox. Der Laden ist immer knackvoll mit bunt gemischtem Publikum und bietet sehr viel Atmosphäre.

**41** [J10] **Zur Ritze,** Reeperbahn 140, S „Reeperbahn“, Tel. 3193946, geöffnet: Mo.–Do. 17–2, Fr./Sa. 14–6, So. 14–2 Uhr. Uraltkneipe mit Kultstatus, wird deshalb auch schon von geführten Touristengruppen besucht. Die Tür ist kiezbekannt, zeigt sie doch zwei aufgemalte, weit gespreizte Frauenbeine, erschaffen von Erwin Ross, dem leider verstorbenen „Rubens von der Reeperbahn“. Drinnen bietet sich eine Mischung aus gemütlich und leicht angestaubt, es gibt Hacker-Pschorr (Biersorte, im Norden eher selten) und meist läuft ein Boxkampf im Fernsehen. Schließlich gilt die Ritze als Boxkneipe, denn unten befindet sich ein Boxring, der aber nicht ohne Weiteres betreten werden darf. Hier bereiteten sich schon Boxprofis auf ihre Kämpfe vor.

*Das Clubhaus (s. S. 88) verfügt über eine riesige „Medienfassade“*

# Rund um die Innenstadt

## 57 Museum für Hamburgische Geschichte ★★ [L10]

Das Museum liegt an der ehemaligen Wallanlage, der Eingang befindet sich aber an der Straße Holstenwall. Das Gebäude wurde über einen längeren Zeitraum (1913–23) errichtet und wie es kaum anders sein konnte in Hamburg, entstand ein gewaltiger **Backsteinbau** mit ausladend breiten Treppenaufgängen.

Das Museum zeigt anhand von kleinen Modellen und vielen historischen Fotos die einzelnen Etappen der **Hamburger Stadtentwicklung**. Beginnend bei den geschichtlichen Anfängen wird eine erste bescheidene Siedlung namens Hammaburg modellhaft dargestellt. Diese Siedlung wurde im Laufe der Jahre größer, und entsprechend wachsen auch die **Modelle.** Wer sich ein bisschen Zeit lässt und sich gedanklich an markanten Punkten orientiert (Kirchtürme, Alster, Elbe), erkennt recht bald die Größenverhältnisse. Allzu groß war Hamburg viele Jahrhunderte lang wahrlich nicht.

So wandert man von der städtischen Urgeschichte über die frühe Neuzeit durch das 17. bis zum 18. Jh. Dieses war schon stark geprägt von Schifffahrt und Handel, entsprechende Exponate sind zu finden. Anhand exemplarischer Modelle (Schiffe, Hafenstruktur) wird auch die Hafenentwicklung dargestellt bis hin zum Hamburg heutiger Tage. An einem wirklichkeitsnahen Modell wird bildhaft gezeigt, warum die **Reeperbahn** heißt wie sie heißt und was Reepschläger so taten (sie spannten bis zu 300 m lange Bahnen, aus denen Seile und Taue gedreht wurden).

Ganz plastisch kann sich dann auch jede Landratte einmal in einen Seemann verwandeln und einen **schaukelnden Dampfer** betreten. Man steht schwankend in dunkler Nacht im Ruderhaus, die Möwen kreischen, der Schiffsdiesel stampft, aus dem Funkraum plärrt eine verzerrte Stimme „Sturmböen aus Ooost-Süd-Ooost“, ein Nebelhorn tutet, alles wirkt bis ins Detail authentisch.

Im Obergeschoss des Museum werden verschiedene **Wohnräume** aus vergangenen Jahrhunderten ausgestellt, außerdem wird die **Geschichte der Juden** in Hamburg sehr anschaulich erzählt, einschließlich der dunklen Tage der Nazizeit. Sogar eine komplette jüdische Synagoge wurde nachgebaut, die man auch betreten kann.

Für alle Bahnfans noch der Hinweis, dass in einem Nebenraum eine große **Modelleisenbahnanlage** im Maßstab 1:32 aufgebaut wurde. Es ist die Strecke vom Hauptbahnhof 1 nach Harburg. Regelmäßig finden hier Vorführungen statt.

› Holstenwall 24, U3 „St. Pauli“ oder Bus 112 bis zum Museum, Tel. 4284132100, www.shmh.de, Eintritt: 9,50 €, ermäßigt 6 €, geöffnet: Mo. 10–17, Mi.–Fr. 10–17, Sa./So. 10–18 Uhr, Di. geschlossen

*Historische Hamburger Häuser in der Peterstraße*

## 58 Peterstraße ★★ [M10]

Die nahe gelegene Peterstraße zweigt schräg gegenüber vom Museum für Hamburgische Geschichte 57 vom Holstenwall in Richtung Innenstadt ab. Tatsächlich handelt es sich nur um ein knapp 100 m langes Sträßlein. Hier wurden mehrere **Alt-Hamburger Häuser** schick restauriert. Möglich war dies durch die Privatspende eines Hamburger Kaufmanns. Die Häuser aus dem 17. und 18. Jh. wurden zum überwiegenden Teil aus anderen Stadtgebieten hierher verpflanzt und **originalgetreu wieder aufgebaut.** Kleine Schildchen an den Häusern erklären Herkunft und historischen Hintergrund. Das Ganze wirkt ungemein pittoresk, da das Gesamtbild stimmig ist. Die schicken Fassaden, das Kopfsteinpflaster, alte gusseiserne Laternen und sogenannte „falsche" Giebel fügen sich hübsch zusammen. Einzig das **Beyling-Stift** stand schon immer hier an der Peterstraße (Nr. 35–39). 1751 wurde das Gebäude zunächst als Wohnhaus gebaut. 1824 kaufte es Johann Beyling und seit 1899 sind in dem Gebäude Altenwohnungen einer Stiftung untergebracht.

In diesem Viertel wurde auch **Johannes Brahms** (1833–97) geboren. Dem Komponisten zu Ehren wurde 1971 in der Peterstraße 39 das **Brahms-Museum** (s. S. 144) eingerichtet. Ausgestellt sind Dokumente und Partituren sowie Infotafeln zu seinem Leben in Hamburg.

Ein weiteres schön gemachtes Museum zum Leben und Wirken mehrerer Komponisten des 17. und 18. Jh. in Hamburg (Telemann, Emanuel Bach, Gustav Mahler, Felix Mendelssohn u. a.) ist das **Komponistenquartier** (s. S. 144). Gezeigt werden Originalobjekte aus der damaligen Zeit und man kann an Medienstationen über Kopfhörer Musik aus jener Zeit hören.

› U3 „St. Pauli"

063hg Abb.: sm

## 59 Planten un Blomen ★★ [M8]

*Ein Park mitten in der Innenstadt. Eine Oase der Ruhe im hektischen Großstadtleben. Ein Treff für Flaneure und Pflanzenliebhaber. Ein Ort zum Entspannen unter Bäumen und an Teichen. Das alles ist die Grünanlage mit dem plattdeutschen Namen für „Pflanzen und Blumen".*

Ursprünglich verlief die Stadtmauer entlang der Straßen Holstenwall und Gorch-Fock-Wall. Um die Stadt noch besser zu schützen, wurden im 17. Jh. die **Wallanlagen** verstärkt. Dazu gehörte auch das Ausheben von Gräben. Nachdem viele Jahre später die Kriegsgefahren nicht mehr als so groß angesehen wurden und die Stadt sich obendrein auch noch vergrößert hatte, begann man langsam mit der **gärtnerischen Umgestaltung der Anlagen.** So entstanden zunächst **vier verschiedene Parkzonen:** Große Wallanlage, Kleine Wallanlage, Alter Botanischer Garten und eben Planten un Blomen.

Einige verkehrsreiche Straßen trennen noch heute die vier Parks, aber schon 1973 versuchte man, sie unter einem **Namen** zusammenzufassen. Der Name „Wallringpark" konnte sich nicht durchsetzen. „Planten un Blomen" war viel volkstümlicher und so heißt das gesamte Areal denn nun auch seit 1986 offiziell.

Einen Spaziergang beginnt man am besten am Dammtor-Bahnhof (S-Bahn-Anschluss) und läuft von dort direkt auf das nicht zu übersehende **Radisson Blu Hotel** zu, das sich immerhin 32 Stockwerke hoch in den Himmel reckt. Direkt angeschlossen ist das 1973 erbaute **Congress Centrum Hamburg,** das nach grundlegender Sanierung und Umgestaltung im April 2022 neu eröffnet wurde.

Direkt vor dem CCH liegt der **Eingang** zum Park. Sobald man eintaucht, bleibt der Verkehrslärm weit weg und mit einem Mal hört man sogar in der Millionenstadt Hamburg wieder die Vögel zwitschern. Innerhalb des Parkgeländes sind alle wichtigen Themenbereiche ausge-

schildert. Da wäre zunächst einmal der schöne **Rosengarten**, an den sich in einer hinteren Ecke der **Apothekergarten** anschließt – in den Sommermonaten eine Blütenpracht ohnegleichen! Dort steht auch ein Musikpavillon, an dem regelmäßig Konzerte stattfinden. Etwas weiter ist der **Japanische Garten** zu finden, mit seinen kunstvollen Pflanzenarrangements ein weiterer echter Höhepunkt. Dort steht auch ein japanisches Teehaus. Besucher können grünen Tee probieren und sich über den Garten informieren. Zu bestimmten Terminen (unregelmäßig zwischen Mai und September) werden spezielle Veranstaltungen, u.a. auch original Teezeremonien, abgehalten (Termine finden sich auf der Internetseite).

Ein Highlight ganz besonderer Art ist die **Wasserlichtorgel** im größten See. Von Mai bis August findet hier allabendlich um 22 Uhr eine **Wasser-Licht-Show** mit musikalischer Untermalung statt. Diese Darbietung wirkt so richtig nur vor dem nachtdunklen Himmel, aber es gibt auch um 14, 16 und 18 Uhr Vorführungen, allerdings dann meist ohne Lichteffekte und Musik (am So. um 14 Uhr mit Musik). Weiterhin können Kinder nach Herzenslust auf einem nahe gelegenen **Abenteuerspielplatz** herumtoben.

› Haupteingang: Marseiller Straße, beim CCH neben dem Dammtor-Bahnhof, S „Dammtor“, geöffnet: Okt.–März 7–20, April 7–22, Mai–Sept. 7–23 Uhr, freier Eintritt.

EXTRATIPP

**Planten un Blomen im Internet**

Generelle und spezielle **Infos** zu einzelnen Park-Teilen, Veranstaltungen, den Wasserspielen und der Teezeremonie findet man im Internet unter www.plantenunblomen.hamburg.de.

*Die Wasser-Show startet …*

*… nachts wirkt sie noch spektakulärer*

Es schließt sich ein Parkteil an, der **Alter Botanischer Garten** genannt wird. Hier wurden sehr schöne **Mittelmeerterrassen** und ein **japanischer Landschaftsgarten** angelegt. Vor allem aber steht hier das **Tropenschauhaus** des Botanischen Instituts. Auf einem Rundgang bewundert man tropische Nutzpflanzen, Palmen, Zierpflanzen, Bromelien, Orchideen oder Kletterpflanzen, um nur einige zu nennen. Ein wenig Dschungelfeeling kommt tatsächlich auf, die **Luftfeuchtigkeit** ist ziemlich hoch und manchmal tropft es einem in den Nacken. Kleine Hinweistafeln erklären anschaulich und glücklicherweise ohne Wissenschaftler-Kauderwelsch die Zusammenhänge. Am Schluss passiert man eine Kakteensammlung und wundert sich, wie viele verschiedene Arten es doch gibt.

› erreichbar vom Dammtor-Bahnhof, **vorübergehend geschlossen**

Weiter südlich unterquert man die Jungiusstraße und landet im dritten Teil des Parks, der **Kleine Wallanlagen** genannt wird. Dieser Abschnitt ist relativ klein, neben den Parkwegen gibt es nur einen kleinen Waserlauf und einen Spielplatz. Der Parkteil grenzt übrigens unmittelbar an das Hamburger **Untersuchungsgefängnis.** Man spaziert somit direkt an der **Gefängnismauer** entlang. Etwas weiter wird der verkehrsreiche **Sievekingplatz** erreicht, wo sich drei Justizgebäude befinden, das sogenannte Justizforum. Neben dem Untersuchungsgefängnis steht das Strafjustizgebäude, wo eben „Strafsachen" verhandelt werden. Dieses Haus wurde von 1879 bis 1882 erbaut und ähnelt einem Palast der Renaissance. Genau gegenüber thront das Ziviljustizgebäude, erbaut zwischen 1898 und 1903. Dieses weist nicht zufällig starke Ähnlichkeiten mit seinem Pendant auf. Beide Gebäude strahlen mit ihrer verschnörkelten Front und den hohen Eingängen Macht und Würde aus. So war es wohl auch einst gedacht. Zwischen beiden Gebäuden liegt etwas versetzt noch das Hanseatische Oberlandesgericht.

Von den Kleinen Wallanlagen spaziert man unter den stark befahrenen Straßen hindurch zu den **Großen Wallanlagen.** Etwa in Höhe der Straße Holstenwall steht ein monumentales Reiterstandbild von Kaiser Wilhelm I. Erbaut wurde es 1903 zur Erinnerung an den Begründer des Deutschen Reiches.

In der Großen Wallanlage befindet sich eine **Rollschuhbahn,** die im Winter zu einer Schlittschuhbahn umfunktioniert wird. Hier kann jedermann gegen geringe Gebühr seine Runden zu musikalischer Untermalung drehen.

Der Park endet schließlich am Millerntordamm. Das 1819 erbaute **Millerntor** war früher eines von fünf Stadttoren, die abends fest verschlossen wurden. Es war das westlichste Hamburger Tor und trennte Hamburg von der Vorstadt St. Pauli. Das kleine Häuschen war eines von zwei Millerntorwachen, die es damals gab. Es ist eines der ältesten Häuser der Stadt. Dieses Wachhaus steht heute etwas einsam an der verkehrsumtosten Straße, aber bis 1860 wurde hier Stadtzoll erhoben und unerwünschte Personen wurden abgewiesen. 2004 wurde das gesamte Gebäude in einer spektakulären Aktion von einem 260 Tonnen schweren Kran um 30 Meter versetzt, weg von der stark befahrenen Straße.

## 60 Uni-Viertel ★ [N7]

*Zentraler Punkt dieser Gegend ist der Von-Melle-Park, nicht weit vom Bahnhof Dammtor gelegen. Dort gruppieren sich die wichtigsten Fakultäten und ziehen alltäglich ab dem späten Vormittag Tausende Menschen an. Knapp 40.000 eingeschriebene Studierende zählt die Uni, und da kann es schon mal eng werden in den Seminarräumen und Hörsälen.*

Allzu heimelig wirken etliche der Uni-Bauten tatsächlich nicht, so z. B. der Wi-Wi-Bunker (Institut der Wirtschaftswissenschaften), der Audimax-Hörsaal, der Phil-Turm (Philologische Institute) und das Rechtshaus. Dennoch ist die Hamburger Uni beliebt, nicht zuletzt auch, weil sie nicht allzu weit vom Stadtzentrum und von der Außenalster 61 entfernt ist.

Das historische **Hauptgebäude**, der Kuppelbau an der Edmund-Siemers-Allee beim Dammtor-Bahnhof, ist noch das schönste Gebäude. 1911 wurde es der Stadt vom Reeder Edmund Siemers geschenkt. 1919 wurde die Hamburger Universität feierlich gegründet. Noch heute prangt Siemers Motto über dem Portal: „Der Forschung. Der Lehre. Der Bildung". Aber **Tradition** kann auch etwas Sperriges haben. Schwere Türen wollen kraftvoll geöffnet werden, kleine Hinweisschilder geben Anweisungen dazu („Stoßen"). Ein Pförtner hockt wie eine allwissende Eule in seiner Loge und Rat suchende Erstsemester müssen demutsvoll das Haupt zur Sprechscheibe beugen, um in dem Geräuschpegel Hunderter „Leidensgenossen" überhaupt etwas verstehen zu können. Trotzdem: Wenn es ein Uni-Gebäude mit Flair gibt, dann ist es dieses. So etwas wie die Hauptmeile im Uni-Viertel ist die Straße **Grindelallee**. Dort stromern unentwegt Studis entlang und Dönerläden reihen sich an Cafés, die schon die Eltern der heutigen Studierenden anlockten. Ein Supermarkt der preiswerten Art und einige Kneipen ergänzen das Angebot.

Die Verlängerung der Grindelallee heißt **Grindelberg** und bildet eine haarscharfe Grenze zum feinen Nachbarn Harvestehude 75. Das ist umso bemerkenswerter, da hier wahrlich keine bautechnischen Schönheiten stehen, sondern die **Grindelhochhäuser**. Insgesamt fünf gewaltige Blocks von acht bzw. 14 Etagen mit über 2000 Wohnungen. Diese Monster wurden kurz nach dem Krieg errichtet, als Wohnraum knapp war. Die Grindelhochhäuser stehen heute, man mag es kaum glauben, unter Denkmalschutz.

Das sogenannte **Grindelviertel** war vor der Nazizeit das **Zentrum des jüdischen Lebens in Hamburg**. Mittlerweile gibt es hier wieder ein jüdisches Café (Leonar, s. S. 102). In Hamburg leben insgesamt etwa 8000 Juden. Die Thalmud-Thora-Realschule am Grindelhof 30 war einst eine der bedeutendsten jüdischen Schulen Deutschlands. 1805 gegründet und seit 1869 als Realschule genutzt, wurden Schüler und Lehrer 1939 aus dem Gebäude gejagt. 2002 nahm die jüdische Schule nach über 60 Jahren den Betrieb wieder auf und trägt heute den Namen Joseph-Carlebach-Schule. Außerdem gibt es hier nun einen Kindergarten und eine Sonntagsschule, leider immer noch 24 Stunden täglich von der Polizei bewacht. Direkt daneben öffnet sich der **Joseph-Carlebach-Platz**, benannt nach dem Oberrabbiner und Direktor der Thalmud-Thora-Schule, der im Getto Riga ermordet wurde. An dieser Stelle stand einst die große, 1906 erbaute Hauptsynagoge, die in der Pogromnacht am 9. November 1938 verwüstet und später abgerissen wurde. Auf dem offenen Platz ist im Pflaster das Abbild der Decke der zerstörten Synagoge auf ihrem ehemaligen Standort nachgebildet.

› S „Dammtor"

### Kulinarisches

Wo so viele Studis zusammenkommen, bilden sich natürlich auch entsprechende WGs, Szenekneipen, Kinos und Minigeschäfte, die von Zauberzubehör über englischsprachige Videos bis hin zu Comics alles oder fast alles anbieten, hier ein Querschnitt.

97 [N7] **Brodersen** €-€€, Rothenbaumchaussee 46, S „Dammtor", Tel. 458119, www.restaurant-brodersen.de, geöffnet: So.–Fr. 12–21 Uhr, Sa. ab 17 Uhr. Bodenständige „hambooorgerische" Küche in schicker Villa, bei Sonnenschein auch im Garten.

98 [N7] **Café Leonar** €, Grindelhof 59, U1 „Hallerstraße", www.cafeleonar.de, Tel. 27881012, geöffnet: Mo.–Sa. 9–22, So. 9–17 Uhr. Mitten im ehemaligen jüdischen Viertel gibt es nun wieder ein jüdisches Café. Sehr schick ist es aufgemacht und ein kleiner Buchladen ist gleich integriert. Das Haus versteht sich obendrein als Kulturzentrum. Serviert werden zumeist kleine jüdische Gerichte, abends verwandelt sich das Café in eine Bar.

## 61 Außenalster ★★ [P8]

Manche Städte haben etwas Prägendes, etwas Unverwechselbares. In Hamburg ist dies die **Alster.** Laut einem trockenen Lexikonartikel verbirgt sich hinter dem Begriff „Alster" nicht mehr als ein 51 km langer Fluss, der im Hamburger Stadtgebiet in die Elbe mündet. Irgendwo im schleswig-holsteinischen Umland bei Henstedt-Ulzburg entsprungen, mäandert die Alster Richtung Hamburg und fließt durch das nordöstliche Stadtgebiet. Dort passiert sie vornehme Stadtteile wie Wellingsbüttel und Ohlstedt und tastet sich langsam weiter Richtung Innenstadt vor.

Einen besonderen Reiz hat die Alster dadurch, dass sie kurz vor ihrer Mündung aufgestaut wurde, auf eine Breite, die es beinahe erlaubt, von einem innerstädtischen **Binnensee** zu sprechen – was natürlich niemand tut. Die aufgestaute Alster in der Innenstadt wird in die **Binnen- und die Außenalster** unterteilt. Die Trennlinie markieren zwei Brücken.

Die **Lombardsbrücke** 11 war im 17. Jahrhundert Bestandteil des Wallrings, der die Innenstadt schützte. Anstelle der Brücke befand sich hier eine Palisade. Das Gebiet der Außenalster lag also **außerhalb der Stadtmauern** und galt früher bestenfalls als Naherholungsgebiet. Die Bewohner der Stadt mussten vor Schließung der Stadttore zurück in der Stadt sein, also bestand kein großes Interesse an einer Besiedlung außerhalb. Das änderte sich dann aber. Zunächst bauten wohlhabende Bürger ihre Landhäuser in Alsternähe, also außerhalb der Stadtmauern. Ab 1861, als die Torsperre aufgehoben wurde, siedelten sich auch verstärkt Handwerker dort an. Die **Stadtviertel** Harvestehude 75, Rotherbaum und Eppendorf 74 (links der Alster) zählen noch heute zu den vornehmeren Hamburger Adressen. Das gilt, zumindest teilweise, auch für das rechtsseitig gelegene Uhlenhorst und Winterhude 73.

Heute darf die Außenalster sowohl als gute Wohnadresse als auch bevorzugtes

Naherholungsgebiet bezeichnet werden. Spaziergänger und Jogger können sie auf einem 7,4 km langen, größtenteils sehr angenehm zu laufenden **Weg** umrunden. Er führt unmittelbar am Wasser entlang, der Autoverkehr wurde – wo möglich – verbannt.

Den gesamten Weg zu Fuß zurückzulegen, ist eventuell etwas weit, ein Teilstück sollte aber tatsächlich jeder einmal gehen. Damit niemand den Überblick verliert, wurden im Abstand von 500 m insgesamt **16 Granitsteine** entlang der Außenalster platziert. Der Nullpunkt steht im Park Alstervorland, auf Höhe des Lokals Alster Cliff (s. S. 107), markiert ein Extrastein (am Schwanenwik) genau die Hälfte der Strecke. Diese Steine dienen vor allem als Orientierungspunkte für die zahlreichen Läufer.

Rund um die Alster sind außerdem insgesamt **38 Kunstwerke** zu finden: Bronzefiguren, Skulpturen aus Holz, Aluminium oder Granit, mal plastisch, mal schwer verständlich, aber alles frei und kostenlos zu betrachten. Die meisten Werke stammen von Hamburger Künstlern. Unmittelbar an der Alster locken auch einige **Lokale**, die – man ahnt es – an schönen Tagen brechend(!) voll sind. Es gibt aber auch kaum schönere Plätze, um bei einem Kaffee oder Glas Wein gemütlich am Wasser und doch zugleich in der Stadt zu sein. Ganz entspannt kann man die Alster auch mit einem kleinen Schiff erkunden. Die sogenannten **Alsterdampfer** (s. S. 236) – kleine, schlanke Passagierschiffe – fahren auf einem Zickzackkurs. Somit kann man in der Innenstadt einsteigen und an einem der acht Anleger aussteigen oder umgekehrt zuerst ein Stück wandern und dann per Schiff zurück.

## Einmal um die Außenalster

Einen Spaziergang auf dem direkt am Ufer verlaufenden Wanderweg um die Außenalster kann man unter anderem ab der **Kennedybrücke** [O/P9] beginnen. Von der U- und S-Bahn-Station „Hauptbahnhof" überquert man dazu zunächst die Kennedybrücke. Gleich zu Anfang des Wanderwegs liegt an der Alster die **Jollen Hafengemeinschaft Alsterufer**, die u. a. ein Segeltraining für Kinder und Jugendliche anbietet, dann folgt der 1854 gegründete **Ruder-Club Favorite Hammonia**, der hanseatischer Tradition folgend nur Männer aufnimmt. Nur wenige Schritte weiter wird der **Hamburger und Germania Ruderclub** passiert, der bereits 1836 gegründet wurde und damit ältester Ruderclub Deutschlands ist.

Die Straße Alsterufer führt nun am **US-amerikanischen Konsulat** vorbei, das seit den Anschlägen vom 11. September 2001 schwer bewacht ist. Die Straße wurde durch Poller und Gitter unterbrochen, nur Fußgänger und Radler dürfen passieren. Das größere der beiden Häuser wurde 1882 für einen Kaufmann gebaut, seit 1950 ist es im Besitz der

KURZ & KNAPP

### Aale-Weber

An der Straße Koppel 2 ein koloriertes **Stahlrelief vom Aale-Weber** (1790–1854), der ein sehr erfolgreicher Straßenhändler war. Aufgestellt wurde es von einem Privatmann, der auch mit einem Freund die Skulptur der Zitronenjette (Johanne Henriette Marie Müller, 1841–1916) initiiert hatte, die beim Hamburger Wahrzeichen, dem Michel 49, steht.

USA. Die Amerikaner eröffneten bereits 1790 ein Konsulat in Hamburg, es war eine ihrer ersten Auslandsvertretungen überhaupt.

Direkt hinter dem US-Konsulat bestaunt man nun eine Reihe von schicken **Villen**, deren Wert sicher jenseits der Neidgrenze liegen dürfte. Schließlich zweigt die Straße Fontenay nach links ab (benannt nach dem Hamburger Schiffsmakler John Fontenay, der hier Anfang des 19. Jh. groß in Ländereien investierte). Dort steht ein **Kriegerdenkmal**, das an die Gefallenen des Krieges gegen Frankreich 1870/71 erinnert und „die tröstende Siegesgöttin“ zeigt.

Eine der größten der nun folgenden Villen beherbergt die **Musikhochschule.** Ursprünglich wurde dieses Haus 1884 vom Architekten Martin Haller für einen US-Bankier und seine Hamburger Frau gebaut, später kam die Villa dann aber in städtischen Besitz.

Bald wird nun ein Hamburger Kultlokal erreicht: Bodos Bootssteg (s. S. 107). Neben dem Genuss von Erfrischungen auf einer schönen Außenterrasse können hier Boote gemietet werden und auch der Alsterdampfer legt hier an.

Der Weg führt weiter an der Alster entlang, die schönen Villen sind von hier nicht ganz so gut zu sehen. Jetzt öffnet sich das **Alstervorland**, die Straße schwenkt etwas ab und das fast parkähnliche Gelände bietet gemütliche, sesselähnliche Stühle, in denen man herrlich Pause machen kann. Von hier führt die schmale Milchstraße in den kleinen, aber feinen Stadtteil Pöseldorf.

Der Alsterweg erreicht dann das nächste Kultlokal, das Alster Cliff (s. S. 107), das selbst eigentlich gar

065hg Abb.: sm

nicht so groß ist, aber eine sehr große Außenterrasse hat. Gleich nebenan legt auch der Alsterdampfer am Anleger „Fährdamm“ an.

Das Alstervorland wird schließlich wieder schmaler und Straße und Spazierweg nähern sich an, bis schließlich die **Krugkoppelbrücke** erreicht wird. Die Brücke überspannt die Alster. Hier mündet die Außenalster in den Fluss Alster und die Brücke verbindet die beiden feinen Stadtteile Harvestehude (75) und Winterhude (73). Eine erste Brücke aus Holz wurde 1892 erbaut, im Jahr 1928 entstand dann die heutige dreibogige Brücke aus Backstein und Stahl nach Plänen von Fritz Schumacher (ehemaliger Hamburger Oberbaudirektor) und Gustav Leo. Hier liegen zwei weitere Lokale, das kleine Red Dog und das wesentlich größere Bobby Reich (s. S. 107), Kultlo-

kal Nummer drei an der Alster. Dort legt auch wieder der Alsterdampfer an und außerdem genießt man hier einen einzigartigen Panoramablick auf die Kirchtürme der Stadt.

Wer seinen Weg hier beenden möchte, geht nach links und orientiert sich am unübersehbaren spitzen Kirchturm, der direkt am **Klosterstern** bei der gleichnamigen U-Bahn-Station steht.

Wer weitergeht, erreicht nach dem Passieren der Brücke die Straße **Fernsicht** und der Name erschließt sich einem sofort, wenn man über die Alster in die Ferne schaut und die Silhouette der Stadt bewundert. Hier und an der folgenden Straße stehen auch eine ganze Reihe von tollen Häusern und Villen mit herrlichem Alsterblick.

Es folgt dann die 1927 erbaute **Fernsichtbrücke**, die den **Rondeelteich** überspannt, auch dort finden sich Immobilien der höchsten Preisklasse. Jetzt zweigt nach rechts die Straße Bellevue ab, die unmittelbar dem Alsterverlauf folgt. Dann kommt man zu einer Hamburger Besonderheit, denn nach rechts verläuft die **Sierichstraße**. Sie ist eine Einbahnstraße, aber die einzige in ganz Europa, die tageszeitabhängig die Richtung wechselt: von 4 bis 12 Uhr geht es in die eine Richtung (stadteinwärts), von 12 bis 4 Uhr dann in die andere, nämlich stadtauswärts.

Nun folgt über die Herbert-Weichmann-Straße kurzfristig ein eher weniger idyllischer Abschnitt, aber alsbald geht

⌃ *Pure Idylle mitten in der Großstadt an der Außenalster*

es nach rechts zurück zur Alster. Dort liegt neben der Rudergesellschaft Hansa ein **offenes Gelände mit Parkbänken**, von wo erneut ein toller Blick zum Innenstadtpanorama möglich ist. Die **Rudergesellschaft Hansa** entstand 1872 aus der Fusion mehrerer Vereine und wirbt heute damit, dass er der einzige Verein an Hamburgs Außenalster sei, in dem Frauen und Männer ab 10 Jahren trainieren können.

Schräg gegenüber steht die **Imam Ali Moschee** mit ihrer auffälligen, türkisfarbenen Kuppel und den zwei Gebetstürmen. Gegründet in den 1960er-Jahren von iranischen Kaufleuten, gilt sie als eine der ältesten islamischen Institutionen Europas.

Etwas weiter entlang der Alster Richtung Innenstadt wird die **Schöne Aussicht** erreicht. Hier kann man nicht nur durch eine hübsche Grünanlage spazieren, sondern genießt einen – ich darf es mal so schwärmerisch sagen – traumhaften Blick auf die Hamburger Skyline, der Name „Schöne Aussicht" ist hier wahrlich Programm. Die Kirchtürme der fünf Hamburger Hauptkirchen und der Rathausturm sind zu erkennen,

EXTRATIPP

### Von einer Seite zur anderen

Zwei stark befahrene **Brücken,** die Lombards- 11 und die Kennedybrücke, trennen die Binnen- und die Außenalster. Als Spaziergänger muss man aber nicht einen abenteuerlichen Sprint zwischen rasenden Autos hinlegen, sondern kann ganz bequem durch einen **Fußgängertunnel** spazieren, der auf der nördlichen Seite unterhalb der Brücken verläuft, also dort, wo das Hotel Vier Jahreszeiten steht.

der Fernsehturm sowieso und die ganze Häuserzeile an der Binnenalster. In den warmen Monaten blitzen zahllose weiße Segel auf dem blauen Wasser, die Alster ist nämlich auch ein beliebtes Segelrevier. Obendrein hält hier auch noch einmal der Alsterdampfer am Anleger „Uhlenhorster Fährhaus".

Jetzt folgen in relativ kurzen Abständen mehrere Lokale, die fast alle eine nette Terrasse direkt am Wasser haben, angefangen mit dem Café Hansasteg (s. S. 107) und gefolgt von der „Alsterperle" (s. S. 107).

Nach dem Passieren der **Schwanenwikbrücke** erreicht man eine asphaltierte Ausbuchtung mit einer **auffälligen Skulptur:** „Drei Mann in einem Boot", erschaffen von Edwin Scharff. Die Straße Schwanenwik verläuft durch drei Stadtteile und wurde nach dem bevorzugten Platz der Schwäne benannt. Nun nähert man sich nach dem abermaligen Queren einer Brücke dem Stadtteil St. Georg 62 und so langsam auch dem Ende des Alsterspaziergangs. Die stark befahrene Straße An der Alster verläuft sehr nahe, der Weg ist nicht mehr sonderlich idyllisch zu nennen, aber es kommen noch ein paar Lokale mit „Fluchtmöglichkeit", also mit sehr angenehmen Terrassen, von wo man sehr schön über die Alster auf das städtische Panorama schauen kann. Etwa in Höhe des Hotels Atlantik endet der Spaziergang, die Kennedybrücke wird wieder erreicht.

### Rast an der Außenalster

Rund um die Außenalster liegen in strategisch günstigen Entfernungen mehrere Lokale. Soll heißen, übermäßig weit muss niemand laufen, falls eins mal nicht gefällt oder rappelvoll sein sollte.

## Abstecher nach Pöseldorf

Klingt irgendwie niedlich und nicht hanseatisch steif und vornehm, und doch symbolisiert Pöseldorf genau „dieses" Hamburg. Pöseldorf zählt verwaltungstechnisch zu Harvestehude 75 und umfasst einen sehr begrenzten Bereich zwischen Alster und Mittelweg, Badestraße und Harvestehuder Weg.

Dort stehen mit die **teuersten und schicksten Villen,** die man in Hamburg außerhalb von Blankenese finden kann. Besiedelt wurde das **Alstervorland** vor allem nach dem Ende der Torsperre 1861. Die Superreichen jener Tage waren natürlich schon früher da. Noch heute prägen Villen, aber auch viele hochwertige Wohnungen und „kleinere" Häuser aus jener Zeit das Bild. Drei Häuser am Mittelweg stehen sogar unter Denkmalschutz, da sie „den Wandel des einstigen Landhausgebietes zum Wohnquartier bürgerlicher Kreise dokumentieren".

Es ist eine **schicke und teure Wohngegend** und entsprechende **Geschäfte** siedelten sich vor allem am Mittelweg und in der Milchstraße an. Dort findet man exquisite Modelabels, Antiquitätenhändler und Kunstgalerien. Also nur edel und teuer? Könnte man meinen, ist aber nicht so. Eine Zeit lang war Pöseldorf ein ziemlich beliebtes **Ausgehviertel** mit urigen Kneipen, Discos und Restaurants unterhalb der finanziellen Schmerzgrenze. Ein wenig davon ist auch heute noch zu finden.

› **Zu erreichen:** U1 „Hallerstraße" und dann durch die Hallerstraße bis zum Mittelweg

Zu finden ist die komplette Bandbreite vom Edelrestaurant bis zum Kultcafé. Im Folgenden eine Auswahl in der Reihenfolge eines Spaziergangs um die ganze Außenalster:

**42** [P6] **Alster Cliff** €-€€, Fährdamm 13, Tel. 442719, www.alster-cliff.de, geöffnet: tägl. ab 10 Uhr. Die Kellner haben weite Wege, sowohl drinnen als auch draußen. Das Lokal ist derart beliebt, dass man an schönen Wochenenden die Sitze versteigern könnte. Draußen gibts auch eine beliebte Bar unter einem riesigen Sonnenschirm.

**43** [R7] **Alsterperle** €, Eduard-Rhein-Ufer 1, Tel. 22748373, www.alsterperle.com, geöffnet: tägl. ab 8 Uhr. Im ehemaligen Klohäuschen gehts demokratisch zu: Am Tresen bestellen, bezahlen, warten und dann erst verzehren, das gilt ausnahmslos für alle. Aber dann hockt man urgemütlich zusammen, überblickt die gesamte Alster (wie gerne betont wird) und genießt die gute Bistroküche.

**44** [P5] **Bobby Reich** €, Fernsicht 2, Tel. 487824, www.bobbyreich.de, geöffnet: tägl. ab 10 Uhr. Beliebter Treff an der oberen Alster. Geboten wird ein tadelloser Blick über die Alster und solide Hausmannskost.

**45** [P7] **Bodos Bootssteg** €, Fähranleger „Alte Rabenstraße", Harvestehuder Weg 1b, Tel. 440654, www.bodosbootssteg.de, geöffnet: tägl. ab 11 Uhr, im Winter nur am Wochenende. Der Klassiker an der Alster! Hier kann man schön den Tag vertrödeln, falls man einen Platz ergattert. Wer möchte, kann sich auch einen Liegestuhl direkt auf dem Bootssteg mieten. Serviert wird überwiegend deutsche Küche.

**46** [Q7] **Café Hansasteg** €, Schöne Aussicht 20a, https://cafehansasteg.eatbu.com, Tel. 2200030, geöffnet: tägl. ab 11 Uhr, Okt.–April nur am Wochenende. Nette, familiäre Raststätte, wo es bodenständige Küche und nachmittags ofenfrischen Kuchen gibt. Wer möchte, kann sich nebenan auch gleich ein Boot mieten.

## 62 St. Georg ★ [Q9]

*Direkt hinter dem Hauptbahnhof liegt St. Georg, ein überschaubares Viertel mit scharfen Kontrasten, das heute als „Gay Village“ von Hamburg gilt.*

Einst war St. Georg wie so viele heutige Stadtteile ein Dorf außerhalb von Hamburgs Stadtmauern. Um 1200 wurde von Graf Adolf III. von Schauenburg hier ein Hospital gegründet, das dem **heiligen Georg** gewidmet war. An der Stelle der einstigen Kapelle St. Georgs Kirchhof steht heute die **Kirche der heiligen Dreieinigkeit**, im Garten mit einer Figur des Drachentöters, 1958 von Gerhard Marcks erschaffen. Die ursprüngliche barocke Kirche aus dem Jahr 1747 wurde in der Bombennacht 1943 zerstört und zwischen 1954 und 1975 nach Plänen von Heinz Graaf wieder aufgebaut. Dabei erhielt die Kirche ein neues Kirchenschiff, während der Turmhelm eine Rekonstruktion ist. Im Inneren zeigt sich im Altarbereich eine bildhauerische Darstellung der Dreieinigkeit. In der Kapelle im ehemaligen Eingangsbereich des Turms befindet sich einer der wertvollsten Kirchenschätze Hamburgs, eine Kreuzigungsgruppe aus dem 15. Jh. Dieses Bildnis war einst der Endpunkt eines Kreuzweges, der beim Mariendom begann. Eine Nachbildung dieser Kreuzigungsgruppe steht draußen auf dem Vorplatz.

St. Georg zog durch die Nähe zur Stadt schon immer Menschen an, die aus unterschiedlichsten Gründen nicht unbedingt im Stadtgebiet erwünscht waren. Nach Aufhebung der Torsperre wurde das Areal dann aber recht schnell ein **Stadtteil** von Hamburg. Das Viertel grenzt unmittelbar an den **Hauptbahnhof** an. Stellt man sich die in Nord-Süd-Richtung verlaufenden Gleise als eine Art Grenzlinie vor, dann trennt der Bahnhof das schicke, gediegene innerstädtische Hamburg von diesem etwas chaotischeren, bunteren, aber auch geerdeteren St. Georg. Und selbst innerhalb dieses überschaubaren Stadtteils gibt es scharfe Trennlinien.

120hg Abb.: sm

Heute sind die Seitenstraßen, die zur Alster führen, von historischen Bürgerhäusern und einem Luxushotel, dem Atlantic, geprägt. Wer nur hier herumspaziert, wird nicht ahnen, welche Kontraste nur wenige Schritte weiter zu finden sind. Denn in St. Georg lebt eine große **Homosexuellengemeinde**, vornehmlich in der **Langen Reihe** [Q9]. Spaziert man aber durch die **Parallelstraße Koppel** [Q9] glaubt man sich in einer ganz anderen Welt. Hier glitzert nichts, hier findet man eine normale Wohnwelt mit einigen historischen Häusern, wenigen Geschäften und ganz wenigen Lokalen – **Normalität** also. Noch einmal zwei Parallelstraßen weiter östlich befand sich in der **Bremer Reihe** [Q10] jahrelang der Drogenstrich, praktisch in Sichtweite zum Deutschen Schauspielhaus. Die **Drogenszene** wurde massiv vertrieben, dadurch hat sich die Situation deutlich entspannt. Dazu hat auch die Neugestaltung des **Hansaplatzes** beigetragen. Seitdem dieser Platz großzügig zur Fußgängerzone umgestaltet wurde, zeigt sich diese gesamte Ecke sehr viel angenehmer.

Zuletzt gehört zu St. Georg aber auch noch der **Steindamm** [R9], der sich in den letzten Jahren zu einem Viertel mit starkem **muslimischen Einfluss** gewandelt hat. Zahlreiche türkisch-arabische Restaurants, Geschäfte und auch eine Moschee sind zu finden. Und noch ein Kontrast: Der obere Teil vom Steindamm (vom Hauptbahnhof kommend) wird von Sexshops und Prostituierten geprägt.

In der Mitte des **Hansaplatzes** [Q9] steht ein 17 Meter hoher **Springbrunnen**, der von Lindenbäumen umgeben ist. Der Brunnen wurde 1878 erschaffen und ist mit den **Skulpturen** von drei Personen versehen, die Hamburgs früheste Geschichte geprägt haben: Karl der Große, Bischof Ansgar und Graf Adolf III. von

⊡ *Segeln auf der Außenalster, im Hintergrund der hoch aufragende Michel* 49

Schauenburg. Allerdings steht dort auch Konstantin der Große (280–337), römischer Kaiser, von dem nun nicht ganz klar ist, was er mit Hamburg zu tun hatte. Weiter oben befinden sich noch die **Wappen** von Lübeck, Bremen, Hamburg und des Deutschen Reiches und ganz oben steht die Skulptur der **Hansa**, ein Sinnbild für die Stärke und Macht des ehemaligen Hansebundes.

Das Herz von St. Georg ist ganz klar die Straße **Lange Reihe.** Die gar nicht so lange Lange Reihe bietet eine Vielzahl von **schrägen, hippen und kuriosen Läden** wie kaum eine andere Straße der Stadt. Hier gibt es wirklich alles Mögliche: z. B. das Gay-Café Gnosa (s. rechts), Schmuck und Räucherstäbchen aus dem Himalaya (Nr. 53) oder aus Nepal (Everest, Nr. 46), Weine (Weinkauf, Nr. 73) oder auch diverse Coffeeshops. Und dann gilt St. Georg auch als Viertel mit einer sehr großen LGBT-Community. Etliche Lokale, Cafés, Buchläden richten sich gezielt an die **queere Kundschaft,** nirgendwo in Hamburg flattert so häufig wie hier die bunte Regenbogenfahne am Balkon.

**Lokale** gibt es natürlich auch. Zumeist sind sie bodenständig und geerdet, aber auch das ambitionierte Cox (s. S. 111) befindet sich hier. An historischen Infos noch der Hinweis, dass der Schauspieler und Sänger **Hans Albers** hier im Haus mit der Nummer 71 geboren wurde und **Hans Leip** bei der Nummer 91. Der Schriftsteller schrieb den Text zum Klassiker „Lili Marleen". Und einmal ums Eck findet man in der Schmilinskystraße 6 den Hinweis, dass der Nobelpreisträger **Carl von Ossietzky** dort in der Zeit von 1913 bis 1916 gelebt hat.

Nur wenige Schritte von der Langen Reihe entfernt steht **Hamburgs Kathedrale,** der **St. Marien-Dom** in der Danziger Straße. Erbaut wurde der wuchtige Backsteinbau zwischen 1890 und 1893, geweiht schließlich am 28. Juni 1893. Damit war der romanische Doppelturmbau der erste katholische Kirchenbau in Hamburg nach der Reformation. 1995 wurde Hamburg wieder Bischofssitz und die Kirche hat seitdem den Status einer Kathedrale. Im Inneren wirkt die Kirche relativ nüchtern, der schlichte Altar beispielsweise wurde aus einem einzigen Kalksandsteinblock gefertigt und wiegt 3,5 Tonnen. Hinter dem Altar fallen die bunten Glaskunstarbeiten auf, darüber befindet sich in der Apsis das Bildnis mit Szenen aus dem Marienleben, geschaffen von Eduard Goldkuhle. Links und rechts vom Altar befinden sich großflächige Wandmalereien mit biblischen Szenen aus dem frühen 20. Jh., die ebenfalls von Goldkuhle stammen. Der Weg zur Krypta führt durch einen kleinen Gang, in dem Fotos und Erklärungstafeln zur Geschichte der Kirche ausgestellt sind.

★47 [Q9] **Kirche der heiligen Dreieinigkeit,** St. Georgskirchhof 19, U/S „Hauptbahnhof", geöffnet: Sa. 12–14 Uhr

★48 [Q9] **St. Marien-Dom,** Danziger Straße 60, S/U „Hauptbahnhof", geöffnet: tägl. 9–19 Uhr

## Kulinarisches

49 [Q9] **Café Gnosa** €, Lange Reihe 93, S/U „Hauptbahnhof", Tel. 243034, geöffnet: tägl. 10–23 Uhr. Treff der schwul-lesbischen St.-Georg-Szene. Hier gibt es einen Mittagstisch und saisonal wechselnde Gerichte auf der Hauptkarte. Außerdem Kuchen und Torten aus der eigenen Konditorei, die auch außerhalb der Gay-Szene äußerst beliebt sind.

**50** [Q9] **Cox** €€, Lange Reihe 68, S/U „Hauptbahnhof", www.restaurant-cox.de, Tel. 249422, geöffnet: Di.–Sa. 12–14.30, 18–22.30 Uhr. Französisch angehauchte regionale Gerichte, die eine eigene Note bekommen. Insgesamt ein spannender Küchenmix in angenehmer Atmosphäre.

**51** [Q9] **Das Dorf** €€, Lange Reihe 39, Tel. 245614, tägl. ab 18 Uhr. Befindet sich im Soutterain unterhalb einer Apotheke, also Treppe runter und in ein leicht verwinkeltes Gewölbe eintauchen. Serviert wird klassisch deutsche Küche.

› **Dim Sum** (s. S. 154). Eines der ältesten chinesischen Restaurants der Stadt mit authentischer Küche. Viele chinesische Gäste.

› **Frau Möller** (s. S. 159) ist eine geerdete Kneipe mit rustikaler Küche, die die halbe Nacht geöffnet hat.

**52** [R8] **Luicella's Ice Cream,** Lange Reihe 113, tägl. 12–22 Uhr. Einer von mehreren Luicellas-Eisläden, in denen besondere Eissorten angeboten werden, die aus Naturprodukten hergestellt wurden. Passend für Hamburg gibt es eine Eissorte namens Franzbrötchen.

**53** [Q10] **Nagel** €, Kirchenallee 57, S/U „Hauptbahnhof", https://restaurant-kneipe-hamburg.de, geöffnet: Mo.–Fr. ab 10, Sa./So. ab 9 Uhr. Traditionsreiche Gaststätte (seit 1848), rustikal-gemütlich-schlicht eingerichtet. Rechts vom Eingang der Tresen mit hohen Regalen, links der Gastraum, draußen gibt es noch eine Terrasse. Neben einem flott gezapften Bier gibt es erdige norddeutsche Küche.

**54** [Q9] **Vasco da Gama** €, Lange Reihe 67, S/U „Hauptbahnhof", Tel. 2803305, geöffnet: tägl. 11.30–23 Uhr. Sehr beliebtes portugiesisches Lokal. Alles etwas eng, etwas rustikal, aber äußerst herzlich. Bei gutem Wetter stehen Tische auch draußen. Breites Angebot an Fisch, Fleisch und mediterraner Küche zu günstigen Preisen.

# Altona

*Wer hätte das gedacht: Altona galt einmal als zweitwichtigste Stadt Dänemarks nach Kopenhagen! Damals war Altona noch eine selbstständige Stadt und kein Hamburger Stadtteil.*

Aus den Anfängen weiß man nur, dass es hier zunächst eine **Fischersiedlung** gab, die auf dem Gebiet des Grafen von Holstein-Schauenburg lag. Angeblich soll sich 1535 oder 1536 – zwei Quellen, zwei Angaben – ein Wirt um eine Schankerlaubnis bemüht haben. Den Krug eröffnete er „all to nah" („allzu nah" auf Plattdüütsch) an der Hamburger Stadtgrenze. Auf jeden Fall siedelten sich hier schon frühzeitig etliche Handwerksbetriebe an, was auch mit der gewährten **Religionsfreiheit** zu tun hatte.

Altona erlebte einen frühen Aufschwung und kam 1640 dann unter **dänische Oberhoheit.** Altona gehörte damals zum Pinneberger Gebiet und diese Zone wurde zum größten Teil vom Dänenkönig Christian IV. beherrscht.

Die Dänen jedenfalls boten den Hamburgern Altona zum Kauf an, was diese ablehnten. Daraufhin wollte die dänische Seite Altona als Konkurrenz zu Hamburg aufbauen. Heute würde man von **Subventionen** sprechen, damals lockte man mit Gewerbefreiheit, Zollprivilegien und der damals nicht alltäglichen Religionsfreiheit. Der Plan ging auf, Altona entwickelte sich tatsächlich zu einer **ernst zu nehmenden Konkurrenz für Hamburg.** 1713 gab es einen herben **Rückschlag,** als schwedische Truppen nach einem Sieg über die Dänen auch Altona verwüsteten. Recht schnell begann man aber mit dem Wiederaufbau. 1785 kam **Christian Frederik Hansen,** Königlicher

Oberbaudirektor aus Kopenhagen, nach Altona. In knapp 20 Jahren baute er 21 Häuser, die vor allem das Gesicht der **Palmaille** (66) und der **Elbchaussee** prägten und das Altonaer Ansehen hoben.

Altona prosperierte weiter. 1840 erweiterte man den Hafen und 1844 wurde die **Eisenbahnlinie nach Kiel** eingeweiht. Bei einem Krieg zwischen Holstein und Dänemark unterstützte Altona die falsche, die unterlegene Seite. Die Konsequenz: Dänemark trennte 1853 die Altonaer durch **Zollgebühren** vom schleswig-holsteinischen Hinterland ab. Daraufhin zogen viele Kaufleute und Handwerker, um Geld zu sparen, nur ein paar Häuser weiter ins nahe Dorf Ottensen (69).

Es folgten einige geschichtliche Scharmützel im fernen Schleswig-Holstein, in die Altona durch die dänische Oberhoheit involviert war, bis schließlich die **Preußen** das Ruder übernahmen. Am 12. Januar 1867 wurden die Herzogtümer Holstein und Schleswig dem preußischen König unterstellt, damit wurde auch Altona preußisch.

Aber ein klein wenig hält sich die Erinnerung an Dänemark nach wie vor. Wer am schönen weißen Rathaus von Altona vorbeifährt und weiter in Richtung der ebenso schönen Elbchaussee, der passiert ein Haus, an dem oft eine große dänische Fahne weht. Woran die erinnert? An die oben beschriebene, im dänischen Altona herrschende Zollfreiheit: Für die Ein- und Ausfuhr von Waren wurden keine Zollgebühren erhoben. Die **Zollgrenze** zwischen Altona und Ottensen verlief damals unmittelbar am Friedhof der Christuskirche, das **Zollhaus** stand gegenüber an der Klopstockstraße 28/29 – genau dort, wo heute noch regelmäßig eine große dänische Fahne gehisst wird.

Während der **Nazizeit** fiel der Beschluss, mehrere Gebiete (Altona, Wandsbek, Harburg-Wilhelmsburg) zu einem Groß-Hamburg zusammenzufassen. Damit gehört seit dem 1. April 1937 Altona zu **Hamburg.**

*Hamburg und Altona kämpfen am Stuhlmannbrunnen am Platz der Republik symbolisch um den führenden Fischmarkt*

067hg Abb.: sm

### 63 Platz der Republik ★ [G11]

Zwischen dem Bahnhof Altona und dem Altonaer Rathaus 65 zieht sich ein Grünstreifen mit Ruhebänken entlang. In diesem Grünstreifen, am Platz der Republik, steht ein auffälliges Denkmal. Was will der Meister uns bloß damit sagen, fragt sich sicher mancher, aber die Erklärung ist denkbar einfach: Der sogenannte **Stuhlmannbrunnen** zeigt zwei Zentauren im Kampf um einen riesigen Fisch. Sie symbolisieren die Rivalität zwischen Hamburg und Altona in der Frage, welcher Fischmarkt der führende ist. Wenn man's weiß, wird's klar! Erbaut wurde das Denkmal im Jahr 1899 von Paul Türpe und benannt wurde es nach seinem Stifter, Günther Ludwig Stuhlmann (1797–1872), einem Altonaer Bürger.

In der Mitte des Parks ruht die **Black Form**, ein Steinquader von 6,20 m x 2,40 m Ausmaß. Der Künstler Sol LeWitt gedachte damit der Altonaer, die den Holocaust nicht überlebt haben. Zu Beginn der Nazizeit lebten 2000 Juden in Altona. Sie siedelten hier, seit Altona Stadtrechte erhielt und durch religiöse Toleranz viele Kaufleute und Handwerker anlockte. Nach 1945 war die jüdische Gemeinde Altonas ausgelöscht.

› S1/3 „Altona"

### 64 Altonaer Museum ★ [G11]

Parallel zum Platz der Republik 63 verläuft die Museumstraße, an der sich das Altonaer Museum befindet. Korrekt heißt es „Altonaer Museum, Norddeutsches Landesmuseum". Es zeigt **kulturgeschichtliche Sammlungen aus dem gesamten norddeutschen Raum**, mit einer leichten Tendenz zu den Vier- und Marschenlanden. Ausgestellt sind viele **maritime Exponate** wie verschiedene Modelle von Großseglern, unterschiedliche Typen von Elb-Ewern und – ganz besonders eindrucksvoll – in einem etwas abgedunkelten Raum eine Sammlung von Galionsfiguren. Weiterhin wird der originalgetreue Kajütenbereich eines Ewers gezeigt und jeder darf sich mal wundern, welche Enge auf solch einem Schiff herrschte. Auch eine Helgoländer Hummerbude wurde nachgebaut.

Weitere Schwerpunkte: **Modelle** von den unterschiedlichen **Bauernhöfen** und **Mühlen** aus Schleswig-Holstein und Niedersachsen sowie ein ganzer Raum mit **Trachten** der Region. Des Weiteren gibt es eine breite Sammlung von **Porzellan, Tonwaren, Fayencen** und **Glaswaren** zu sehen.

Mehrere **Bauernstuben** wurden originalgetreu nachgebaut, sie stammen zum großen Teil aus dem Alten Land. Als Clou wurde eine **Vierländer Großkate** nachgebaut, die jetzt als Gaststätte genutzt wird, und im oberen Stockwerk kann man über einen **Tante-Emma-Laden** aus Altenwerder staunen, der in allen Details wieder aufgebaut wurde. Die Historie Altonas wird natürlich auch vorgestellt und als besinnlichen Ausklang mag man maritime Gemälde studieren.

› Museumstr. 23, S „Altona", Tel. 428113582, Eintritt: 8,50 €, Jugendliche bis 17 Jahren frei, geöffnet: Mo. 10–17, Mi.–Fr. 10–17, Sa./So. 10–18 Uhr

### 65 Altonaer Rathaus ★★ [G11]

Das schöne weiße Altonaer Rathaus steht zwischen Bahnhof Altona und der Elbe, recht nahe beim Altonaer Balkon 67. Gebaut wurde es 1896 bis 1898. Der Baumeister nutzte dabei Teile des Empfangsgebäudes des alten Bahnhofs Altona (1895 war der neue Altonaer Bahnhof in Betrieb genommen worden). An der Rückfront ist die **Bahnhofsfassade** noch zu erkennen. Der **Eingangsbereich** wird von vier Säulengruppen getragen, darüber wurde ein Relief namens „Ein Genius geleitet das Stadtschiff“ angebracht. Direkt vor dem Rathaus thront ein **Reiterstandbild Kaiser Wilhelms I.**

› Platz der Republik 1, S „Altona“ oder „Königstraße“

### 66 Palmaille ★ [H11]

Die Palmaille war bestimmt einmal eine klassizistische Prachtstraße. Keine Frage auch, dass der Straßenname auf einem Briefkopf auch heute noch als eine „gute Adresse“ gilt. Trotzdem kann nicht übersehen werden, dass durch die Palmaille heute ein dichter **Autoverkehr** flutet. Dadurch ist von dezenter, hanseatischer Vornehmheit nicht mehr viel zu spüren, außer vielleicht in den Büros der ansässigen Notare oder Reedereien.

Das war aber einmal ganz anders. Es soll sich im Jahr 1636 zugetragen haben, dass **Graf Otto V. von Schauenburg** oben am Elbhang eine Bahn anlegen ließ, auf der er ein Ballspiel namens „Palla a maglio“ (eine Art Krocket) spielen konnte. Von diesem Spiel leitet sich der heutige Straßenname ab.

Ein knappes Jahrhundert später wurde die Geestkante so langsam als **bevorzugtes Wohnquartier entdeckt.** Ende des 18. Jh. entstanden die ersten Häuser, die vermietet wurden. Aus dieser Epoche sind noch die Häuser Nr. 106 und 100 erhalten. In Letzterem lebte von 1892 bis 1902 der Dichter **Detlev von Liliencron**, der durch sein Nordsee-Epos „Trutz, blanke Hans“ berühmt wurde.

Fast 20 Jahre wirkte der dänische Architekt **Christian Frederik Hansen** (1756–1845) in Hamburg und vor allem in Altona. Zwischen 1785 und 1804 baute er an der Palmaille und entlang der Elbchaussee 21 Häuser, zumeist **klassizistische Prachtbauten.** Zehn Häuser sind an der Palmaille erhalten. Vor allem die Häuser mit den Nummern 116, 118 und 120 stellen noch ein geschlossenes Ensemble von klassizistischen Gebäuden dar. Die „Sahnestücke“ unter den Grundstücken standen aber an der Südseite und hatten Elbblick. Hansen baute dort beispielsweise das große Haus mit der Nummer 49 für den Kaufmann Georg Friedrich Baur. Heute residiert hier eine Reederei.

Neben diesen Prachtbauten erinnert auch der breite **Grünstreifen** im Mittelbereich der Straße an die Anfänge, als die Palmaille noch eine wirklich „erste“ Adresse war.

› S „Königstraße“

### 67 Altonaer Balkon ★★ [G11]

Der sogenannte Altonaer Balkon liegt direkt am Elbhang hinter dem Altonaer Rathaus 65. Es ist eine kleine **Grünanlage** mit der auffälligen **Bronzeplastik** „Maritim“. Diese stellt drei Fischer dar, die ihre sechs Ruder hochhalten. Hier steht auch ein **Auswanderer-Denkmal**, das an die rund fünf Mio. Menschen erinnert, die von Hamburg in die Neue Welt aufbrachen.

Von hier hat man einen **sagenhaften Blick auf den Hafen** und man bekommt eine Ahnung von dessen Größe: Kräne,

*Hier lässt es sich aushalten: lauschige Ecke in Ottensen*

Container, die Köhlbrandbrücke, die Werft Blohm + Voss, der ehemalige England-Terminal, die Seitenarme der Elbe, die zu den Kais führen. Schlepper schieben sich tutend durchs Bild, Möwen schreien heiser – eigentlich sollte jeder Besucher hier seinen Hafenbesuch beginnen.

› S „Königstraße"

### 68 Christianskirche ★ [G11]

Die Christianskirche steht unmittelbar neben dem Altonaer Rathaus 65 und wurde 1735 bis 1738 zu Ehren des dänischen Königs Christian VI. erbaut. Trotz Beschädigungen im Krieg blieb die ursprüngliche **Ausstattung** wie das Taufbecken aus dem 13. Jh., der Taufengel von 1547 und die barocke Kanzel weitestgehend erhalten.

Vor der Kirche gleicht der um 1537 angelegte **Friedhof** fast einem kleinen Park. Rings um die Kirche zeugen alte, verwitterte Grabplatten von der ursprünglichen Bedeutung. Einige bedeutende Hamburger und Altonaer Persönlichkeiten wurden hier begraben. So befindet sich auf dem Friedhof auch die Grabstätte des Dichters **Friedrich Gottlieb Klopstock** (1724–1803) und seiner beiden Ehefrauen. Neben dem Grabstein des Dichters steht noch immer die Linde, die anlässlich seiner Beerdigung gepflanzt wurde.

› Klopstockplatz, S „Altona" oder „Königstraße", geöffnet: Do. 12–17 Uhr

### 69 Ottensen ★ [F10]

*Wer vom Altonaer Bahnhof den Ausgang zur westlichen Seite wählt, landet in der Fußgängerzone Ottenser Hauptstraße. Wahrscheinlich wird es einem nicht unmittelbar bewusst, aber direkt hinter dem Bahnhof Altona beginnt der Hamburger Stadtteil Ottensen.*

Die Trennung zwischen Altona und Ottensen hat historische Wurzeln. Erste Erwähnungen eines Dorfes namens Ottensen datieren bereits aus dem Jahr 1310, aber übermäßig Spannendes ist aus folgenden Jahrhunderten nicht überliefert. Mitte des 17. Jh. gehörte Ottensen, genau wie Altona, zu **Dänemark**. Und genau wie Altona kam Ottensen 1889 zu **Preußen.**

Dazwischen passierte aber im Jahr 1854 Entscheidendes. Altona nahm Partei in einem Krieg, den die dänischen Landesherren führten – tragischerweise für die falsche Seite. Das bestraften die Dänen, indem sie **Zollschranken** aufbauten und Altona vom schleswig-holsteinischen Hinterland abschnitten. Für viele **Handwerker** und **Kleinbetriebe** gab es damals nur eine Möglichkeit: über die dänische Grenze zu wechseln und sich im nahen Ottensen anzusiedeln.

So kamen kleine Firmen und Fabriken nach Ottensen, die Arbeiter zogen nach und Ottensen etablierte sich als **Viertel der Arbeiter und der Kleinindustrie.** Das blieb noch noch bis in die 1970er-Jahre so, bis vielen dieser Fabriken wirtschaftlich die Puste ausging.

Ottensen galt schon früher als etwas eigenbrötlerisches, deftiges, aber ehrliches Malocher-Viertel. Genau diesen Charme nutzten auch Studierende und andere Einkommensschwache schon lange und mieteten hier **preiswerte Wohnungen.** Aber so langsam wandelte sich der Stadtteil. Die ersten alteingesessenen Fabriken gingen pleite und die Frage tauchte auf, wie nun die großen Werkstatthallen zu nutzen seien? Die Lösung: **Kulturzentren** wurden eingerichtet. Man baute die Hallen um und errichtete erfolgreich Zentren für Kleinkunst, Alternativkneipen und Stadtteilkultur. So entstanden Werkstatt 3, Fabrik (s. S. 171) und Zeisehallen. In diesem Umfeld eröffneten wiederum **kleine, trendige Lokale.**

Heute verändert sich Ottensen weiter, **Multimediafirmen** suchen und finden Büroraum. Alte Wohnhäuser oder Fabriken werden saniert und zu schicken **Lofts** umgebaut – was nicht jeder alteingesessene „Mottenburger" akzeptieren mag.

**Mottenburg** war der immer schon gebräuchliche, leicht despektierliche Spitzname für Ottensen, der auf die hier aufgetretenen Tuberkulose-Fälle anspielt. Man könne sich in Ottensen leicht „die Motten holen", also TBC einfangen, so hieß es jedenfalls in früheren Jahren. Das ist natürlich längst Geschichte, aber „Mottenburger" nennen sich manche Bewohner nicht ohne Stolz noch heute.

Das **Straßengewirr** im Zentrum zwischen Bahnhof Altona, Ottenser Marktplatz und Bahrenfelder Straße zeigt sich ein bisschen **dörflich** und die Bewohner sagen auch ganz selbstverständlich: „Wir gehen ins Dorf", wenn sie hierhin gehen. Kurze Straßen, die scheinbar kreuz und quer verlaufen, viele kleine Tante-Emma-Läden, entsprechend kleine Lokale und viel nachbarschaftlicher Charme. Die Häuser wurden im letzten Jahrhundert auf dem begrenzten Bauplatz entlang dieser spitzwinklig zulaufenden Straßen entsprechend spitz zulaufend gebaut. So entstanden die typischen **„Ottenser Nasen"**, die man an vielen Straßenkreuzungen sieht.

Die **Ottenser Hauptstraße** verläuft vom Bahnhof Altona bis zum Spritzenplatz als Fußgängerzone. Wer hier hochschlendert, bekommt schon einen guten Eindruck vom Ottenser „Kleinbiotop". Das Kaufhaus in der Nähe des Bahnhofs mal als Ausnahme betrachtend, reiht sich hier ein kleines Geschäft an das andere. Ein buntes Sammelsurium von Angeboten: Dönerbuden, portugiesische Galao-Bars, Weinläden, türkische Gemüsehändler, asiatische Imbisse, Bäcker usw. Entsprechend bunt ist das Publikum: In- und Ausländer, Omis und Punks, Bettler und Medienmenschen.

Einmal in Höhe der **auffälligen eisernen Skulptur** nach rechts abgebogen in die Bahrenfelder Straße, wird alsbald der Alma-Wartenberg-Platz erreicht, wo man ins tiefste Ottensen eintaucht. Dort zeigt sich noch einmal die ganze Mottenburger Vielfalt auf engstem Raum. Szenebar liegt neben Kultkneipe, Tante Emma überlebt neben Franchise-Bäcker, und alle profitieren von der **Vielfalt.** Auf 100 Metern gibt es alles, was man braucht, auf 300 Metern alles, was man nicht braucht.

› S „Altona"

### Kulinarisches

**55** [F10] **Eisenstein,** Friedensallee 9, S „Altona", Tel. 3904606, www.restaurant-eisenstein.de, geöffnet: Mo.–Fr. 12–22, Sa./So. 16–22 Uhr. Befindet sich in einer ehemaligen Fabrikhalle (Zeisehallen) und hat von daher einen sehr speziellen Charme. War mal studentisch-lässig, ist jetzt etwas feiner geworden und bietet eine internationale Küche, aber vor allem die Riesenpizza aus dem Holzbackofen.

**56** [F10] **Eisliebe,** Bei der Reitbahn 2, S „Altona", Tel. 39808482, www.facebook.com/EisliebeOttensen, geöffnet: tägl. 12–20 Uhr. Was gibt es Besseres an Werbung, als eine meist wirklich (!) lange Schlange? Nichts. Das Eis hier ist spitzenmäßig, das Warten lohnt.

**57** [F10] **Kleine Brunnenstraße** €€€, Kleine Brunnenstraße 1, Tel. 39907772, geöffnet: Mo.–Sa. ab 17.30 Uhr. Kleines Restaurant mit ambitionierter, abwechslungsreicher Karte. Gehobene Qualität.

**58** [G10] **Knuth,** Große Rainstr. 21, S „Altona", Tel. 46008708, geöffnet: tägl. ab 10 Uhr, Frühstück bis 13, Sa./So. bis 15 Uhr. Sehr beliebtes Café zum Früh- oder auch Spätstücken. Vormittags kommen Studierende, Lebenskünstler, junge Mütter und gegen Mittag die Leute aus den umliegenden Büros.

**59** [G10] **Tarifa** €, Große Rainstraße 23, S „Altona", Tel. 39903529, geöffnet: ab 9 Uhr, Sa./So. ab 10 Uhr, Frühstück bis 16 Uhr. Kleinigkeiten, Tapas und ein gepflegter Vino wird ausgeschenkt.

**60** [F10] **Tide** €€, Rothestraße 53, Tel. 41111499, geöffnet: Mo.–Fr. 8–18, Sa. 10–18 Uhr. Eine sehr gelungene Mischung aus Feinkostladen, Café mit Bio-Waren und Ausstellung von Treibholz aus der Elbe sowie von der dänischen Nordseeküste als Kunstobjekt.

### Shopping

› **Bonscheladen** (s. S. 180). Hier gibt es feine, handgemachte Bonbons und man darf auch beim „Machen" zuschauen.

## 70 Schanzenviertel ★★ [K8]

*Ein kunterbuntes Viertel in der unmittelbaren Nachbarschaft von St. Pauli. Aber Tingeltangel und Rotlichtmilieu gibt es hier nicht, auch kein Schickimicki, sondern eher das genaue Gegenteil. Noch, denn Veränderungen sind auch an der „Schanze" unübersehbar.*

Zunächst der Versuch einer Abgrenzung. Die „Schanze", wie das doch alles in allem recht kleine Viertel in Form eines

**Dreiecks** kurz und bündig abgekürzt wird, liegt links und rechts der „Hauptstraße" **Schulterblatt**, benannt nach einem ehemaligen Wal-Schulterblatt, das als Kneipenschild diente. Die **Grenzen** werden durch den ehemaligen Schlachthof und die stark befahrene Stresemannstraße einigermaßen klar gezogen. Die dritte Seite ist nicht ganz so klar definiert. Einige nehmen die Bahnlinie, andere zählen noch den Schanzenpark dazu und verschieben somit eine Trennlinie weiter Richtung Eimsbüttel. Das bleibt natürlich Geschmackssache. Wer genau auf den Boden schaut, sieht vielleicht auch die Markierungssteine im Format 50 x 50 cm, die die alte Grenze zwischen Hamburg und Altona markieren. Erst seit 2008 ist Sternschanze auch ein **eigenständiger Stadtteil**, benannt nach einer 1682 erbauten Verteidigungssanlage. Tatsache ist, dass die Schanze ein kleines Viertel mit einer gewissen **Tradition** ist. Kurz vor der Wende vom 19. zum 20. Jahrhundert entstanden hier etliche **Etagenhäuser** und die große **Rinderschlachthalle.** In der Gegend wohnten Arbeiter, die entweder im Hafen oder auf dem nahen Schlachthof malochten – so was prägt.

Später, Ende der 1970er-Jahre, zogen **Studierende, Punks, Alternative, Gastarbeiter und Künstler** nach, das Viertel gewann ein ganz eigenes Flair. Die Häuser aus der Gründerzeit boten nicht den ultraletzten Komfort, aber genau das suchten viele Menschen: preiswerten und dennoch gemütlichen Wohnraum. Für Schickimickis gab's hier nichts, für Leu-

te mit schmaler Börse aber eine ganze Menge.

Kleine Läden machten auf, Dönerbuden, türkische Gemüseläden, Secondhandshops, Bäcker, portugiesische Cafés und griechische Lokale. Die Straße Schulterblatt wird im Bereich der Roten Flora (s. Foto Seite 121) auch **„Schanzenpiazza“** genannt – oder etwas derber, aber nicht ganz falsch: Galaostrich. Warum? Hier hockt an warmen Tagen alle Welt draußen vor den Lokalen, fast wie in Italien. Und genau dieses Draußensitzen führte zuletzt zu einigem Ärger. Natürlich wird es dann abends laut, die Bewohner kommen nicht so recht zur Ruhe und irgendwann gab's halt **Beschwerden.** Was nun? Mit dem Appell an Toleranz kommt man irgendwann nicht mehr weiter, wenn sich bald täglich unterm Fenster eine kleine Party abspielt. Dann schritten die Ämter ein und forderten eine Regelung und man schlug eine Art Schirm vor, der die Schallwellen schluckt. Der Haken: so ein Ding ist ziemlich teuer und damit ging der Ärger weiter. Zum Glück ist die abendliche **Draußensitz-Saison** in Hamburg ja kurz.

*◁ Unterwegs auf der Schanzenpiazza*

Die **Schanzenbewohner** lieben ihr Viertel und verteidigen es notfalls auch heftigst. Als in Hamburg mit „Cats“ der Musical-Boom ausbrach, wollten flinke Investoren rasch noch ein ähnliches Erfolgsmodell platzieren. Ausgeguckt wurde still und heimlich ein gut 150 Jahre altes Theater, die **Flora,** die sich ausgerechnet im Schanzenviertel befand. Als diese Pläne im Viertel publik wurden, hagelte es Proteste. Der Boulevard hatte ein Dauerthema: **Vermummte Chaoten** prügelten sich mit Polizisten. Die Schanze wollte keinen Abriss, keinen Neubau und schon gar kein Musical. Die Betreiber zogen sich schließlich zurück, bauten für 120 Mio. DM extra ein neues Musicaltheater für das Stück „Phantom der Oper“, übrigens gar nicht so sehr weit entfernt von der alten „Flora“. Die Premiere 1990 wurde von schweren Störungen begleitet, Besucher in schicker Abendgarderobe wurden belästigt. Das hat sich aber völlig beruhigt und kam auch nicht wieder vor. Die alte Flora, nun **„Rote Flora“** genannt, wird seitdem als autonomes Kulturzentrum genutzt, wurde aber zwischenzeitlich an einen Privatinvestor verkauft.

Unübersehbar sind einige **Häuser schon arg marode,** das wirtschaftliche Niveau liegt eher im unteren Bereich und wer als Unbedarfter vor der Roten Flora steht, weiß auch nicht genau, ob das Haus nicht vielleicht morgen schon abgerissen wird. Manches Haus im Schanzenviertel wurde zwar schon **schick renoviert,** so manche jung-flotte Firmen aus der Medien- oder IT-Branche sind eingezogen, aber noch dominieren die **kleinen, bunten Läden.** Aber wie lange noch? Ängste machen sich so langsam unter den Bewohnern breit. **Ladenmie-**

**ten** stiegen deutlich, **Wohnungsmieten** ebenfalls, die ersten Filialisten sind auch schon angekommen. **Gutverdienende** lassen sich bewusst hier in der Schanze nieder, um das Ambiente zu genießen, was dann als Gentrifizierung, also Verdrängung der alten Strukturen und Anwohner, geschmäht wird. So mancher Bewohner beklagt deshalb, dass der eigentliche Charme so langsam verloren ginge und die Schanze zur Gastro- und Shoppingzone verkomme. Speziell an Wochenenden, noch dazu an warmen Tagen, strömen viele Feierfreudige hierher, verwandeln die Schanze in eine **Partymeile**, was so manchen Anwohner mittlerweile schwer nervt. Ein wenig ist das Schanzenviertel also von seinem Ruf und seinem zweifellos immer noch vorhandenen Charme überrollt worden. Kein Zweifel, ein Geheimtipp ist das Schanzenviertel längst nicht mehr, aber ein Viertel mit sehr viel Reiz und Flair ist es immer noch!

› S/U „Sternschanze“

Administrativ vom Schanzenviertel getrennt, denn es gehört schon zu St. Pauli, befindet sich „gleich nebenan“ das **Karolinenviertel**, kurz: Karo-Viertel. Es liegt „eingequetscht“ zwischen dem ehemaligen Schlachthof, der Karolinenstraße und der Feldstraße. Ähnlich wie an der Schanze wohnen hier viele **Unangepasste**, die sich erkennbar wohlfühlen in ihrem „Kleinbiotop“. Sogar Bauwagenbewohner waren lange geduldet und das Karo-Viertel wirkt schon fast ein wenig dörflich.

Einige der **Wohnhäuser** des Viertels verfügen noch über einen Hinterhof, in dem früher nicht selten zusätzlich einfachste Häuser für die Schlachthofarbeiter standen. Heute gibt es im Karo-Viertel etliche **schrille Geschäfte und Kneipen** sowie vor allem **bezahlbaren Wohnraum**.

Vor allem in der **Marktstraße**, die so etwas wie die „Hauptstraße“ des Viertels ist, finden sich mehrere Dutzend kleine Läden, in denen kreative Köpfe selbstgeschneiderte, individuelle Mode anbieten.

› U2 „Messehallen“

## Kulinarisches

Die **gastronomische Vielfalt** im Schanzenviertel auf derart kleinem Raum dürfte in Hamburg nur schwer zu übertreffen sein. Hier muss kein Dresscode eingehalten, kein Türsteher bezirzt, kein „Mondpreis“ für Fantasiedrinks gezahlt werden. Hier gehts ehrlich, rustikal und direkt zu.

› **Altes Mädchen** (s. S. 154). In den Schanzenhöfen im Viertel Sternschanze (Nr. 70). Größeres, rustikal-gemütliches Lokal, in dem hausgemachtes Bier und weitere 60 selbstgebraute Biere aus aller Welt sowie deftige Speisen angeboten werden.

*▷ Ein Symbol für das Schanzenviertel und zugleich sehr umstritten: die Rote Flora (s. S. 119)*

› **Bullerei** (s. S. 154). Tim Mälzer, der TV-Koch, betreibt dieses Lokal am Rande der Schanze.

**61** [J8] **Café Unter den Linden,** Juliusstr. 16, U/S „Sternschanze", Tel. 438140, www.cafe-unter-den-linden.net, geöffnet: tägl. 9.30–1 Uhr. Kleines Café mit leckerem hausgemachten Kuchen und kleinen Gerichten, befindet sich tatsächlich unter Linden, wo man dann auch richtig nett und entspannt hocken kann. Etwas vom Schanzen-Trubel entfernt gelegen, was sich hier sehr angenehm bemerkbar macht. Frühstück gibt es bis um 14.30 Uhr, am Sa./So. bis 16 Uhr, außerdem ein recht breites Angebot an Presse, auch internationaler.

› **Delta Bistro** (s. S. 154). Nicht zu großes Lokal, in dem gute Fleischgerichte serviert werden.

› **Erika's Eck** (s. S. 159). Deftig, gemütlich und die beste Adresse für den ganz späten Hunger.

**62** [K8] **Herr Max** €, Schulterblatt 12, Tel. 6921951, geöffnet: Mo.–Do. 10–18, Fr.–So. 10–19 Uhr. Eine Konditorei auf der Schanze mit leckeren Backwaren und einem Café in minimalistischem Stil.

› **Jill** (s. S. 160). Hier gibt es neapolitanische Pizza mit dünnem Teig, in der Mitte eher weich als durchgehend knusprig gebacken.

**63** [L9] **Marend** €€, Feldstr. 29, Tel. 36161545, geöffnet: Mo.–Fr. 12–23, Sa.

17–23 Uhr. Mal was anderes. Deftige Tiroler Küche mit Knödeln, aber auch mit süßem Kaiserschmarrn.

**64** [K8] **Olympisches Feuer** €-€€, Schulterblatt 36, Tel. 435597, geöffnet: tägl. 11–1, Fr./Sa. bis 2 Uhr. Gegen den größeren Hunger versammelt sich die Schanzen-Szene beim günstigen Kult-Griechen. In der angeschlossenen Feuer-Bar werden regelmäßig Fußballspiele übertragen.

**65** [K8] **Omas Apotheke,** Schanzenstraße 85, U/S „Sternschanze", Tel. 436620, tägl. 9–23 Uhr. In einer ehemaligen Apotheke eingerichtetes Lokal, etwas eng, aber urig-gemütlich mit ausgesprochen herzlicher und sehr um den Gast bemühter Bedienung.

› **Zur Schlachterbörse** (s. S. 156). Wie der Name schon vermuten lässt, werden deftige, große Fleischportionen serviert.

### Shopping

› **Flohschanze** (s. S. 176). Findet jeden Samstag statt.

**66** [L9] **Garment,** Marktstr. 25, Tel. 4108403, geöffnet: Mo.–Fr. 11–19, Sa. 11–17 Uhr. Kleiner Laden mit Damenmode in dezentem Schick und aus hochwertigen Stoffen. Oben wird verkauft, unten geschneidert, durch das Schaufenster kann man dabei zuschauen.

› **Hanseplatte** (s. S. 179). Musik von/aus/über Hamburg.

**67** [K8] **Kauf dich glücklich,** Susannenstraße 4, Schanzenviertel, Tel. 49222221, geöffnet: Mo.–Sa. 11–20 Uhr. Verwinkelter Laden für Bekleidung, Schuhe und Accessoires von europäischen Labels mit Schwerpunkt auf Skandinavien und Berlin. Außerdem gibt es selbstgebackene Waffeln.

› Speziell in der **Marktstraße** [L9] gibt es viele kleine, inhabergeführte Läden mit einem wahrlich bunten Angebot.

# Entdeckungen außerhalb

## 71 Ballinstadt ★★

*Diese einzigartige Erlebnisausstellung trägt den Untertitel „Auswandererwelt Hamburg". Auf historischem Grund wurden sogenannte Auswandererhallen nachgebaut, in denen Anfang des 20. Jh. Auswanderer nach Übersee ihre letzten Tage auf deutschem Boden verbrachten.*

Millionen von Menschen wollten Ende des 19., Anfang des 20. Jh. in die **USA** auswandern. Das ging damals nur per Schiff und wurde schnell als Geschäft erkannt. Zunächst strömten **Auswanderungswillige** aus vielen europäischen Staaten in die Hafenstädte, um auf eine Passage nach New York zu hoffen. Nicht selten wurden sie dabei von skrupellosen Wirten und Agenten um ihre Ersparnisse gebracht. Die Menschen mussten teilweise sehr lange auf eine Überfahrt warten, und wenn es dann losging, reisten viele Ärmere ohne jeglichen Komfort.

1847 wurde in Hamburg die **Hapag (Hamburg-Amerikanische Packetfahrt-Actien-Gesellschaft)** gegründet, die sich auch als Passagier-Reederei verstand. Die Gesellschaft setzte Schraubendampfschiffe ein, die schneller und verlässlicher als die bisher genutzten Segelschiffe fuhren. Das sprach sich herum. Die Zahl der Auswanderer, die nach Hamburg kamen, wuchs.

1892 brach in Hamburg die **Cholera** aus und man machte die Auswanderer dafür verantwortlich, da diese unter menschenunwürdigen Umständen hausten. Auch für die USA war dies der Anlass, die Einreisebestimmungen zu verschärfen. Hapag-Generaldirektor Albert Ballin beschloss deshalb, eine eigene **Auswandererstadt** zu bauen, in der die Menschen ihre letzten Tage vor der Abreise sicher, hygienisch einwandfrei und vor allem bezahlbar verbringen sollten. Diese Stadt entstand vor den Toren Hamburgs auf der **Elbinsel Veddel.** 1901 wurde die Stadt für 1200 Menschen eröffnet, schon fünf Jahre später musste erheblich angebaut werden. Allein im Jahr 1913 passierten 170.000 Menschen die Auswandererstadt, aber nachdem die USA 1921 strenge Einwanderungsquoten einführte, ebbte der Strom deutlich ab. Nach 1934 hatte das Gelände seine Funktion verloren, die Hapag gab es an die Stadt zurück. Die Auswandererhallen verschwanden im Laufe der Jahre und die letzten Reste wurden Anfang der 1960er-Jahre **abgerissen.**

Nun wurden **drei Hallen nachgebaut,** in denen Besucher hautnah nacherleben können, wie es Auswanderern damals erging. Exemplarisch wird an vielen Hörstationen das **Schicksal einzelner Personen** vor der Abreise und noch einmal nach ihrer Ankunft in Amerika nacherzählt. Beispielhaft wird die **Unterkunftssituation** dargestellt und der „Papierkrieg“ erklärt, dann betritt der Besucher genau wie damals die Auswanderer ein Schiff und landet schließlich vor der amerikanischen **Einwanderungsbehörde,** wo erneut ein Papierkrieg beginnt. Abschließend werden einige erfolgreiche Auswanderer vorgestellt. Die Ausstellung zeigt sehr anschaulich, welchen Herausforderungen sich die Menschen damals stellten. Wer möchte, kann auch im Gebäude 1 das **Familienforschungszentrum** nutzen und in einer Datenbank nach möglichen Familienmitgliedern suchen.

› Veddeler Bogen 2, Tel. 31979160, www.ballinstadt.de, Eintritt: 13 €, Kinder (5–12 Jahre) 7 €, Familien 21–28 €, geöffnet: März–Okt. tägl. 10–18 Uhr, Nov.–Feb. 10–16.30 Uhr
› **Anreise per S-Bahn:** S3 oder S31 in Richtung Neugraben oder Stade bis „Veddel-Ballinstadt“, von dort etwa 5 Minuten Fußweg
› **Anreise per Schiff:** Eine Barkasse der Maritime Circle Line fährt dreimal täglich (10.55, 12.55, 14.55 Uhr) ab Landungsbrücke 10 direkt zur Ballinstadt. Auf dem Rückweg (11.35, 13.35, 15.35 Uhr) werden auch die Speicherstadt 32 und die Elbphilharmonie 39 passiert, wo man aussteigen und mit einem späteren Schiff weiterfahren könnte, Preis: 20 €, Kinder 8 €.

## 72 Friedhof Ohlsdorf ★★

*Der Ohlsdorfer Friedhof gilt mit einer Größe von 391 Hektar als der größte Parkfriedhof der Welt. Er ist damit nicht nur die letzte Ruhestätte für bislang 1,4 Mio. Hamburger, sondern auch die größte Parkanlage der Hansestadt.*

1877 wurde der Zentralfriedhof eröffnet und ersetzte mehrere kirchliche Friedhöfe, die damals vor den Toren der Stadt lagen. Friedhofsdirektor **Wilhelm Cordes** legte eine großzügige **Parklandschaft** mit weit geschwungenen Wegen und Straßen an. Ab 1920 erweiterte sein Nachfolger **Otto Linné** den Friedhof nach Osten, hier dominieren heute mehr geometrische Strukturen und schnurgerade Wege.

Neben seiner ursächlichen Bedeutung als letzte Ruhestätte (320.000 Gräber und 12 Kapellen), ist der Friedhof Ohlsdorf aber auch eine **grüne Lunge** der Millionenstadt mit gärtnerisch sehr schön gestalteten Zonen. Etwa 450 verschiedene Laub- und Nadelgehölzarten wachsen hier und neben einigen nett angelegten Teichanlagen locken vor allem die großen Rhododendren zur Blütezeit im Juni viele Besucher an.

Auf dem Ohlsdorfer Friedhof kann jeder beigesetzt werden, ohne Einschränkung durch Wohnort und Konfession. Auch etliche **prominente Hamburger** wurden hier bestattet. Es gibt Pläne im Informationszentrum, mit deren Hilfe man diese Gräber finden kann. Oder man nutzt eine App, die ca. 580 Prominentengräber anzeigt (Infos: www.friedhof-hamburg.de). Die Wege sind sehr lang, insgesamt verlaufen 17 km Autostraßen durch das Gelände und deshalb verkehren auch zwei Buslinien nach Fahrplan über den Friedhof. Die Haltestellen sind ebenfalls im Plan markiert. Neben diesen Straßen gibt es aber auch noch viele Wege, auf denen Fußgänger in Ruhe spazieren können.

Unmittelbar links vom Haupteingang befindet sich der **Althamburgische Gedächtnisfriedhof** mit einer markanten weißen Christusfigur. Dort sind bekannte Hamburger begraben, die teilweise von anderen Friedhöfen hierher überführt wurden. Ein kleines **Museum** beim Haupteingang vermittelt Informationen zum Friedhof und seiner Geschichte und auch zu Gräbern von Prominenten.

Links des Haupteingangs befindet sich das **Krematorium** mit seiner auffälligen, trapezförmigen Fassade. Es enstand von 1930 bis 1932 nach Plänen von Fritz Schumacher im typisch Hamburger Klinkerbaustil und ersetzte das alte Krematorium aus dem Jahr 1891, das in der Alsterdorfer Straße 523 steht (ca. 300 m vom Haupteingang entfernt, außerhalb in einer Nebenstraße).

Genau gegenüber dem Krematorium ist seit 1949 ein **Mahnmal** für die Opfer der Nazizeit zu sehen: eine hoch aufgerichtete Stele mit etwa 100 Urnen, die Asche und Erde aus Konzentrationslagern enthalten.

Einige **Prominentengräber** befinden sich in einer Zone, die grob zwischen Talstraße und Kapelle 7 am Westring liegt, aber – wie schon gesagt – ohne Karte kaum zu finden ist. Unweit von Kapelle 8 wurde ein **Urnenfeld für anonyme Bestattungen** eingerichtet, mittlerweile die letzte Ruhestätte für über 15.000 Menschen.

Nahe der Kapellenstraße befindet sich einer von zwei Museumsbereichen, das **Grabmal-Freilichtmuseum der Ämtersteine.** Dort ist Grabschmuck aus vergangenen Jahrhunderten von Bruderschaften und Zünften zu sehen. Etwas weiter, schon im Linné-Teil, befindet sich das **Grabmal-Freilichtmuseum im Heckengarten**, wo Grabschmuck aus dem 19. Jh. ausgestellt ist. Die Exponate beider Museen stammen von aufgegebenen Friedhöfen.

Im Linné-Teil des Friedhofs sind neben vielen Einzelgräbern auch etliche **Massengräber** eingerichtet, so beispielsweise das für die Opfer der Hamburger Bombennächte von 1943. Insgesamt 36.918 Tote der fürchterlichen Bombardierungen im Juli und August 1943 fanden hier in einem kreuzförmig angelegten Massengrab ihre letzte Ruhestätte. Auf den vier Grashügeln sind die Namen der betroffenen Hamburger Stadtteile in dunklen Holzbalken eingraviert.

In der Südwestecke des Geländes befindet sich seit 1883 der von der Straße Ihlandkoppel direkt zugängliche **jüdische Friedhof.** Neben den jüdischer Grabkultur folgenden, nicht ausgeschmückten Gräbern wurde eine Synagoge errichtet und 1951 ein Mahnmal für die im Dritten Reich ermordeten Juden. Es enthält eine Urne mit Asche aus Auschwitz.

> Fuhlsbütteler Straße 756, S1, S11, U1 „Bahnhof Ohlsdorf", Tel. 593880, www.friedhof-hamburg.de, geöffnet: April–Okt. 8–21 Uhr, Nov.–März 8–18 Uhr, Informationszentrum beim Friedhof Ohlsdorf tägl. 11–15 Uhr, Museum Mo., Do., So. 10–14 Uhr. Auf dem Friedhof sind außer Blindenhunden keine Hunde erlaubt.

EXTRATIPP

### Mit dem Bus über den Friedhof

Vom Haupteingang pendeln die **Buslinien 170 und 270** alle 20 Minuten, in der Winterzeit alle 30 Minuten, quer über den Friedhof bis zur gegenüberliegenden Seite und zurück.

## 73 Winterhude ★★ [Q4]

Bereits 1250 wurde der heutige **Hamburger Stadtteil** erstmals in einer Urkunde als eigenständiges Dorf erwähnt. Winterhude lag aber ziemlich weit weg von Hamburg, sodass es lange für Hamburger als Wohnsitz nicht ernsthaft in Frage kam. Wie bei fast allen ehemaligen Dörfern kam auch hier die Entwicklung mit der Öffnung der Stadttore in Gang. Noch heute gelten die Villen an der Außenalster als **hochpreisige Immobilien.** Eine Adresse am Leinepfad, am Rondeel oder an der Bellevue signalisiert finanzielle Potenz.

Ab einer gewissen Distanz zur Alster werden die Villen kleiner und weichen Etagenhäusern und moderneren Bauten. Vor allem jenseits der Sierichstraße entstand ein ziemlich **lebendiges Viertel.** An der Straße **Mühlenkamp** befinden sich etliche Lokale und Geschäfte, aber die interessanten, schrägen und spannenden Läden findet man in der **Gertigstraße:** ein kleines portugiesisches Café, einen winzigen Schuhladen, Geschäfte für Naturkost und japanische Möbel oder eine urige Eckpinte. Hier lohnt wahrlich das Stöbern. Auch am Poelchaukamp gibt es einige kleine Geschäfte, aber auch nette Lokale, wo die Winterhuder den wöchentlichen Einkauf gleich mit einem Pausensnack verbinden können. Direkt neben dem Café Canale (s. S. 126) sind in einem Torbogen auf sieben Acrylbildern etliche **Promis in barocker Pracht** gemalt worden.

Die Parallelstraße zum Mühlenkamp, die **Sierichstraße**, ist eine **Einbahnstraße.** Aber Achtung: Je nach Tageszeit **wechselt die Richtung!** Von 4 bis 12 Uhr rollt der Verkehr stadteinwärts, von 12 bis 4 Uhr dann genau umgekehrt – also hübsch aufpassen!

Begibt man sich dann noch weiter nach Osten, wechselt das Bild Winterhudes und geht in reine **Wohnblocks** über. Die sogenannte Jarrestadt im Gebiet der Jarrestraße besteht beispielsweise aus etlichen, völlig gleichförmig gebauten Wohnblocks aus Backstein mit Sprossenfenstern und Innenhöfen. Diese sämtlich nach gleichem Muster gebauten Blocks sind Ende der 1920er-Jahre entstanden.

> Bus Nr. 6 ab Mönckebergstraße bis Haltestelle „Mühlenkamp/Hofweg"

## Kulinarisches

**68** [Q4] **Café Canale,** Poelchaukamp 7, Bus Nr. 6 bis „Gertigstraße", Tel. 2700101, geöffnet: tägl. 11–19, Sa. ab 10 Uhr. Leicht verwinkeltes Gebäude mit netten Ecken. Hier gibts italienischen Kaffee und deutschen Kuchen, außerdem Frühstück bis 14 Uhr. Kleiner, aber geschätzter Extraservice: Paddler, die auf dem nahen Kanal vorbeikommen, werden direkt im Boot bedient.

**69** [Q4] **Eisladen am Poelchaukamp,** Poelchaukamp 3, Bus Nr. 6 bis „Gertigstraße", Tel. 272517, geöffnet: tägl. 11.30–20 Uhr. Die langen Schlangen vor der Tür lassen es schon vermuten. Hier gibt es oberleckeres Eis. Und da die Portionen reichhaltig ausfallen, hocken sich die Gäste gerne auf die draußen vor dem Laden stehenden Bänke und verlieren sich regelrecht im „Eis-Schleck-Genuss".

*Direktverkauf an Paddler vom Café Canale aus*

**70** [Q4] **Goldbeker,** Schinkelstr. 20, Bus Nr. 6 bis „Goldbekplatz", Tel. 33428092, www.goldbeker-hamburg.de, geöffnet: tägl. ab 12 Uhr. Eine Art Gegenentwurf zu all dem Winterhuder Schick, denn hier ist es rustikal-gemütlich und es gibt bodenständige Küche wie hausgemachte Bratheringe. Im Viertel gilt das Lokal als Institution, mehrfach wurden hier schon Filme gedreht.

**71** [Q5] **Ratsherrn Bar,** Mühlenkamp 2, Tel. 27807427, geöffnet: Di.–Do. ab 17, Fr./Sa. ab 16, So. ab 14 Uhr. Lokal direkt am Osterbekkanal. Von den Tischen auf zwei Ebenen im Freien haben die meisten Gäste Blick aufs Wasser. Es gibt insgesamt 43 Biersorten und Bistro-Küche, Salate, Stullen. Brauereiführungen sind möglich, Infos und Termine über die Homepage https://ratsherrn.de.

## 74 Eppendorf ★★ [M3]

*In Eppendorf wohnen zumeist „überzeugte" Eppendorfer. Hier ist im Vergleich zu einfachen Wohnvierteln alles ein wenig schicker, die Mieten ein wenig teurer, die Geschäfte ein wenig trendiger, die Restaurants ein wenig angesagter. Alles eben „ein wenig mehr", aber noch lange nicht von der vornehmen Steifheit Harvestehudes* 75 *oder von dem gediegenen, hanseatischen Wohlstand der Elbchaussee.*

Hier leben meist gut verdienende Menschen, die das Geld ebensogern wieder ausgeben. Die „Hauptstraßen" Eppendorfer Baum, Eppendorfer Landstraße, Eppendorfer Markt und Eppendorfer Weg sind gesäumt mit zumeist vierstöckigen **Wohnhäusern** vom Ende des 19. Jh. Häufig sind es gut erhaltene, bestens renovierte Altbauten mit hohen Wänden, Stuck und verschnörkelten Fassaden. Unten im Erdgeschoss sind oft **kleinere Geschäfte** und **Lokale** untergebracht.

Historisch betrachtet, war Eppendorf das älteste **Dörflein** in Hamburgs Umgebung, bereits im 12. Jh. wurde es urkundlich erwähnt. In jenen Tagen lag es weit ab vom Schuss, nur einige wenige reiche Städter besaßen so weit draußen ein Landhaus, umgeben von den wenigen Dorfbewohnern.

Wie bei allen anderen Vororten von Hamburg änderte sich die Situation nach Öffnung der Stadttore 1861 und ein regelrechter **Bauboom** setzte ein. Neben den schicken Bürgerhäusern entstanden dann später im 20. Jh. auch **Wohnblocks** für Industriearbeiter.

Richtige Sehenswürdigkeiten hat Eppendorf nicht zu bieten. Bei einem Spaziergang entlang der oben genannten Straßen kann man aber Flair, Charme und Atmosphäre dieses Stadtteils auf sich wirken lassen. Das schönste an Eppendorf ist aber der **Isemarkt** (s. S. 176). Er findet jeden Dienstag und Freitag zwischen 8 und 14 Uhr statt und zwar genau unter dem Schienenstrang der U-Bahn entlang der Isestraße. An dieser Stelle verläuft die U-Bahn zeitweilig oberirdisch auf herrlich alten Viadukten. Das Marktgeschehen spielt sich deshalb auf einem relativ schmalen Streifen von knapp 1 km Länge zwischen den beiden U-Bahn-Stationen „Hoheluftbrücke" und „Eppendorfer Baum" ab. Keine Frage, neben dem Fischmarkt 51 am Hafen ist dies der bekannteste und mit einiger Sicherheit auch bestbestückteste Markt Hamburgs. Hierher kommen viele Händler aus der Umgebung, aber auch etliche Spezialitätenhändler, die sonst kleinere Fachgeschäfte betreiben. Das Eppendorfer Publikum ist kauffreudig und zahlungskräftig. Neben den üblichen Fisch-Fleisch-Gemüse-Angeboten verkaufen hier besonders viele Ökobauern ihre Produkte, aber man findet auch bestens sortierte Käsestände, Parfümhändler, Wurstbrater, Blumenhöker und „was-weiß-ich-sonst-noch". Etwas Zeit muss ein Marktbesucher mitbringen, es dauert halt, bis man einmal durch ist. Und nirgendwo sonst kann man besser „Eppendorfer gucken" gehen.

› U3 „Eppendorfer Baum" oder U1 „Klosterstern"

### Kulinarisches

72 [N2] **Café Borchers,** Geschwister-Scholl-Straße 1, U1/U3 „Kellinghusenstraße", Tel. 462677, www.borchers-hamburg.de, geöffnet: tägl. ab 12 Uhr. Farbenfroher Ep-

pendorfer Treff mit kleiner Terrasse, guter Frühstückstipp, sonntags Brunch (10–14 Uhr). Ansonsten gibt es Hausmannskost.

73 [N3] **Café Lindtner,** Eppendorfer Landstraße 88, U1/3 „Kellinghusenstraße", Tel. 4806000, www.konditorei-lindtner.de, geöffnet: tägl. 10–18 Uhr. Ein herrlich verplüschtes Kaffeehaus mit Polsterstühlen und einer typischen, fast vergessenen nostalgischen Atmosphäre. Leckerste Torten und Kuchen, auch Frühstück.

› **Cornelia Poletto** (s. S. 157). Sterneköchin Cornelia Poletto hat ein Feinkostgeschäft mit angeschlossenem Restaurant eröffnet und die Eppendorfer sind begeistert!

74 [M4] **Petit Café,** Hegestraße 29, U3 „Eppendorfer Baum", Tel. 4605776, geöffnet: Di.–So. 10–18 Uhr. Seit Jahren beliebtes Café mit äußerst leckerem Blechkuchen. Die riesigen Kuchenbleche leeren sich meist ruckzuck. Drinnen fühlt sich mancher Gast wie im eigenen Wohnzimmer, bei halbwegs schönem Wetter sitzt man aber draußen und beäugt die Eppendorfer Szene.

75 [N4] **Tiefenthal** €€, Isestraße 77, Tel. 46961672, geöffnet: Mo.–Fr. 11.30–24, Sa./So. ab 10, Frühstück 10–15 Uhr. Angenehmes Restaurant mit netter, kleiner Terrasse. Drinnen gibt es Kunst zu bewundern, die regelmäßig wechselt. Grundsolide Küche, viele Gäste schätzen das Wiener Schnitzel.

## Shopping

Nicht nur auf dem Isemarkt kann man wunderbar shoppen, in Eppendorf finden sich genügend Geschäfte für die **anspruchsvolle Eppendorfer Kundschaft.** Vor allem in den vier Straßen, die ein „Eppendorfer" im Namen führen, liegen

*Stilvolles Wohnen direkt am Wasser in Eppendorf* 74

diverse Läden. Aber nicht nur dort, auch in der unscheinbaren Hegestraße darf der geneigte Kunde staunend vor kleinen Geschäften stehen, die original italienische Schuhe und Mode führen.

> **Anita Hass** (s. S. 176). Hochwertige Damenmode von High Fashion Labels in drei benachbarten Shops.

> **Gundlach Schuhe** (s. S. 176). Große Auswahl, auch an höherpreisigen Modellen.

76 [M4] **Hegestar Secondhand,** Hegestraße 3, Tel. 398766524, Mo.–Fr. 11–19, Sa. 11–17 Uhr. Breites Sortiment an hochwertiger Designmode zu günstigen Preisen.

77 [N4] **JF Flebbe,** Eppendorfer Baum 7, Tel. 476679, Mo.–Fr. 10–19, Sa. 10–18 Uhr. Sportlich-elegante Herrenmode mit ausgezeichneter Beratung durch den Inhaber selbst.

> **Kaufrausch** (s. S. 176). Eine Mischung aus angesagtem Café und mehreren Geschäften für Mode und Accessoires.

> **Milliways** (s. S. 177). Schuhe u. a. aus Frankreich, Italien und den USA.

## 75 Harvestehude ★ [M5]

*Ein Stadtteil, der vor Umstellung der Postleitzahlen im Jahr 1993 den Zusatz „schicke 13" trug. Wer nämlich seine Adresse mit „2000 Hamburg 13" angeben konnte, konnte wahrlich angeben. Die 13 stand für die exklusive Wohnlage Rotherbaum oder Harvestehude.*

Speziell in Harvestehude stehen noch viele schicke **Villen,** die zum Teil aus dem 19. Jh. stammen, besonders in den Straßen rund um den **Innocentiapark.** Wenn vom „schicken" Harvestehude gesprochen wird (manche eingefleischte Bewohner bestehen auf dem Autokennzeichen HH-HH), meint man nur das kleine Gebiet zwischen Isebekkanal, Hallerstraße und Rothenbaumchaussee. Vor allem hier befinden sich die besagten Villen, deren Einrichtung man auf gut-hamburgerisch als „gediegen" bezeichnen darf und deren Wert **deutlich über der Millionenschwelle** liegt.

Dabei fing es auch hier mal ganz bescheiden an, mit einem **Kloster** nämlich. 1295 wurde ein Zisterzienserkloster namens „Herwardeshude" aus dem Gebiet des heutigen St. Pauli zum heutigen Klosterstern verlegt. 1530 wurde das Kloster zwar zerstört, der Name aber blieb.

Bis auf wenige Höfe war die Gegend noch jahrhundertelang weit außerhalb der Stadt gelegenes Ödland. Das änderte sich erst mit Aufhebung der Torsperre. 1866 kauften Hamburger Bürger das Gelände und teilten es in Parzellen auf. Straßen wurden angelegt, Häuser gebaut, aber auf Gewerbe- und Industrieansiedlungen wurde konsequent verzichtet.

Eine **reine Wohngegend** von gehobenem, gutbürgerlichem Niveau entstand und konnte sich bislang recht tapfer gegen alle Veränderungswünsche wehren. Der eine oder andere Zahnarzt, Jurist oder sonst wie tätige Freiberufler wird geduldet, bei kleinen Multimediafirmen rümpfen manche Harvestehuder Witwen bereits die Nase. Und so wird Harvestehude bleiben, was es schon immer war, nämlich eine „erste Adresse" mit dem schönsten Kreisverkehr („Klosterstern") der Stadt, wie zumindest viele Hamburger finden. Knapp am südlichen Rand steht auch das Tennisstadion Rotherbaum, und unweit davon befand sich ganz früher das **alte HSV-Stadion,** heute stehen hier Häuser.

> U1 „Hallerstraße"

### Kulinarisches

78 [M5] **Brücke** €€, Innocentiastraße 82, U1 „Klosterstern“, Tel. 4225525, geöffnet: Mo.–Sa. 12–15 und 19–23, So. 18–23 Uhr. Kleines, sehr beliebtes Lokal, fast schon eine Art Treff für die Harvestehuder. Gute Gerichte bei einer überschaubaren, von Hand geschriebenen Speisekarte, was ja immer ein Pluspunkt für die Küche ist. Abends dann mehr Bar.

79 [M5] **Glocke** €, Klosterallee 65, U3 „Hoheluftbrücke“, direkt beim Isemarkt, Tel. 4203282, geöffnet: tägl. ab 14 Uhr, Di./Fr. (an Markttagen) ab 9 Uhr. Wird von manchen auch als „Dorfkneipe“ bezeichnet, was absolut positiv gemeint sein soll, im Sinne von ehrlichem, nachbarschaftlichen Treffpunkt, bei dem sich nichts verändert.

*Tiefenentspannter Hagenbeck-Bewohner*

## 76 Tierpark Hagenbeck ★★ [H1]

*„Geh'n wir mal zu Hagenbeck“, war früher unter Hamburgern ein geflügeltes Wort. Ein Besuch in diesem Zoo war für viele Hamburger Pflicht, denn er gehört zur Hansestadt wie Elbe und Alster.*

Bereits 1848 stellte Carl Hagenbeck auf St. Pauli dem staunenden Publikum Seehunde zur Schau, damit war ein Anfang gemacht. Aber erst 1907 wurde dann in Stellingen der noch heute existierende **Zoo** eröffnet. Auf einem riesigen, 25 ha großen, parkähnlichen Gelände gibt es insgesamt 65 Stationen mit 1850 Tieren aus 210 Tierarten und allen Erdteilen, die der Besucher auf einem Rundgang ansteuert.

Die Tiere leben in Freigehegen, die ihrer **natürlichen Lebenswelt nachempfunden** wurden, und vor jedem Gehege

geben Schilder die wichtigsten Informationen, einschließlich Hinweisen auf neugeborene Tiere. Sehr beliebt sind die **Fütterungszeiten**. Termine dafür können an der Kasse erfragt werden.

Das **Tropen-Aquarium** kann man auch separat besuchen. Hier sind auf 8000 m² immerhin über 14.000 Tiere (300 Arten) in ihrem jeweiligen Lebensraum zu bewundern. Dazu zählen **Giftschlangen, exotische Vögel, Fledermäuse** und **tropische Fische**. Besucher erforschen diese einzigartige Tierwelt auf einem Rundgang, zuerst überirdisch, dann geht es hinab in eine unterirdische Höhle. Anschließend wird die Unterwasserwelt betreten. Hier bestaunt man in mehreren Aquarien bunte Fische. Ein Höhepunkt ist am Ende des Rundganges das große Aquarium „Hai-Atoll" mit der riesigen Panoramascheibe. Dort wurden extra ansteigende Sitzreihen geschaffen, damit Besucher auch mit Muße den vorbeischwimmenden Haien und anderen Fischen zuschauen können.

Auf dem Gelände sind mehrere Lokale verteilt, die teilweise sehr schön in die Parklandschaft eingebettet wurden. An bestimmten Samstagen im Mai und Juni öffnet der Zoo auch abends von 18 bis 24 Uhr und bietet obendrein ein kunterbuntes Programm.

› Lokstedter Grenzstraße 2, U2 „Hagenbecks Tierpark", Tel. 5300330, https://hagenbeck.de, Tierpark: Erw. 29 €, Kinder (4–16 Jahre) 18 €, Familien 68 bzw. 79 €, Kombiticket mit Aquarium: Erw. 36 €, Kinder 26 €, Familien 98 bzw. 110 €, geöffnet: tägl. 9–18, im Sommer (Juli, August) bis 19 Uhr, Ende Okt. bis Anf. März bis 16.30 Uhr, Tropen-Aquarium: Erw. 18, Kinder 13 €, Familien: 50 bzw. 58 €, geöffnet tägl. 9–18 Uhr

## 77 HSV-Stadion und HSV-Museum ★★ [B4]

Die Fußballmannschaft des HSV spielte jahrzehntelang in einer relativ unattraktiven Betonschüssel. Irgendwann musste mal ein neues Stadion her. Gesagt, getan, das alte Stadion wurde abgerissen, das neue gebaut, alles während des laufenden Spielbetriebes. 2001 war es fertig und alle waren begeistert!

Das **Volksparkstadion**, wie das Stadion nach mehreren Namenswechseln nun wieder heißt, ist ein echtes Schmuckstück und kann besichtigt werden. **Führungen** werden täglich angeboten. So kann man von der Pressetribüne einen Blick aufs Spielfeld werfen, spaziert in den VIP-Bereich, schaut sich auch einmal die exklusiven VIP-Logen an und betritt die Mannschaftskabinen. Natürlich darf man auch einmal ins Stadion gehen. Zum Abschluss wird sogar der Raum besucht, in dem nach Spielschluss die Pressekonferenzen stattfinden.

Echte Fans sollten das gut gemachte **HSV-Museum** besuchen. Es gibt einen eindrucksvollen Einblick in die Geschichte des Vereins. An mehreren Stationen kann man alte Hörfunk- oder Fernsehreportagen noch einmal verfolgen, einen Blick in die alten Stadien Rotherbaum und Volkspark werfen sowie einen Kurzfilm mit den Höhepunkten aus gut 100 Jahren Geschichte des HSV sehen. Zum Abschluss geht es in die Schatzkammer, wo die wertvollsten Pokale ausgestellt sind.

› Sylvesterallee 7, S3, S21 „Stellingen", dann ca. 15 Minuten der Ausschilderung folgen

› **HSV-Museum**, tägl. 10–18 Uhr, bei Heimspielen ab 10 Uhr bis 15 Minuten vor Anpfiff

› **Stadionführungen:** tägl. 12 und 14 Uhr

167hg Abb.: hf

Das Stadion des HSV

› **Eintritt:** HSV-Museum: Erw. 6 €, erm. 4 €, Stadionführung und Museum: Erw. 12 €, erm. 8 €
› **Infos:** Tel. 41551550, www.hsv.de

## 78 Große Elbstraße ★ [I11]

Direkt am **Fischmarkt** 51, der aber nur am Sonntagmorgen ein interessantes Bild bietet, beginnt die Große Elbstraße. Sie verläuft direkt am Hafenrand und an der Fischauktionshalle vorbei. Entlang dieser Straße passierte in den letzten Jahren viel. Das **Stilwerk** (s. S. 175) mit seinen schicken Shops zog schon vor vielen Jahren ein, weitere **Geschäfte** und **Lokale** folgten, aber auch **Büros** und **Apartments** entstanden und gebaut wird immer noch.

EXTRATIPP

### Training der Profis

Wer den Profis beim Training zuschauen möchte: Vor der Südtribüne befindet sich der **Trainingsplatz**. Termine stehen in den großen Hamburger Zeitungen und meist auch auf der HSV-Website.

Die gesamte Große Elbstraße bis hoch nach Övelgönne zu wandern, empfiehlt sich eher nicht. Es ist eine recht weite Strecke, die über Kopfsteinpflaster und vor allem vorbei an modernen Glas-Beton-Gebäuden führt und insgesamt wenig reizvoll ist. Allerdings liegen ausgerechnet an dieser nicht so sonderlich attraktiven Straße etliche **Restaurants.** Einige sind sehr bodenständig, andere etwas elitärer. Die **gastronomische Vielfalt** – vom einfachsten Fischbistro bis zur Meisterküche – ist beeindruckend. Allein aus diesem Grunde könnte man dann doch der Straße ein wenig folgen.

Etwas ruhiger wäre es auf einem „Schleichweg". Man kann bei der Kneipe Zum Schellfischposten der **Carsten-Rehder-Straße** ein Stück folgen, bis nach rechts die **Buttstraße** abzweigt. Genau gegenüber führt nach links ein Pfad durch die unübersehbaren Hochhäuser rasch zum Elbhang hoch und man spaziert alsbald wunderschön oberhalb der Elbe bis zum Altonaer Balkon 67 und genießt den tollen Ausblick auf den Hafen.

Im oberen Bereich der Großen Elbstraße gibt es noch immer **Fischhändler**, von denen einige auch ein Ladengeschäft und sogar ein **Fischbistro** betreiben. Man sollte sich einen kleinen Snack in einem der vielen kleinen Lokale, die aus nicht viel mehr als einem kargen Raum mit einigen Stehtischen bestehen, nicht entgehen lassen. Hier gibt es Fischbrötchen „auf die Hand" mit oder ohne Bier. Gleich nebenan befinden sich zudem **Feinkostläden** mit einer beeindruckenden Auswahl – man speist dort ganz vorzüglich zu Mittag (Fisch, Pasta, Französisch, al-

KLEINE PAUSE

### Rustikales am Hafenrand

80 [I11] **Zum Schellfischposten,** Carsten-Rehder-Str. 62, S „Reeperbahn“, Tel. 783422, ab 12, So. ab 10 Uhr. Der Schellfischposten gilt als Altonas älteste Seemannskneipe und genauso sieht sie auch aus: rustikal-gemütlich, geradeaus und etwas eng. Serviert werden kleine Gerichte und ein ehrliches Bier. Und genau hier wird auch die überregional bekannte, launige Talkshow „Inas Nacht“ von Ina Müller aufgezeichnet. Zu finden: direkt vor der Köhlbrandtreppe.

les da), ein wirklich bunter Mix. Für jeden ist etwas dabei, auch Privatkunden kaufen an der Großen Elbstraße ein.

Direkt am Wasser, an der parallel zur Großen Elbstraße verlaufenden Van-der-Smissen-Straße [G/H12], trifft man dann noch mal auf ein architektonisches Highlight. Darauf muss man auch erst mal kommen, ein **von außen begehbares Haus** zu konstruieren. Mit dem **Dockland** (Van-der-Smissen-Straße 9) wurde es realisiert. Es handelt sich dabei um ein Haus, das nicht geradlinig nach oben gebaut wurde, sondern schräg zur Seite kippend, ein wenig wie ein Parallelogramm. Außen führen zwei Treppen nach oben, sodass Besucher mit ein wenig Mühe aufs Dach steigen können. Von oben hat man dann eine tolle Aussicht über das Elbufer. Direkt vor dem Haus befindet sich auch ein Anleger der Hafenfähre 62.

### Kulinarisches

84 [H11] **Café Schmidt Elbe,** Große Elbstraße 212, Tel. 4130671013, tägl. 8–18 Uhr. Auch das gibt es an der Elbstraße: ein Café mit richtig leckerem Kuchen, Torten, Gebäck, Brot oder Brötchen.

85 [H11] **Fischbeisl** €, Große Elbstraße 131, Tel. 3907275, geöffnet: tägl. ab 11.30, Küche bis ca. 21 Uhr. Kleines Bistro mit guter Fischkarte, neben Fischbrötchen gibt es beispielsweise hausgemachtes Labskaus.

› **Fischereihafen-Restaurant** (s. S. 156). Hervorragendes Fischrestaurant am Hafenrand mit jahrelanger Tradition, auch bei Prominenten sehr beliebt.

› **Henssler & Henssler** (s. S. 156). Restaurant und Sushi-Bar mit gehobener eurasischer Küche.

### Fischbrötchen oder Hummer – alles da!

81 [H11] **BistrOcean,** Große Elbstraße 139, Tel. 391123, geöffnet: Mo.–Sa. 7–16 Uhr. Kleines Bistro mit Sitzbänken draußen und einer überraschend breit aufgestellten Karte mit Fischbrötchen, Tagesgerichten, Muscheln, Sushi und Krustentieren.

82 [H11] **Frischeparadies,** Große Elbstraße 210, Fährlinie 62 bis „Dockland“, Tel. 38908220, Bistro: Mo.–Sa. 12–16 Uhr, Geschäft: Mo.–Mi. 9–19, Do./Fr. 9–20, Sa. 9–18 Uhr. Ambitionierte Bistroküche mit Produkten aus dem Frischeparadies-Laden, der ein außergewöhnlich breites Angebot an exotischen und heimischen Lebensmitteln hat.

83 [H11] **Hummer Pedersen,** Große Elbstraße 152, Fährlinie 62 bis „Dockland“, Tel. 522993926, www.hummer-pedersen.de, Bistro: Mo.–Mi. 12–18, Do.–Sa. 12–22 Uhr, Geschäft: Mo.–Fr. 6–14 Uhr, Sa. 6–12 Uhr. Maritime Küche von der Fischfrikadelle bis zum halben Hummer.

- **Marseille** (s. S. 156). Serviert wird ein Mix aus bodenständigen französischen und deutschen Gerichten.
- **Rive** (s. S. 156). Schöner Hafenblick und beste Fischgerichte mit italienischem Einfluss.

## Elbspaziergang zwischen Övelgönne und Blankenese

Sicherlich ist dies **einer der schönsten Spazierwege der Stadt**, aber eben auch ein weiter. Wer den gesamten Weg bis nach Blankenese wandert, läuft schon so gute 8 Kilometer. Zum Glück lassen sich auch Teilstücke laufen und die jeweilen Start- oder Endpunkte sind gut mit Bussen oder Fähre zu erreichen.

Der Weg **von Övelgönne nach Teufelsbrück** ist sehr idyllisch. Ausgehend vom Fähranleger Övelgönne durchwandert man zunächst das alte **Lotsendorf Övelgönne** 80 und spaziert danach wunderschön immer direkt am Elbufer entlang. Hier stehen keine Häuser mehr, sondern es gibt nur hochgewachsene Bäume, den **Elbstrand** und recht steil ansteigende Parklandschaften. Vereinzelt blitzt oben eine der **Villen** durch. Hier wohnen Hamburgs Superreiche, umgeben von parkähnlichen Gärten, die jenseits der Neidgrenze liegen. Für den Elbflaneur bedeutet das aber auch einen sehr schönen und ruhigen Wegabschnitt. Links plätschert die Elbe, rechts liegt der steil ansteigende Elbhang und mittendrin gibt es nur Spaziergänger, Jogger und Radfahrer.

- **Övelgönne erreichen**: Mit Bus 113 bis Endstation (beispielsweise ab Hauptbahnhof oder auch ab Landungsbrücken) oder mit Fähre Nr. 62 ab Landungsbrücken bis „Neumühlen"

Die Bezeichnung **„Fähranleger Teufelsbrück"** leitet sich von dem schmalen Bach **Flottbek** ab, der hier neben dem winzigen Hafen in die Elbe mündet. Besagter Bach wurde im Zuge der Elbchaussee mit einer Brücke gequert, die aber erst gebaut wurde, nachdem immer wieder Fuhrwerke verunglückten. Ein Zimmermann wurde beauftragt und der versicherte sich der **Hilfe des Teufels.** Dem versprach der Zimmermann die Seele des ersten Lebewesens, welches die neue Brücke queren würde. Das war aber bei der Einweihung ausgerechnet ein Hase. Noch heute hockt der Teufel als Skulptur am Wegesrand, mit einem Hasen in der Hand darüber sinnierend, wie ihm das passieren konnte. Soweit die Legende.

- **Teufelsbrück erreichen:** Hier legt die Elbfähre Nr. 64 an, die zwischen Teufelsbrück und Finkenwerder auf der gegenüberliegenden Elbseite pendelt, mit Anschluss an die Fähre 62 zu/von den Landungsbrücken.

Auch der Elbspaziergang **von Teufelsbrück nach Blankenese** ist sehr beliebt, führt er doch rasch in sehr ruhige Zonen. Direkt bei Teufelsbrück führt die Wanderung ein kurzes Stück an der Elbchaussee entlang. Diese verläuft bald etwas weiter weg vom Wasser und der Spaziergänger hört nichts mehr vom Verkehrslärm. Nun folgen das vornehme **Nienstedten** und der weitläufige **Hirschpark** (s. S. 183). Das bedeutet absolute Ruhe, es sei denn, auf dem gegenüberliegenden Ufer startet mal wieder ein Airbus. Dort befindet sich nämlich die riesige **Montagehalle von Airbus,** wo Teile des Airbus-Flugzeuges gefertigt werden. Die Techniker haben natürlich auch eine eigene Start- und Landepiste, denn ab und zu müssen die Jets ja mal

in die Lüfte. Ganz besonders große Teile werden übrigens von „Belugas" transportiert, das sind äußerst dickbäuchige Maschinen.

Schließlich erreicht man die **Jacobstreppe.** Sie führt vom Ufer den Hang hoch zum **Luxusrestaurant Louis C. Jacob** (Elbchaussee 401). Es ist eine Hamburger Institution und existiert bereits seit 1791. Der Blick von der Terrasse mit den Lindenbäumen auf die Elbe ist einfach nur schön, wenn es das Portemonnaie denn aushält. Das Jacob zählt zu den Toprestaurants Hamburgs!

Der weitere Weg ist ausgesprochen schön. Steil zieht sich der Hang nach oben, man ahnt die riesigen, schicken **Villen** ganz oben mehr, als dass man sie sieht. Zumeist sind sie vom dichten Blattwerk der steil abfallenden Gärten verdeckt, nur im Winter blitzen die Häuser dann doch mal gut sichtbar durch. Hier spazieren nicht mehr so viele Menschen,

*Die Weite am Elbstrand genießen - (s. S. 134) mit Blick auf den Hafen und die „Giraffen" (Containerkräne), die nicht arbeiten und ihren Hals hochrecken*

KLEINE PAUSE

## Engel

**86 Engel** €€, am Schiffsanleger Teufelsbrück, www.restaurant-engel.de, Tel. 824187, geöffnet: Mi.–Fr. 15–23, Sa./So. 13–23 Uhr. Fährt ein Containerriese vorbei, schaukelt der ganze Laden. Kein Wunder, er liegt ja auch auf einem Ponton, der Ausblick auf die Elbe ist unschlagbar. Oben befindet sich das Restaurant, unten ein Imbiss (Fr.–So. 12–18 Uhr) für schnelle Gerichte. Bei Kaffee, Kuchen oder auch guten warmen Mahlzeiten, oder eben auch einer flinken Currywurst kann man hier glatt die Zeit vergessen.

denn es gibt kaum Ausweichmöglichkeiten. Man muss schon durchhalten bis **Blankenese** 81 und dieser schöne Stadtteil wird nach dem Passieren des kleinen **Mühlenberger Jollenhafens** dann ja auch erreicht. Man tritt buchstäblich durch ein Tor und findet sich auf dem **Strandweg** wieder. Sofort fallen die vielen hübschen, kleinen Häuser auf, die teilweise wie hingewürfelt am Hang kleben. Etliche Treppen führen den Hang hoch, hier sollte sich der Wanderer einmal treiben lassen. Grobe Richtung: hoch zum Süllberg. Aber vorher sollte man sich in einem der Lokale am Strandweg erst einmal stärken.

› **Rückfahrt von Blankenese:** Mit dem kleinen Bus Nr. 488 bis zum Bahnhof Blankenese (Endstation). Von dort geht es per S-Bahn zurück nach Altona und weiter zum Hauptbahnhof oder per Bus Nr. 112 bis in die City und zum Hauptbahnhof. Wenn möglich, sollte man diese Variante vorziehen!

## 79 Museumshafen Övelgönne ★★ [D12]

1977 wurde dieser Museumshafen anlässlich des Hafengeburtstages von der Vereinigung zur Erhaltung segelnder Berufsfahrzeuge gegründet. Und genau solche **historischen Schiffe** liegen hier: Lühe Ewer, Kutter, Tjalks und auch Lotsenkutter sowie zwei Schwimmkräne. Kleine Täfelchen erklären Herkunft, Bedeutung und Besonderheiten. Jedes einzelne der rund 30 Schiffe ist noch fahrtüchtig, und das beweisen sie auch alljährlich auf der Hafengeburtstagsparade am 7. Mai. Besondere Schmuckstücke neben dem Schwimmkran „Saatsee“ sind der Eisbrecher „Stettin“, die Polizeibarkasse „Otto Lauffer“ (1928 für die Hafenpolizei gebaut und bis 1968 im Einsatz) und das Feuerschiff „Elbe 3“. Das älteste Schiff ist übrigens der Ewer „Katharina“, Baujahr 1889.

› Direkt am Museumshafen Övelgönne machen die Fähren der Hafenlinie 62 fest. Man kann also ganz bequem per Schiff von den Landungsbrücken herfahren. Eine andere Möglichkeit wäre, ab Bahnhof Altona den Bus Nr. 113 zu nehmen, der auch direkt am Museumshafen seine Endstation hat.

## 80 Övelgönne ★★ [D11]

Övelgönne ist winziges Dörflein, das unmittelbar neben dem Museumshafen liegt und einst eine **Lotsensiedlung** war. Schon früh siedelten sich hier Fischer am Elbufer an. Im 18. Jh. entdeckten sie allerdings eine bessere Möglichkeit, ihre Brötchen zu verdienen. Sie boten den großen Schiffen, die zum Hamburger Hafen fuhren, ihre Lotsendienste an und auslaufende Schiffe begleiteten sie auf der Elbe in Richtung Nordsee. Övelgönne lag für die Lotsen äußerst günstig, von hier aus konnten sie schnell die vorbeifahrenden Schiffe erreichen.

Bereits 1745 gründete sich eine Lotsenbruderschaft, die im Haus Övelgönne 13 tagte. In diesem Haus befindet sich heute ein Lokal namens Zum alten Lotsenhaus. Draußen hängt ein kurzer historischer Abriss zur Geschichte der Övelgönner Lotsen.

Övelgönne ist heute nichts weiter als ein schmaler Weg, der sich über einen

*Festlich für den Hafengeburtstag geflaggte Schiffe im Museumshafen Övelgönne*

knappen Kilometer am Elbufer entlangzieht. Hier stehen **schmucke, kleine Häuschen** mit teilweise äußerst malerischen Erkern, Glasveranden und Balkonen. Die ältesten Gebäude (Nr. 65/66, 70–75, 88/89 und 99/100) stammen noch aus dem 18. Jh.

Die meisten Häuser haben noch einen kleinen Vorgarten, der hinunter zum Wasser liegt. Zwischen Haus und Garten verläuft ein Fußweg, hier muss man lang, denn es ist der einzige Weg durchs Dorf. An schönen Tagen flanieren hier Tausende vorbei und es ist sicherlich nicht immer angenehm für die Bewohner, dass so viele Neugierige ständig ins Wohnzimmer gucken. Aber vielleicht sind sie ja auch ein bisschen stolz auf die Lage ihrer Häuser.

Knapp außerhalb von Övelgönne befindet sich der **„Alte Schwede"**. Was das ist? Ein 217 Tonnen schwerer, 1,8 Milliarden (!) Jahre alter, grauer Findling. Dieser gewaltige Stein wurde 1999 bei Baggerarbeiten in der Elbe gefunden. Nach anfänglichen Schwierigkeiten gelang es, den Findling ans Ufer zu bringen, wo er jetzt zu bestaunen ist. Im Juni 2000 wurde er von Hamburgs damaliger zweiter Bürgermeisterin Krista Sager und dem schwedischen Generalkonsul auf den Namen „Alter Schwede" getauft. Wissen-

KLEINE PAUSE

**Schwankend oder im Elbsand**

87 [D12] **Café Elbterrassen**, Övelgönne 1, Tel. 3904443, geöffnet: April bis Oktober Mo.–Fr. 12–22, Sa./So. 10–22 Uhr. Eine gemütliche Freiluftkneipe mit Stühlen im Sand mit Blick auf die historischen Schiffe. Neben Frühstück (tägl. 10–12 Uhr) und Mittagskarte auch kleinere Gerichte.

88 [D12] **Kleinhuis Museumshafencafé**, befindet sich auf einer alten Elbfähre direkt am Steg des Fähranlegers. Serviert gute Fisch- und Hamburger Gerichte. Tel. 397383, geöffnet: Mi.–Sa. 12–22, So. 10–17 Uhr.

89 [A11] **Nuggis Elbkate**, liegt ebenfalls auf dem Anleger. In dieser kleinen Bude gibt es frisch belegte Fischbrötchen. Serviert wird alles von einer charmanten Frau aus der Karibik. Tägl. ab 11 Uhr.

154hg Abb.: sm

schaftler konnten durch Gesteinsproben nachweisen, dass es sich um einen grauen Granit aus dem schwedischen Ostsmåland handelt. Vor etwa 400.000 Jahren wanderte der „Alte Schwede" während der Elster-Eiszeit nach Hamburg.

› Bus 113 bis Endstation oder Fähre Nr. 62 ab Landungsbrücken bis „Neumühlen"

## Kulinarisches

90 [A11] **Brücke 10 im Strandhaus** €, Övelgönner Hohlweg 12, Tel. 85352351, Mo.–Fr. 11–20, Sa./So. 10–20 Uhr (bei schönem Wetter spontan auch länger). Kleines Lokal mit großer Terrasse, Sitzplätze mit tollem Elbblick, etwa 200 m hinter dem unübersehbaren Findling, der am Elbstrand unweit vom Lotsendorf Övelgönne steht. Von den Machern der Brücke 10 (s. S. 83) an den Landungsbrücken werden nun auch hier am Elbstrand Fischbrötchen, kleine Speisen und hausgemachter Kuchen, dazu kalte und heiße Getränke angeboten.

91 [E11] **Das Weiße Haus** €€, Neumühlen 50, Tel. 3909016, www.das-weisse-haus.de, geöffnet: tägl. 17.30–22.30 Uhr. Relativ kleines Lokal mit Garten. Gute kreative Küche, teils mit regionalen, teils mit mediterranen Speisen. Man kann auch Zwei- bis Fünfgängemenüs wählen.

92 [C11] **Strandperle**, Övelgönne 60, Tel. 8801112, www.strandperle-hamburg.de, geöffnet: Mo.–Fr. 10–23, Sa./So. 9–23 Uhr, mit Bus 112 bis „Liebermannstraße" oder per Fähre 62 bis „Neumühlen", danach jeweils noch ca. 10 Min. Fußweg. Seit vielen Jahren ein Kultlokal am Elbufer! Nicht viel mehr als eine Bude mit Selbstbedienung. Wer einen Tisch ergattert, hat Glück, die

*Hübsche Häuser im alten Lotsendorf Övelgönne* 80

anderen hocken sich einfach in den Sand. Zwanglose Atmosphäre mit In-Status bei Bockwurst und Bier.

93 [D11] **Zum alten Lotsenhaus** €€, Övelgönne 13, Tel. 8800196, www.zum-alten-lotsenhaus.de, geöffnet: Mo.–Do. ab 18, Fr./Sa. ab 13, So. ab 12 Uhr, durchgehend warme Küche. Ein historisches Lotsentreffhaus, über dem Eingang zum Restaurant steht die Jahreszahl 1801. Serviert wird hauptsächlich Fisch, der täglich frisch vom Fischmarkt geliefert wird. Man sitzt sehr nett auf der kleinen Gartenterrasse.

EXTRATIPP

### Buslinie 112 und die Ameisen

Aus der City fährt Bus Nr. 112 nach **Blankenese** 81. Zusteigen kann man am Hauptbahnhof, Ecke Spitalerstraße, an der U-Bahn-Station St.Pauli und am Rathaus Altona. Man fährt ein Stück auf der Elbchaussee, bevor der Bus kurz nach der Haltestelle Liebermannstraße abbiegt und nach Blankenese fährt. Direkt an der Einmündung in die Liebermannstraße steht ein ungewöhnliches **Denkmal** zur Erinnerung an die zwei Ameisen aus diesem schönen Gedicht von Joachim Ringelnatz:

*Die Ameisen*
*In Hamburg lebten zwei Ameisen,*
*Die wollten nach Australien reisen.*
*Bei Altona auf der Chaussee*
*Da taten ihnen die Beine weh,*
*Und da verzichteten sie weise*
*Denn auf den letzten Teil der Reise.*

*So will man oft und kann doch nicht*
*Und leistet dann recht gern Verzicht.*

Mit „Chaussee“ ist die Elbchaussee gemeint.

## 81 Blankenese ★★

*Blankenese gilt als Hamburgs vornehmster Stadtteil und die dorthin führende Elbchaussee als vornehmste Straße. Geprägt wird das Viertel von vielen kleinen, aber ungemein schmucken Häusern, die malerisch schön direkt am Elbhang kleben.*

Die bekannteste Straße Hamburgs ist die Reeperbahn 52, keine Frage, aber auf dem zweiten Rang der Bekanntheitsskala liegt wahrscheinlich die **Elbchaussee.** Gute 9 km lang, verbindet sie Altona mit Blankenese 81 und führt mal in Sichtweite, mal etwas entfernter immer an der Elbe entlang.

Die Elbchaussee ist die **erste Adresse** in Hamburg, allerdings ist für „richtige“ Hanseaten nur die Elbseite die „richtige“ Seite, die sogenannte „Butterseite“. Nur wer ein Grundstück mit einer ungeraden Hausnummer besitzt, hat die „richtige“ Seite erwischt. Das Gegenstück wäre die „Margarineseite“, dort wohnen nämlich (angeblich!) Leute, die sich eben „nur“ Margarine leisten könnten.

Entlang der Elbchaussee reihen sich **Prachtvillen** in riesigen Gärten und Parks auf, die einen Reichtum jenseits aller Neidgrenzen ausdrücken. Hier wird nicht geprotzt, hier stehen gewaltige, schnörkellose Villen, die sich viele reiche Kaufleute im 18. und 19. Jh. im Grünen bauten. Rund um ihre Villen ließen die Kaufleute sich dann riesige **Parks** anlegen. Es waren grüne Fluchtpunkte für schwerreiche „Koofmichs“, die unter der Woche in den Kontoren der Stadt arbeiteten und sich am Wochenende ins Grüne zurückzogen. Eine Straße gab es damals nicht, also legten die Anwohner 1830 einen Privatweg an. Wer diesen als Fremder benutzen wollte, musste an mehreren Schranken Wegegeld bezahlen.

Es mag sicher nicht jedermanns Sache sein, den Reichtum anderer Leute anzuschauen. Allemal lohnend ist aber ein Besuch einiger **Parks**, die die Elbchaussee säumen und die heute für die Öffentlichkeit zugänglich sind, wie der Jenischpark (s. S. 184) oder der Hirschpark (s. S. 183).

**Blankenese** war früher nichts weiter als ein unbedeutendes **Fischer- und Lotsendorf**, das von der Elbfischerei lebte. Der noch heute existierende **Fähranleger** soll schon im 14. Jh. bekannt gewesen sein. Die Fischer wohnten nahe dem hellen Sandstrand am Elbhang. Der Name Blankenese bezieht sich übrigens auf das Plattdüütsche *Blanke* (helle) *Nese* (Nase), gemeint ist eben dieser helle Sand.

Kleine, hübsche, zum Teil **reetgedeckte Häuser** ziehen sich malerisch den Hang hoch. Ein Gewirr von Treppen durchzieht das Ensemble als Straßenersatz und verbindet den Strandweg und höhergelegene Häuser. Jemand hat mal nachgezählt und kam auf die stolze Summe von 58 Treppen mit insgesamt 4864 Stufen. Diese Zone wird deshalb auch treffenderweise **„Treppenviertel"** genannt. Der markanteste, aber nicht der höchste Punkt ist der **Süllberg** (74 Meter), auf dem ein beliebtes und ausgezeichnetes Lokal mit einem auffälligen, weithin sichtbaren und spitz zulaufenden Turm zu finden ist. Der Waseberg ist mit 87 Metern noch höher, höchster Punkt ist Baurs Berg mit 91,60 Meter.

Irgendwann im Verlauf des 18. und 19. Jahrhunderts entdeckten die reich gewordenen Hamburger Kaufleute die Vororte und siedelten sich außerhalb der Stadtmauern an. So bauten sie sich gewaltige **Landhäuser** und kleinere **Villen** in und um Blankenese. Das war der Grundstein zu einer Entwicklung, die noch heute anhält, denn Blankenese gilt als Hamburgs **vornehmster Stadtteil.** Häuser werden vererbt, sehr selten verkauft. Einige Anwohner genießen sogar ein einmaliges Privileg, sie haben das **Recht auf freie Elbsicht** schriftlich garantiert bekommen. Anfang der 50er-Jahre des 20. Jahrhunderts bekam die Stadt Hamburg von einigen Elbanliegern Teile ihrer Grundstücke, um Parks und den Elbhöhenwanderweg anlegen zu können. Im Gegenzug ließen sich vierzig Anwohner vertraglich den freien Elbblick garantieren, bei einigen steht er sogar im Grundbuch. Natürlich wohnen nicht alle Blankeneser am Elbhang, aber irgendwie sind sie doch alle stolz auf „ihren" Stadtteil mit dieser einzigartigen Lage.

Besucher sollten einfach in das **Häusermeer** eintauchen und sich darin treiben lassen. Die Orientierung ist denkbar einfach, irgendwann landet man sowieso unten am Strandweg am Ufer der Elbe.

› S1/11 „Blankenese" oder Bus Nr. 112 bis Endstation am Bahnhof Blankenese. Von dort zu Fuß weiter oder mit Bus Nr. 488 hinunter zum Elbstrand. Vor allem für den Rückweg bietet sich dieser Kleinbus an, denn vom Elbufer durchs Treppenviertel wieder hoch zum Bahnhof zu steigen, kann ganz schön anstrengend sein. Besser den Bus Nr. 488, genannt „Bergziege", nehmen. Der fährt vom Bahnhof Blankenese durch die engen Straßen hinunter zum Elbstrand und dann auf einem anderen Weg wieder zurück. Frequenz: alle 10 Minuten.

## Kulinarisches

94 **Ahrberg** €€, Strandweg 33, Bus 48 vom Bahnhof Blankenese bis „Strandweg“, Tel. 860438, www.restaurant-ahrberg.de, geöffnet: tägl. ab 10 Uhr, Do. Ruhetag. Traditionslokal mit über 100 Jahren Geschichte. Auf der Gartenterrasse mit Elbblick oder im Inneren mit gediegener Einrichtung wie einst bei Oma (Biedermeiersofas, Speisekarte im Silberrahmen) kann man norddeutsche Fisch- und Fleischgerichte verspeisen.

95 **Lühmanns Teestube,** Blankeneser Landstraße 29b, Tel. 863441, geöffnet: Mi.–So. 10–19 Uhr. Hamburg ist anglophil und in Lühmanns Teestube wird das ganz besonders deutlich. Herrliche, gemütlich-antike Einrichtung und Atmosphäre. Große Auswahl an Tee, Kuchen, Scones, sonntags Frühstücksbüfett, sonst auch warme Küche, darunter vegetarische Gerichte.

96 **Schuldts Kaffeegarten**, Süllbergterrasse 30, Bus 48 vom Bahnhof Blankenese bis „Krumdal“, Tel. 862411, geöffnet: Mai–Sept. Do.–So. 13–19 Uhr, Okt.–April Sa./So. 13–18 Uhr. Es werden hervorragender Kaffee und selbst gebackener Kuchen serviert, selbst mitgebrachtes Kaffeepulver wird nach alter Sitte aufgebrüht (1,50 € für 2 Tassen)! Der Blick hinunter ist einfach famos.

*Sicher nicht ganz günstig: wohnen am Blankeneser Elbhang*

## 82 Willkomm Höft in Wedel ★

Im Städtchen Wedel befindet sich eine bemerkenswerte Einrichtung: die **Schiffsbegrüßungsanlage.** An der Elbe steht ein Lokal, das **Schulauer Fährhaus.** Hier müssen alle Schiffe vorbei, die zum Hamburger Hafen fahren und genau hier werden seit 1952 alle Schiffe begrüßt und verabschiedet. Dank einer Privatinitiative wurden ein **Gerüst mit Lautsprechern** und ein **40 m hoher Mast** aufgebaut. Dort wehen die Flaggen von Hamburg, Deutschland, Schleswig-Holstein und die Signalflagge U W („Good Luck" bzw. „Gute Reise"). Nähert sich nun ein Schiff auf seinem Weg zum Hamburger Hafen, erschallt: „Willkommen in Hamburg, wir freuen uns, Sie im Hamburger Hafen begrüßen zu dürfen." Dazu wird die Nationalhymne des Landes, unter dessen Flagge das Schiff fährt, gespielt und die Hamburger Flagge zum Gruß „gedippt", also einmal kurz gesenkt. Verlässt ein Schiff Hamburg, wird es auf ähnliche Weise verabschiedet.

Der sogenannte **Begrüßungskapitän,** der das Zeremoniell aus einer Kabine am Schulauer Fährhaus steuert, gibt danach über Lautsprecher ein paar Erklärungen und Informationen zum Schiff an die Restaurantgäste ab. Er hat Infos zu über 17.000 Schiffen und insgesamt 152 Nationalhymnen gespeichert.

Diese wirklich nette Geste wird täglich zwischen 8 Uhr und 20 Uhr bzw. bis zum Sonnenuntergang zelebriert. Besucher können also gemütlich auf der Terrasse des Lokals sitzen, den Schiffen auf der Elbe zugucken und obendrein einige Infos aufnehmen.

› Parnaßstraße 29, 22880 Wedel, Tel. 04103 92000, www.schulauer-faehrhaus.de, tägl. 11.30–22 Uhr, So. Frühstück Sa./So. 9.30–11.30 Uhr. Wedel wird mit der S1 erreicht (Endstation), am Bahnhof sind alle Sehenswürdigkeiten ausgeschildert. Oder man fährt ab Bahnhof Wedel mit Bus 189 bis „Elbstraße".

*Das Schulauer Fährhaus begrüßt alle Schiffe auf der Elbe*

# HAMBURG ERLEBEN

034hg Abb.: hf

# Hamburg für Kunst- und Museumsfreunde

*Hamburgs Museumslandschaft ist überschaubar, etwa vier Dutzend Museen verteilen sich über das Stadtgebiet. Sie sind alle liebevoll aufgemacht und werden mit Engagement betrieben, aber so manches Haus kämpft auch seit Jahren mit den Finanzen. In der Stadt der eigentlich knauserigen „Pfeffersäcke" zeichnet sich aber doch so mancher Hamburger Kaufmann als stiller und fast schon heimlicher Stifter aus und unterstützt Kunstsammlungen und teilweise sogar ganze Museen.*

## Museen

### Diverses

M 99 [M10] **Brahms-Museum,** Peterstraße 39, U3 „St. Pauli", www.brahms-hamburg.de, geöffnet: Di.–So. 10–17 Uhr, Kombiticket mit Komponistenquartier (siehe rechts) 9 €. Zu sehen sind Dokumente und Partituren sowie eine Übersicht zu Brahms' Leben und Wirken in Hamburg und Wien.

M 100 [P11] **Chocoversum,** Meßberg 1, U-Bahn: Meßberg, Tel. 41912300, www.chocoversum.de, geöffnet: Mi.–So. 10–18 Uhr, Eintritt je nach Buchungstermin: Erw. 13–19 €, Kinder 10–12 €, Familien 36–50 €. Das ist doch mal was anderes: ein Museum, das ganz der Schokolade gewidmet ist. Erklärt wird im Rahmen einer 90-minütigen Führung der Werdegang vom Anbau der Kakaobohne bis zur fertigen Tafel Schokolade, wobei die Gäste selbst auch ein Stück Schokolade kreieren können.

M 101 **Deutsches Hafenmuseum,** Kopfbau Schuppen 50A, Australiastraße, Tel. 73091184, https://shmh.de, geöffnet: 31. März–31. Okt. Mi.–Mo. 10–17, Sa./So. bis 18 Uhr. Eintritt: 6,50 €. Bus 256 fährt vom S-Bahnhof Veddel (Ausgang Nord) bis vor die Tür. In einem ehemaligen Kaischuppen wird die Geschichte des Hamburger Hafens anhand vieler Exponate anschaulich dargestellt. Auf einem angrenzenden Freigelände liegen historische Schiffe, u. a. der legendäre Frachtsegler „Peking" (s. S. 190).

M 102 [O11] **Deutsches Zollmuseum,** Alter Wandrahm 16, U1 „Messberg", Tel. 30087611, www.museum.zoll.de, geöffnet: Di.–So. 10–17 Uhr, Eintritt: 2 €, Jugendliche bis 17 Jahre freier Eintritt. Gezeigt werden die Historie des Zolls und ein paar Beispiele für fantasievolle, aber letztlich erfolglose Schmuggelversuche.

› **Helmut-Schmidt-Forum.** Die Ausstellung „Schmidt! Demokratie leben" der Bundeskanzler-Helmut-Schmidt-Stiftung zeichnet die wichtigsten politischen Stationen im Leben des ehemaligen Bundeskanzlers Helmut Schmidt nach, von seinen Anfängen als Senator in Hamburg bis zum Bundeskanzleramt, und beleuchtet seine Arbeit im Kontext deutscher und internationaler Zeitgeschichte (s. S. 52).

77 [B4] **HSV-Museum.** Das Museum im HSV-Stadion gibt z. B. mithilfe alter Hörfunk- oder Fernsehreportagen Einblick in die wechselvolle Geschichte des Vereins (s. S. 131).

M 103 [M10] **Komponistenquartier,** Peterstraße 29–39, Tel. 34068650, www.komponistenquartier.de, geöffnet: Di.–So. 10–17 Uhr, Eintritt: 9 €, ermäßigt 7 €. Schön gemachte Ausstellung zum Leben und Wirken mehrerer Komponisten des 17. und 18. Jh. in Hamburg. Gezeigt werden Originalobjekte aus der damaligen Zeit und teils großformatige Info-Tafeln mit Lebensdaten. Man kann auch

*Vorseite: Die Hamburger feiern ausgelassen den Hafengeburtstag (s. S. 189)*

an Medienstationen über Kopfhörer Beispiele der jeweils typischen Musik hören.

**104** [N7] **Museum am Rothenbaum Kulturen und Künste der Welt (MARKK),** Rothenbaumchaussee 64, U1 „Hallerstraße“, Tel. 4288790, http://markk-hamburg.de, geöffnet: Di.–So. 10–18 Uhr, Do. bis 21 Uhr, Eintritt: Erw. 8,50 € (Do. 16–21 Uhr frei), Kinder unter 18 Jahren frei. Völkerkundliche Sammlungen aus allen Erdteilen.

**105** [P10] **Museum der Illusionen,** Lilienstraße 14–16, https://hamburg.museumderillusionen.de, Tel. 30707105, geöffnet: tägl. 10–19 Uhr, Erw. 14 €, Kinder 5–17 Jahre 10 €, Senioren/Schüler/Studierende 12 €. Eine Sammlung zum Anfassen und Mitmachen, bei der permanent die Sinne getäuscht und verblüffende Effekte erzielt werden.

**53** [K11] **Panoptikum.** Wachsfigurenkabinett mit über 100 Personen der Zeitgeschichte, direkt an der Reeperbahn zu finden (s. S. 88).

**106** **Polizeimuseum Hamburg,** Carl-Cohn-Straße 39 (auf dem sicherheitsüberwachten Gelände der Polizei Hamburg, Besucher werden kontrolliert und müssen sich ausweisen können), U1 bis „Alsterdorf“, Tel. 040 4286 68080, www.polizeimuseum.hamburg.de, geöffnet: Di.–Do., So. 11–17 Uhr, Eintritt: 8 €, ermäßigt 6 €, Jugendliche unter 18 Jahren frei. Auf drei Etagen stellt sich die Hamburger Polizei vor und gibt vertiefende Einblicke in ihre Arbeitsabläufe. Im Erdgeschoss wird ein geschichtlicher Abriss mit vielen historischen Bildern und Utensilien wie Handschellen, Pistolen und Mützen von 1814 bis heute gegeben. Im Obergeschoss wird dann die Arbeit der Kriminaltechnik gezeigt, u. a. können Besucher hier auch selbst „ermitteln“.

**40** [P12] **Prototyp – Automobilsammlung.** Ein Automuseum, das frühe Nachkriegs- und Sportwagen, vor allem von Porsche, zeigt (s. S. 67).

**107** **Puppenmuseum,** Grotiusweg 79, Bus 189 ab S-Bahnhof „Blankenese“ bis Station „Tinsdaler Kirchenweg“, Tel. 810582, www.elke-droescher.de, geöffnet: Di.–So. 11–17 Uhr, Eintritt: 6,50 €, Kinder 3 €. In einem markanten Haus in Blankenese, das in den 1920er-Jahren erbaut wurde, hat Elke Dröscher ein liebevolles Puppenmuseum eingerichtet und stellt heute etwa 300 überwiegend europäische Puppen aus.

**34** [N12] **Spicy's Gewürzmuseum.** Gewürze aus aller Welt werden mitten in der Speicherstadt in einem der Lagerhäuser aus Backstein präsentiert (s. S. 63).

## Historie

**64** [G11] **Altonaer Museum.** Kunst- und kulturgeschichtliche Sammlungen aus dem norddeutschen Raum und vor allem aus Hamburg und Altona mit speziellem Augenmerk auf Schifffahrt und Fischerei (s. S. 113).

**71** **Ballinstadt, Auswandererwelt Hamburg.** Rund 5 Mio. Menschen wanderten über Hamburg nach Übersee aus. In den ehemaligen Auswandererhallen wird sehr eindringlich an diese Zeit erinnert. Und jeder kann an speziellen Terminals mal nachschauen, ob ein Verwandter darunter war (s. S. 122).

EXTRATIPP

### Kunstmeilenpass

Folgende fünf Kunstmuseen können mit dem **Kunstmeilenpass** besucht werden: Kunsthalle **28**, Museum für Kunst und Gewerbe **29**, Bucerius Kunst Forum (s. S. 146), Deichtorhallen **31** und Kunstverein **30**. Dieses Spezialticket gilt für 12 Monate und kostet 36 € (erm. 22 €), mit Hamburg Card (s. S. 233) 28,50 €, einen 3-Tages-Pass gibt es für 25 (erm. 19 €) bzw. 20 €.

› Infos: www.kunstmeile-hamburg.de

M 108 **Jenischhaus,** Baron-Voght-Straße 50, im Jenischpark, S1/11 „Klein Flottbek“ oder Bus 36 bis „Teufelsbrück“, Tel. 828790, https://shmh.de, Mi.–Mo. 11–18 Uhr, Eintritt: 7 €, erm. 5 €. Ein wunderschönes Haus, in dem die Wohnkultur gutbürgerlicher Hanseaten im 18. Jh. gezeigt wird, außerdem regelmäßige Ausstellungen in den oberen Räumen.

50 [M11] **Kramerwitwenwohnungen.** Eine der letzten historischen Häuserzeilen Hamburgs mit ehemaligen Witwenwohnungen des Krameramtes, einer Art Kaufmannsinnung früherer Zeiten (17. Jh., s. S. 80).

57 [L10] **Museum für Hamburgische Geschichte.** Hamburgs Historie von den Anfängen rund um die Hammaburg bis zur aktuellen Millionenmetropole wird an Hand von etlichen Stadtmodellen sehr plastisch dargestellt. Spezielle Highlights: Entwicklung des Hafens, Wohnhäuser im Wandel der Zeit und jüdisches Leben in Hamburg (s. S. 96).

33 [N12] **Speicherstadtmuseum.** Ein Museum zur Geschichte der Speicherstadt und der Speicherstadt als einstigem Arbeitsplatz. Mit historischen Fotos und Gerätschaften sowie Erklärungen der Stapeltechniken (s. S. 62).

## Kunst

M 109 [O10] **Bucerius Kunst Forum,** Alter Wall 12, U/S „Jungfernstieg“, Tel. 3609960, www.buceriuskunstforum.de, geöffnet: tägl. 11–19 Uhr, Do. bis 21 Uhr, Eintritt: 9 €, ermäßigt 6 €. Wechselnde Ausstellungen in einem historischen Gebäude direkt neben dem Rathaus.

31 [P11] **Deichtorhallen.** Wechselnde zeitgenössische Kunst in den ehemaligen Markthallen. In der südlichen befindet sich das Internationale Haus der Fotografie, **das aber derzeit geschlossen ist** (s. S. 56).

M 110 **Ernst-Barlach-Haus,** im Jenischpark, Baron-Voght-Straße 50a, S1/11 „Klein Flottbek“, Tel. 826085, www.barlach-haus.de, geöffnet: Di.–So. 11–18 Uhr, Eintritt: 7 € (Ticket gilt am selben Tag auch für das Jenischhaus). Hier wird eine bedeutende Sammlung von Werken Ernst Barlachs gezeigt, außerdem finden regelmäßig wechselnde Ausstellungen verschiedener Künstler statt. Das Haus liegt im herrlichen Jenischpark unweit des Elbufers.

28 [P9] **Hamburger Kunsthalle und Galerie der Gegenwart.** Meisterwerke von der Re-

naissance bis zur aktuellen Zeit. Die angeschlossene Galerie der Gegenwart zeigt internationale zeitgenössische Kunst ab 1960 (s. S. 53).

30 [Q11] **Kunstverein.** Der traditionsreiche Hamburger Kunstverein präsentiert auf zwei Etagen wechselnde Ausstellungen (s. S. 55).

29 [Q10] **Museum für Kunst und Gewerbe.** Ein breiter Querschnitt zur Kunst und Kultur der Antike, des Mittelalters und der Moderne sowie aus dem Orient, aus Asien und Europa. Auch eine Sammlung von Tasteninstrumenten und Grafikdesign gibt es zu sehen (s. S. 55).

## Maritimes

41 [P12] **Internationales Maritimes Museum Hamburg.** Mitten in der neuen HafenCity liegt dieses Museum, dessen Ausstellung maritimer Exponate auf der weltweit größten Privatsammlung basiert (s. S. 67).

79 [D12] **Museumshafen Övelgönne.** Mehrere historische Boote und Schiffe, die alle noch funktionstüchtig sind und aus der Arbeitswelt stammen, können direkt an der Elbe bei Övelgönne bestaunt werden (s. S. 136).

44 [M12] **Museumsschiff Cap San Diego.** Ein sehr großes Motorschiff, das viele Jahre als Stückgutfrachter fuhr, liegt direkt an den Landungsbrücken, Besucher können bis tief in den Maschinenraum hinuntersteigen (s. S. 74).

45 [L11] **Museumsschiff Rickmer Rickmers.** Ein ehemaliger Frachtensegler, der ebenfalls bei den Landungsbrücken vor Anker liegt, kann komplett besichtigt werden (s. S. 75).

*Das Internationale Maritime Museum 41 befindet sich direkt am Wasser in der HafenCity*

## Kunstgalerien

G111 [N11] **Galerie Deichstraße,** Deichstraße 28–30, U3 „Rödingsmarkt", Tel. 365151, https://galerie-deichstrasse.com, Mo.–Fr. 10–18, Sa. 10–14 Uhr. Gar nicht so kleine Galerie mit maritimen Bildern und zeitgenössischen Hamburger Motiven auf zwei Etagen.

G112 [O10] **Galerie Walentowski,** in der Europa-Passage, Ballindamm 40, S/U „Jungfernstieg", www.walentowski-galerien.de, Tel. 40185705, Mo.–Sa. 10–20 Uhr. „Lindenberg and more" steht über dem Eingang und neben Werken des Panikrockers Udo werden auch internationale Künstler präsentiert.

› **Kunstgalerien in der HafenCity.** Entlang der Straße Am Sandtorpark [O12] und Am Dalmannkai [O12] befinden sich verschiedene Galerien in direkter Nachbarschaft.

G113 [Q10] **Kunsthaus Hamburg,** Klosterwall 15, Tel. 335803, https://kunsthausham burg.de, geöffnet: Di.–So. 11–18, Eintritt: 6 €. Präsentiert zeitgenössische Kunst.

G114 [N11] **Produzentengalerie Hamburg,** Admiralitätsstraße 71, S1/S3 Stadthausbrücke, www.produzentengalerie.com, Tel. 378232, Di.–Fr. 12–18 Uhr, Sa. 12–15 Uhr. Etablierte Galerie für zeitgenössische Kunst.

EXTRATIPP

### Museen günstiger

Mit der **Hamburg Card** (www.hamburg-tourism.de, s. S. 233) erhält der Besucher in vielen Häusern Rabatt und in etlichen Museen haben Kinder und Jugendliche unter 18 J. freien Eintritt.

Einmal im Jahr findet außerdem die sogenannte **Lange Nacht der Museen** (www.langenachtdermuseen-hamburg.de) statt: Museen und Galerien öffnen bis Mitternacht und können mit einem speziellen Ticket besucht werden.

## Kunst unter freiem Himmel

Hamburg wird seit jeher als die **„Stadt der Pfeffersäcke“** bezeichnet. Soll heißen: Hier geben **Händler** und **Kaufleute** den Ton an und die orientieren sich eher an Handfestem als an Abstraktem. Kunst kommt eher nur als gemaltes Portrait der Ahnengalerie im Kontor vor oder vielleicht als Liebhaberei im Wohnzimmer. Kunst im öffentlichen Raum war nie ein bevorzugtes Thema, aber an einem markanten Ort mitten in der City dann doch: an der **Alster.** Dort befindet sich sozusagen Hamburgs **längste Kunstmeile,** denn rundherum um die Binnen- und Außenalster stehen **38 Kunstwerke,** alle 200 Meter eines. Mal eine Skulptur aus Bronze, mal aus Holz, mal aus Granit. Mal abstrakt, mal figürlich, mal etwas versteckt. Einige sind zeitgenössisch, andere aus dem 19. Jahrhundert, das älteste Werk stammt aus dem Jahr 1730. Bei einem aufmerksamen Spaziergang um die Außenalster 61 (7,5 km Länge!) sollten die meist nicht übermäßig großen, aber doch bemerkenswerten Kunstwerke jetzt eigentlich auffallen.

Mitten in der City befindet sich die **Mellin-Passage** (s. S. 178). Diese kleine Passage gilt als die älteste Hamburgs und verbindet den Neuen Wall 12 mit den Alsterarkaden 8. Sehenswert ist ihre **Deckenmalerei** im Jugendstil mit einigen Engelsköpfen, die um 1900 entstand.

Ansonsten stehen vor allem einige **Denkmäler** hübsch verteilt über die Stadt an einigen markanten Stellen. So beispielsweise der zumindest im Hafenbereich weithin sichtbare Bismarck. Das wuchtige **Bismarck-Denkmal** steht hinter dem Stintfang bei den Landungsbrücken 43 im Alten Elbpark an der Helgoländer Allee. Der „Eiserne Kanzler“ blickt streng nach Nordwesten zu seinen Feinden, wie es hieß. Zwischen 1903 und 1906 wurde diese 14,8 Meter hohe Kolossalstatue von Hugo Lederer erbaut, „im Stile eines mittelalterlichen Rolandbildes“, wie eine erklärende Tafel am Fuße des Denkmals verrät. Mit dem gewaltigen Sockel erreicht das Denkmal sogar eine Höhe von 34 Metern. Aus der gleichen Epoche stammt das knapp fünf Meter hohe **Reiterstandbild von Kaiser Wilhelm I.,** das im Park der Großen Wallanlagen (s. S. 100) steht und 1903 von Johannes Schilling erschaffen wurde. Umrahmt wird es von vier allegorischen Figurengruppen. Direkt vor dem Altonaer Rathaus 65 steht ebenfalls ein Reiterstandbild von Kaiser Wilhelm I., dieses wurde bereits 1898 eingeweiht.

Ansonsten hielten es die Hamburger denkmalmäßig auch gerne mit skurrilen Typen. So steht beispielsweise die Skulptur eines **Aalverkäufers** beim Fischmarkt 51, ein weiteres vom **Aale-Weber** steht im Stadtteil St. Georg 62. Eine andere Skulptur direkt beim Michel 49 erinnert an das Hamburger Original **„Zitronen-Jette“**. So wurde die kleinwüchsige Henriette Johanne Müller (1841–1916) genannt, die ihr karges Einkommen mit dem Verkauf von Zitronen erzielte. Diese Zitronen-Jette streckt ihre Hand aus, in der eine Zitrone liegt. Einen Finger streckt sie etwas vor. Dieser ist völlig abgenutzt und leuchtet auffällig goldfarben: Ein alter Brauch besagt, dass man Glück hat, wenn man diesen Finger berührt.

Auch dem anderen Hamburger Original, dem **„Hummel Hummel“**, wurde in der Neustadt am Rademachergang ein Denkmal gesetzt. Es erinnert an den Wasserträger Johann Bentz (1787–

1854), der „Hummel" genannt wurde und den die Jungen immer mit dem Ruf „Hummel Hummel" neckten. Da er sich wegen der schweren Wassereimer nur verbal wehren konnte, rief er ihnen immer ein „Moors Moors" zurück, was *plattdüütsch* verkürzt nichts anderes bedeutet als „Leckt mich am Arsch!"

Einem Piraten hat man anscheinend sogar verziehen, dass er einst die Schiffe der reichen Hamburger Kaufleute überfiel. **Klaus Störtebeker** wurde 1401 am Hafen enthauptet und ein Denkmal steht noch heute in der HafenCity beim Internationalen Maritimen Museum 41.

Auch an die Gründer von Hamburg wird gedacht. Je ein Denkmal zu Ehren von **Bischof Ansgar** und **Graf Schauenburg** stehen direkt auf der Trostbrücke 18 in der Altstadt. Auch **Kaiser Karl der Große** wird als Hamburg-Gründer gefeiert. Ein Denkmal zeigt ihn recht würdevoll, das Tor von Hamburg in der Hand, unweit vom Michel 49 auf der gegenüberliegenden Straßenseite vor der dortigen Kirche.

Und auch auf **St. Pauli** findet man Kunst im Freien. Eine Stahlskulptur der **Beatles** steht genau bei der Straße Große Freiheit 56 und eine sehr eigenwillige Skulptur von Jörg Immendorff erinnert auf dem gleichnamigen Platz [J/K11] an **Hans Albers**.

Aber es gibt auch ernstere Themen, die gewürdigt wurden. Direkt vor dem Rathaus 7 erhebt sich eine relativ schlichte **Stele**, die 1931 von Ernst Barlach geschaffen wurde und ursprünglich nur an die Gefallenen des Ersten Weltkriegs erinnern sollte. Es zeigt eine „Trauernde mit Kind" und ist heute um die Inschrift „40.000 Söhne der Stadt ließen ihr Leben für euch" ergänzt und ist den Gefallenen beider Weltkriege gewidmet.

Deutlich umstrittener ist das **Kriegsdenkmal** am Stephansplatz [N9]. Dieses Heldendenkmal wurde 1936 eingeweiht und zeigt um einen 8,90 Meter langen und 4 Meter breiten Steinblock 88 in Viererreihen marschierende Soldaten. Nach dem Krieg sollte es verschwinden, aber man ließ es doch stehen und platzierte Mitte der 1980er-Jahre ein Gegendenkmal von Alfred Hrdlicka. Geplant waren vier Elemente, aber es wurden nur zwei fertiggestellt, die den „Hamburger Feuersturm" nach der fürchterlichen Bombardierung 1943 zeigen und an den Untergang des Flüchtlingsschiffes Cap Arkona 1945 in der Ostsee erinnern. 2015 kam dann noch ein Mahnmal aus filigranem Gitterwerk zum Gedenken an Deserteure während der Hitlerzeit hinzu. Am Dammtorbahnhof erinnert die Skulpturengruppe **„Kindertransport – Der letzte Abschied"** an die Kinder, die zwischen November 1938 und August 1939 über Hamburg ins Ausland reisen konnten und so der Verfolgung durch die Nazis entgingen.

Am Hafen, direkt beim Fischmarkt 51, erhebt sich ein relativ schlichtes Denkmal, das wieder gut zu Hamburg passt. Es zeigt die **„Wartende Seemannsfrau"**. Eine weitere Bronzeskulptur, die die Nähe Hamburgs zum Meer zum Thema hat, steht direkt am Altonaer Balkon 67. Bei der 1968 erschaffenen Skulptur recken drei **Fischer** sechs Ruder in die Höhe.

Die **Kaufmannsstadt** Hamburg wurde in der Speicherstadt 32 adäquat dargestellt. In Höhe der Kehrwiederspitze wurde direkt auf der Wilhelminenbrücke ein 27 m langer, **steinerner Orientteppich** ausgerollt, der aus kleinen Mosaiksteinen besteht und an den früheren Teppichhandel in der Speicherstadt erinnert.

# Hamburg für Architekturinteressierte

*Früher baute man aus Backstein, heute aus Glas. Das ist eine sehr verkürzte Beschreibung von Hamburgs großen Baukonzepten, die aber einen durchaus wahren Kern hat.*

Drei schlimme Katastrophen veränderten das Stadtbild Hamburgs nachhaltig: der große Brand von 1842, die Choleraepidemie im Jahr 1892 und das Bombardement im Zweiten Weltkrieg im Jahr 1943.

Nachdem halb Hamburg 1842 **abgebrannt** war, schufen namhafte Architekten weitsichtig Gebäude, die heute noch die Innenstadt schmücken (Alsterarkaden 8, Rathaus 7 oder die Passage Alte Post). Auch nach dem Abklingen der **Choleraepidemie** wurde Richtungsweisendes umgesetzt. Die lebensfeindlichen Häuser im engen Gängeviertel wurden kurzerhand abgerissen und das Kontorhausviertel (s. S. 50) entstand am Hafenrand.

Bereits Ende der 1920er-Jahre schuf man in Winterhude einen besonderen Stadtteil, „Jarrestadt“ genannt. Das waren vier- bis sechsgeschossige Wohnhäuser mit 2½-Zimmer-Wohnungen aus dunklem Klinker, die für damalige Verhältnisse modern ausgestattet waren. Sie stehen noch heute.

Nach dem Ende des **Zweiten Weltkrieges** waren bestimmte Stadtteile zu mehr als zwei Dritteln verwüstet, sodass auch hier nur ein radikaler Neuaufbau möglich war. Nicht immer entstanden dabei optische Glanzleistungen, aber wichtig war damals zunächst nur die Schaffung von Wohnraum. Auch die zwölf langgezogenen Grindelhochhäuser mit bis zu 14 Etagen, die bis 1965 am Grindelberg entstanden und in fünf Reihen, getrennt durch relativ breite Grünstreifen, stehen, sind eher funktional als schön. Heute stehen sie aber unter Denkmalschutz.

Das **Kontorhausviertel** wurde aus Backstein gebaut, *dem* Baumaterial in Hamburg. Mehrere richtungsweisende Bauwerke entstanden, die heute zu den herausragenden Sehenswürdigkeiten der Stadt zählen. Für die **Nachkriegsbauten** wurden dann aber doch Beton und Glas verwendet und vor allem ging es in die Höhe. Gewaltige **Hochhäuser** wie das Springer-Verlagshaus (nahe der

028hg Abb.: hf

*Ein Hingucker: die Tanzenden Türme an der Reeperbahn 52*

Stadthausbrücke, am oberen Ende vom Neuen Wall 12), das alte Polizeipräsidium (Berliner Tor Center, Beim Strohhause 31 [S10]) und das ehemalige Unileverhaus (nahe Gänsemarkt 14) schossen in den Himmel.

Auch die **Innenstadt** wurde in den 1980/1990er-Jahren im Detail verändert. So entstanden die Passagen zwischen Neuer Wall und Gänsemarkt und die Fleetinsel an der Stadthausbrücke wurde neu bebaut. Der **Hafen** erfuhr ebenfalls eine Veränderung, die Kaianlagen und Containerterminals wanderten immer weiter aus der Innenstadt hinaus. Der Grund: Die Schiffe sind mittlerweile zu groß geworden und können nicht mehr an den alten Hafenanlagen festmachen. Als Folge plante die Stadt nun ein neues gewaltiges Projekt, die sogenannte „**HafenCity**" 38. Hinter der Speicherstadt 32 wurden die Hafenanlagen abgerissen und neue, exquisite Büro- und vor allem Wohnbereiche entstehen. Hier wird auf einer der größten Baustellen Europas (so heißt es zumindest) ein neues Viertel hochgezogen. Erste Zonen sind bereits fertig und auch sehr schmuck ausgefallen, wenngleich die Glaskästen, die dort dominieren, nicht jedem gefallen. Das Gesamtbild ist jedenfalls sehr stimmig. Und dort steht nun auch Hamburgs neuestes Schmuckstück, die **Elbphilharmonie** 39, auch architektonisch ein herausragendes Gebäude.

In letzter Zeit wurde sehr viel am **Hafenrand** gebaut, vor allem entlang der Großen Elbstraße. Dort entstehen überwiegend hochmoderne Gebäude mit viel Glas in einer Mischung aus Büro- und Wohnkomplexen. Unten wurden obendrein Lokale eingerichtet, die alle eine Terrasse mit fantastischem Elbblick bieten. Und der letzte Trend in Hamburg

*Ein Hauch von Venedig: die Alsterarkaden* 8

kann mit einem Wort zusammengefasst werden: „**Schräg**". Neue, absolut markante Bauwerke entstehen, die optisch aus dem Rahmen fallen, da sie irgendwie schräg oder schief wirken. So beispielsweise die **Elbphilharmonie** 39 am Hafen oder die besonders auffälligen „**Tanzenden Türme**" an der Reeperbahn, geschaffen vom Stararchitekten Hadi Teherani. Diese zwei bis zu 90 Meter hohen Häuser, die eine Neigung von bis zu 7,4 Grad haben, wirken tatsächlich wie sich rhythmisch-tänzerisch bewegende Riesen. Auch der sehr individuell gestaltete **Marco-Polo-Tower** in der HafenCity mit seinen versetzten und teils überkragenden Balkonen fällt auf. Und in diese schräge Formenlehre passt auch ganz ausgezeichnet das trapezförmig errichtete Gebäude **Dockland** (s. S. 133) am Hafen. Aber so ganz neu sind solche Bauten nun auch nicht. Auch das **Gruner+Jahr-Verlagshaus** am Baumwall 42 aus dem Jahr 1990 fällt durch seine individuelle Bauform auf, die einem Schiffskörper nachempfunden ist. Genauso wie das schon in den 1920er-Jahren gebaute **Chilehaus** 26, das ebenfalls einen spitz zulaufenden Schiffsrumpf abbildet.

KURZ & KNAPP

**Das ist die Höhe!**

Hamburgs höchster natürlicher Punkt misst immerhin 116 Meter und liegt in den Harburger Bergen, etwas höher sind folgende Bauwerke:

- **Fernsehturm** (279 m)
- **Mahnmal St. Nikolai** 22 (147 m)
- **Köhlbrandbrücke** (135 m)
- **Michel** 49 (132 m)
- **Rathaus** 7 (112 m)
- **Congress Centrum Hamburg** (108 m)

# Hamburg für Genießer

*Vom Sternekoch an der Elbchaussee bis zur Dönerbude im Uni-Viertel, es gibt keine Preis- und Qualitätsstufe, die in Hamburg nicht vertreten ist. Entlang der Großen Elbstraße 78 am Hafenrand entstanden mehrere gute Lokale mit tadellosem Elbblick. Auch internationale Küche ist in Hamburg in all ihren Facetten vertreten, zum Beispiel im Cuneo (s. S. 157), einem seit über hundert Jahren bestehenden italienischen Lokal. Am Hafenrand zwischen Baumwall 42 und Michel 49 ist eine ganze Armada von spanischen und portugiesischen Restaurants vor Anker gegangen. Generell preiswert sind die Lokale im Schanzenviertel 70 und in St. Georg 62. In der Innenstadt schließen Restaurans dagegen sogar nicht selten am Abend, da sie mehr auf Mittagskunden eingestellt sind. Dort gibt es aber auch einige Traditionslokale, die seit vielen Jahren gute Hausmannskost anbieten und entsprechend geschätzt werden.*

## Essen und Trinken

Gibt es so etwas wie echte **Hamburger Küche?** Sagen wir mal so: Es gibt einige spezielle Gerichte und hamburgerische Begriffe.

Gewöhnungsbedürftig ist für viele Besucher das **Labskaus**, denn es scheint eine eher undefinierbare rote Pampe zu sein, entpuppt sich aber für Kenner als gehaltvolles, kräftiges Essen, bestehend aus Pökelfleisch, gestampften Kartoffeln, Spiegelei, Gurke und roter Bete. Letztere gibt die etwas befremdliche Farbe. Sehr deftig fällt ein **Bauernfrühstück** aus. Es ist ein sättigendes Mahl aus Kartoffeln, Zwiebeln und Schinkenspeck, das wie ein Omelette überbacken und mit Gurke serviert wird, allerdings nie zum Frühstück.

In Hamburg wird natürlich auch Fisch gegessen, beispielsweise **Scholle Finkenwerder Art.** Die kann recht fettig ausfallen, da sie mit Schinkenspeck angebraten und zusammen mit Bratkartoffeln serviert wird. Oder die **Aalsuppe:** Ja, Aal ist auch drin, aber ansonsten war es früher mehr eine Art Resteverwertungssuppe („aal in de Supp" = alles in die Suppe). Fleisch, Fleischklößchen, Gemüse und eben auch Aalstücke werden zusammen gekocht.

Ein saisonales Gericht ist **Stint.** Den gibts zumeist im Frühjahr. Es handelt sich dabei um kleine, dem Hering ähnliche Fische, die in Massen gefangen und in etlichen Lokalen unter dem Motto „Stint satt" frittiert angeboten werden. Dabei wird der Kopf entfernt und der Rest dann komplett gegessen, also mit Gräten und Schwanz, denn die sind ziemlich zart.

Zum Nachtisch gibt es eine echte Leckerei: **Rote Grütze.** Die besteht aus dem angedickten Saft von Himbeeren oder Johannisbeeren, serviert mit Milch oder Vanillesauce. Zum Frühstück nimmt der Hamburger gerne ein **Franzbrötchen,** eine Leckerei, die es bei jedem Bäcker gibt und aus Plunderteig mit karamellisiertem Zimtzucker besteht. Und sowieso sollte man wissen, dass in Hamburg die Brötchen **„Rundstück"** heißen.

Ein „Radler", das Mischgetränk aus Bier und weißer Brause, nennt man in Hamburg **Alsterwasser.** Eine andere Besonderheit heißt **Kalter Kaffee.** Dabei handelt es sich um ein Mischgetränk aus Cola und gelber Brause. **Bier** gibt es natürlich auch. Wer ein „Pils" bestellt, macht nichts falsch, typisch hamburgerisch aber wäre eine **„Knolle"**, eine kleine, leicht knuffig-bauchige Flasche Bier. Früher gab's sie vielfach, heute vertreibt sie vor allem noch die Astra-Brauerei. Neuerdings sind einige **Craft-Biere** hinzugekommen, die z. B. im Lokal Altes Mädchen (s. S. 154) angeboten werden.

In der kalten Jahreszeit trinkt der Hamburger **Grog.** Eine Mischung aus heißem Wasser und einem gehörigen Schuss Rum, serviert mit Zucker und in einem relativ kleinen Glas. Ein „steifer Grog" hat besonders viel Rum. In strengen Wintern kommt ein **Eisbrecher** zum Einsatz, sozusagen die Steigerung von Grog: Statt Wasser nimmt man erwärmten Rotwein. Dann wäre da noch der **Köm,** ein Korn, eigentlich sogar nur ein Kümmelschnaps. Und ganz hamburgerisch wäre **Lütt un' Lütt:** ein kleines *(lüttes)* Glas Bier und ein kleiner Schnaps.

## Empfehlenswerte Restaurants

### Arabisch

**115** [K7] **Mazza** €€, Moorkamp 5, U2/3 „Schlump", Tel. 2841917, www.mazza-hamburg.de, geöffnet: Mo.–Do. ab 18, Fr.–So. ab 17 Uhr. Syrische Küche, die u. a. als 4-Gänge-Menü serviert wird.

**116** [O10] **Saliba** €€, Alsterarkaden, Neuer Wall 13, U3 „Rathaus", Tel. 345021, www.saliba.de, geöffnet: tägl. 11–22 Uhr. Tadellose syrische Speisen, die man auf einer

### Preiskategorien

| | |
|---|---|
| € | Hauptgerichte bis 15 € |
| €€ | Hauptgerichte 15–30 € |
| €€€ | Hauptgerichte ab 31 € |

**Gastro- und Nightlife-Areale**
Bläulich hervorgehobene Bereiche in den Karten kennzeichnen Gebiete mit einem dichten Angebot an Restaurants, Bars, Clubs, Discos etc.

schwimmenden Terrasse auf dem Fleet vor dem Rathausmarkt einnehmen kann oder im relativ kleinen Lokal an den Alsterarkaden, eine enge Wendeltreppe führt ins obere Stockwerk. Besonders empfehlenswert: das Saliba-Mazza-Menü, bei dem viele Leckereien in kleinen Schälchen serviert werden. Zu Recht wird dieses spannende Angebot auch „Karawane der Köstlichkeiten“ genannt.

## Asiatisch

117 [Q9] **Dim Sum** €€, Kirchenallee 37, Tel. 2802312, www.dimsumhaus.com, geöffnet: tägl. 12–23 Uhr. Eines der ältesten chinesischen Restaurants in Hamburg (eröffnet 1964) nahe dem Hauptbahnhof. Der Eingang ist etwas unscheinbar, oben im ersten Stock öffnet sich ein wunderbar eingerichtetes Lokal mit viel Platz, das authentische kantonesische Küche serviert.

118 [L4] **Maihan** €€, Eppendorfer Weg 240, Tel. 4202903, www.maihan-restaurant.de, geöffnet: Mo.–Fr. 11.30–15.30, 17.30–23, Sa./So. 17–23 Uhr. Ein afghanisches Restaurant in Eppendorf, in stimmigen Farben gestaltet und angenehm dezent dekoriert. Das Essen ist hervorragend, verfeinert mit landestypischen Gewürzen, und eröffnet eine in unseren Breiten neue und seltene Küche.

128 [K11] **Man Wah** €, Spielbudenplatz 18, S „Reeperbahn“, Tel. 3192511, geöffnet: tägl. 12–23 Uhr. Authentische chinesische Küche, das zeigen auch schon die chinesischen Schriftzeichen, die zusätzlich auf der Speisekarte stehen.

119 [P10] **Sala Thai** €€, Brandsende 12, Tel. 335009, geöffnet: tägl. 12–23 Uhr. Charmant und hübsch dekoriertes Lokal mitten in der City. Serviert wird hervorragende, aber etwas höherpreisige thailändische Küche.

## Deutsch

120 [K8] **Altes Mädchen** €, Lagerstraße 28b, Tel. 800077750, Mo.–Sa. ab 12, So. ab 10 Uhr. In den Schanzenhöfen im Viertel Sternschanze (Nr. 56). Größeres, rustikal-gemütliches Lokal, in dem hausgemachtes Bier und weitere 70 handwerklich gebraute Flaschenbiere aus aller Welt sowie deftige Speisen angeboten werden.

121 [N2] **Brechtmanns Bistro** €€, Erikastraße 43, Tel. 41305900, Mi.–Sa. 17–23 Uhr. Ungezwungene Atmosphäre in einem bodenständigen Lokal mit Terrasse. Interessante Mischung aus fernöstlichen und regionalen Speisen.

122 [K8] **Bullerei** €€, Lagerstraße 34b, U/S „Sternschanze“, www.bullerei.com, Tel. 33442110, geöffnet: Restaurant ab 17 Uhr, Deli ab 12 Uhr. Tim Mälzer, bekannter Fernsehkoch, schwingt hier am Rande des Schanzenviertels den Kochlöffel. Das Lokal ist unterteilt in Restaurant und Deli. Das recht große Restaurant ist mit kleineren Tischen und einer gar nicht so kleinen Bar bestückt. In dem kleineren Deli gibt es auch größere Gemeinschaftstische und hier werden auch vegetarische Küche und Kuchen serviert. Das Preisniveau ist moderat, im Restaurant etwas höher, Reservierungen sind fürs Deli nicht möglich.

123 [L8] **Delta Bistro** €€, Lagerstraße 11, S/U „Sternschanze“, Tel. 4316136, www.delta-hamburg.de, geöffnet: Di.–Sa. ab 15.30 Uhr. Nicht zu großes Lokal, in dem gute Fleischgerichte serviert werden. Ein wenig versteckt im Schanzenviertel im ersten Stock eines Gebäudes auf dem Gelände des Fleischgroßmarktes, aber die Suche lohnt.

124 [K10] **Freudenhaus** €€, Hein-Hoyer-Str. 7–9, S1/3 „Reeperbahn", Tel. 314642, www.stpauli-freudenhaus.de, geöffnet: Di.–Sa. 17–23 Uhr. Auch das gibts auf St. Pauli: ein hervorragendes Lokal mit deutschen Gerichten, die auch noch pfiffig arrangiert sind und vielfach Namen tragen, die auf bekannte Sankt Paulinaner anspielen, wie beispielsweise der „Freudenhausteller Olivia Jones".

125 [O10] **Gasthaus an der Alster** €, Ferdinandstraße 65, S/U „Jungfernstieg", Tel. 327209, www.gasthaus-anderalster.de, geöffnet: tägl. 11–24 Uhr. Der Name stimmt nicht ganz, direkt an der Alster liegt dieses rustikal-gemütliche Lokal nämlich nicht, aber nur einen Block davon entfernt. Hier treffen sich Cliquen vor dem Besuch des nahen Thalia Theaters und Kollegen nach der Arbeit. Das Bier kommt flott und die deftigen norddeutschen Speisen ebenso.

126 [O11] **Gröninger Braukeller** €–€€, Willy-Brandt-Straße 47, U1 „Messberg", Tel. 570105100, www.groeninger-hamburg.de, geöffnet: Di.–Sa. ab 16 Uhr. Ein uriger Brauereikeller aus dem Jahr 1750, wo noch eigenes, süffiges Bier gebraut wird. In den verwinkelten Kellergängen gibt es genügend Nischen zum ungestörten Plausch, aber auch lange Holztische zum heftigen Abfeiern. Wer Hunger kriegt, bestellt sich eine deftige Portion von der warmen Theke oder speist etwas ruhiger oben im Restaurant.

127 [E11] **Landhaus Scherrer** €€€, Elbchaussee 130, Bus 36 bis „Hohenzollernring", Tel. 883070030, www.landhausscherrer.de, geöffnet: Mo.–Sa. 12–14.30 und ab 18 Uhr. Traditionsreiches Restaurant mit perfekter Küche und dem seit Ewigkeiten angebotenen Klassiker „Vierländer Ente". Der guten Küche angemessene Preise. Nebenan liegt das Ö1, in dem kleine Gerichte zu attraktiven Preisen angeboten werden, aber in genauso guter Qualität, außerdem gibt es noch das stilvoll eingerichtete Wehmanns Bistro.

*Kleine Pause am Kaiserkai in der HafenCity*

**129** [K8] **Zur Schlachterbörse** €€-€€€, Kampstr. 42, S/U „Sternschanze", Tel. 436543, www.schlachterboerse.de, Mo.-Sa. 16-24 Uhr. Die Kellnerin droht scherzend, „Hier wird aufgegessen!", was aber alles andere als einfach ist. Serviert werden in diesem leicht verwinkelten Lokal deftige Fleischportionen, die auch schon vielen Promis mundeten, wie die Fotos an den Wänden bezeugen.

## Fisch

**130** [J11] **Alt Helgoländer Fischereistube** €€, Fischmarkt 4, S „Reeperbahn" oder Bus 112 bis „Fischmarkt", Tel. 3194696, http://alt helgolaenderfischerstube.de, geöffnet: tägl. 12-24 Uhr, Küche 12-22 Uhr. Der Hafen ist nah, der Fischmarkt liegt vis-à-vis und das Restaurant ist maritim eingerichtet. Serviert wird ausgezeichnete Fischküche, die bei passendem Wetter auch auf der Terrasse genossen werden kann.

**131** [G11] **Fischereihafen-Restaurant** €€-€€€, Große Elbstraße 143, Fähre 62 bis „Dockland", www.fischereihafenrestaurant.de, Tel. 381816, geöffnet: tägl. 11.30-22 Uhr. Hervorragende Küche mit Schwerpunkt Fisch, toller Hafenblick und viele Promis unter den Gästen. Das Lokal ist in Hamburg eine Institution und hebt sich auch, was das Ambiente angeht, deutlich von den modern gestylten Häusern der Nachbarschaft ab.

**132** [J11] **Fischerhaus** €-€€, St. Pauli Fischmarkt 14, S „Reeperbahn" oder Bus 112 bis „Hafentreppe", www.restaurant-fischer haus.de, Tel. 314053, Küche tägl. 11.30-22.30 Uhr. Traditionslokal direkt am Hafenrand und gegenüber vom Fischmarkt gelegen. Große Auswahl an Nordseefischgerichten, aber auch Nicht-Fisch-Esser werden auf der Speisekarte fündig. In der oberen Etage toller Hafenblick und insgesamt etwas gehobeneres Ambiente, unten ist es eher gemütlich-rustikal.

**133** [H11] **Henssler & Henssler** €€-€€€, Große Elbstraße 160, www.hensslerhenssler.de, Tel. 38699000, geöffnet: Di.-Sa. 12-15, 17.30-23 Uhr. TV-Koch Steffen Henssler kombiniert klassische japanische Küche mit internationalen Elementen, gelernt hat er sein Handwerk in Kalifornien. Heraus kommt eine „Cuisine Pacifique" (Zitat von Hensslers Homepage), in der hervorragende Fisch-Spezialitäten (auch Sushi) serviert werden. Das Lokal ist sehr offen gestaltet und in einer ehemaligen Fischhalle untergebracht, dadurch insgesamt ziemlich kommunikativ. Im Sommer gibt es noch eine Terrasse.

**134** [L9] **Karo Fisch** €, Feldstraße 32, Tel. 88237532, geöffnet: Di.-So. 12-22 Uhr. Fisch gibts nur am Elbufer? - Nö, auch im Karoviertel. Und in diesem kleinen Bistro-Restaurant werden die Speisen vor den Augen der Gäste zubereitet. Reichhaltig, gut und günstig. Drinnen ist nicht allzu viel Platz, aber man kann auch draußen sitzen

**135** [H12] **Rive** €€-€€€, Van-der-Smissen-Straße 1, Fähre Nr. 62 bis „Dockland", Tel. 3805919, www.rive.de, geöffnet: Di.-Fr. 12-24, Sa./So. 13-24 Uhr. Schöner Hafenblick und beste Fischgerichte.

## Französisch

**136** [O10] **Le Plat du Jour** €€, Dornbusch 4, U3 „Rathaus", Tel. 321414, www.le-plat-du-jour.de, geöffnet: tägl. 12-22 Uhr. In einer Seitenstraße unweit des Rathauses und der Mönckebergstraße gelegen findet sich dieses kleine Lokal mit französischem Charme im Stile einer Brasserie. Hierher kommen viele Angestellte der umliegenden Büros zur Mittagszeit, aber auch am Abend wird beispielsweise das Dreigängemenü gerne geordert.

**137** [H11] **Marseille** €€, Große Elbstraße 164, Tel. 41307221, www.restaurant-marseille.de, geöffnet: Di.-Sa. 12-15,

Di.-Do. auch 18-21, Fr./Sa. bis 22 Uhr. An der Großen Elbstraße gibt es noch immer einige Fischhändler und folgerichtig gibt es im Marseille auch gute Fischgerichte. Dieses Lokal ist relatv klein und familiär und unterscheidet sich von vielen anderen an der Elbkante. Alle Gerichte können als große oder kleine Portion bestellt werden, somit kann sich jeder Gast seine Vor- und Hauptspeise nach Gusto zusammenstellen. Die Bouillabaisse (Fischsuppe) gibt es übrigens à la Altona (milder) und à la Marseille (eher kräftig-würziger).

138 [N11] **Ti Breizh** €, Deichstr. 39, U3 „Rödingsmarkt", Tel. 37517815, www.tibreizh.de, geöffnet: tägl. 12-22 Uhr. Eine kleine, gemütliche, bretonische Crêperie, die direkt am Nikolaifleet liegt und in der oberleckere *galettes* mit köstlichen Füllungen serviert werden. Zum „Haus der Bretagne", so der Name übersetzt, gehört im gleichen Gebäude auch die Boutique de la Mer mit maritimer Mode.

139 [K7] **Williamine** €€-€€€, Kleiner Schäferkamp 16, Tel. 444497, www.williamine.de, Di.-Sa. ab 18 Uhr. Bezeichnet sich selbst als das wohl kleinste Gourmetrestaurant Hamburgs und bietet französische Küche „mit einem Hauch Bella Italia" (Zitat von der Homepage). Angeboten werden u. a. verschiedene mehrgängige Menüs.

EXTRATIPP

### Dinner for one

In folgenden Lokalen können Gäste in angenehmer Atmosphäre auch alleine speisen:

- **Café Paris** (s. S. 161)
- **Gasthaus an der Alster** (s. S. 155)
- **Alex im Alsterpavillon** (s. S. 161)
- **Restaurant und Café im Literaturhaus** (s. S. 161)

## Griechisch

140 [Q8] **Kouros** €€, An der Alster 28, U1 „Lohmühlenstraße", Tel. 244540, www.kouros-restaurant.de, geöffnet: Mo.-Sa. 18-24 Uhr. Eines vorweg: Dieses Lokal zählt nicht zur Kategorie „Grieche um die Ecke" mit Fleischbergen und Ouzo bis zum Abwinken. Und auch das Ambiente ist schon etwas feiner, die übliche Weißes-Haus-am-Meer-Folklore fehlt. Es gibt wunderbare Vorspeisen (beispielsweise gratinierten Ziegenkäse) und das Fleisch vom Hauptgang stammt ausschließlich vom Bio-Bauern.

## Italienisch

141 [O10] **Alsterlagune** €€, Ballindamm 14 B, Tel. 323101 08, https://alsterlagune.de, geöffnet: Mo.-Do., Fr./Sa. 11-24, So. 11-23 Uhr. Das Lokal befindet sich auf einem kleinen Dampfer direkt auf der Alster, aber fest vertäut mit dem Ufer. Italienische Küche mit tollem Blick über die Alster.

142 [N3] **Cornelia Poletto** €€, Eppendorfer Landstraße 80, U1/3 „Kellinghusenstraße", Tel. 4802159, www.cornelia-poletto.de, geöffnet: Di.-Sa. 12-15, 18-23 Uhr. Die bekannte TV-Köchin Cornelia Poletto betreibt einen Feinkostladen mit angeschlossenem Restaurant, in dem es ungezwungener zugeht, aber weiterhin erstklassige Gerichte gibt.

143 [K11] **Cuneo** €€, Davidstraße 11, S „Reeperbahn", Tel. 312580, www.cuneo1905.de, geöffnet: Mo.-Sa. 17-24 Uhr. Alteingesessener Familienitaliener, seit 1905 mit gutem, aber überschaubarem Küchenangebot (keine Pizza!). Insgesamt ist das Lokal etwas eng. Muss man mögen.

144 [M7] **Der Etrusker** €-€€, Grindelhof 45, Tel. 4101305, geöffnet: tägl. 12-24 Uhr. Ein Italiener, der seit Jahrzehnten im Grindelviertel bodenständige Gerichte bietet. Die Mama kocht wie eh und je tatsächlich noch immer

EXTRATIPP

## Lecker vegetarisch

Vegetarische Küche wird in folgenden Lokalen serviert:

- **145** [Q4] **AN vegan house** €-€€, Mühlenkamp 19, Tel. 27883688, geöffnet: tägl. 11.30–23 Uhr. Vietnamesiches Lokal, schön dekoriert und mit veganem Angebot. Die Gerichte kommen als Bowls auf den Tisch.
- › **Café Koppel,** im Koppel 66 (s. S. 175). Vegetarisches Café mit wechselnder Tageskarte, geöffnet: tägl. ab 10 Uhr.
- **146** [M10] **Loving Hut** €, Markusstr. 2, S „Stadthausbrücke", Tel. 57221029, www.lovinghut.de/hamburg, geöffnet: Mo.–Fr. 11.30–15, 17.30–21, Sa. 17.30–22 Uhr. Ungewöhnlicher Name und auch ein ungewöhnliches Konzept, denn hier wird vegane vietnamesische Küche serviert. Wenn auf der Karte beispielsweise „vegane Meeresfrüchte" zu finden sind, sieht das Essen nur aus, als enthielte es Shrimps, die „Meeresfrüchte" sind aber aus einer Wurzel gemacht.
- **147** [M10] **Piccolo Paradiso** €, Brüderstr. 27, Neustadt, S1/3 „Stadthausbrücke", Tel. 35715358, www.piccolo-paradiso.de, geöffnet: Di.–Sa. 10–17 Uhr. Ökologisches Weinrestaurant mit vegetarischen Speisen aus aller Welt.
- **148** [F10] **Schanzenstern Altona** €, Kleine Rainstraße 24, Tel. 39919191, www.schanzenstern.com, Mo.–Fr. 12–16 Uhr. Hier gibt es einen Bio-Mittagstisch. Vegetarische Kost in studentisch-lockerer Atmosphäre im Schanzenviertel, es werden auch Bio-Fleischgerichte angeboten. Vegetarischer Mittagstisch 12–16 Uhr.
- **149** [M4] **Tassajara** €-€€, Eppendorfer Landstr. 4, U3 „Eppendorfer Baum", Tel. 483801, www.tassajara.de, geöffnet: Mo.–Sa. 11.30–22 Uhr. Breites vegetarisches Angebot an euro-asiatischer Küche, es gibt außerdem hausgemachte Vollwerttorten und -kuchen, auch vegane Speisen.

*Von der Terrasse des Alster Cliffs (s. S. 107) aus kann man entspannt den Blick auf die Elbe genießen*

195hg Abb.

## Für den späten Hunger

Hier gibt es auch noch in der Nacht etwas auf den Teller:

150 [K8] **Erika's Eck** €, Sternstraße 98, U3 „Feldstraße", Tel. 433545, www.facebook.com/ErikasEck, geöffnet: Mo. 17–22, Di.–Do. 6–22, Fr. 6–5, Sa. 17–5, So. und an Feiertagen 17–22 Uhr. Wenn je ein Lokal mit Recht von sich behaupten konnte „das etwas andere Restaurant" zu sein, dann ist es Erika's Eck. Die Öffnungszeiten sind nämlich kein Druckfehler, hier versorgten sich früher die Mitarbeiter vom Schlachthof mit herzhaften Gerichten, heute vor allem Taxifahrer und Nachtschwärmer. Gute, bodenständige Küche und jede Menge belegte Brötchen.

151 [Q9] **Frau Möller** €, Lange Reihe 96, Tel. 25328817, Küche: Mo.–Sa. 11–3, So. 11–2 Uhr, Frühstück bis 15 Uhr. Rustikal-gemütliche Pinte im Herzen von St. Georg. Es gibt einen Mittagstisch und deftige, sattmachende Hausmannskost.

152 [K9] **Imbiss Bei Schorsch,** Beim Grünen Jäger (St. Pauli), Mo.–Do. 10.30–0.30, Fr./Sa. 10.30–1.30, So. 12–22 Uhr

153 [K9] **Imbiss Kleine Pause,** Wohlwillstr. 37 (St. Pauli), Mo.–Do. 8–3, Fr. 7–5, Sa. 9–5, So. 9–2 Uhr

*Blaue Stunde auf einem der schwimmenden Lokale auf der Binnenalster* 10

019hg Abb.: sm

EXTRATIPP

### Lokale mit guter Aussicht

**Blick auf die Alster:**

- **Alex im Alsterpavillon** (s. rechts). Blick auf Binnenalster und Alsterfontäne.
- **Alster Cliff** (s. S. 107). Große Außenterrasse direkt an der Außenalster.
- **Alsterlagune** (s. S. 157). Das Lokal befindet sich auf einem Alsterdampfer vor dem Hapag-Lloyd-Haus, mit tollem Blick über die Binnenalster.
- **Alsterperle** (s. S. 107). Meist nicht überfüllt, Blick über die Außenalster.
- **Bobby Reich** (s. S. 107). Besucher genießen einen sehr weiten Blick über das Wasser.
- **Bodos Bootssteg** (s. S. 107). Wer Glück hat, ergattert einen Liegestuhl direkt auf dem Bootssteg, himmlisch!

**Blick auf die Elbe:**

- **Astra-Biergarten** (s. S. 83). Traumhafter Blick auf den Hafen von einer großen Terrasse.
- **Block Bräu** (s. S. 83). Von der Dachterrasse toller Hafenblick bei selbstgebrautem Bier.
- **Brücke 10 im Strandhaus** (s. S. 138) Legeres Lokal direkt am Elbufer.
- **Café Elbterrassen** (s. S. 138). Direkt neben dem Fähranleger Övelgönne gemütlich im Elbsand abhängen.
- **Engel** (s. S. 135). Hier sitzt man direkt auf dem Fähranleger Teufelsbrück, deshalb schaukelt es manchmal ein wenig.
- **Kleinhuis Museumshafencafé** (s. S. 138). Umgebauter Fährdampfer am Anleger Övelgönne.
- **Strandperle** (s. S. 138). Zwanglose Kneipe mit Kultcharakter, die direkt am Elbstrand liegt.

selbst. Die Tische sind recht klein, es ist etwas eng und laut, also fast ein wenig wie in Bella Italia ...

**154** [K8] **Jill** €€, Bartelsstraße 12, Tel. 65040500, geöffnet: tägl. ab 12 Uhr. Hier wird neapolitanische Pizza serviert, die in einem Steinofen bei 480 °C in gut einer Minute fertig gebacken ist, mit wulstigem Teigrand und in der Mitte noch etwas weich. Lockere Atmosphäre im Schanzenviertel.

## Spanisch, Portugiesisch

**155** [L11] **Casa Ricardo** €-€€, Rambachstr. 7, Tel. 314172, Mi.–Mo. 15–24 Uhr. Kleines, nettes Lokal, fast wie in Spanien, mitten im Portugiesenviertel am Hafen. Es gibt Tapas, Paella und weitere spanische Spezialitäten. Donnerstags zwischen 19 und 23 Uhr Día de la Tapa: Tapas satt zum festen Preis.

**156** [O10] **Picasso** €€, Rathausstr. 14, Tel. 326548, geöffnet: Mo.–Do. 17–23, Fr./Sa. 16–23 Uhr. Wunderbare, authentisch spanische Spezialitäten, darunter etwa 50 verschiedene Tapas, aber auch argentinische Steaks. Sehr bemühter und sympathischer Patron.

**157** [L11] **Porto** €€, Ditmar-Koel-Straße 15, S/U „Landungsbrücken", Tel. 3178480, geöffnet: tägl. 11.30–24 Uhr. Kleines, gemütliches Lokal. Besteht seit Jahrzehnten, das spricht für Qualität und Beliebtheit, was hier im Portugiesen-Viertel keine Selbstverständlichkeit ist, wo etliche Lokale um die Gunst der iberophilen Gäste buhlen. Klassische portugiesische Fisch- und Fleischgerichte.

**158** [P3] **Portomarin** €€-€€€, Dorotheenstraße 180, Tel. 46961547, Di.–Sa. 18–22.30 Uhr. Für viele zählt das Portomarin zu den besten spanischen Lokalen der Stadt. Es gibt eine überschaubare Karte, vor allem mit Grillgerichten (Fisch, Fleisch), und ein Degustationsmenü.

## Cafés

159 [O10] **Alex im Alsterpavillon,** Jungfernstieg 54, U/S „Jungfernstieg“, Tel. 3501870, www.alexgastro.de, geöffnet: Mo.–Do. 8–1, Fr./Sa. 8–2, So. 9–1 Uhr. Die Lage ist nur schwer zu toppen, die Historie reicht zurück bis ins Jahr 1799. Hier traf man sich früher zum gepflegten Plausch in einem ehrwürdigen Kaffeehaus, heute geht es deutlich lockerer zu. Große Außenterrasse sowohl zum Jungfernstieg als auch zur Binnenalster. Immer sehr voll, am Sonntag Brunch zum Festpreis von 9 bis 14.30 Uhr.

160 [K10] **Café May,** Hein-Hoyer-Straße 14, Tel. 33398838, Mo.–Fr. ab 7, Sa./So. ab 8 Uhr. Liegt nur einen Block von der Reeperbahn entfernt und ist bekannt für sein Frühstücksangebot sowie seinen Brunch. Tagsüber ein Café, abends dann eine Bar.

161 [O10] **Café Paris,** Rathausstr. 4, U3 „Rathaus“, Tel. 32527777, www.cafeparis.net, geöffnet: Mo.–Fr. 9–24, Sa./So. ab 9.30 Uhr. Ein richtig schickes Bistro in einer ehemaligen Schlachterei mit viel französischem Charme und „Fronkroisch“-Dialekt. Drinnen stehen kleine Bistrotische ziemlich eng gestellt, dadurch wird es durchaus auch mal etwas lauter oder kommunikativer. Serviert werden kleine und größere Gerichte, Frühstück von 9 bis 12 Uhr, am Sa./So. sogar bis um 16 Uhr.

› **Grand Café Roncalli,** im Levantehaus (s. S. 178), Mönckebergstr. 7, geöffnet: Mo.–Sa. 9.30–19 Uhr. Schönes Kaffeehaus mit historischem Charme, Stühlen, die mit rotem Samt bezogen sind, schickem Holztresen, Bistrotischen mit Marmor und vielen Zirkusutensilien als Deko – kurz: einfach ein schöner Ort, um sich wohl zu fühlen. Das Café befindet sich im Obergeschoss, unten ist ein Ladengeschäft untergebracht.

162 [R7] **Restaurant und Café im Literaturhaus,** Schwanenwik 38, U3 „Uhlandstraße“, Tel. 2201300, geöffnet: Mi.–So. ab 9.30 Uhr. Ohne Zweifel eines der schönsten Kaffeehäuser in Hamburg, mit Stuck, Deckenmalereien und schwerem Kristallleuchter – einfach herrlich schick. Angeschlossen ist eine Buchhandlung, außerdem finden regelmäßig Lesungen statt.

# Hamburg am Abend

*Nicht nur auf der Reeperbahn (52) tobt das Nachtleben, auch im Schanzenviertel (70), in Ottensen (69) oder auch in St. Georg (62) bleibt kein Auge trocken. Nur direkt in der City läuft nicht viel. Im Zentrum wird mehr gearbeitet und weniger gefeiert, die Lokale leben überwiegend von der Mittagspausenkundschaft.*

023hg Abb.: sm

› *Das Herz von St. Pauli sind seine urigen Kneipen*

Keine Frage, der Kiez ist wieder in! Mit „Kiez“ meint man in Hamburg übrigens nur das **Vergnügungsviertel St. Pauli.** Lange Zeit ging dort ein Hamburger nur hin, wenn er Besuch aus dem fernen Schwabenland oder von sonst woher bekam, aber nicht freiwillig. Zu stark hatte sich die Reeperbahn zu einer Nepperfalle gewandelt. Vorbei und vergessen, der Kiez ist heute wieder das, was er schon immer war: eine Vergnügungsmeile. Musikclubs, urige Pinten, abgewrackte Kneipen, Szeneläden, schrille Bühnenshows, angesagte Bars, kultige Imbisse, aber auch vernünftige Restaurants – all das kann man wieder auf St. Pauli finden. Aber natürlich gibt es auch weiterhin Sexshows, Tabledance und Bordelle. Wer sucht, der findet eben. Und zwar nicht nur entlang der Reeperbahn, sondern auch in der Großen Freiheit 56, wo sich mehrheitlich Musikclubs befinden, oder am **Hans-Albers-Platz** [J/K11], wo es nun wirklich alles gibt: schmantige Kellerkneipen und Kultdiskos. Die Straße **Hamburger Berg** [K10] ist da ein wenig der Gegenentwurf, dort gibt es kultige, geerdete Kneipen mit teilweise leicht trashigem Charme.

Die **Innenstadt** zeigt sich dagegen nach Büro- und spätestens nach Geschäftsschluss tot. Viele Lokale leben von der Mittagspausenklientel und haben am Abend nur begrenzt geöffnet. Richtige Szeneläden gibt es sowohl in der Alt- als auch in der Neustadt praktisch gar nicht.

Wo viele Studierende sind, da gibt es auch viele Kneipen, das ist auch in Hamburg so. Im **Uni-Viertel** 60 zwischen Grindelallee und Rothenbaum muss man nicht lange suchen, um einen Tresen zu finden, wenngleich nun auch nicht gerade eine Kneipe neben der nächsten liegt. Schrille Läden, gemütliche Cafés und ein kunterbuntes Völkchen findet man im **Schanzenviertel** 70, vor allem entlang der Straßen Schulterblatt und Schanzenstraße. Ähnlich kultige Läden gibt es auch im alten Arbeiterviertel **Ottensen** 69.

Etwas gediegener geht es in den Lokalen in **Eppendorf** 74 und **Winterhude** 73 zu. Hier trifft sich der gut verdienende Freiberufler mit den gut verdienenden Werbern oder Journalisten und flirtet mit der jungen Gattin des gut verdienenden, aber leider geschäftlich abwesenden Managers.

In **St. Georg** 62, gleich hinter dem Hauptbahnhof, trifft sich die Gay-Szene, aber eben nicht nur. Dieses kleine Viertel hat sich zu einem multikulturellen Bereich entwickelt, was an den unterschiedlichsten Lokalen und Läden in der Straße Lange Reihe besonders augenfällig wird.

## Clubs

**163** [K11] **Angie's Live Music Club,** Spielbudenplatz 27, S „Reeperbahn“, Tel. 31778811, www.tivoli.de, geöffnet: Fr./Sa. ab 22 Uhr. Kein steifer Nachtclub, sondern ein Musikclub, in dem es tanzbaren Soul, Funk und Rock gibt, für die Ü-30-Generation, häufig auch bei Liveauftritten.

**164** [P9] **Cascadas,** Ferdinandstr. 12, www.cascadas.club. Kleiner Liveclub mitten in der City nahe der Binnenalster. Partys, Konzerte und dienstags Caribbean Night.

**165** [K11] **Docks,** Spielbudenplatz 19, S „Reeperbahn“, Tel. 3178830, www.docks.de, Öffnungszeiten variieren je nach Veranstaltung. Mal Disco, mal Konzertbühne, mal Partylocation.

**166** [K11] **Frau Hedi's Tanzkaffee,** Landungsbrücken, Brücke 10, Tel. 0176 10561071, www.frauhedi.de. Ein schwimmender Club auf einer Barkasse auf der Elbe. Das Schiff (Frau Hedi) sticht hauptsächlich am Wochenende meist ab 18 Uhr ab Brücke 10 in See, dreht eine Runde durch den Hafen und legt stündlich wieder an, bevor es weitergeht. An Bord gibt es Musik vom DJ oder live gespielt.

**167** [J11] **Golden Pudel Club,** St. Pauli Fischmarkt 27, www.pudel.com, S „Reeperbahn" oder Bus 2 vom Hauptbahnhof (hält vor der Tür), geöffnet: fast täglich ab 20 Uhr. Wer's nicht kennt, rennt an der kleinen Bude glatt vorbei, aber in Hamburg ist der Pudel schon legendär. Es gibt Livekonzerte.

› In der Straße **Große Freiheit** [J10], die von der Reeperbahn abzweigt, befinden sich etwa ein halbes Dutzend Musikclubs. Hier ist am Wochenende die Hölle los, wenn sich Tausende durch die Straße schieben. Die Drag Queen Olivia Jones betreibt hier drei Läden, darunter einen Club mit Männerstriptease, zu dem nur Frauen Zutritt haben.

**168** [J10] **Grünspan,** Große Freiheit 58, S „Reeperbahn", www.gruenspan.de, Tel. 39909269, je nach Veranstaltung unterschiedlich geöffnet. Existiert seit ...? Ja, seit wann eigentlich? Seit mehreren Jahrzehnten jedenfalls. Das Grünspan hat jedenfalls unverwüstlich immer noch geöffnet. Die psychedelische Außenfassade hat sich gefühlt auch noch nie geändert, aber natürlich die Musikrichtung. Ganz früher gab es Musik vom Plattenteller (so was nannte man mal „Disco") und zur Animation tanzten Mädels hoch oben in Käfigen über der Tanzfläche. Heute wechseln sich Livekonzerte und Club Events ab.

**169** [I11] **Hafenklang,** Große Elbstraße 84, S „Königstraße", Tel. 388744, www.hafenklang.com. Das Hafenklang ist kein Mainstream-Laden und hat etwas „Schanzen-Charme", wie ein Besucher so treffend schrieb. Konzerte, DJ-Abende, Partys, aber auch hin und wieder mal einen Plattenflohmarkt.

**170** [K11] **Klubhaus St. Pauli,** Spielbudenplatz 21, Tel. 31778835, http://klubhaus-stpauli.de. Bunt schillerndes Gebäude mit mehreren Clubs und Konzerträumen für Livemusik und Entertainment, u. a. „Sommersalon", „Kukunn", „Schmidtchens Alte Liebe" sowie eine Dachbar.

**171** [K9] **Knust,** Neuer Kamp 30, U3 „Feldstraße", www.knusthamburg.de, Tel. 87976230, Öffnungszeiten variieren je nach Veranstaltung. Konzerte, wechselndes Musikprogramm und wenn der FC St. Pauli spielt, wird das Spiel auf einer Großleinwand gezeigt.

## Smoker's Guide

In allen Einraumkneipen oder Bars mit weniger als 75 m² und in denen nur Getränke ausgeschenkt werden, darf auch weiterhin geraucht werden, solange sich dort keine Jugendlichen unter 18 Jahren aufhalten. Reine Schankbetriebe, die größer sind als 75 m² sind, können einen extra Raucherraum einrichten.

In den folgenden Lokalen kann geraucht werden oder den Gästen steht zumindest ein separater Raucherraum zur Verfügung, in den sie sich dann zum Rauchen zurückziehen können:

**Bars, Kneipen, Restaurants:**

› **Ciu'** (s. S. 166). Raucherlounge.
› **Cotton Club** (s. S. 166). In diesem Jazzclub darf geraucht werden.
› **Glocke** (s. S. 130)
› **Hans-Albers-Eck** (s. S. 94)
› **Lehmitz** (s. S. 95)
› **RehBar** (s. S. 166)
› **Zwick Pöseldorf** (s. S. 165).

**172** [K10] **Mojo Club,** Reeperbahn 1, www.mojo.de, geöffnet: je nach Programm, Café Do.–Sa. ab 18 Uhr. Der womöglich bekannteste Club der Stadt befindet sich unter der Erde: Zwei Luken im Boden öffnen sich und geben den Eingang frei, unter der Woche sind sie fest verschlossen, nur ein „M" weist auf den Club hin und eine Treppe führt hinunter. Auf zwei Ebenen sind dann Bühne, Dancefloor und seitliche Bars angeordnet. Zusätzlich gibt es oben das Mojo Jazz Café.

**173** [J10] **Molotow,** Nobistor 14, S „Reeperbahn", Tel. 310845, www.molotowclub.com, geöffnet: Fr./Sa. meist ab 23 Uhr, außerdem Konzerte, Karaoke, Events und Motto-Partys. Angesagter Club mit regelmäßigen Konzerten und Mottopartys, die keinen cool neben der Tanzfläche stehen lassen.

**174** [J10] **Moondoo,** Reeperbahn 136, S „Reeperbahn", www.moondoo.de, Tel. 31975530, geöffnet: je nach Veranstaltung. Zählt zu den hippsten Clubs der Hansestadt. Hier will jeder rein, aber längst nicht alle schaffen es. Leicht elegantes Ambiente, aber ohne Dresscode.

**175** [J11] **Quer,** Hans-Albers-Platz 8, S „Reeperbahn", www.querhamburg.de, Tel. 18036080, geöffnet: Fr./Sa. ab 21 Uhr. Auch schon eine Institution! Bietet auf zwei Etagen mit drei Bars gute Dance-/Charthits, House und Electro.

**176** [L9] **Uebel & Gefaehrlich,** Feldstraße 66e, U3 „Feldstraße", Öffnungszeiten variieren je nach Veranstaltung, www.uebelundgefaehrlich.com. Die Adresse muss sich niemand merken, denn der Club ist in dem unübersehbaren Weltkriegsbunker am Heiligengeistfeld untergebracht. Gestört wird dank dickster Wände also niemand. Konzerte und Musikveranstaltungen. Oben auf dem Dach gibt es als Dreingabe einen tollen Blick über Hamburg.

*Eine Skulptur der Beatles, die in den 1960er-Jahren in Hamburg spielten*

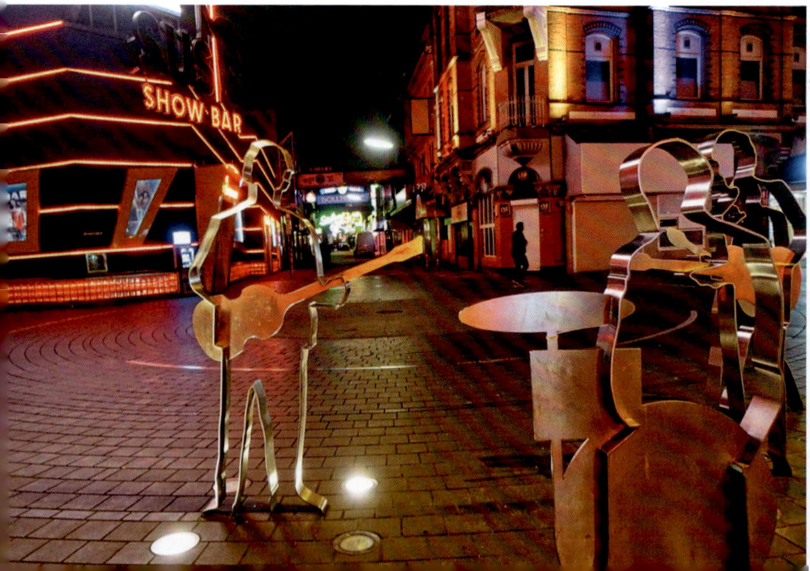

177 [P6] **Zwick Pöseldorf,** Mittelweg 121b, U1 „Hallerstraße“, Tel. 443267, www.zwick4u.com, geöffnet: Di.–Sa. ab 19 Uhr. Selbsternanntes Rockin' Restaurant, da mögen dann auch Promis mal vorm Tresen versacken. Raucher-Lounge.

178 [L10] **Zwick St. Pauli,** Millerntorplatz 1, U3 „St. Pauli“, www.zwick4u.com, Tel. 31792116, geöffnet: tägl. ab 11.30 Uhr. Liegt am Anfang der Reeperbahn. Hier mischt TV-Moderator Hugo Egon Balder mit und Zwick-Pöseldorf-Chef Uli Salm kann hier einen Großteil seiner 300 gesammelten Gitarren ausstellen. Somit ist das Zwick St. Pauli eine Mischung aus Bar, Livebühne und, ja auch das: Ausstellungsraum.

021hg Abb.: hf

## Bars

179 [K11] **20UP,** Bernhard-Nocht-Straße 97, im 20. Stock des Empire Riverside Hotels am Hafenrand, S/U „Landungsbrücken“, Tel. 3111970470, www.empire-riverside.de, geöffnet: tägl. ab 18 Uhr. Phänomenaler Blick durch die breite und sieben Meter hohe Fensterfront auf den Hafen, allerdings muss der Dresscode beachtet werden, denn eine „sportlich elegante Abendgarderobe“ wird erbeten.

180 [F10] **Aurel,** Bahrenfelder Straße 157, S „Altona“, Tel. 3902727, geöffnet: tägl. ab 10.30 Uhr. Treff für halb Ottensen, prima Abfeier-Location. Nachmittags wird das Aurel auch gern zum Kaffee angesteuert. Interessant: Auf der Damentoilette sollen Walgesänge ertönen ...

*Das Imperial Theater (s. S. 167) zeigt ausschließlich Krimis*

181 [L11] **Beachclubs,** Hafenstraße, S/U „Landungsbrücken“. Seit etlichen Jahren öffnen Anfang Mai – sobald die ersten Sonnenstrahlen sich zeigen – vor allem am Hafenrand mehrere „Beachclubs“. Dafür nehme man ein paar Tonnen Sand, errichte eine Bar, stelle Liegestühle und Strandkörbe auf und ehe man es sich versieht hat man eine coole Location mit sensationellem Hafen- und Elbblick. Das funktioniert natürlich nur richtig, wenn das Wetter gut ist, aber dann brummt es hier mächtig! Zu finden: im oberen Bereich neben den Landungsbrücken an der Hafenstraße auf einem Parkdeck.

182 [J11] **Christiansen's,** Pinnasberg 60, S „Reeperbahn“, www.christiansens.de, Tel. 3172863, geöffnet: Mo.–Sa. 20 bis mindestens 1 Uhr. Der Chef Uwe Christiansen wurde schon mehrfach für seine Cocktails ausgezeichnet, das spricht für sich! So um die 200 Drinks sind im Angebot, da sollten auch sehr spezielle Wünsche abgedeckt sein.

183 [P9] **Ciu',** Ballindamm 15, S/U „Hauptbahnhof", Tel. 32526060, www.ciudiebar.de, geöffnet: Mo.–Sa. ab 17 Uhr. Marc Ciunis, Chef der Bar, erhielt schon den Kneipen-Oscar für seine exzellenten Cocktails. Schöner Blick durch die breite Fensterfront auf die Alster.

184 [F10] **RehBar,** Ottenser Hauptstraße 52, S „Altona", Tel. 39906363, geöffnet: tägl. ab 10 Uhr bis „open end". Die RehBar kann man nicht nur abends ansteuern, auch tagsüber kann man in dieser Szenebar sehr nett abhängen. Drinnen gibt es viel Holz-Deko, kleine Wandtische und eine gut bestückte Bar, draußen hockt man auf Bänken bei einem Café Latte und beäugt die Vorbeigehenden.

185 [J10] **Thai Oase,** Große Freiheit 38, geöffnet: Di.–So. ab 21 Uhr. Kleine, aber sehr beliebte Karaoke-Bar, in der sich viele auf die Bühne trauen. Moderate Getränkepreise, meist gute Stimmung.

› **Tower Bar** im 12. Stock des Hotels Hafen Hamburg (s. S. 228), Tel. 3111370450, www.hotel-hafen-hamburg.de, geöffnet: tägl. 18–1 Uhr. Gigantischer Ausblick aus 62 Metern Höhe auf den Hafen!

## Bühnen

### Jazzclubs

186 [K5] **Birdland,** Gärtnerstr. 122, Tel. 405277, www.birdlandhamburg.de. Seit vielen Jahren eine feste Größe in der Jazzszene. Nachdem sich die Eltern als Betreiber zurückgezogen haben, führen deren Söhne nun das Birdland weiter und erhalten somit ein Urgestein der Hamburger Jazz-Szene.

187 [M10] **Cotton Club,** Alter Steinweg 10, S1/3 „Stadthausbrücke", Tel. 343878, www.cotton-club.de. Ebenfalls ein Jazzklassiker, liegt unweit vom Großneumarkt, also in Sichtweite zum Michel. Täglich Livemusik, am Sonntag Frühschoppen von 11 bis 15 Uhr.

*Im Schmidt Theater laufen schräge Shows*

## Kabarett

**188** [N2] **Alma Hoppes Lustspielhaus,** Ludolfstr. 53, U1 „Hudtwalckerstraße“, Tel. 55565556, www.almahoppe.de. Tolles Kabarett! Neben den beiden männlichen Machern des Ganzen treten auch diverse Gastkabarettisten auf.

**189** [Q10] **Hansa-Theater,** Steindamm 17, Tel. 47110644, www.hansa-theater.de. Eine Hamburger Legende! Alljährlich zwischen Oktober und März zeitweise geöffnet. Buntes Varieté-Programm mit namhaften Kabarettisten, kulinarisch begleitet vom Fischereihafen-Restaurant (s. S. 156). So richtig nett und altmodisch mit Tischchen und Klingelknopf für den Kellner, der den Theaterteller mit Wurst und Aufschnitt bringt. Der gehört hier einfach dazu.

## Kleinkunst

**190** [R4] **Kampnagel,** Jarrestraße 20, U3 „Borgweg“, www.kampnagel.de, Tel. 27094949. Mutig-frech-anders. Ein Kulturzentrum, das auf sechs Bühnen immer ein wenig gegen den Mainstream schwimmt und schier alles im Programm hat: Konzerte, Theater, Lesungen, Diskussionen und und und.

**191** [J11] **Zaubertheater,** Fischmarkt 20, Tickets: Tel. 01806 570070, www.wunderkontor.de. Ein Zauberer verzückt sein Publikum am Hafenrand in einem kleinen, intimen Theater.

## Leichte Muse

**192** [K10] **Imperial Theater,** Reeperbahn 5, U3 „St. Pauli“, Tel. 313114, www.imperial-theater.de. Auf dieser Kiezbühne werden ausschließlich Krimistücke aufgeführt, darunter auch viele alte Werke von Edgar Wallace.

**193** [O2] **Komödie Winterhuder Fährhaus,** Hudtwalckerstraße 13, U1 „Hudtwalckerstraße“, Tel. 48068080, www.komoedie-hamburg.de. Der Name sagt es schon, die leichte Muse regiert hier. Keine schenkelklopfende Derbheit, sondern intelligente Komödien oder, um es von der eigenen Homepage zu zitieren: „Charmantes Boulevardtheater“ mit fernsehbekannten Schauspielern.

**194** [K11] **Schmidts Tivoli, das Schmidtchen und Schmidt Theater,** Spielbudenplatz 24–28, S1/3 „Reeperbahn“, Karten-Tel. 31778899, www.tivoli.de. Schräge Shows mit wechselndem Programm. Seit 1988 tritt u. a. der „Caveman“ (Höhlenmann) auf oder es werden das fetzige St. Pauli-Musical „Heiße Ecke“ gezeigt sowie Schmidts Mitternachtsshow zelebriert. Es gibt auch Musicals, Comedy und Musikabende.

**195** [K11] **St. Pauli Theater,** Spielbudenplatz 29–30, S1/3 „Reeperbahn“, Karten-Tel. 47110666, www.st-pauli-theater.de. Dies ist das älteste deutsche Privattheater (eröffnet: 30.5.1841). Locker ging es hier schon immer zu, in den Anfängen war es ein Varieté, ab 1884 wurden dann lange Zeit Volksstücke im Hamburger Dialekt aufgeführt und auch heute wechseln sich auf der sündigen Meile anspruchsvolle Unterhaltung, Musiktheater, Kabarett und Comedy ab.

**196** [N11] **Theaterschiff Hamburg,** Anleger Holzbrücke 2 am Nicolaifleet, U3 „Rödingsmarkt“, Tel. 69650560, www.theaterschiff.de. Kabarett und sonstige leichte Stücke, mitten auf einem kleinen Schiff in der Hamburger Innenstadt.

## Musicals

Jahrelang liefen die spektakulären Musicals „Cats“, „Das Phantom der Oper“ und „Mamma Mia“ in Hamburg, gefolgt von vielen anderen erfolgreichen Stücken. Diese Singspiele sind wahre Touristenmagnete, denn seit im Jahr 1986 mit „Cats“ das erste gestartet wurde, stiegen die Besucherzahlen in der Hansestadt. Nach einer Umfrage kommen knapp 40 % der Besucher speziell, um sich eines der vielen Musicals anzuschauen. In Hamburg gibt es vier **spezielle Bühnen** für die großen Stücke der Produktionsfirma Stage Entertainment, alle liegen sehr zentral.

- 197 [I8] **Neue Flora,** Stresemannplatz, Ecke Alsenplatz, S „Holstenstraße"
- 198 [K11] **Operettenhaus,** Spielbudenplatz 1, U3 „St. Pauli"
- 199 [L12] **Theater im Hamburger Hafen und Stage Theater an der Elbe,** Norderelbstraße 6, gegenüber Landungsbrücken, S/U „Landungsbrücken", Fähr-Shuttle ab Brücke 1
- › **Infos** zu den jeweiligen Stücken und Tickets: www.stage-entertainment.de, Tel. 01805 4444.

### Theater

*Die Theaterszene von Hamburg bietet breite Vielfalt, insgesamt gibt es 30 Theater und 40 Bühnen. Hier das hoch subventionierte Staatstheater, dort die Kleinkunst – der Theaterbesucher findet so ziemlich alles: Klassiker und Kleinkunst, selbstausbeuterisches Off-Theater sowie auch „english theatre" im Original.*

Ein bisschen schwer taten sich die Hamburger Pfeffersäcke aber schon mit der Kunst. „Man" ging einfach nicht zu diesen Schauspielern, hieß es zumindest noch 1767, als ein gewisser Gotthold Ephraim Lessing (1729–1781) das sogenannte **„Comödienhaus"** eröffnete. Ihm war kein rauschender Erfolg vergönnt. Auch nach dem Zweiten Weltkrieg änderte sich die ambivalente Haltung nicht entscheidend. „Man" ging zwar in „sein" Theater, hatte auch ein festes

*Das St. Pauli Theater bietet schon seit 1841 lockere Unterhaltung*

Abo, aber übermäßige Experimente sollten dann doch *bitt'schön* nicht sein. Ein ehemaliger Hamburger Bürgermeister forderte sogar die Theatermacher auf, sich bei übermäßigen Experimenten zurückzuhalten. Man müsse doch die Klassiker noch erkennen können.

Das **Deutsche Schauspielhaus** wurde dreimal zum Theater des Jahres gekürt und erlebte von 1955 bis 1963 unter der Leitung von Gustaf Gründgens eine Hochphase, die bis heute nicht wieder erreicht wurde.

Das **Thalia Theater** ist des Hamburgers liebstes Kind, aber auch hier musste man durch so manches schwierige Wasser manövrieren. Intendanten wechselten, Politiker stellten Sparpläne auf, Stücke wurden bejubelt oder verrissen – egal, das Publikum kehrt doch immer wieder zurück ans Alstertor.

Sehr beliebt sind auch das **Ohnsorg-Theater** und das **St.-Pauli-Theater**, auf beiden Bühnen werden Stücke „op Platt" gespielt. Kurios und in einer Hafenstadt irgendwie auch konsequent ist das **Theaterschiff Hamburg** (s. S. 167) von Eberhard Möbius: Auf einem kleinen Dampfer beim Hopfenmarkt wird Kleinkunst dargeboten. Und das **Imperial Theater** an der Reeperbahn spielt überwiegend Kriminalstücke.

**200** [G11] **Altonaer Theater,** Museumsstraße 17, S „Altona", Karten-Tel. 39905870, www.altonaer-theater.de. Klassiker und Komödien, daneben auch moderne Stücke und immer mal wieder Musicals.

**201** [Q9] **Deutsches Schauspielhaus,** Kirchenallee 39, U/S „Hauptbahnhof", Karten-Tel. 248713, www.schauspielhaus.de. Eines der führenden Theater Hamburgs. Klassiker, moderne Stücke, aber auch mal zeitgenössische Werke kommen zur Aufführung. Außerdem gibt es noch zwei kleinere Bühnen.

**202** [S7] **Ernst-Deutsch-Theater,** Friedrich-Schütter-Platz 1, U3 „Mundsburg", www.ernst-deutsch-theater.de, Karten-Tel. 22701420. Komödien, Klassiker und vereinzelt Avantgarde mit einem Studioprogramm auf einer Studiobühne und einer Plattformbühne, die sich besonders an Jugendliche richtet.

**203** [N7] **Hamburger Kammerspiele,** Hartungstraße 9–11, U1 „Hallerstraße", Karten-Tel. 4133440, www.hamburger-kammerspiele.de. Traditionshaus (1918 gegründet), das lange von Ida Ehre geleitet wurde und heute gutes Kammerspiel bietet, außerdem moderne Klassiker, manchmal Kabarett oder auch Lesungen und Liederabende.

**204** [M9] **Kellertheater,** Joh.-Brahms-Platz 1, U2 „Gänsemarkt", https://kellertheater.de, Tel. 845652. Hier sieht man hauptsächlich modernes Literaturtheater, aber es werden auch Klassiker oder Kinderstücke gezeigt.

**205** [P10] **Thalia Theater,** Alstertor 1, S/U „Jungfernstieg", Karten-Tel. Tel. 32814444, www.thalia-theater.de. Eines der größten Häuser in Hamburg mit einem Saal für knapp 1000 Zuschauer. Moderne Klassiker, aber auch zeitgenössische Autoren werden aufgeführt. Insgesamt gibt es ein breites Repertoire.

## Op Plattdüütsch

**206** [Q9] **Ohnsorg-Theater,** Heidi-Kabel-Platz/Bieberhaus, S/U „Hauptbahnhof", Karten-Tel. 35080321, www.ohnsorg.de. Hier regiert Platt! Früher wurden die Stücke am Samstag zur besten Sendezeit live übertragen (in „eingehochdeutschter" Version), heute strömen die Leute mehr denn je hierher. Vor dem Theater steht eine Skulptur, die

an Hamburgs vielleicht beliebteste Volksschauspielerin Heidi Kabel (1914–2010) erinnert, die von 1932 bis 1996 am Ohnsorg-Theater spielte.

### Speak English?

**207** [T7] **The English Theatre,** Lerchenfeld 14, U3 „Mundsburg", Tel. 2277089, www.englishtheatre.de. Englische Stücke im Original und quer durch alle Genres.

*Ein barockes Schmuckstück: die prächtige Laeiszhalle*

## Konzerte

*Jahrzehntelang wurde in Hamburg gestritten, geplant und wieder verworfen. Alle wollten sie – irgendwie –, aber dann doch nicht so recht. Die Kosten! Aber nun ist sie da, ein finnischer Investor machte es möglich: Hamburg hat endlich, endlich eine Mehrzweckhalle. Aber schon dieser Name ist eine gewaltige Untertreibung. Die Arena mit dem Namen „Barclays Arena" ist eine Multifunktionsarena im allerbesten Wortsinn. Heute können Popstars dort auftreten, morgen kann dort ein Sport-Event über die Bühne gehen, früher fanden hier sogar regelmäßig Eishockeyspiele statt. Richtig schmuck sieht sie aus, diese Arena. Sie steht unmittelbar neben dem ebenso schicken Fußballstadion des HSV im Volkspark von Stellingen.*

## Musik- und Konzerthallen

**208** [B3] **Barclays Arena,** Sylvesterallee 10, S3 „Stellingen", von dort Shuttlebus zu den einzelnen Veranstaltungen, Karten-Tel. 80602080, www.barclays-arena.de. Hamburgs tolle Multifunktionsarena liegt direkt neben dem nicht minder tollen Fußballstadion des HSV. Hier finden große Konzerte statt und es wird Handball (HSV Hamburg) gespielt, wobei die Halle jeweils ruckzuck umgebaut werden kann.

› In der **Elbphilharmonie** 39, Hamburgs neuem Wahrzeichen, werden in zwei unterschiedlich großen Sälen Konzerte aufgeführt (www.elbphilharmonie.de).

**209** [F9] **Fabrik,** Barnerstr. 36, S1/3 „Altona", Tel. 391070, www.fabrik.de. Neben Konzerten findet hier noch eine Menge mehr statt: Theater, Stadtteilarbeit, Lesungen, Jugendarbeit, und und und.

**210** [M9] **Laeiszhalle,** Johannes-Brahms-Platz, U2 „Gänsemarkt", Tickets: Tel. 35766666, www.elbphilharmonie.de/de/laeiszhalle. Zwischen 1904 und 1908 erbautes, vom Reeder Carl Laeisz gestiftetes, barockes Haus. Solisten und große Orchester spielen hier klassische Musik.

**211** [M8] **Logo,** Grindelallee 5, S „Dammtor", Tel. 4105658, www.logohamburg.de. Lokale Bands, halbwegs bekannte Künstler und Nachwuchsleute sowie der eine oder andere Star: Für alle ist das Logo seit Jahrzehnten ein Forum.

**212** [Q10] **Markthalle,** Klosterwall 11, Tel. 3999700, www.markthalle-hamburg.de, Existiert seit 1977 und ist eine citynahe Location von überschaubarer Größe, aber mit abwechslungsreichem Programm.

**213** [R11] **Mehr! Theater am Großneumarkt,** Banksstraße 28, Tel. 01805 2001, www.harry-potter-theater.de. Große Bühnen-Halle im Bereich des Großneumarktes für bis zu 2400 Zuschauer. Hier wird für einen längeren Zeitraum das Theaterstück „Harry Potter und das verwunschene Kind" aufgeführt.

**214** [T1] **Stadtpark,** U3 „Borgweg" oder U3 „Saarlandstraße", Karten-Tel. 4132260, www.hamburgerstadtpark.de. In den Sommermonaten finden hier Open-Air-Konzerte mit teilweise beachtlicher internationaler Besetzung statt. Angefangen wird überwiegend um 19 Uhr, damit gegen 22 Uhr Schluss ist, aus Lärmschutzgründen.

## Oper

**215** [H9] **Allee Theater,** Max-Brauer-Allee 76, S „Altona", www.alleetheater.de, Tel. 382959. Hier werden Stücke des 18. und 19. Jh. als Kammeroper in kleiner Besetzung aufgeführt, also in kleinem, fast intimem Rahmen mit zusätzlichem Gastronomieservice. Außerdem ist hier auf einer eigenen Bühne das Theater für Kinder untergebracht (s. S. 187).

**216** [N9] **Hamburgische Staatsoper,** Große Theaterstraße 25, U2 „Gänsemarkt", Karten-Tel. 356868, www.hamburgische-staatsoper.de. Wechselnde Opern und ständiges Programm von John Neumeiers Ballettcompagnie.

## Kino

In Hamburg herrscht kein Mangel an Lichtspielhäusern! Die **hochmodernen Kinos** sind mit allem technischen Schnickschnack, einem halben oder ganzen Dutzend Sälen und dem neuesten Blockbustern im Programm ausgestattet und konkurrieren hart und hartnäckig mit **kleinen Programmkinos,** die tapfer am Autorenfilm und verschlissenen Sesseln festhalten.

**217** [K8] **3001,** Schanzenstraße 75, S/U „Sternschanze", Tel. 437679, www.3001-kino.de. Mainstream, nein danke!

Auf der Schanze bekommen alle möglichen „anderen" Filme eine Chance, nicht selten auch fremdsprachige mit Untertiteln.

**218** [M7] **Abaton Kino,** Allende-Platz 3, S „Dammtor", Bus 4 und 5 bis „Rentzelstraße/ Grindelhof", Karten-Tel. 41320320, www.abaton.de. In diesem Uralt-Lichtspielhaus in der Nähe der Uni wird „anderes" Kino gezeigt. Angeschlossen ist ein beliebtes Lokal.

**219** [O12] **Astor Film Lounge,** Am Sandtorkai 46a, Tel. 01805 777966, https://hamburg.premiumkino.de. Schickes Filmtheater in der HafenCity mit besonderem Service und Komfort (bequeme Sessel, Begrüßungsdrink).

**220** [N9] **Cinemaxx Dammtor,** Dammtordamm 1, S „Dammtor" oder U1 „Stephansplatz", Tel. 80806969, www.cinemaxx.de. Hochmodernes Haus der bekannten Filmkette mit acht Sälen.

**221** **Magazin-Kino,** Fiefstücken 8, U1 „Lattenkamp", Tel. 5113920, http://magazinfilmkunst.de. Historisches Kino (seit 1937) in einem denkmalgeschützten Haus. Gezeigt werden Filme mit gehobenem Anspruch, aber es finden auch Konzerte und spezielle Events statt.

**222** [N9] **Metropolis,** Kleine Theaterstraße 10, Tel. 342353, www.metropoliskino.de. Fast ein wenig versteckt befindet sich das kleine Kino unweit der Binnenalster. Hier laufen viele Klassiker, die sonst sehr selten gespielt werden.

**223** [P10] **Passage,** Mönckebergstraße 17, U3 „Mönckebergstraße", Tel. 468668628, www.das-passage.de. Hier laufen in den drei schönen Sälen (zwei im Art-déco-Stil gehalten) wieder anspruchsvolle Filme.

**224** [F10] **Zeise Kino,** Friedensallee 7–9, S1/3 „Altona", Tickets: Tel. 30603682, www.zeise.de. Die ehemalige Schraubenfabrik hat sich zu einem Kunstzentrum mit Schwerpunkt Film gemausert, im Kino werden anspruchsvolle Filme gezeigt.

# Hamburg zum Stöbern und Shoppen

*In der Innenstadt gibt es mehrere Shoppingzentren: sowohl riesige Kaufhäuser als auch überdachte Passagen. Etwas schräger oder auch etwas feiner geht es in speziellen Stadtvierteln etwas außerhalb vom Zentrum zu.*

## Einkaufszonen

*Die* Haupteinkaufsmeile ist die vom Hauptbahnhof zum Rathaus verlaufende **Mönckebergstraße** 2. Dort haben sich die großen Kaufhäuser angesiedelt, in denen man auf vier bis sechs Etagen wohl alles findet. Außerdem gibt es eine ganze Reihe von namhaften Geschäften mit zumeist ziemlich großen Ladenflächen.

Parallel zur „Mö" verläuft die **Spitalerstraße,** durch die nur Fußgänger flanieren können. Hier bieten Ableger größerer Ketten ihre Waren an, aber auch Fachhändler, Modeshops und Lokale sind noch zu finden. Im Sommer verwandelt sich die Spitalerstraße zu einer Freilichtbühne, auf der diverse Straßenmusikanten auftreten. Beide Straßen zählen übrigens zu den Top Ten in einer Rangliste der meistbesuchten Einkaufsstraßen Deutschlands.

Die Geschäfte in der Wandelhalle im **Hauptbahnhof** 1 haben verlängerte Öffnungszeiten, meist bis 22 Uhr. Am **Jungfernstieg** 9 gibt es ebenfalls etliche Geschäfte und mit dem Alsterhaus (s. S. 178) ein großes Kaufhaus mit langer Tradition. Hier sind die Preise der Artikel schon etwas höher als in den zuvor genannten Einkaufszonen, entsprechend anderes Publikum ist hier anzutreffen.

Noch deutlicher wird es in der Straße **Neuer Wall** 12. In der Luxusmeile der Hanseaten werden Edelmarken angeboten und die Schaufensterauslagen sind minimalistisch und manchmal ohne Preisschild. Der potenzielle Kunde muss erst einmal Schwellenangst sowie einen kritischen Solvenz-Check über sich ergehen lassen. In einige Läden kann man auch nicht mal einfach eben so eintreten, denn die Tür ist verschlossen. Ein *security man* (d. h. „Pförtner") öffnet und lässt eintreten – oder auch nicht. Noch gibt es am Neuen Wall aber auch einige der traditionsreichen Geschäfte, zu denen die Hamburger schon im letzten Jahrhundert gingen. Angesichts von Monatsmieten, für die man locker einen Mittelklassewagen bekommt, werden sie allerdings immer weniger.

⊡ *Arkadengang mit Shops in der Fußgängerstraße Colonnaden [N9]*

Eine schöne Shoppingzone bieten die **Passagen zwischen Rathausmarkt** 7 **und Gänsemarkt** 14. Zumeist findet man hier gute bis sehr gute Qualität, was sich auch im Preis niederschlägt, aber durch die Vielfalt der zumeist kleineren Läden wird eine große Bandbreite an Geschmäckern abgedeckt. Außerdem gibt es in jeder der neun Passagen Cafés und Restaurants, wo man sich trefflich am „Sehen-und-gesehen-werden-Spielchen" beteiligen kann.

Weitere Einkaufszonen in dieser Ecke sind die kleine **ABC-Straße** [N10] unweit vom Gänsemarkt oder die Fußgängerstraße **Colonnaden** [N9], die vom Jungfernstieg zum Bahnhof Dammtor verläuft.

Die **Europa-Passage** (s. S. 178), die sich zwischen Binnenalster und Mönckebergstraße befindet, ist mit 120 Geschäften auf fünf Etagen Hamburgs größtes Einkaufszentrum.

Wer etwas Schrilles, etwas Ausgefallenes möchte, sollte die bunten Läden im **Schanzenviertel** 70 oder im benachbarten **Karo-Viertel** – vor allem in der

**Shoppingareale**
Die wichtigsten Shoppingbereiche der Stadt sind im Kartenmaterial mit einer rötlichen Fläche markiert.

Marktstraße [L9] – besuchen. Dort gibt es mehrere kleine, schräge, unabhängige und individuelle Modeshops und Designer. Eine ähnliche Geschäftsvielfalt, aber in etwas anderer Ausrichtung (weniger Mode, mehr studentisch-günstig ausgerichtet), findet sich an der **Grindelallee** [M7] im Uni-Viertel 60. In der **Langen Reihe** [Q9] in St. Georg 62 kann der Besucher eine kleine Weltreise durch ein wahrlich buntes Panoptikum an Geschäften unternehmen: Holländischer Käse, französischer Wein, Stoffe aus Kaschmir, Allerlei aus Nepal, Lebensmittel aus Iberien – alles ist hier zu finden.

Eine weitere Einkaufszone mit etwas besseren und natürlich auch teureren Geschäften und klassischen Boutiquen findet man in **Eppendorf** 74, speziell an der Eppendorfer Landstraße, der Hegestraße und am Eppendorfer Baum. In **Winterhude** 73 gibt es an der Gertigstraße, am Mühlenkamp und am Poelchaukamp viele unterschiedliche Läden. In **Ottensen** 69 findet man einen bunten Mix aus kleinen Läden in der Bahrenfelder Straße.

## Einkaufstipps

### Bücher

**225** [F10] **Buchhandlung Christiansen,** Bahrenfelder Straße 79, Tel. 2902072, Mo.–Fr. 10–19, Sa. 10–18 Uhr. Mehrfach ausgezeichnete Buchhandlung, seit 1878 in Ottensen beheimatet.

**226** [O10] **Bücherstube Felix Jud,** Neuer Wall 13, Innenstadt, U/S „Jungfernstieg", Tel. 343409, www.felix-jud.de, geöffnet: Mo.–Sa. 10–18 Uhr. Eine richtig schöne, alte Buchhandlung mit ausgefallenen Werken und viel Fachwissen.

**227** [I6] **Comicladen Kollektiv,** Fruchtallee 130, Tel. 407781, Mo.–Fr. 11–18, Sa. 10–14 Uhr. Ein Paradies für Comic-Fans, denn hier gibt es Tausende von Comicheften zu allen denkbaren Helden, Themen und Genres.

**228** [O10] **Dr. Götze,** Alstertor 14–18, S/U „Jungfernstieg", www.mapshop-hamburg.de, Tel. 3574630, geöffnet: Mo.–Fr. 10–19,

Sa. 10–18 Uhr. Außergewöhnlich große Auswahl an Reiseführern und Landkarten.

230 [P12] **Hafenfuchs,** Shanghaiallee 21, Tel. 3193542, www.hafenfuchs.de, Mo.–Fr. 9.30–18.30, Sa. 9.30–16 Uhr. In einer Hafenstadt darf ein Geschäft für Schifffahrtsbücher nicht fehlen. Hier gibt es eine riesige Auswahl an aktuellen Büchern und Raritäten.

229 [O10] **Marissal-Bücher am Rathaus,** Rathausmarkt 7, S/U „Jungfernstieg", Tel. 337781, www.marissal.de, Mo.–Sa. 10–19 Uhr. Kleine, liebevoll eingerichtete Buchhandlung mit hohen Regalen auf zwei Etagen.

231 [P10] **Thalia Buchhandlung,** Spitalerstraße 8, S/U „Hauptbahnhof", Tel. 485010, www.thalia.de, geöffnet: Mo.–Sa. 10–20 Uhr. Sehr große Buchhandlung (2500 m²) mit etlichen Lese-Ecken und Café.

## Tabak und Hochprozentiges

232 [N10] **Duske & Duske,** Große Bleichen 36, U/S „Jungfernstieg", www.duskeundduske.de, Tel. 343385, geöffnet: Mo.–Fr. 7–20, Sa. 9–20 Uhr. Kleines Fachgeschäft für kubanische Zigarren, Portwein, Rum und Madeira. Da es auch Zeitungen gibt, wird ungewöhnlich früh geöffnet.

233 [I5] **Gerd Jansens Pfeifendepot,** Methfesselstraße 86, Tel. 409049, Di.–Fr. 10–18.30, Sa. 10–14 Uhr. Fachgeschäft für Pfeifenraucher in Eimsbüttel mit großer Auswahl an Pfeifen und Tabaksorten, auch Kautabak.

234 [P11] **La Casa del Habano,** Burchardstraße 15 (im Chilehaus), U1 „Meßberg", Tel. 30704880, www.thecigarsmoker.com, geöffnet: Mo.–Sa. 10–19 Uhr. Zigarrenliebhaber aufgepasst, hier werden kubanische Zigarren verkauft und zwar in allen Preisklassen.

235 [H11] **Otto Hatje,** Alte Königstraße 5, Tel. 385409, geöffnet: Di.–Fr. 10–18.30, Sa. 10–14 Uhr, Mo. geschl. Geschäft für Zigarrenliebhaber. Breites Angebot an Zigarren, auch aus Cuba, Honduras, etc. Zubehör und einige passende Spirituosen. Als besonderer Service wird jeden ersten Samstag im Monat „Tabakschnuppern bei der Zigarrenherstellung" geboten.

## Design, Accessoires

236 [Q9] **Koppel 66,** Koppel 66, S/U „Hauptbahnhof", Tel. 38641930, Café: Tel. 249235, www.koppel66.de, Café: Mi.–Fr. 12–18, Sa./So. 10–16 Uhr, die Ateliers haben unterschiedliche Öffnungszeiten. 15 Ateliers, eine Galerie und ein vegetarisches Café. So finden sich hier Werkstätten für handgefertigte Schuhe oder Seife, Schreibgeräte und Möbel, ein Fotostudio, Schmuckhersteller, Strick- und Hutdesign.

237 [P10] **Schirm & Co.,** Rosenstr. 6, Tel. 321994, Mo.–Fr. 10–13, 14.30–19 Uhr. Sollte es mal regnen, benötigt man einen guten Regenschirm. Hier gibt es Qualitätsmodelle aus aller Welt und sogar handgefertigte Exemplare.

238 [I11] **Stilwerk,** Große Elbstraße 68 (beim Fischmarkt), S1/3 „Reeperbahn", Tel. 30621100, www.stilwerk.de, geöffnet: Mo.–Fr. 10–19, Sa. 10–18 Uhr. Kaufhaus für Einrichtung, Design und Lifestyle mit mehreren Etagen.

## Interessante Märkte

51 [I11] **Fischmarkt,** So. 5–9.30 Uhr, im Winter ab 7 Uhr. Fisch wird auch noch gehandelt, aber ansonsten gibt es alles Mögliche und Unmögliche. Die Stars sind einige Marktschreier mit schauspielerischem Talent. Treff von Frühaufstehern und Reeperbahn-Nachteulen, die nicht ins Bett finden.

*Die Buchhandlung Felix Jud ist schon von außen ein Hingucker*

**239** [K9] **Flohschanze,** Neuer Kamp 30, vor dem ehemaligen Schlachthof, U3 „Feldstraße“, Sa. 8–16 Uhr. Etliche weitere Flohmärkte finden unregelmäßig und über die Stadt verteilt statt.

**240** [M4] **Isemarkt,** Isestraße, Eppendorf, U3 „Eppendorfer Baum“, unterhalb der hier oberirdisch verlaufenden U-Bahn-Linie 3, Di. und Fr. 8.30–14 Uhr. Eine langgezogene Budenmeile mit hochwertigen Produkten. Insgesamt etwas hochpreisiger und dem Eppendorfer Publikum angepasst. Vereinzelt shoppen hier auch Promis.

**241** [G10] **Markt am Spritzenplatz in Ottensen,** S „Altona“, Di. 8–14 Uhr, Fr. 8–18.30 Uhr. Ottenser Obst- und Gemüsemarkt, wo die Ottenser Szene sich beim türkischen Händler eindeckt. Mi. 12–18.30, Sa. 9.30–15 Uhr Ökomarkt.

**242** **Markt in Blankenese,** Blankeneser Bahnhofstraße, S „Blankenese“, Di. 8–14, Fr. 8–18 und Sa. 8–13 Uhr. Ist von überschaubarer Größe und bietet vor allem Obst, Gemüse sowie Fleisch von Händlern aus der nahen Region an. Mittwochs findet von 9 bis 13 Uhr ein Ökomarkt statt.

**243** [K10] **Nachtmarkt,** Spielbudenplatz, St. Pauli, März–Sept. Mi. 16–23, Okt. Mi. 16–22 Uhr, S „Reeperbahn“. Mal was anderes: Einkaufen zu später Stunde an der Reeperbahn.

› **Ökomärkte-Auswahl**: Fr. 14–18.30 Uhr in St. Georg (Lange Reihe, S/U „Hauptbahnhof“), 11.30–15 Uhr HafenCity, Überseeboulevard. Infos: http://oeko-wochenmarkt.de.

## Mode

**244** [N3] **Anita Hass,** Eppendorfer Landstraße 60, U1/3 „Kellinghusenstraße“, Tel. 465909, https://anitahass.com, Mo.–Fr. 10–19, Sa. 11–18 Uhr. Seit vielen Jahren verkauft Anita Hass hochwertige Damenmode und angesagte Accessoires in drei benachbarten Boutiquen. Hier finden Kunden High Fashion Labels, aber auch junge Designer und vor allem kompetente Beratung.

**245** [O10] **Closed,** Bergstraße 11, Tel. 30392196, geöffnet: Mo.–Sa. 10–20 Uhr. Ein Hamburger Label, das vor allem Jeans, aber auch andere Kleidungsstücke für Damen und Herren anbietet.

**246** [M4] **Gundlach Schuhe,** Eppendorfer Baum 30, Tel. 483025, www.gundlach-schuhe.de, Mo.–Fr. 10–19, Sa. 10–18.30 Uhr. Große Auswahl für Damen und Herren, auch an höherpreisigen Schuhen.

**247** [J6] **Hello,** Weidenstieg 11, Tel. 403989, www.hello-mode.de, geöffnet: Mo.–Fr. 10–19, Sa. 11–17 Uhr. Elegante Damenmode, entworfen von zwei Hamburger Designerinnen, tragbar im Job und auch im Café.

**248** [O10] **hessnatur**, Alstertor 17, Tel. 22606786, geöffnet: Mo.–Sa. 10–19 Uhr. Alteingesessener Shop in der City mit nachhaltiger Bekleidung, auch Wohn-Accessoires.

**249** [N4] **Kaufrausch,** Isestraße 74, Eppendorf, U3 „Eppendorfer Baum“, www.kaufrausch-hamburg.de, geöffnet: Mo.–Fr. 11–19 Uhr, Sa. 11–18 Uhr, Café: Mo.–Fr. 9–19 Uhr, Sa. 9–18 Uhr. Wird gerne als das kleinste Kaufhaus Hamburgs bezeichnet, denn es bietet sieben Boutiquen mit guter Auswahl an Schuhen, Taschen, Mode, Accessoires und ein Café unter einem Dach.

**250** [N10] **Ladage & Oelke,** Alter Wall 22, U/S „Jungfernstieg“, Tel. 696381770, www.ladage-oelke.de, geöffnet: Mo.–Fr.10–19, Sa. 10–18 Uhr. Hanseatisches Traditionshaus, das seit 1845(!) den Hamburger Kaufmann mit Handgefertigtem und Maßkonfektionsware einkleidet.

**251** [M9] **Männersache,** Johannes-Brahms-Platz 8, U2 „Gänsemarkt“, Tel. 344469, geöffnet: Mo., Mi.–Fr. 11–18.30, Sa. 11–15 Uhr. Draußen steht's angeschrieben: „first class, second hand". Hier finden Männer hochwertige Modeartikel zum Schnäppchenpreis.

**252** [M6] **Marlowe nature**, Beim Schlump 5, Tel. 44809337, geöffnet: Mo.–Fr. 10–19, Sa. 10–16 Uhr. Bereits seit vielen Jahren im Fair-Fashion-Geschäft. Neben Mode wird auch Naturkosmetik angeboten.

**253** [N3] **Milliways,** Eppendorfer Landstraße 64, U „Kellinghusenstraße", Tel. 46960960, www.milliwayshamburg.de, geöffnet: Mo.–Fr. 10–19, Sa. 11–18 Uhr. Breites Sortiment an Damenschuhen, auch Taschen und Oberbekleidung.

**254** [N11] **Sea Shop,** Deichstraße 35, Tel. 365968, Mo.–Sa. 10–18 Uhr. Ein jahrzehntealter Laden mit ausgesuchter maritimer Mode, darunter Klassiker wie der Seemannspullover Troyer aus Wolle oder die Matrosenhemden Armor Lux aus der Bretagne.

**255** [N10] **Secondella,** Hohe Bleichen 5, Neustadt, S1/3 „Stadthausbrücke", Tel. 352931, www.secondella.de, geöffnet: Mo.–Sa. 10–18 Uhr. Hochwertige Second-Hand-Mode.

**256** [L9] **Vunderland**, Marktstraße 137, Tel. 36916422, geöffnet: Mo.–Sa. 12–19 Uhr. Fairtradeshop für nachhaltige, vegane Mode.

## Musik

**257** [L9] **Groove City,** Marktstraße 114, Tel. 4302149, geöffnet: Mo.–Sa. 12–18.30 Uhr. Plattenladen für Vinyl-Fans im Karo-Viertel.

**258** [P10] **Michelle,** Gertrudenkirchhof 10, unweit vom Mönckebergbrunnen, U3 „Mönckebergstraße", Tel. 326211, www.michelle-records.de, geöffnet: Mo.–Fr. 11–20, Sa. 11–19 Uhr. Neben CDs gibt es auch noch das gute alte Vinyl, und vor allem genau das, was man sonst kaum findet. Regelmäßig finden auch sogenannte „Schaufensterkonzerte" statt.

157hg Abb.: sm

**259** [M7] **Plattenrille,** Grindelhof 29, Tel. 4106299, www.plattenrille.com, Mo.–Sa. 11–19 Uhr. Eine Fundgrube für Vinyl-Fans, denn hier gibt es noch richtige LPs, auch Singles und Maxis, eine große Auswahl zu Klassik, Jazz, Soul, außerdem Musikbücher, Musik-Zubehör und eine deutlich kleinere Auswahl an CDs.

**260** [L9] **Zardoz Records,** Marktstr. 55, Tel. 2803230, www.zardoz-schallplatten.de, Mo.–Fr. 12–18, Sa. 11–18 Uhr. Kleines Fachgeschäft für Tonträger, darunter auch Second-Hand-Schallplatten und -CDs.

*Lässige Mode in der HafenCity*

## Passagen und Kaufhäuser

In der Nähe des Rathauses locken insgesamt neun **Passagen** zu einem ausgiebigen Shoppingbummel. Ausgangspunkt könnte die Straße Große Bleichen sein [N10], wo mehrere Passagen zu finden sind. Weitere befinden sich in der nahen Poststraße und beim Gänsemarkt. Entlang der Mönckebergstraße gibt es mehrere riesige **Kaufhäuser**, einmal ums Eck sticht aber am Jungfernstieg das Alsterhaus mit einem besonderen Angebot heraus.

**261** [O10] **Alsterhaus,** Jungfernstieg 16–20, U/S „Jungfernstieg", Tel. 359010, www.alsterhaus.de, geöffnet: Mo.–Sa. 10–20 Uhr. 1912 eröffnetes Kaufhaus, das heute noch in einem historischen Gebäude untergebracht ist und überwiegend hochwertige Produkte anbietet. Herausragend ist auch die Food-Abteilung.

**262** [O10] **Europa-Passage,** Ballindamm 40, U/S „Jungfernstieg", www.europa-passage.de, Kernöffnungszeiten Mo.–Sa. 10–20 Uhr. Größte Shoppingmall mit gut 120 Geschäften auf fünf Einkaufsebenen. Liegt äußerst zentral zwischen Alster und Mönckebergstraße und bietet die gesamte Bandbreite vom Discounter bis zum edlen Juwelier. Unten gibt es mehrere Restaurants, die vor allem mittags immer schwer umlagert sind.

**263** [N10] **Hanse-Viertel,** Poststraße 33, U/S „Jungfernstieg", www.hanse-viertel.de, geöffnet: Mo.–Sa. 10–20 Uhr. Eine großzügige, lichtdurchflutete Passage mit zwei zentralen Bereichen, in denen sich auch ein Lokal befindet. Viele Geschäfte mit breiter Auswahl, teils etwas schicker, teils mit netten Alltagswaren.

**264** [P10] **Levantehaus,** Mönckebergstraße 7, U/S „Hauptbahnhof", www.levantehaus.de, geöffnet: Mo.–Sa. 10–18.30 Uhr, die Passage selbst bleibt länger geöffnet. Auf zwei Etagen gibt es etliche Geschäfte, die überwiegend etwas Besonderes anbieten, z. B. eine Maßschneiderei. Obendrein existieren hier ein paar ruhige Lokale.

**265** [O10] **Mellin-Passage,** Neuer Wall 13, U/S „Jungfernstieg". Diese kleine Passage gilt als die älteste Hamburgs. Sie verbindet den Neuen Wall mit den Alsterarkaden. Neben der traditionsreichen Buchhandlung Felix Jud (s. S. 174) befinden sich hier nur wenige Geschäfte. Die Deckenmalerei im Jugendstil mit Engelsköpfen, die um 1900 entstand, ist aber sehr sehenswert

**266** [N10] **Passage Galleria,** Große Bleichen 31, U/S „Jungfernstieg", www.galleria-hamburg.de, geöffnet: Mo.–Fr. 10–19 Uhr, Sa. 10–18 Uhr, die gastronomischen Betriebe haben länger geöffnet. Die Passage im Art-déco-Stil wird von nicht wenigen Hamburgern als die schönste der Stadt angesehen.

*Bei The Art of Hamburg gibt es Unikate mit Hamburg-Touch (s. S. 180)*

## Souvenirs

An den Landungsbrücken (43) und in der Nähe des Michel (49) warten typische Souvenirshops mit den ebenso typischen Mitbringseln auf Kundschaft, wer aber etwas Spezielleres sucht, sollte mal hier schauen:

- 267 [N10] **Confiserie Paulsen,** Große Bleichen 36, U/S „Jungfernstieg", Tel. 367781, www.confiserie-paulsen.de, geöffnet: Mo.–Sa. 10–20 Uhr. Pralinen und Schokolade aus eigener Herstellung, auch mit Hamburger Motiven und einem „Gruß aus Hamburg" in Schokoladenform.
- 268 [L11] **Elbufer,** Ditmar-Koel-Str. 32, S/U „Landungsbrücken", Tel. 3196961, www.elbufer.de, geöffnet: Mo.–Fr. 11–18, Sa. 10–16 Uhr. Originelle Hamburg-Souvenirs, aber auch nette Dekoartikel wie Leuchttürme, Porzellan, Glas und vieles mehr gibt es hier.
- 269 [K9] **Hanseplatte,** Neuer Kamp 32 (ganz hinten in der rechten Halle), U3 „Feldstraße", Tel. 28570193, www.hanseplatte.de, geöffnet: Mo.–Sa. 12–18 Uhr. Hier wird Musik von/über/aus Hamburg verkauft, auch und gerade wenig Bekanntes und Raritäten, dazu Bücher über Hamburg und passende T-Shirts.
- 270 [Q9] **Kaufhaus Hamburg,** Lange Reihe 70, Tel. 28056616, Mo.–Sa. 11–19 Uhr. Hier gibt es Hamburg-Produkte, darunter viele ausgefallene Sachen, aber auch Bücher, Schmuck, Lebensmittel und Taschen.

*Das Interieur der schicken Passage Galleria*

EXTRATIPP

### Shop 'n' Stop

Jede Einkaufspassage hat mindestens ein Lokal oder ein Café zu bieten, in dem ermattete Shopper eine Verschnaufpause einlegen können, hier noch ein paar spezielle Tipps:

- Die große **Europa-Passage** (s. S. 178) hat unten eine ganze Reihe von Gastronomiebetrieben und außerdem ganz oben ein Lokal mit sensationeller Aussicht auf die Alster.
- Im Levantehaus (S. 178) befindet sich das schicke **Roncalli Grand Café**.
- In der **Thalia Buchhandlung** (s. S. 175) in der Spitalerstraße befindet sich neben der Reise-Ecke ein nettes, kleines Café.

271 [L11] **The Art of Hamburg,** Ditmar-Koel-Str. 19, U/S „Landungsbrücken", Tel. 41424419, www.the-art-of-hamburg.de, geöffnet: Mo.-Do. 12-18, Fr./Sa. 11-19 Uhr. Hier gibt es jede Menge handgefertigte Unikate und limitierte Auflagen von Produkten mit Hamburg-Touch. Einer der Renner ist das „Maschinisten-Shirt", ein eigentlich strahlend weißes T-Shirt, das mit schwarzer Farbe „handbeschmiert" wurde und auch in der Waschmaschine keine Katastrophe hinterlässt, so wurde dem Autor bei einem Kauf versichert.

## Sport

272 [O10] **SportScheck,** Mönckebergstr. 18, Innenstadt, U3 „Mönckebergstraße", Tel. 302980, www.sportscheck.com, geöffnet: Mo.-Sa. 10-20 Uhr. Filialist, der sein großes Angebot an Sportartikeln auf vier Etagen präsentiert, vor allem auch Outdoor- und Wanderkleidung.

## Besonderes, Skurriles

273 [F10] **Bonscheladen,** Friedensallee 12, S „Altona", www.bonscheladen.de, Tel. 41547567, geöffnet: Di.-Fr. 11-18, Sa. 11-16 Uhr. „Bonsche" sagt man in Hamburg und meint „Bonbons" und die gibt es hier. Feine, von Hand gefertigte Bonbons werden im Hause hergestellt und vorne in dem kleinen Laden verkauft.

274 [O10] **Ernst Brendler**, Große Johannisstr. 15, Tel. 373425, geöffnet: Mo.-Fr. 11-17, Sa. 11-16 Uhr. Spezialgeschäft für Tropen- und Marinebekleidung. Hier decken sich seit 1879 Hamburger Kaufleute mit der richtigen Bekleidung aus reinen Naturfasern ein, wenn die Geschäfte in schwül-heiße Gefilde führen. Tropenhelme und Moskitonetze gibt es auch.

275 [Q10] **Freitag**, Klosterwall 9, U/S „Hauptbahnhof", Tel. 3287020, www.freitag.ch, Mo.-Sa. 10-18 Uhr. Hier werden die kultigen Schweizer Taschen aus Lkw-Planen, Fahrradschläuchen, Airbags oder Autogurten verkauft. Jede Tasche ist ein Unikat.

276 [U3] **Globetrotter,** Wiesendamm 1, S1/U3 „Barmbek", www.globetrotter.de, Tel. 291223, Mo.-Fr. 11-19, Sa. 10-18 Uhr. Laden mit allem, was Weltenbummler benötigen. Ausrüstungen können fast unter Echtbedingungen getestet werden, z. B. in einer Kältekammer oder unterm Regensimulator.

277 [P10] **Mützenmacher Eisenberg,** Steinstraße 21, Tel. 335703, Mo.-Fr. 11-17, Sa. 10-13 Uhr. Elbsegler sind eine Kopfbedeckung für Seemänner, die zu früheren Zeiten die Elbe befuhren. Eigentlich handelt es sich bloß um eine einfache, flache Schirmmütze in dunkler Farbe mit einem Sturmriemen aus Leder am Mützensteg. Den konnte man sich bei starkem Wind unters Kinn klemmen, damit die Mütze nicht wegwehte. Mützenmacher Eisenberg ist einer der letzten, der diese Kopfbedeckung noch in Handarbeit herstellt.

# Hamburg zum Durchatmen

*Es ist nicht einfach, in einer Großstadt wie Hamburg eine stille Ecke zu finden, wo Besucher mal durchatmen können – aber es gibt sie. Manche liegen sogar ziemlich in der Nähe des innerstädtischen Geschehens, andere werden schnell mit U- oder S-Bahn erreicht.*

## Alstervorland

*Das Alstervorland ist ein Park von überschaubarer Größe vor der Außenalster* 81*. Ein Spazierweg führt direkt am Ufer entlang. Wer Ausdauer hat, kann sogar einmal die Außenalster umrunden, das wären dann allerdings 7,4 km.*

Okay, so richtig einsam ist es hier vielleicht nur an einem Montagmorgen im November bei Nieselregen und umgekehrt spaziert hier an einem Sonntagnachmittag bei Sonnenschein die halbe Stadt entlang. Dennoch ist ein Spaziergang am Ufer der Alster empfehlenswert, denn trotz allem kann man hier wunderbar spazieren gehen. Hunde tollen herum, Jogger joggen, Radler radeln und alle genießen den Blick auf die Alster und die Silhouette der Stadt. Wer müde wird, fläzt sich in einen der urgemütlichen **Holzstühle**, die von der Stadt zum allgemeinen Gebrauch aufgestellt wurden. Über allem liegt eine ruhige Atmosphäre. Auf der Alster blitzen die weißen Segel diverser Boote auf, Ruderer legen sich mächtig in die Riemen und der Alsterdampfer zieht seine Runden.

Für **Jogger** ist es eine Hausstrecke, viele laufen hier regelmäßig die 7,4 km einmal um die Außenalster herum (Läuferschnack: einmal herum ist nix, zweimal ist „Oha!“, dreimal ist „Profi“). Für **Spaziergänger** ist die Runde vielleicht ein wenig zu weit. Machbar aber ist der Rundweg natürlich, wenngleich sich die gegenüberliegende Seite nicht mehr ganz so idyllisch zeigt. Dennoch lohnt sich der Weg, denn gerade von der anderen Seite kann man einen sagenhaften Blick auf die Hamburger Skyline werfen. Die Türme der fünf Hauptkirchen, der

### Für Morgenmuffel

Kommen Sie morgens auch schlecht in die Gänge? Möchten Sie vielleicht den Tag lieber etwas ruhiger angehen? Hier gelingt der entspannte Einstieg ins Tagesgeschehen:

- **Alex im Alsterpavillon** (s. S. 161). Direkt an der Binnenalster gelegenes Lokal mit einer großen Terrasse zum Jungfernstieg und einer etwas kleineren zur Alster. Dort kann man sehr entspannt seinen Morgenkaffee genießen und drauf warten, dass ab 9 Uhr die Alsterfontäne endlich hochschießt.
- **Café Paris** (s. S. 161). „Fronkroisch“ in der Hansestadt, das gibt es tatsächlich. Im Café Paris kann man an winzigen Bistrotischen hocken, einen *café au lait* schlürfen und in aller Seelenruhe in der Zeitung stöbern.
- **Restaurant und Café im Literaturhaus** (s. S. 161). Schönes Kaffeehaus mit angeschlossener Buchhandlung, nur einmal über die Straße liegt die Außenalster. Wunderbar geeignet, um langsam in den Tag zu rutschen.

Rathausturm und natürlich der Fernsehturm sind zu erkennen.

› U1 „Hallerstraße“, dann ca. 10 Minuten Fußweg über die Hallerstraße und die sich anschließende Alsterchaussee. Oder mit dem Alsterdampfer: Das Schiff startet auf der Binnenalster vom Jungfernstieg 9, unterquert die Lombards- 11 und die Kennedybrücke, stoppt einmal vor dem Hotel Atlantic und überquert dann die Außenalster zum Anleger „Rabenstraße“, wo man aussteigt. Frequenz: stündlich, aber Achtung: Hier gelten keine HVV-Tickets.

## Botanischer Garten

Der 24 ha große, 1821 gegründete Botanische Garten liegt heute in Hamburgs Westen in Klein Flottbek, nachdem er sich ursprünglich etwa 150 Jahre lang an den alten Wallanlagen, am heutigen Standort von Planten un Blomen 59, befunden hatte. Zu finden sind mehrere **Themengärten**, beispielsweise ein Bauerngarten, ein Bibelpflanzengarten, aber auch eine Zone mit Giftpflanzen. In einer anderen großen Abteilung sind die Pflanzen nach **geografischen Gesichtspunkten** angeordnet und zeigen einen Querschnitt der weltweiten Pflanzenvielfalt. Es gibt auch einen größeren **See** mit ruhigen Ecken, in denen Bänke und gemütliche Holzsessel zum Entspannen einladen. Der Botanische Garten ist von 9 Uhr bis etwa 1,5 Stunden vor Sonnenuntergang geöffnet, der Eintritt ist frei.

•278 **Botanischer Garten**, S „Klein Flottbek“, dann 5 Minuten dem ausgeschilderten Fußweg folgen

*Ein Sonntag im Park, hier im Planten un Blomen* 59

## Elbspaziergang

*Zugegeben, dieser Tipp taugt nur bedingt, wenn man Einsamkeit und Stille sucht. Eigentlich überhaupt nicht an halbwegs schönen Tagen, denn dann flaniert halb Hamburg an der Elbe entlang. Und dennoch gibt es kaum einen schöneren Flecken zum Durchpustenlassen, Entspannen und eine Prise Fernweh Einatmen.*

Von Övelgönne 80 führt ein Wanderweg weit ab vom Autolärm über mehrere Kilometer unmittelbar am Elbufer entlang bis zum Fähranleger Teufelsbrück. Es ist eine sehr schöne Strecke, man schaut auf die Elbe, auf der sich dicke Containerschiffe durchs Bild schieben, spaziert unter Bäumen und genießt die leichte Brise. Auch wenn man hier tatsächlich nicht alleine unterwegs ist, lässt man sich doch gegenseitig in Ruhe, denn jeder träumt still vor sich hin.

Am Fähranleger Teufelsbrück beenden die meisten Hamburger ihren **Spaziergang** und kehren mit der Elbfähre zurück. Wer aber weiterläuft, erreicht nach einigen Kilometern schließlich Blankenese 81. Dieser Abschnitt ist weniger stark frequentiert, aber auch noch eine Spur länger.

› **Övelgönne** als Startpunkt kann mit Bus Nr. 113 ab Bahnhof Altona direkt erreicht werden. Es ist dann die Endstation. Elbfähre Nr. 62 fährt ab Landungsbrücken 43 Richtung Finkenwerder bis zum Museumshafen Övelgönne 79.

› Von **Teufelsbrück** geht es per Elbfähre Nr. 64 von Teufelsbrück auf die andere Elbseite nach Finkenwerder, dort umsteigen in die Elbfähre Nr. 62 und zurück zu den Landungsbrücken.

## Elbstrand

„**Beachlife**" an der Elbe, das ist sogar an mehreren Stellen möglich. Relativ citynah ist ein Strandstreifen unweit von Övelgönne 80. An sonnigen Sonntagen aalen sich hier die Hamburger wie auf Mallorca, aber schon am Montag bleibt doch viel Platz rund ums Handtuch. So oder so, man döst im warmen Sand, schaut auf die vorbeiziehenden Containerschiffe und wenn einen der Durst packt, dann schlendert man mal eben zur Kultkneipe Strandperle (s. S. 138).

› Mit Bus Nr. 112 bis „Liebermannstraße" und dann den relativ steilen Weg Himmelsleiter hinunter zur Elbe oder mit Bus 113 bis zur Endstation und dann an den Övelgönner Häusern vorbei bis zum Strand.

## Hirschpark

Dieser englisch inspirierte, 26 ha große Landschaftspark liegt kurz vor Blankenese 81 und wurde 1786 von **Johann Caesar IV. Godeffroy** erworben. Der Name erinnert an ein **Hirschgehege**, das Godeffroy hier anlegen ließ und das auch heute noch existiert. Neben dem Damwild werden hier auch **Pfauen** gehalten. Ein weiteres markantes Merkmal sind die gewalti-

KLEINE PAUSE

**Witthüs im Hirschpark**

279 **Witthüs**, Elbchaussee 499a, Bus 112 bis „Mühlenberg", Tel. 860173, geöffnet: Teestube tägl. 14–17, Abendessen Mo., Do.–So. 18–21.30, Mittag Sa./So. 12–15 Uhr. Beliebtes Café mitten im Hirschpark. Nachmittags gibts Kaffee und Kuchen aus eigener Bäckerei, abends präsentiert sich das Witthüs als Restaurant.

158hg Abb.: sm

gen Rhododendren und die zweihundertjährige Lindenallee, deren Blütenpracht im Mai eine Augenweide darstellt. Da der Hirschpark etwa 20 bis 30 Meter über dem Elbufer liegt, genießt man von dort einen tollen Blick, außerdem führt ein Fußweg direkt an der Kante des Geesthangs parallel zur Elbe entlang.

Die Godeffroys beauftragten außerdem den dänischen Architekten C. F. Hansen mit dem Bau eines Landsitzes, der zwischen 1789 und 1792 entstand. Das **Hirschparkhaus** (Elbchaussee 499) steht noch heute mitten im Park und beherbergt die Lola Rogge Schule für Tanz und Bewegung. Um 1800 entstand nebenan das hübsche, reetgedeckte **Witthüs** (s. S. 183), das heute ein beliebtes Café ist.

- **280 Hirschpark,** Bus 112 ab Innenstadt (Hauptbahnhof, Ecke Spitalerstraße) bis „Mühlenberg" (Achtung: 1.-Klasse-Ticket erforderlich!)

*Ganz entspannt im Hier und Jetzt: vor der Gartenlaube im Park Planten un Blomen* 59

*Lauschige Ecken mitten in der Großstadt bietet der Park Planten un Blomen*

## Jenischpark

Der Jenischpark liegt in Klein-Flottbek und erstreckt sich von der Elbchaussee weit nach Norden. Angelegt wurde er 1797 im Auftrag des Kaufmanns Johann Caspar Voght, 1828 erwarb ihn der Hamburger Senator Martin Johann Jenisch (1793–1857) und 1937 schließlich die Stadt. In den Jahren 1831 bis 1834 entstand ein klassizistisches Herrenhaus, das heute als **Jenischhaus** (s. S. 146) bekannt ist. Dort befindet sich eine Außenstelle des Altonaer Museums und zeigt seit 1927 die großbürgerliche Wohnkultur des 18. Jh. Unterhalb des Jenischhauses steht eine 500 Jahre alte Eiche, die damit als einer der ältesten Bäume Hamburgs gilt.

Ganz in der Nähe des Jenischhauses befindet sich auch das **Ernst-Barlach-Haus** (s. S. 146). Es wurde 1960 bis 1962 erbaut, gestiftet vom Tabakindustriellen Hermann Reemtsma. Ausgestellt sind Arbeiten von Ernst Barlach sowie regelmäßig wechselnde Werke anderer Künstler.

- **281 Jenschpark,** bis Klein Flottbek mit der S-Bahn Linie S1 und weiter mit Bus X21 bis Marxensweg oder mit Bus 112 ebenfalls bis Marxensweg, beispielsweise ab Innenstadt bzw. Hauptbahnhof, gegenüber Spitalerstraße

## Planten un Blomen

Für alle Nicht-Plattdeutsch-Sprecher: Planten un Blomen 59 bedeutet „Pflanzen und Blumen", und genau das zeigt diese 45 ha große **Parkanlage**, die mitten im Herzen der Stadt liegt. Sie ist ein Treff für Flaneure, Botaniker, aber auch für Ruhesuchende. Mehrere gärtnerisch unterschiedlich gestaltete Themenbereiche wurden angelegt. Kleine idyllische Wasserläufe, ein größerer, vielgenutzter Kinderspielplatz, ein Musikpavillon und nicht zuletzt die farbigen Wasserspiele am Parksee machen den Reiz aus.

Stille Ecken findet man überall, aber einige Themengärten verdienen besondere Aufmerksamkeit. Beispielsweise der 5000 m² große **Rosengarten** mit 300 verschiedenen Sorten, der gleich neben dem riesigen Congress Centrum am Bahnhof Dammtor zu finden ist. Im Sommer eine Blütenpracht sondergleichen!

Die **Wasserkaskaden** stammen aus dem Jahr 1935 und zählen zu den ältesten Anlagen, im Umfeld stehen etliche Gartenstühle für die Besucher bereit.

› S „Dammtor" oder U1 „Stephansplatz"

## Stadtpark

Im Stadtteil Winterhude liegt diese **größte grüne Lunge Hamburgs.** Der Park hat eine Fläche von knapp 150 ha. Geplant von Fritz Schumacher, dem ehemaligen Oberbaudirektor von Hamburg, und Friedrich Sperber wurde der Park 1914 eröffnet. Er wurde gärtnerisch und architektonisch gestaltet und zeigt heute ein eindrucksvolles Wechselspiel aus langen, geraden Wegen und freien Flächen. So wird der Park von **Joggern** genutzt, aber auch von **Freizeitkickern**, die auf den großen Wiesen Fußball spielen und hinterher grillen. Außerdem gibt es einen **See mit Freibad**, eine insgesamt kunstvoll gestaltete **Parklandschaft** und am Rande des Parks steht auch eine **Open-Air-Bühne**, auf der im Sommer zahlreiche Konzerte stattfinden. Nicht zuletzt gibt es auch **Lokale** mit urgemütlichem Biergarten.

Etwas am Rande des Stadtparks steht der alte **Wasserturm**, der seit 1930 das **Planetarium** beherbergt. Der Turm wurde 1912 bis 1915 erbaut, diente aber nur ein paar Jahre als Wasserspeicher. Dank modernster Computer- und Simulationstechnik in 3-D erhält der Besucher einen atemberaubenden, dreidimensionalen Einblick in das Weltall. So wird der Sternenhimmel sehr plastisch gezeigt, aber es gibt auch Themenabende sowie Film- und Sound-Vorführungen (Details und Termine siehe Website).

› U3 oder Bus 6 ab Hauptbahnhof, Ecke Kirchenallee bis „Borgweg"

•282 [Q1] **Planetarium,** Otto-Wels-Str. 1, Tel. 428865210, www.planetarium-hamburg.de, Di. 9–19, Mi. 9–17, Do./Fr. 9–21, Sa. 12–22.30, So. und an Feiertagen 10–19 Uhr, Eintritt: 12 €, Kinder bis 17 Jahre 7,50 €

EXTRATIPP

**Durch den Park zur Reeperbahn**

Wer möchte, kann den ganzen Weg vom Bahnhof Dammtor, der als Einstiegstor zu Planten un Blomen gilt, bis zum Beginn der Reeperbahn 52 durch die schönen Parkanlagen gehen. Immer weit genug entfernt vom Autolärm.

## Hamburg mit Kindern

*Der Besuch einer Großstadt ist für die lieben Kleinen häufig anstrengend, deshalb folgen ein paar Tipps für Unternehmungen, die speziell den Kindern, aber auch der ganzen Familie Spaß machen.*

64 [G11] **Altonaer Museum.** Das Museum hat eine spezielle Ausstellung nur für Kinder, genannt „Kinderolymp". Hier können auf spielerische Weise wechselnde thematische Ausstellungen kennengelernt werden.

› **Elbstrand** (s. S. 183). Einfach mal im Sand buddeln und den Rest der Welt vergessen, während Papa ein Bierchen zischt und Mama ein Eis schleckt – in Övelgönne am Elbstrand ist das sehr gut möglich. Bus Nr. 113 bis zur Endstation fahren und dann an den Övelgönner Häusern vorbeilaufen bis zum Strand.

76 [H1] **Hagenbecks Tierpark.** Hamburgs Zoo ist eine Institution, und das schon seit 1874. Etwa 1850 Tiere wollen beguckt und bestaunt werden. Im Mai und Juni finden an bestimmten Abenden die beliebten Dschungelnächte mit breitem Showprogramm statt. Separat kann man das Tropenaquarium mit 14.000 Meeresbewohnern besuchen.

› Der **Hamburger Dom** findet im Frühjahr, Sommer und Winter für jeweils vier Wochen auf dem Heiligengeistfeld (U3 „St. Pauli") statt. Alle Kids stürmen dann die Karussells, Achterbahnen und Zuckerstangenbuden.

› **Hubertus Wald Kinderreich,** im Museum für Kunst und Gewerbe 29, Sa./So. 10–18 Uhr, in den Schulfreien Di.–So. 10–18 Uhr, unter 18 Jahren frei. Eine Wunderwelt auf 250 m², in der sich Kinder kreativ austoben und ihrer Fantasie freien Lauf lassen können.

S283 [S10] **i-punkt Skateland,** Spaldingstr. 131, U/S „Berliner Tor", Tel. 234458, https://i-punktskateland.de, geöffnet: Mo.–Fr. 15–20 Uhr, Mi./Fr. bis 24 Uhr, Sa./So./Schulferien ab 13 Uhr, Eintritt: in der Woche tagsüber frei, Fr.–So., in den Schulferien 3 € (bis 18 Jahre) bzw. 4 € (über 18 Jahre), BMX und MTB 1 € extra. In einer 1500 m² großen Halle und in Freianlagen können Skater und MTB- und BMX-Fahrer so richtig loslegen.

36 [N11] **Miniatur Wunderland.** Eine der größten Modelleisenbahnanlagen überhaupt, außergewöhnlich liebevoll und detailgetreu gebaut und in mehrere Themengebiete und Landschaften unterteilt. Da bekommen auch große Kinder noch leuchtende Augen!

79 [D12] **Museumshafen Övelgönne.** Alte Holzschiffe und nicht ganz so alte Arbeitsschiffe (Schwimmkräne, Schlepper, Polizeiboot) liegen am Anleger Neumühlen in Övelgönne.

› **Museumsschiffe.** Sowohl der alte Segler Rickmer Rickmers 45 als auch das Motorschiff Cap San Diego 44 lassen Kinderherzen höher schlagen. Endlich dürfen sie mal alles anfassen und überall herumtoben. Beide Schiffe liegen an den Landungsbrücken, bei der gleichnamigen U- und S-Bahnstation.

59 [M8] **Planten un Blomen.** In der grünen Lunge der Stadt findet zwischen Mai und August ein spezielles Sommerprogramm statt, das auch etliche Attraktionen für Kinder bietet (Theater, Rollschuhbahn, Zirkus). Detaillierte Infos und das komplette Programm sind über die Touristeninformation bzw. über die Homepage von Planten un Blomen erhältlich. Außerdem gibt es im Park einen großen und gut bestückten Spielplatz sowie ein Trampolin bei der Minigolfanlage.

•284 [E2] **Rabatzz!,** Kieler Straße 571, ab U-Bahn-Haltestelle „Hagenbecks Tierpark" Bus Nr. 281 bis Haltestelle „Wördemannsweg", Tel. 54709690, www.rabatzz.de, geöffnet: Di.–Fr. 14–19 Uhr, Sa./So. 10–19 Uhr, während der Schulferien (Hamburg und Schleswig-Holstein) täglich 10–19 Uhr. Eintritt: Kinder 3–18 Jahre 13,50 €, Kinder unter 3 Jahren 6,50 €, Erwachsene 11,50 €. Ein riesiger Indoor-Spielbereich mit diversen Angeboten, die Kinderherzen schneller schlagen lassen.

› In Hamburg gibt es diverse Möglichkeiten für **Schiffstouren** (s. S. 236), von einer Hafenrundfahrt, einer Fleetfahrt oder generell Alsterschippern bis hin zu einer Mini-Kreuzfahrt über die Elbe mit einer Hafenfähre.

•285 [O12] **Spielplatz in der HafenCity,** U-Bahn U4 bis Überseequartier oder per Bus 111 bis Haltestelle Marco-Polo-Terrassen. Am Grasbrookpark befindet sich ein schöner, großer Spielplatz. Die Gestaltung erfolgte nach Befragung von Kindern einer benachbarten Schule und herausgekommen ist ein Spielplatz, der sich weit von anderen abhebt. Mit Kletterwald, Weidenlabyrinth, vielen Spielgeräten und Schaukeln, Rutschen etc.

› **Stadtpark** (s. S. 185). Der weitläufige Stadtpark hat einen sehr beliebten, gut ausgestatteten Spielplatz und auch einen Badesee im Angebot. Außerdem kann man im nahen Planetarium Sterne und Planeten bestaunen.

› **Theater für Kinder,** Max-Brauer-Allee 76, S1/3 „Altona", Tel. 382538, www.theater-fuer-kinder.de. „Kinder an die Macht!" wurde hier verwirklicht. Das Theater, das mit eigenen Räumlichkeiten im Allee Theater (s. S. 144) ansässig ist, bringt nicht nur zur Weihnachtszeit Stücke für Kinder auf die Bühne. Sogar Opern werden kindgerecht aufgeführt.

*Paradies für Eisenbahnfreunde: das Miniatur Wunderland in der Speicherstadt*

186hg Abb.: ©Stimmungsbilder1, stock.adobe.com

# Zur richtigen Zeit am richtigen Ort

*Eine der ältesten Festivitäten weltweit(!) kann leider nur auf Einladung besucht werden: Seit 1356 findet immer am 24. Februar (Matthias-Tag) das sogenannte Matthiae-Mahl statt. Früher wurden zu diesem Termin der neue Bürgermeister benannt und Aufgaben der Stadt neu verteilt. Aus dieser Tradition werden noch heute ca. 400 Gäste ins Rathaus 7 geladen, seit 1622 auch Damen. Einige weitere Feste sind im Hamburger Kalender fest eingebrannt, dann ist die ganze Stadt auf den Beinen und lässt es so richtig krachen. Hier eine Übersicht.*

110hg Abb.: hf

*Der Dom, ein Jahrmarkt, findet dreimal im Jahr statt*

## Januar

- **Eisvergnügen** auf der Außenalster 61: Findet leider nur statt, wenn die Alster 20 cm tief zugefroren ist, was lediglich alle Jubeljahre mal passiert, zuletzt 2012. Tausende tummelten sich an einem klaren Wintertag auf dem Eis.

## Februar

- **Reisen Hamburg** (www.reisenhamburg.de). Internationale Touristikmesse in den Messehallen beim CCH (Congress Centrum Hamburg).

## März

- **Frühlingsdom** (www.hamburg.de/dom). Vierwöchiger Jahrmarkt auf dem Heiligengeistfeld im Stadtteil St. Pauli, knapp neben der Reeperbahn 52.

## April

- **Die lange Nacht der Museen** (www.langenachtdermuseen-hamburg.de). An einem Samstag im April öffnen viele Museen der Stadt auch am Abend und schließen erst spät in der Nacht. Mit einem Gemeinschaftsticket können sie allesamt besucht werden. Außerdem fahren dann Shuttlebusse auf festen Routen diese Häuser an.
- **Haspa Marathon Hamburg** (www.haspa-marathon-hamburg.de).Tausende von Hobbyläufern und Rollstuhlfahrern sowie auch einige Laufprofis rennen beim Haspa Marathon Hamburg durch die Stadt, außerdem gibt es viel Beiprogramm. Der Autor war auch schon des Öfteren dabei.

## Mai

- **Hafengeburtstag** (www.hamburg.de/hafengeburtstag). Um den 7. Mai. Es handelt sich um eine dreitägige Megaparty mit diversen Veranstaltungen bei den Landungsbrücken (43). Jede Menge Boote und Schiffe laufen in den Hafen ein. Hunderttausende kommen zum Gucken und Feiern.
- **Japanisches Kirschblütenfest.** Zur Zeit der Kirschblüte feiert die japanische Gemeinde ein Fest und bedankt sich bei Hamburg zum Schluss mit einem tollen Feuerwerk auf der Alster.
- **Spring- und Dressurderby** (www.hamburgderby.de). Traditionsreiche Veranstaltung für Pferdefreunde im Derbypark Flottbek.
- **Osterstraßenfest** im Stadtteil Eimsbüttel (www.osterstrassenfest.com). Sozusagen die Mutter aller Hamburger Straßenfeste. Die gesamte Straße verwandelt sich eine Festmeile, auch mit etwas abseits liegenden geschützten Zonen für Kinder.

## Juni

- **Elbjazz** (www.elbjazz.de). Zweitägiges Jazzfestival, das am Hafen und in der HafenCity stattfindet, inklusive Konzerten in der Elbphilharmonie (39).
- **Eppendorfer Landstraßenfest** (www.hamburg.de/eppendorfer-landstrassenfest). Der Stadtteil Eppendorf (74) lädt zur Feier auf der Eppendorfer Landstraße ein und viele Tausende Besucher kommen. Geboten wird hier u. a. ein sehr beliebter Flohmarkt, es gibt aber auch eine Kunsthandwerk- und Designmeile, auf der hochwertige Produkte angeboten werden.

160hg Abb.: sm

*Hossa, Hossa! Feierwütige beim Schlagermove*

- **Sommer in der HafenCity:** vielfältige Veranstaltungen in Hamburgs neuem Stadtteil, u. a. mit Tango- und Salsatänzen unter freiem Himmel (www.hamburg.de/sommer-in-der-hafencity)
- **Altonale** (www.altonale.de). Dieses Stadtteilfest findet rund um das blitzweiße Altonaer Rathaus (65) statt.

## Juli

- **Christopher Street Day** (www.hamburg-pride.de): Schrille Parade von Hamburgs Schwulen und Lesben durch die Innenstadt.
- **Schlagermove** (www.schlagermove.de). Seit 1997 wird dem deutschen Liedgut gehuldigt und die Hamburger strömen in buntester Verkleidung im Stil der 1970er-Jahre auf die

187hg Ab

## Die „Peking“ – eine Hamburger Liebe

*Der Viermaster „Peking“ ist einer der letzten verbliebenen, legendären Flying-P-Liner der Reederei Laeisz (s. S. 42). Er lief 1911 vom Stapel und transportierte vor allem Salpeter aus Chile nach Hamburg. Bei jeder dieser Reisen umrundete er zweimal Kap Hoorn. Alle 34 Segel an den vier über 50 m hoch aufragenden Masten gesetzt, war das 106 m lange Schiff ein beeindruckender Anblick.*

*Die „Peking“ fuhr die Strecke mehrfach, bevor sie in die Ereignisse des Ersten Weltkriegs verwickelt wurde: Zunächst beschlagnahmte man sie in Chile, es folgte eine Irrfahrt durch verschiedene Häfen und Länder und 1975 schließlich gelangte sie nach New York. Dort lag sie mehr als 40 Jahre lang als Museumsschiff am Kai, wo sie - man kann es nicht anders sagen - so langsam vergammelte. Die Amerikaner wollten das Schiff schließlich verschrotten, was halb Hamburg aufschreckte und eine einmalige Rettungsaktion anstieß.*

*Lokale Politiker schalteten den Bundestag ein und der Haushaltsausschuss bewilligte letztendlich 26 Mio. Euro für die Restaurierung. Daraufhin nahmen die Hamburger den Amerikanern das Schiff für schlappe 100 Dollar ab und brachten es auf eigene Kosten über den Atlantik. 2017 kam die arg marode „Peking“ auf einem Dockschiff in Wewelsfleth (50 km nördlich von Hamburg) an. Dort wurde sie fachmännisch entkernt und originalgetreu instand gesetzt. Das dauerte. Und kostete. Aber was will man machen bei einer Liebhaberei?*

*2020 endlich kehrte die „Peking“ in einem wahren Triumphzug nach Hamburg zurück und wurde von den Hamburgern begeistert empfangen. Begleitet von Dutzenden kleineren und größeren Booten fuhr sie die Elbe hoch, Tausende standen am Ufer und winkten dem Schiff zur Begrüßung zu. Nun liegt die „Peking“ vorerst im Deutschen Hafenmuseum (s. S. 144) vor Anker.*

EXTRAINFO

### Veranstaltungen

**Tagesaktuelle Informationen** zu Veranstaltungen und Terminen findet man z. B. unter www.hamburg.de, aber auch in den Tageszeitungen „Hamburger Abendblatt" und „Hamburger Morgenpost" (jeden Donnerstag) und den Magazinen „Oxmox" und „Szene Hamburg" (s. S. 218).

Reeperbahn 52. Wird auch gerne als „Karneval des Nordens" bezeichnet.

- **Schleswig-Holstein Musik Festival** (www.shmf.de). Einige Konzerte im Rahmen dieses Festivals finden in der Hansestadt statt.
- **Triathlon Hamburg** (http://hamburg.triathlon.org). Beliebter, großer Triathlon mitten in der City, geschwommen wird beispielsweise in der Binnenalster 10, bei Interesse rechtzeitig(!) anmelden.
- **Derby-Woche** auf der Horner Rennbahn (www.galopp-hamburg.de). Ähnlich wie im englischen Ascot zeigen sich Hamburgs Damen hier gern mit riesigen Hüten.

## August

- **Cyclassics** (www.cyclassics-hamburg.de). Radrennen um Weltcuppunkte für Profis und drei verschieden lange, aber kürzere Strecken für jedermann. Tausende radeln auf drei Strecken durch Hamburg, die Veranstaltung ist immer schnell ausgebucht.
- **Sommerdom** (www.hamburg.de/dom). Mehrwöchiger Jahrmarkt auf dem Heiligengeistfeld in St. Pauli (beginnt schon Ende Juli).
- **MS Dockville** (www.msdockville.de). Dreitägiges Musik- und Kunstfestival, das im Hamburger Stadtteil Wilhelmsburg stattfindet.

EXTRATIPPS

### Queen Mary 2 zu Besuch

Mehrmals im Jahr legt das **Kreuzfahrtschiff Queen Mary 2** in Hamburg an und jedes Mal findet eine Art **Volksfest** statt. Die Hamburger strömen zu Tausenden an die Elbe und in den Hafen und bestaunen den Ozeanriesen, egal zu welcher Uhrzeit. Das Ablegen des Schiffs wurde bereits im Regionalfernsehen N3 live übertragen. Die Hamburger haben einfach ein emotionales Verhältnis zur QM2.

- Infos: www.hamburg.de/kreuzfahrtschiffe

### Fußball gucken

Wenn man schon in Hamburg ist, dann könnte man vielleicht auch gleich ein Spiel vom HSV oder vom FC St. Pauli anschauen. Die Spiele beider Mannschaften sind zumeist gut besucht, nicht selten sogar ausverkauft. Tickets kann man im Internet bestellen (www.hsv.de bzw. www.fcstpauli.com) oder vor Ort hier kaufen:

**286** [O10] **HSV City Store,** Schmiedestraße 2, S/U „Jungfernstieg" oder U3 „Rathaus", Tel. 040 41551887 (für Eintrittskarten), geöffnet: Mo.–Fr. 10–18, Sa. 10–16 Uhr. Der Shop liegt in einer Nebenstraße der Mönckebergstraße 2 gegenüber der St. Petrikirche 6. Neben HSV-Souvenirs gibt es auch Tickets für die Bundesligaspiele.

**287** [K10] **FC St. Pauli Kartencenter,** Harald-Stender-Platz 1, U3 „St. Pauli", Tel. 01805 997719 (nur für Eintrittskarten), www.fcstpauli.com, geöffnet: Do.–Fr. 10–18 und an Spieltagen ab drei Stunden vor dem Anpfiff

## September

- **Hamburger Theaternacht** (www.hamburger-theaternacht.de). An einem Samstagabend öffnen die meisten Theater der Hansestadt und laden zu Kurzvorstellungen ein. Besucher können so viele Häuser wie möglich mit einem Gemeinschaftsticket ansteuern, Busse zirkulieren auf speziellen Routen und halten vor den Theatern.
- **Nacht der Kirchen** (www.ndkh.de). Etwa 140 christliche Kirchen öffnen für eine Nacht ihre Tür und bieten dem Besucher ein umfangreiches Programm.
- **Reeperbahn Festival.** In und vor St. Paulis Clubs und Kneipen spielen vier Tage lang diverse Bands auf ca. 90 Bühnen (www.reeperbahnfestival.de).

## Oktober

- **Film Fest Hamburg** (www.filmfesthamburg.de). In diversen Kinos laufen ausgesuchte Filme.

## November

- **Markt der Kulturen und Künste.** Im Museum am Rothenbaum Kulturen und Künste der Welt (s. S. 145, www.markk-hamburg.de) präsentieren Künstler und Händler Produkte aus aller Welt.
- **Winterdom** (www.hamburg.de/dom). Der letzte der drei Dom-Jahrmärkte auf dem Heiligengeistfeld in St. Pauli.

173hg Abb.: hf

*Der Triathlon (s. S. 191) zählt zu den wichtigsten Sportereignissen des Jahres*

## Dezember

- **Weihnachtsparade:** Amerikanisch inspirierte Parade mit Trucks und viel Glitzer durch die Mönckebergstraße 2. Hat ein bisschen was von Karneval und freut vor allem die Kinder.
- **Weihnachtsmärkte:** U.a. in der Innenstadt vor dem Rathaus 7, auf dem Gerhart-Hauptmann-Platz [P10], am Gänsemarkt 14 und in den Kirchen der Norweger, Schweden, Dänen, Finnen in der Ditmar-Koel-Straße 48.
- **Silvesterparty an den Landungsbrücken** 43. Mit Feuerwerk und Schiffssirenengeheul wird das neue Jahr von Zehntausenden von Schaulustigen begrüßt.

# HAMBURG VERSTEHEN

004hg Abb.: hf

# Hamburg – ein Porträt

*Hamburg hat eine lange Geschichte und viele Traditionen, die gepflegt werden. Dennoch ist Hamburg eine moderne Metropole, die sich Neuerungen gegenüber aufgeschlossen zeigt. Mehrfach wurde die Stadt schon im großen Stil verändert.*

Hamburg ist mit 1,85 Mio. Einwohnern die **zweitgrößte Stadt Deutschlands** und mit 755 km² auch **flächenmäßig** relativ groß. Berlin, mit 3,4 Mio. Einwohnern deutlich größer, kommt auf etwa 890 km², München (1,2 Mio. Einwohner) erreicht 311 km². Das Hamburger Zentrum bleibt dennoch überschaubar – oder wie man hier auch sagt: „fußläufig". Die wichtigsten Sehenswürdigkeiten können also gut zu Fuß erreicht werden.

Die **Ausdehnung** des Stadtgebiets in Nord-Süd-Richtung beträgt 38,6 km, in West-Ost-Richtung 41,3 km. Der **höchste natürliche(!) Punkt** misst 116,2 m und befindet sich in den Harburger Bergen, den überragt der Fernsehturm mit 278 m allerdings locker.

Neben dem Hafen nehmen verschiedene **Grünflächen** einen großen Teil Hamburgs ein. Sie bedecken insgesamt 17 % der Stadtfläche. Darunter befindet sich auch der **Friedhof Ohlsdorf** 72, der 4 km² misst und damit weltweit zu den größten zählt. Es verkehren sogar reguläre Linienbusse auf dem Areal, das deutet die Dimensionen an. Auch nicht gerade klein fällt der Stadtpark in Winterhude aus, der 180 ha Fläche aufzuweisen hat. Weitere größere Grünflächen sind Alstervorland, Sternschanzenpark, Jenischpark, Hirschpark und ganz allgemein der Elbuferweg in Richtung Blankenese 81. Die Statistik verrät ergänzend, dass es im Stadtgebiet 215.000 **Straßenbäume** gibt. Hamburg darf sich also durchaus eine grüne Stadt nennen.

Hamburg ist entscheidend vom **Wasser** geprägt. Insgesamt 8 % des Stadtgebietes besteht aus Wasserflächen und Flüssen. Die bekanntesten – und auch prägendsten – sind die Elbe und die Alster. Die Stadt wird von einer Vielzahl von Kanälen, Fleete genannt, durchzogen. Insgesamt **2479 Brücken** (ganz genau: 1172 Straßen-, 383 Hafen-, 517 Eisenbahn- und 407 Hochbahnbrücken) überspannen die verschiedenen Wasserläufe, das sind mehr als in Amsterdam und Venedig zusammen.

Die **Elbe** war schon immer die wirtschaftliche Hauptschlagader der Stadt, denn über sie kamen die Schiffe und brachten Waren, Güter und Reichtum nach Hamburg. Demzufolge war der **Hafen** schon seit den Anfängen äußerst wichtig für die Stadt. Er wird noch heute gehegt und gepflegt und bei Bedarf auch ausgebaut. Der Hafen und ganz allgemein die seemännische Atmosphäre prägen deshalb auch noch heute ganz entschieden das Gesicht der Stadt. Wer von Süden kommt, egal ob per Bahn oder Auto, nimmt zunächst kurz vor dem Queren der Elbe die gewaltigen Containeranlagen wahr. Erst nach dem Passieren der Elbe (oberirdisch mit dem Zug, unterirdisch mit dem Auto durch den Elbtunnel) nähert man sich dem Herzen der

*▷ Schöner Blick über die Binnenalster 10 mit Alsterdampfer und Alex im Alsterpavillon am Jungfernstieg 9 (s. S. 161)*

*◁ Vorseite: Ein seltener Anblick – die Cap San Diego 44 auf kleiner Fahrt*

Stadt. Früher lag der Hafen direkt vor der City. Das geht heute nicht mehr, denn die Schiffe sind einfach zu groß geworden, die Containerterminals wanderten ins Hinterland ab. Der Hafenrand bei den Landungsbrücken 43 prägt aber ganz entscheidend das Stadtbild und vermittelt immer noch einen großartigen „hafenmäßigen" Eindruck.

Das Zentrum der Stadt wird von einem anderen Fluss geprägt, der **Alster.** Dieser nur 51 km kurze Fluss wurde schon vor vielen Jahrhunderten mitten in der City aufgestaut. Deshalb glauben Besucher auch immer wieder, dass es sich bei der Alster um einen See handele, was aber falsch ist. Dieser „See" wird ebenfalls seit Jahrhunderten durch zwei Brücken in die **Außenalster** (1,6 km² groß) und die deutlich kleinere **Binnenalster** geteilt, die sich mitten im Zentrum, nur wenige Schritte vom Rathaus 7 und der

KURZ & KNAPP

### Hamburger Nordseeinsel

Die 3 km² kleine Insel Neuwerk liegt vor der Elbmündung in der Nordsee und gehört zu Hamburg. Dort steht das älteste Bauwerk der Hansestadt, der 35 m hohe **Leuchtturm,** der 1814 aus einem Wehrturm aus dem 14. Jh. gebaut wurde. Am Leuchtturm von Neuwerk konnten sich die Kapitäne orientieren, um die Einfahrt in die Elbe zu finden.

EXTRATIPP

### Stadtmodell

Ein großes Stadtmodell im Maßstab 1 : 500 steht im Foyer der Behörde für Stadtentwicklung:

- **288 Behörde für Stadtentwicklung,** Neuenfelder Straße 19, nahe der S-Bahn-Station Wilhelmsburg, Mo.–Fr. 9–19 Uhr

EXTRATIPP

## Hamburg von oben

- **Lift im Mahnmal St. Nikolai** 22. Ein gläserner Lift befördert Besucher in der Kirchturmruine der ehemaligen St. Nikolaikirche auf 76 Meter Höhe. Von der dortigen Plattform genießt man durch mehrere Fenster einen schönen Weitblick über Hamburg.
- Von der **Aussichtsplattform der Elbphilharmonie** 39, der Plaza, genießen Besucher einen tollen Blick über den Hafen und die HafenCity. Der Besuch ist kostenlos, die Besucherzahl allerdings limitiert. Wer sicher gehen möchte, reserviert sich ein Ticket über die Website, was dann 2 € kostet.
- Der **Turm der St. Petrikirche** 6 in der zentralen Mönckebergstraße misst insgesamt stolze 120 Meter. Von oben genießt man einen tadellosen Weitblick, allerdings erst nach einer ziemlich anstrengenden Kletterei.
- Von der Aussichtsplattform des **Michel** 49 in 82 Meter Höhe (Fahrstuhl!) genießt man einen tollen Fernblick über den Hafen, die Elbe und die halbe Stadt.
- Auch nicht schlecht ist der Hafenblick aus der **Tower Bar** im 12. Stock des Hotels Hafen Hamburg (s. S. 228).

## Hamburgs Bezirke

## Stadtbezirke

Hamburg ist in sieben Bezirke aufgeteilt. Im Uhrzeigersinn sind es ausgehend von der Elbe:

- **Altona:** 275.000 Einwohner
- **Eimsbüttel:** 269.000 Einwohner
- **Hamburg Nord:** 315.000 Einwohner
- **Wandsbek:** 442.000 Einwohner
- **Hamburg Mitte:** 301.000 Einwohner
- **Bergedorf:** 130.000 Einwohner
- **Harburg:** 169.000 Einwohner

Haupteinkaufsmeile Mönckebergstraße 2 entfernt, befindet.

Eine klassische Altstadt gibt es nicht mehr, wofür drei schlimme **Katastrophen** verantwortlich waren. Im Jahre **1842** brannte im wahrsten Sinne des Wortes die halbe Stadt ab. **1892** grassierte vor allem in den äußerst eng besiedelten ärmeren Vierteln eine Choleraepidemie. Daraufhin wurden kurzerhand die lebensfeindlichen Häuser im engen Gängeviertel am Hafenrand komplett abgerissen, die Menschen umgesiedelt und ein völlig neues Kontorhausviertel gebaut, das überwiegend aus Büros bestand. Auch bereits nach dem Großen Brand waren neue grandiose Bauwerke (Alsterarkaden 8, Rathaus 7) entstanden, die noch heute das Stadtbild prägen. **1943** wurden dann im Krieg durch Bombardements nochmals ganze Straßenzüge dem Erdboden gleichgemacht

Als die bislang letzte und neueste Veränderung im innerstädtischen Bereich entsteht hinter der Speicherstadt 32 mit der **HafenCity** 38 ein völlig neues Viertel. Altes wurde abgerissen, damit im großen Stil etwas Neues entstehen kann. Eine Verbindung zwischen Wohn- und Arbeitswelt soll geschaffen werden, also eine Mischung aus hochmodernen Bürokomplexen und modern-stilvollen Apartmenthäusern, unterbrochen von lauschigen Plätzen mit maritimem Touch. Die Gebäude wirken im Gesamtbild modern und zukunftsweisend. Und genau so will Hamburg ja auch sein.

# Von den Anfängen bis zur Gegenwart

*Man kann nicht sagen, dass Hamburg eine alte Stadt wäre. Erste geschichtliche Zeugnisse sind gerade einmal 1300 Jahre alt und relativ vage. Schon frühzeitig regte sich aber der pragmatische Kaufmannsgeist in der damals noch sehr kleinen Siedlung an der Elbe. Bereits vor über 800 Jahren ließen sich die Hamburger einen kaiserlichen Freibrief zum zollfreien Handel aushändigen. Auch wenn dieser Brief heute als Fälschung angesehen wird, zeigt er doch eine Richtung, die sich durch die folgenden Jahrhunderte fortsetzte: Kaufmännisches Handeln bestimmte das Wohl der Stadt und dem hatten sich politische Entscheidungen anzupassen. Egal, wer gerade das Sagen hatte.*

**8. Jh.:** „Hamburg" ist nur eine winzige Siedlung der Sachsen, die vom slawischen Stamm der Abodriten verdrängt werden. Sie errichten eine erste Festung und nennen sie „Hammaburg".

**831:** Erzbischof Ansgar kommt zur Hammaburg, um von dort aus den Norden zu missionieren.

**845:** Wikinger überfallen und zerstören die Hammaburg, Bischof Ansgar flüchtet nach Bremen.

**1035:** Bau eines steinernen Wehrturms unter Bischof Alebrand, Reste existieren noch im Schauraum neben der St. Petrikirche (6).

**1060:** Eine neue Burg entsteht am Alsterufer als weltlicher Gegenpol zur bischöflichen Festung.

**1066:** Slawische Stämme erobern ein letztes Mal die Hammaburg.

**1111:** Die Hammaburg (im Weiteren nun „Hamburg“) fällt an die Herzöge von Schauenburg.

**1188:** Graf Adolf III. lässt in der neuen Stadt einen Markt mit Hafen gründen.

**1189:** Am 7. Mai bekommt Graf Adolf III. von Kaiser Barbarossa einen Brief ausgehändigt, in dem Hamburg das Privileg zugestanden wird, Waren frei von Zoll handeln zu können. Dieses Datum wird jedes Jahr ganz groß als Hafengeburtstag gefeiert, obwohl heutige Forschung von einem gefälschten Dokument spricht.

**1201:** Besetzung der Stadt durch die Dänen.

**1216:** Graf Adolf IV. regiert über die nun vereinte Neustadt und Altstadt.

032hg Abb.: sm

**1270:** Kaufleute und auch Handwerker formulieren ein eigenes Stadtrecht. Dieses legt u. a. fest, dass ein dreißigköpfiger „Rat“ mit zwei Bürgermeistern, die für ein Jahr bestimmt werden, regiert.

**1290:** Das erste Rathaus entsteht unweit der Trostbrücke.

**1350:** Die Pest wütet in der Stadt und fordert etwa 6000 Menschenleben.

**Ende 14. Jh.:** Hamburg wird durch Handel und durch den Schutz der Hanse wohlhabend. Piraten überfallen deshalb verstärkt die reich beladenen Schiffe der Hamburger Kaufleute. Besonders gefürchtet sind die „Vitalienbrüder“ unter Gödeke Michels und Klaus Störtebeker.

**1401:** Störtebeker und seine Kumpane werden vor Helgoland von einer Flotte unter dem Kommando von Simon von Utrecht gefasst und in Hamburg hingerichtet. Zur Abschreckung nagelt man die abgeschlagenen Köpfe fest und stellt sie zur Schau. Einige Schädel stehen heute noch im Museum für Hamburgische Geschichte (57).

**15. Jh.:** Die Kaufleute werden immer reicher, die Bevölkerung nicht. Die Unzufriedenheit entlädt sich mehrfach, der Rat muss Zugeständnisse machen.

**1460:** Dänenkönig Christian I. erhält formell die Oberhoheit über Hamburg, da der letzte Schauenburger, Graf Adolf VIII., ohne Nachkommen stirbt.

**Ende 15. Jh.:** Hamburg bekommt das „Erststapelrecht“: Alle auf der Elbe transportierten Waren müssen zuerst auf dem Hamburger Markt angeboten werden!

**1528:** Die Reformation schwappt auch nach Hamburg, Johannes Bugenhagen, ein Freund

*Kaiser Barbarossa gewährte den Hamburgern Zollfreiheit*

LITERATURTIPP

### Hamburg in frühen Fotografien

Der Bildband „Hamburg in frühen Fotografien“ (herausgegeben von Jan Zimmermann, Junius Verlag) mit zahlreichen Fotografien aus dem 19. Jahrhundert gibt einen Einblick in viele Facetten der Hansestadt. Man blättert staunend durch die die historischen Aufnahmen, manches erkennt man wieder, anderes ist verschwunden. Eine schöne Erinnerung für Hamburg-Fans.

033hg Abb.: sm

von Luther, besorgt die Umsetzung. Hamburg wird evangelisch.

**1529:** Bugenhagen gründet die Gelehrtenschule Johanneum, die noch immer existiert.

**1558:** In Hamburg wird eine Börse eingerichtet.

**1567:** Britische Kaufleute werden nach Hamburg gelockt und etablieren sich hier. Noch heute gilt Hamburg als ein wenig (oder sogar ein wenig mehr ...) britisch geprägt.

**1600:** Hamburg zählt etwa 40.000 Einwohner.

**1619:** Kaufleute gründen eine Bank und geben die „Marc Banco“ als wertkonstantes Zahlungsmittel heraus.

**Mitte 17. Jh.:** Hamburg bekommt einen geschlossenen Festungswall und übersteht so auch ganz gut den Dreißigjährigen Krieg.

**1676:** Nachdem ein Feuer in der Stadt mehrere Häuser zerstört hat, wird die „Hamburger General Feuer Kasse“ als Pflichtversicherung für alle Hausbesitzer gegründet.

**1686:** Dänenkönig Christian V. belagert die Stadt, nachdem die Hamburger sich geweigert hatten, eine hohe Tributzahlung zu leisten. Die Belagerung ist vergeblich, der Festungswall hält stand.

*In der Speicherstadt (32) wurden Waren zollfrei zwischengelagert*

**1712:** Hamburg bekommt eine neue Verfassung, die Macht liegt nun hauptsächlich in den Händen von vier Bürgermeistern und 24 Ratsherren.

**1786:** Hamburg kauft sich von den Dänen endgültig frei und erhält den Titel „Kaiserliche Freie Reichsstadt“.

**1806:** Französische Truppen unter Napoleon besetzen die Stadt und stellen unerfüllbare Forderungen. Durch eine Blockade der Elbe bricht der Handel zusammen.

**1813:** Die Franzosen fordern im Dezember von allen Hamburgern den Nachweis, dass sie Lebensmittel bis Juli hätten. Wer das nicht kann, muss die Stadt verlassen.

**1814:** Am 31. Mai ziehen die Franzosen ab, Hamburg ist ausgeplündert.

**1815:** Hamburg tritt dem Deutschen Bund bei.

**1842:** Am 5. Mai bricht ein Feuer aus, frisst sich durch die Stadt und kann erst am 8. Mai gelöscht werden. Die Bilanz: über 1000 zerstörte Häuser, 20.000 obdachlose Menschen, 51 Tote. Danach wird die Innenstadt völlig neu konzipiert.

**Mitte 19. Jh.:** Der Handel mit Nord- und Südamerika blüht, auch und vor allem dank der neuen Dampfschiffe. Hamburger Reeder befördern auch Zehntausende Auswanderer nach Übersee. Ein eigenes Auswandererzentrum wird auf der Elbinsel Veddel gegründet, hier steht heute das Museum Ballinstadt 71, das an diese Zeit erinnert.

**1861:** Die Torsperre wird aufgehoben, vor der Stadt gelegene Gemeinden werden integriert. Hamburg wächst.

**1867:** Beitritt zum Norddeutschen Bund

**1888:** Hamburg tritt dem Reichszollgebiet bei, erhält aber das Recht auf einen Freihafen, wo Waren in der völlig neu gebauten „Speicherstadt" zollfrei gelagert werden können.

**1892:** Durch unhaltbare hygienische Zustände in den armen Vierteln bricht eine Choleraepidemie aus, die mehrere Tausend Tote fordert. Zwanzig Jahre später wird dieses Viertel abgerissen.

**1897:** Hamburg erhält ein neues (prächtiges!) Rathaus 7.

**1906:** Der Hauptbahnhof 1 entsteht.

**Anfang 20. Jh.:** Die Innenstadt wird umgestaltet. Das Kontorhausviertel (s. S. 50) mit gewaltigen Bürokomplexen aus rotem Backstein entsteht, die neue Mönckebergstraße 2 verbindet Hauptbahnhof und Rathaus.

**1911:** Der erste Elbtunnel wird gebaut, er heißt heute „Alter Elbtunnel" 46.

**1918:** Nach dem Ersten Weltkrieg beklagt Hamburg 40.000 Tote. Die Hamburger Reeder müssen nach dem Versailler Friedensvertrag über 700 Schiffe ausliefern.

**1932:** Die Massenarbeitslosigkeit trifft auch Hamburg, 173.000 Menschen sind ohne Arbeit.

**1932:** Die NSDAP marschiert am 17. Mai durch das traditionell „rote" Altona, was zu schweren Kämpfen mit 17 Toten führt. Dieser Tag ist älteren Hamburgern noch als „Altonaer Blutsonntag" ein Begriff.

**1933:** Die Nazis ziehen ins Rathaus ein.

**1937:** Das Groß-Hamburg-Gesetz wird verabschiedet, die bis dahin eigenständigen Städte Altona, Wandsbek und Harburg-Wilhelmsburg werden in Hamburg integriert. Die Bevölkerung wächst um eine halbe Million.

**ab 1941:** Etwa 8000 jüdische Hamburger werden deportiert.

**1943:** Die Alliierten bombardieren Hamburg neun Tage lang und zerstören die halbe Stadt. 35.000 bis 45.000 Menschen sterben, die genaue Zahl kennt niemand.

**um 1949:** Mehrere Presseorgane werden gegründet, u. a. „Bild", „Spiegel", „Stern" und „Die Zeit".

**1953:** Die CDU gewinnt die Wahl, erster Bürgermeister wird Kurt Sieveking.

**1957:** Die SPD erringt die absolute Mehrheit und regiert von da an mehrere Jahrzehnte. Max Brauer wird Erster Bürgermeister.

**1961:** Paul Nevermann (SPD) folgt als Bürgermeister, er war vorher verantwortlich für den Bau von 400.000 Wohnungen.

**1962:** Eine Nordseesturmflut schwappt über die Elbe auch nach Hamburg (am Ende mit 300 toten Hamburgern). Nicht der Erste Bürgermeister Nevermann leitet die Rettungsmaßnahmen, sondern der zupackende Innensenator Helmut Schmidt (der spätere Bundeskanzler). Seine tatkräftige und alle Hierarchien ignorierende Koordination haben ihm viele Hamburger bis heute nicht vergessen.

**1968:** Studentenproteste an der Uni mit dem unvergessenen Plakat „Unter den Talaren der Muff von 1000 Jahren".

**1966:** Die SPD erzielt nie wieder erlangte 59 %, Herbert Weichmann wird Bürgermeister.

**1971:** Peter Schulz folgt 41-jährig dem mit 75 Jahren zurückgetretenen Weichmann, er ist der jüngste Bürgermeister seit 1678.

**1974:** Die SPD verliert 10,4 Prozentpunkte, Schulz gibt auf. Der mit 37 Jahren noch

LITERATURTIPP

**Geschichte einmal anders**

Heinz-Joachim Draeger hat ein Buch herausgebracht, in dem Hamburgs Geschichte einmal ganz anders dargebracht wird, nämlich gezeichnet. Herausragende Momente in der gut tausendjährigen Historie der Hansestadt werden bildlich dargestellt: nicht bierernst, sondern leicht humoristisch, aber mit seriösen Fakten als Text unterlegt. Ein höchst vergnüglicher Lesespaß!

› Heinz-Joachim Draeger: „**Hamburg anschaulich**", Convent Verlag

jüngere Hans-Ulrich Klose folgt ihm nach. Die Köhlbrandbrücke wird eröffnet.

**1975:** Der neue Elbtunnel wird eröffnet.

**1981:** Klose tritt zurück, neuer Bürgermeister wird der welterfahrene Klaus von Dohnanyi.

**1982:** Erstmals kommen die Grünen (in Hamburg: GAL) ins Parlament. Die Mehrheiten sind unklar, deshalb gibt es im Dezember Neuwahlen, bei denen die SPD noch einmal siegt.

**1988:** Klaus von Dohnanyi tritt überraschend zurück, nachdem er im emotional geführten Konflikt um besetzte Häuser an der Hafenstraße scheitert. Ihm folgt Henning Voscherau, der neun Jahre Bürgermeister bleibt.

**1997:** Die SPD sackt erneut ab. Voscherau tritt zurück, sein Nachfolger wird Ortwin Runde, der flott ein Bündnis mit der GAL schmiedet.

**2001:** Wie aus dem Nichts erreicht die neu gegründete Schill-Partei 19,4 %. Sie tritt damit in eine Regierungskoalition mit CDU und FDP. Rot-Grün ist klassisch abgewählt.

**2003:** Bürgermeister Ole von Beust feuert seinen Stellvertreter Ronald Schill und ein halbes Jahr später kommt es zu Neuwahlen, die die CDU haushoch gewinnt.

**2008:** Bei den Wahlen kommt es zur ersten Schwarz-Grünen Koalition auf Länderebene.

**2010:** Im Juli wird die Schulreform in einem Volksentscheid abgelehnt, am gleichen Tag tritt Ole von Beust zurück.

**2011:** Im Februar kommt es zu Neuwahlen, bei denen die SPD einen deutlichen Sieg einfährt (48,3 %) und alleine regieren kann. Neuer Bürgermeister wird Olaf Scholz.

**2013:** Die Legislaturperiode der gewählten Bürgerschaft wird auf 5 Jahre ausgedehnt.

**2015:** Große Auszeichnung: Die UNESCO ernennt Hamburgs Speicherstadt und Kontorhausviertel zum Weltkulturerbe.

**2016:** Die Elbphilharmonie 39 wird fertiggestellt, ganz Hamburg ist begeistert und stürmt zumindest die Aussichtsplattform.

**2017:** Im Sommer findet der G-20-Gipfel in Hamburg statt, der von schweren Krawallen begleitet wird.

**2018:** Erstmals in der Geschichte der Fußball-Bundesliga muss der HSV absteigen.

**2021:** Der ehemalige Hamburger Bürgermeister Olaf Scholz (SPD) wird Bundeskanzler – als zweiter Hamburger nach Helmut Schmidt.

# Leben in der Stadt

Der **Stadtstaat**, wie die **Freie und Hansestadt** auch genannt wird, ist zugleich ein **Bundesland.** Deshalb gibt es auch ein Parlament und eine Regierung. In Hamburg heißt das Parlament **„Bürgerschaft"** und die Regierung **„Senat".** Alle fünf Jahre wird neu gewählt, die Volksvertretung ist ein klassisches „Feierabend-Parlament", was für eine Millionenstadt wohl etwas ungewöhnlich sein dürfte. Die Regierung bilden „Senatoren", wie hier die Minister genannt werden. Der Erste Bürgermeister steht dem Senat vor.

Jahrhundertelang bestimmten **Hafen** und **Handel** Wohl und Wehe der Hansestadt. Diese Position verstärkte sich in den letzten zwei Jahrhunderten noch durch den systematischen Ausbau des Überseehandels. Einige Kaufleute und Reedereien kamen zu sprichwörtlich märchenhaftem Reichtum. Bereits im 17. und 18. Jahrhundert lebten auch viele Kleinhandwerker durch Weiterverarbeitung importierter Güter oder umgekehrt durch Herstellung von Exportwaren indirekt vom Hafen. Erst im 19. Jahrhundert änderte sich diese Situation, als die **Industrialisierung** deutlich Fahrt aufnahm.

Heute gibt es auch einen sehr großen **Dienstleistungssektor** und Hamburg gilt als großer **Medienstandort**, wenngleich in den letzten Jahren einige Firmen und Verlage nach Berlin abwanderten. Dennoch zieht Hamburg viele Menschen an, die hier Arbeitsplätze suchen und finden. Um die 300.000 Menschen **pendeln** täglich zur Arbeit nach Hamburg. Die Stadt steht wirtschaftlich immer noch sehr gut da und zählt zu den **reichsten Metropolen Europas.** So zitierte 2023 tagesschau.de das Statistische Bundesamt mit der Meldung, die Zahl der deutschen Einkommensmillionäre sei zwischen 2018 und 2019 um 4,6 % gestiegen und deren überwiegender Teil lebe in Hamburg.

Auch der **Tourismus** ist mittlerweile eine **feste wirtschaftliche Größe** in der Hansestadt. Zwar wurde Hamburg schon immer recht ordentlich besucht und war vor allem als Wochenendreiseziel im Trend, aber seit Mitte der 1980er-Jahre die Musicalszene in Hamburg loslegte, boomt auch der Tourismus so richtig. Zuletzt (2019) wurden 15,4 Mio. Übernachtungen von 7,6 Mio. Gästen gezählt, vor 15 Jahren waren es noch nicht einmal 5 Mio. Übernachtungen. Damit liegt Hamburg im europäischen Vergleich heute an 11. Stelle, in Deutschland liegt die Hansestadt auf Platz 3 hinter Berlin und München. Die Stadt profitiert aber überwiegend vom nationalen Tourismus, während beispielsweise Berlin und München sehr viel stärker von internationalen Gästen besucht werden.

Viele **Arbeitsplätze** liegen in der Hamburger **Innenstadt.** Was bedeutet, dass es nach Büroschluss in dieser Zone doch spürbar ruhiger wird. Ein ausgeprägtes Nachtleben wird man hier nicht finden, gefeiert wird woanders. Die Hamburger Innenstadt ist aber auch ein einziges großes Einkaufszentrum, sodass es dort tagsüber immer ziemlich voll ist. Speziell in der langen Mittagspausenzeit treffen sich die Büromenschen mit den Shoppingmenschen in den zentralen Lokalen rings um die Mönckebergstraße (2), während es hier nach 18 Uhr dann meist deutlich entspannter zugeht.

Von den **1 Mio. Haushalten** zählt etwa die Hälfte (2021: ca. 570.000) zu den Einpersonenhaushalten. Halb Hamburg lebt statistisch also als **Single**, wobei die Frauen, gemessen an der Gesamtzahl der Bevölkerung, hier leicht in der Mehrheit sind. Neue Jobs und die Hochschulen locken viele **junge Menschen** in die Stadt. Gerade die Medien und hier vor allem die Neuen Medien schaffen viele Arbeitsplätze. Die Arbeitslosenquote betrug im Jahr 2022 6,9 %.

Fast 80.000 **Studierende** besuchen die 20 Hochschulen, allein 37.000 strömen zur Universität. Allerdings **wandern**

**auch viele Menschen ab.** Vor allem sind es junge Familien, die sich endlich ein bezahlbares Häuschen im Grünen leisten wollen, was im Stadtgebiet immer weniger möglich ist. Also ziehen sie in die Randgemeinden von Schleswig-Holstein und Niedersachsen. Dort wurden dann auch in beinahe jedem Dorf Neubaugebiete erschlossen und ein regelrechter **„Speckgürtel“** entstand rund um Hamburg.

Hamburg profitierte schon immer von der **Zuwanderung.** Bereits im 17. Jahrhundert kamen portugiesische Juden auf der Flucht vor der Inquisition nach Hamburg und brachten ihre Kontakte mit. Im 19. Jahrhundert zog die Industrialisierung viele Menschen aus den umliegenden Dörfern und aus Polen in die Stadt. Nach dem Zweiten Weltkrieg kamen an die 150.000 Vertriebene nach Hamburg und seit Öffnung der innerdeutschen Grenze fanden viele Menschen aus Ostdeutschland eine neue Heimat in der Hansestadt. Unter den 1,85 Mio. Einwohnern Hamburgs haben etwa 710.000 einen Migrationshintergrund, etwa die Hälfte davon besitzt keinen deutschen Pass. Zuwanderer vieler Nationalitäten haben dauerhaft Wurzeln geschlagen und brachten ihre Kultur und Religion mit. Bereits seit 1611 gibt es in Altona einen jüdischen Friedhof, seit 1929 auch einen chinesischen. 1965 bauten Mitglieder der Russisch-Orthodoxen Kirche ein eigenes Gotteshaus und seit 1968 steht eine schiitische Moschee an der Alster.

Der Hamburger bezeichnet sich generell als **liberal** und **weltoffen.** Fremde, egal ob In- oder Ausländer, waren und sind grundsätzlich willkommen, aber bis man in die Herzen und inneren Kreise der Hamburger vordringt, dauert es so seine Zeit. In manchen Kreisen gelingt das nie. Dazu passt auch die immer noch vereinzelt vorgenommene Trennung in einen **„geborenen“ Hamburger** und einen **„gebürtigen“ Hamburger.** Wer auf Hamburger Stadtgebiet geboren wird, der ist ein „gebürtiger“ Hamburger, aber ein „geborener“ kann nur sein, wessen Eltern ebenfalls in Hamburg zur Welt kamen. Darauf legten manche Familien ziemlichen Wert! Und um dies zu dokumentieren, gründete sich 1897 der „Verein geborener Hamburger“, der wohl als eine Art Schutzburg gegen Überfremdung gemeint war. Dort blieb man denn auch lange unter sich, musste dann aber wohl doch feststellen, dass es nicht mehr ganz so einfach wäre mit dem „Geborenen-Sein“ und lockerte schließlich die Regeln. Der Verein heißt heute schlicht und sicher pragmatisch **„Verein der Hamburger“.**

Sobald es halbwegs schönes Wetter gibt, spaziert, wandert, geht, joggt, flaniert oder fährt der Hamburger mit seinem Cabrio um die **Alster.** Das ist beinahe heilige Pflicht und gilt eigentlich immer. Und wenn die Alster sogar einmal zugefroren ist, was nur alle Jubeljahre vorkommt, dann strömen alle aufs Eis. Alternativ wird entlang des **Elbufers** flaniert, spaziert, gewandert ... Bei richtig gutem Wetter heißt es „vamos a la playa“ an den **Elbstrand.** Dann ist es dort fast so voll wie auf Mallorca.

In Hamburg muss sich irgendwann jeder **entscheiden:** HSV oder St. Pauli, Elbe oder Alster, Eppendorf oder Ottensen, Sylt oder Nicht-Sylt. Denn auch das gilt: Des Hamburgers liebste Insel heißt Sylt. Dorthin geht es sooft wie möglich.

# Die Hamburger und ihr Alltag

*Der Hamburger ist liberal, weltoffen, zurückhaltend und stolz wie Bolle auf „seine" Stadt. Rheinischer Überschwang ist ihm ein Gräuel, zum Lachen geht er in den Keller – aber erst nach der Arbeit, denn Schnaps ist Schnaps und Dienst ist Dienst. Von nichts kommt schließlich nichts, schon gar kein Wohlstand. Den hat man, zeigt ihn aber nicht. So in etwa sieht sich der Hamburger gerne und dieses Bild ist gar nicht mal so falsch.*

Etwas zurückhaltend sollen sie ja sein, die Nordlichter, steif sogar und abweisend womöglich auch. Rheinische Kommunikationsfreude kommt in Hamburg selten auf – heißt es jedenfalls. Das ist zwar tatsächlich nicht so ganz falsch, trifft aber den Kern nicht. Aber wie sind sie denn nun, die Hanseaten und die Hamburger?

Ein Sprung zurück ins **19. Jahrhundert:** Bis zur Wende vom 19. zum 20. Jh. gaben in Hamburg etliche **„große" Familien** den Ton an. Das taten sie teilweise schon seit Jahrhunderten. Sie stellten Bürgermeister, handelten mit Gott und der Welt und waren vor allem reich – teilweise sogar schwerreich. Die Namen dieser Familien hatten und haben noch heute einen gewichtigen Klang: Godeffroy, Sloman, Amsinck, Burchard, Jenisch, um nur einige zu nennen. Sie hatten einen gewaltigen politischen Einfluss, der sich hauptsächlich aus ihren Wirtschaftserfolgen speiste.

Schon frühzeitig organisierten sich die Seehandel treibenden Kaufleute und gründeten 1517 eine Vertretung, die zusammen mit dem Rat der Stadt alles zum Nutzen der Kaufleute tun sollte. Hieraus entstand die **„Versammlung des Ehrbaren Kaufmanns"**, die es heute noch gibt. Die Hanseaten waren seit eh und je **Kaufleute**, unterhielten Kontakte zu allen Erfolg versprechenden Märkten, schickten ihre Söhne als Lehrlinge und Statthalter in die weite Welt. Sie suchten zwar immer neue Chancen, verstanden es aber auch, Besitz und Wohlstand zu wahren. Sie gingen Neuerungen mit einer gehörigen Portion **Skepsis** an, ohne jedoch überzeugende, neue Projekte gänzlich abzulehnen. Mit ebendieser Skepsis, gepaart mit einem Schuss **Neugier**, besah man sich die Welt. Kein Wunder, dass viele Dinge erst lange und ausführlich geprüft wurden, bevor man sich entschied (zumeist dagegen).

Das galt im Übrigen auch für Schwiegersöhne. „Man" **heiratete** vor allem untereinander. Sowieso schon und auch gerne, wenn Handelshäuser zueinander passten. Wollte die Tochter sich verehelichen, hatte es der Zukünftige oft verteufelt schwer, bis die Schranken fielen. Manchmal fielen sie nie. Es kam auf den „Stallgeruch" an, ob er oder sie ein „geborener" Godeffroy, Sloman etc. war oder eben nicht. Die Herkunft aus einer „richtigen" Familie erleichterte so manches.

**Und heute?** Grundsätzlich hat sich wohl nicht allzu viel verändert, nur dass die „großen" Familien nicht mehr eine derart betonte erste Geige spielen. Doch der Hanseat bewegt sich immer noch vorzugsweise in **seinen Kreisen.** Man kauft bei „seinem" Händler, hat „seinen" Arzt, Anwalt, Steuerberater. Kennt sich aus dem Ruder-, Segel- oder Hockeyclub. In einen „Verein" würde ein Hanseat kaum gehen. Verein, das klingt nach

Kleingarten oder Fußball, nein, dann doch lieber Tennis.

Der Hanseat ist **liberal**, eher Mitte-rechts eingestellt. Die Linken nimmt man wohlwollend zur Kenntnis, ohne laut zu verurteilen. Man bleibt dezent und zeigt nicht direkt, was man hat.

**Neuerungen** schaut man sich mit einer hochgezogenen Augenbraue an, wägt die Vor- und Nachteile ab und entscheidet sich dann dagegen – meistens jedenfalls, denn neue Ideen kommen und gehen, aber „die Firma bleibt bestehen". Viele Firmen haben eine lange **Tradition** und die gilt es zu bewahren. Dazu benötigt man gute Kontakte und die werden über Jahrzehnte gepflegt, denn Kontinuität ist wichtig. **Gediegenheit** allerdings auch. Etwas als „gediegen" zu bezeichnen, ist eine Art Lob. Wenn ein Hanseat eine Sache für gediegen hält, dann hält er sie für solide, für beständig, für gut und seinem Weltbild entsprechend. Deswegen reißt man sich auch zusammen und lässt sich nicht gehen, auch nicht auf Festen. Man ist „gelöst", nicht betrunken. Man zeigt sich auf Empfängen, aber nicht auf Partys. Man lacht nur im Keller. Wer also hat, der hat und genießt im Stillen.

Man engagiert sich aber umgekehrt sehr wohl für die Allgemeinheit. Das **Mäzenatentum** hat eine Tradition in Hamburg, aber man wirkt auch hier zumeist im Verborgenen. Selten nur werden Millionenschenkungen bekannt, wie die des Kaufmanns Kurt A. Körber, der die Deichtorhallen (31) restaurierte. Andere stifteten für Uni-Neubauten oder Museen, aber großer Medienrummel bleibt verpönt. Ein „richtiger" Hamburger steht sowieso nur zweimal in seinem Leben in der Zeitung, nämlich mit seiner Geburts- und später mit seiner Todesanzeige. Heißt es jedenfalls.

*Wassersport kann man in Hamburg überall betreiben*

Als Dank gibt es vielleicht einen Händedruck, aber keinen Orden. Der Hamburger nimmt nämlich keinen an. Auch das hat Tradition, weil ein freier Bürger einer freien Stadt keinem fremden Herren verpflichtet sein soll. So wurde beispielsweise von Altbundeskanzler Helmut Schmidt gesagt, dass er mehrfach das Bundesverdienstkreuz abgelehnt habe, mit der einfachen, wie typisch hanseatischen Begründung, dass er sich doch nicht ehren lassen könne, nur weil er seine Pflicht getan hätte. Wo käme man denn da hin ...? Ob die Geschichte tatsächlich stimmt, kann an dieser Stelle nicht gesagt werden, möglich wäre es aber schon.

Ersatzweise werden ehrenvolle Titel für verdienstvolle Bürger vergeben, beispielsweise der des **„Ehren-Alster-Schleusenwärters“**. Das klingt komisch, ist aber eine seriöse Auszeichnung, die von der Congregation der Alster-Schleusenwärter für Persönlichkeiten, die als heimliche Botschafter für Hamburg werben und somit Schleusen für Hamburg öffnen, vergeben wird. Zuletzt wurde 2022 die deutsche Internistin und Infektiologin **Marylyn Martina Addo** geehrt, die „das bekannteste Gesicht und die gewichtigste Stimme im Kampf gegen die Corona-Pandemie in Hamburg“ sei, so ein Sprecher des Komitees der Schleusenwärter.

Eine andere Ehrung ist die Verleihung des **„Portugaleser Bürger Danken“**. Diese Auszeichnung wird seit 1986 von Bürgern für Bürger vergeben, die sich um verschiedene Bereiche des öffentlichen Lebens in Hamburg verdient gemacht haben.

Der Hamburger Senat vergibt als einzige Auszeichnung die **Ehrenbürgerschaft** an verdiente Hamburger. Dies ist seit 1813 nur 37 Mal geschehen. 2009 wurde Loki Schmidt, der verstorbenen Ehefrau von Ex-Kanzler Helmut Schmidt, diese Ehre zuteil. Zuvor bekam sie im Jahr 2003 Fußballidol Uwe Seeler, 2005 wurde das Ehepaar Greve für langjähriges Mäzenatentum geehrt. 2007 folgte Ballettintendant John Neumeier, 2013 der Unternehmer Michael Otto, 2019 die Kinderbuchautorin Kirsten Boie und 2022 Udo Lindenberg.

Und wie verhält sich der **„gemeine Hamburger“**, der nicht zur hanseatischen Oberschicht gehört? Eine gewisse Distanziertheit, eine Spur Skepsis, aber auch einen teilweise raubeinigen Charme darf man einem Hafenarbeiter, dem Malocher aus Barmbek oder einem Eimsbütteler, Altonaer, Harburger wohl unterstellen. Tendenziell eher **sozialdemokratisch** eingestellt und **„stolz wie Oskar“** auf seinen HSV (oder St. Pauli oder den Fußballverein um die Ecke), auf den Hafen, auf die Alster oder ganz einfach auf „seine“ Stadt. Und natürlich hat auch der Barmbeker „seine“ Kneipe, „seinen“ Skatclub und „seine“ Kumpels. Gleiches gilt für die Damen: Sie sind zupackend, etwas zurückhaltend, aber immer geradeheraus.

Sie **halten zusammen**, die Hamburger, da gibts nix! Neue kommen da nicht so leicht rein. Nee nee! Die beguckt man sich erst mal, leicht skeptisch, leicht neugierig, leicht abwartend. Wenn man aber jemand Neuen akzeptiert, dann richtig. Dann gehört „man“ dazu. Das geht aber nicht von heute auf morgen, weder bei den Hanseaten noch bei den Barmbekern. Sind die Hamburger also steif und distanziert? Keinesfalls, aber sie öffnen sich eben nicht sofort. Kann halt ein paar Jährchen dauern.

## N' büschen Hambooorgisch schnacken?

*Es ist ja nun nicht so, dass die Hamburger irgendwie unverständlich sprächen oder einen kaum identifizierbaren Dialekt hätten. Dennoch, ein echter „Hambooorger" spricht schon etwas „anners". Etwa so, wie der 2019 verstorbene Schauspieler Jan Fedder in seiner Rolle als Polizist Dirk Matthies in der Endlosserie „Großstadtrevier": Der Hamburger spricht, sagen wir mal, eine Nuance entfernt vom dialektfreien Hochdeutsch, generell eine Spur breiter. Er zieht Vokale gern etwas in die Länge und benutzt natürlich auch einige spezielle Begriffe. Hier eine Auswahl:*

| | |
|---|---|
| *Bangbüx* | *Angsthase* |
| *bannich* | *sehr viel* |
| *begöschen* | *betreuen, gut zureden* |
| *beipulen* | *erklären* |
| *Bordsteinschwalben* | *Prostituierte* |
| *bregenklöterig* | *kaputt, durcheinander sein* |
| *Dösbaddel* | *Dummkopf* |
| *duhn* | *angetrunken* |
| *durch'n Tüdel komm'* | *durcheinander sein* |
| *eben un eben* | *so gerade eben* |
| *eisch* | *sowohl „ungezogen" als auch „schön"* |
| *fofftein moken* | *Pause machen* |
| *fünsch* | *böse, wütend* |
| *högen* | *grinsen, freuen (auch Schadenfreude: „sich ein' högen")* |
| *Kiez* | *Damit ist nur das Vergnügungsviertel um die Reeperbahn gemeint.* |
| *klönen* | *plaudern* |
| *Klüsen* | *Augen* |
| *Knallköm* | *(billiger) Sekt* |
| *Knolle* | *kleine, bauchige Flasche Bier* |
| *krüsch* | *sich anstellen, nicht mögen (vor allem bestimmte Speisen)* |
| *maddelig* | *schlecht, matt, kaputt* |
| *muksch sein* | *eingeschnappt sein* |
| *Peterwagen* | *Polizeiauto* |
| *rumdibbern* | *nerven, rumreden* |
| *rumsabbeln* | *labern, nerven* |
| *sabbeln* | *zu viel reden* |
| *schnacken* | *reden, eher: vertraulich reden* |
| *spiddelig* | *dünn* |
| *Swutsch* | *(auf'n Swutsch geh'n = auf die Piste gehen)* |
| *Tüünkromm* | *Blödsinn* |
| *Udel* | *Polizist* |
| *verdaddeln* | *vergeuden, vertun* |
| *Viz* | *Vorarbeiter im Hafen* |
| *Zampel* | *kleines Bündel, kleiner Rucksack* |
| *zu Tante Meier* | *aufs Klo gehen* |

*Dem, der sich näher mit dem Thema beschäftigen will, sei der (ebenfalls im* Reise Know-How *Verlag erschienene) Kauderwelsch-Band „Hamburgisch – die Sprache an Elbe und Alster" vom selben Autor zu empfehlen (nur noch als E-Book erhältlich).*

# Hamburgs neuer Stadtteil – die HafenCity

*Es dürfte heutzutage schon etwas ungewöhnlich sein, dass mitten in einer Großstadt ein neuer Stadtteil entsteht. In Hamburg passiert genau das. Im Rücken der historischen Speicherstadt 32, also im Hafenrandgebiet, wird heftig gebaut. Mit dem Großprojekt HafenCity 38 sollen die Bereiche Arbeiten, Wohnen, Einkaufen und Leben nebeneinander verwirklicht werden.*

Als der damalige Hamburger **Bürgermeister Runde** 1997 die Pläne für die HafenCity vorstellte, prägte er das Bonmot von „Ships and Chips, die doch wunderbar zusammenpassen." Gemeint waren die Nähe zum Wasser und die Hoffnung, dass sich vor allem Firmen aus der Computerbranche hier ansiedeln würden, was ja auch durchaus schon eingetreten ist.

Eine gewaltige **Baufläche von 155 ha** wurde zur Verfügung gestellt, das entspricht immerhin fast der Fläche der Außenalster. Alte Industriegebäude wurden abgerissen, Brachland neu erschlossen und das gesamte Projekt in ganz großem Stil angegangen. Ein **Masterplan** wurde festgelegt, der aber noch Freiraum bieten sollte, um neue Ideen einfließen zu lassen. International bekannte Architekten konnten gewonnen werden und sie alle arbeiten nun an einem Stadtteil, in dem in 5500 Wohnungen etwa 12.000 Menschen leben und insgesamt etwa 40.000 Menschen arbeiten sollen. Die gesamte **Investitionssumme** liegt bei geschätzten 6 bis 7 Mrd. Euro. Auch die Universität hat dort schon eine Fakultät.

*Das neue Wahrzeichen von Hamburg, die Elbphilharmonie 39, ruht auf einem alten Kaispeicher*

Die HafenCity soll außerdem auch **touristisch genutzt** werden. Neue Museen wurden eingeplant. Das Internationale Maritime Museum 41 und die Automobilsammlung Prototyp 40 sind bereits fertig, weitere sollen folgen. Außerdem entsteht ein großer **Kreuzfahrtterminal**, über den dann vor allem ausländische Gäste nach Hamburg gelockt werden sollen. Große Pläne also. Vor allem soll eben keine sterile Bürostadt entstehen, in der nach Feierabend die sprichwörtlichen Bürgersteige hochgeklappt werden, wie es mit der in den 1960er-Jahren erbauten Bürostadt „City Nord" passiert ist. Nein, gewünscht ist ein **lebendiges Viertel**, in dem Menschen nach der Arbeit gerne ihre Freizeit verbringen und im Idealfall sogar wohnen. So wurde auch an Grünflächen gedacht und an einen Spielplatz, wie man ihn kaum sonst irgendwo in der Stadt findet. Vor allem aber sollen Geschäfte und Gastronomie das Viertel beleben und die alltäglichen Bedürfnisse der Bewohner und nicht nur der Touristen decken. So wurde hier unter anderem auch eine Schule gegründet.

Und dann gab es noch eine heftig geführte Diskussion um eine **U-Bahn-Anbindung.** Ganz Hamburg stritt sich, warum diese nicht oberirdisch verlaufen könne wie die U3 am Hafen. Die Hamburger Bevölkerung war mehrheitlich dafür, doch die Planer waren dagegen und bauten unterirdisch, mittlerweile führt die U4 bis in die HafenCity.

Als eine Art „Leuchtturm" erstrahlt die **Elbphilharmonie** 39 kulturell weit über Hamburgs Grenzen, aber erst einmal gab es Krach, da das Budget um das Zehnfache überschritten wurde. Es gab einen heftigen Streit mit der Baufirma, lange Zeit wurde überhaupt nicht weitergearbeitet, aber schließlich rauften sich alle zusammen und vollendeten dieses spektakuläre Bauwerk. Kaum ist die „Elphi", wie sie auch genannt wird, fertig, wird sie auch schon von den Hamburgern gestürmt. Konzerttickets sind schwierig zu bekommen und erzielen bei eBay wahnwitzige Preise. Selbst für einen Besuch der Aussichtsterrasse Plaza muss an bestimmten Tagen angestanden werden. Keine Frage, Hamburg hat „seine" Elbphilharmonie angenommen.

Viele Gebäude im neuen Stadtteil stehen schon, aber noch wird kräftig gebaut. Erste **Kritik** wurde bereits laut: Nicht jedem gefallen die (bislang vor allem errichteten) Glaspaläste, aber trotzdem ist die Nachfrage ungetrübt hoch, obwohl viele Wohnungen eher hochpreisig sind. Aber auch da wird reagiert: In einem späteren Schritt sollen gezielt Sozialwohnungen gebaut werden. Die ersten Büros sind schon bezogen und zwei ansprechende Plätze sind fertiggestellt, die Magellan-Terrassen und die Marco-Polo-Terrassen. Mittlerweile gibt es schon relativ viele Gastronomiebetriebe.

Etwas mehr als die Hälfte aller Projekte ist fertig, darunter gut 1500 **Wohnungen.** Außerdem haben ca. 500 Firmen hier ihre **Büros** bezogen. Es gibt eine Reihe von **Lokalen und Geschäften**, mehrere **Hotels** und drei **U-Bahnhöfe.** Die erste Station „Überseequartier" liegt 20 m unter der Erde. Blaue, nach oben hin heller werdende Kacheln symbolisieren Wasser und die aus Edelstahl bestehende Decke ist einer bewegten Wasseroberfläche nachempfunden. Die zweite U-Bahnstation „HafenCity Universität" zeigt am Wochenende und an Feiertagen zwischen 10 und 18 Uhr zur vollen Stunde eine schöne Licht- und

Musikkomposition, die durch mehrere Leuchtcontainer realisiert wird. Die dritte Station „Elbbrücken" ist ein wichtiger S-Bahn-Knotenpunkt. U- und S-Bahn-Station sind hier mit einem gläsernen, 65 m langen **Skywalk** verbunden.

Einige Gebäude stechen architektonisch deutlich heraus, so der **Marco-Polo-Tower** mit seinen überkragenden Stockwerken. Die HafenCity entwickelt sich immer mehr zu einer Touristenattraktion und wird von den Besuchern vor allem am Wochenende überrannt – nicht immer zum Wohlgefallen der Bewohner. Es wird noch einige Jahren dauern, bis alles fertig ist, aber dann wird die HafenCity sicher ein ganz besonderer Stadtteil sein. Den räumlichen Abschluss dieser baulichen Entwicklung soll das höchste Gebäude Hamburgs bilden, der **Elbtower**, der 245 m in den Himmel ragen wird. Die Fertigstellung ist für 2025 geplant. Fortschritte gibt es auch im Kleinen. Im Jahr 2008 wurde der Sportverein „Störtebeker SV" gegründet, der gezielt Bewohner aus dem neuen Stadtteil gewinnen will. Das sollte doch wohl gelingen, bei diesem Namen!

EXTRATIPP

### HafenCity kennenlernen

Im **HafenCity InfoCenter** (s. S. 64) befindet sich ein maßstabsgetreues Modell der HafenCity, in dem auch der Elbtower schon berücksichtigt ist. Sa. um 15 Uhr sowie Do. um 18.30 Uhr starten von hier kostenlose **Führungen.**

*Schöner wohnen mit Blick aufs Wasser: die HafenCity* 38

# PRAKTISCHE REISETIPPS

165hg Abb.: ©Jann, stock.adobe.com

# An- und Rückreise

## Per Flugzeug

Der **Hamburger Flughafen** ist im internationalen Vergleich relativ stadtnah und genau dies verursacht seit Jahrzehnten Probleme. Wegen Lärmschutzmaßnahmen sind in Hamburg keine Nachtflüge möglich.

Der Flughafen ist an das **S-Bahn-Netz** angeschlossen, mit der Linie S1 (Frequenz: alle 10 Minuten) geht es in 25 Minuten direkt bis zum Hauptbahnhof und somit in die City. Kauft man gleich nach der Landung bei der Touristeninformation im Airport Office (Airport Plaza, Ankunftsebene zwischen Terminal 1 und 2, geöffnet tägl. 6–23 Uhr) die Hamburg Card (s. S. 233), ist diese Fahrt kostenlos. Eine **Taxifahrt** in die City kostet ca. 25 €.

› **Infos:** www.hamburg-airport.de

## Per Bahn

Alle Fernzüge passieren den Hamburger Hauptbahnhof 1, aber **die wenigsten enden dort.** Es kann also nicht schaden, vor dem Aussteigen einen Blick auf den Stadtplan zu werfen, vielleicht kann man ja noch eine oder zwei Stationen sitzenbleiben. Bis auf wenige Ausnahmen fahren alle Züge weiter, halten noch am Bahnhof Dammtor und enden schließlich in Hamburg-Altona.

Vom Hauptbahnhof kann man per U-Bahn oder S-Bahn **weiterfahren**, vom Dammtor per S-Bahn und von Altona per S-Bahn oder auch per Bus.

› **Fahrplanauskünfte** gibt es unter Tel. 01805 996633 oder unter www.bahn.de.

## Per Bus

Der moderne **ZOB** liegt in Sichtweite zum Hauptbahnhof 1 zwischen Kurt-Schumacher-Allee und Adenauerallee. Neben etlichen regionalen Linien stoppen hier Fernbusse, früher nur aus dem Ausland, heute vor allem aus Berlin, aber auch aus zahlreichen anderen deutschen Städten. Weiterfahren kann man von der nächsten U-Bahn-Station „Hauptbahnhof Süd“.

› **Infos:** www.zob-hamburg.de

*Vorseite: Mit dem öffentlichen Nahverkehr lassen sich auch Ziele außerhalb des Zentrums gut erreichen*

# Autofahren

Wenn man mit dem Auto aus dem **Süden** anreist, führen alle Wege durch den Elbtunnel. Man kommt nicht drum herum, es sei denn, man möchte sich als Ortsfremder auf abenteuerliche Schleichfahrten durch das Hafengebiet einlassen. Auf der A7 geht es vorbei an den Harburger Bergen, den Containerterminals und der Köhlbrandbrücke und man erreicht schließlich den Elbtunnel. Hoffentlich gibts keinen Stau! Glücklich die Röhre passiert, stellt sich die Frage, welche **Abfahrt** man wählen soll:

- „**Othmarschen**" (Abfahrt 29) liegt unmittelbar (ca. 200 m!) hinter dem Tunnel. Ideal für Reisende nach Ottensen 69 oder Altona (s. S. 111).
- „**Bahrenfeld**" (28) führt u. a. ins Schanzenviertel 70, nach Altona und nach St. Pauli.
- „**Volkspark**" (27) ist vor allem für HSV-Fans geeignet, da sie zum Stadion 77 und der sich gleich nebenan befindenden Multifunktionshalle Barclays Arena, führt. Hier weist aber auch ein Schild in Richtung Zentrum.
- „**Stellingen**" (26) ist die letzte gute Möglichkeit, um in die City zu fahren, ganz egal, wohin man eigentlich möchte.

Nur wer aus Richtung **Osten** (Berlin, Mecklenburg-Vorpommern) oder **Nordosten** (Lübeck) über die A24 anreist, erspart sich den Elbtunnel. Die Autobahn endet in Hamburg Horn am Kreisverkehr „Horner Kreisel" und von dort geht es über die Sievekingsallee in die City.

Grundsätzlich ist **zu Fuß zu gehen** die sinnvollste Art der **Fortbewegung in der Innenstadt**, denn die meisten Sehenswürdigkeiten liegen dicht beieinander. Etwas weiter außerhalb gelegene Sehenswürdigkeiten lassen sich auch mit dem Öffentlichen Nahverkehr erreichen. Außerdem gilt, dass einige Straßen in der Innenstadt **nicht befahren werden dürfen.** Dazu zählt neben Fußgängerzonen wie Colonnaden und Spitalerstraße auch die Mönckebergstraße 2. Hier dürfen nur Taxis und Busse durch. Außerdem gilt in zwei Straßenabschnitten ein **Fahrverbot für ältere Diesel-Fahrzeuge,** die nicht der Abgasnorm Euro 6 entsprechen. Betroffen sind Abschnitte der Stresemannstraße (1,6 km lang, nur Lkw) und der Max-Brauer-Allee [G11–J8] (580 m lang, Pkw und Lkw).

## Parken

In der City werden die kostenlosen Parkplätze immer seltener. Insgesamt sind Parkplätze in Hamburg eher rar, aber es gibt eine ganze Reihe von **Parkhäusern,** die sich über die Innenstadt verteilen. Hier ein paar Parkhäuser, die in der Nähe der wichtigsten Sehenswürdigkeiten liegen:

P289 [P10] **City-Parkhaus XXL,** Gertrudenstr. 2, U3 „Mönckebergstraße". Ideal für den Besuch der City, nur wenige Schritte zur Mönckebergstraße und zur Binnenalster. Schließt um 23.30 Uhr, So. um 23 Uhr und hat 1507 Plätze.

P290 [M11] **Michel-Garage,** Schaarmarkt 1, U3 „Baumwall". Dieses Parkhaus liegt recht nah zu den Landungsbrücken und zum Michel. Hat 297 Plätze, schließt aber um 1 Uhr, Fr./Sa. um 2 Uhr.

P291 [N8] **Parkhaus CCH,** Tiergartenstr. 2, S „Dammtor". Das Parkhaus verfügt über 700 Plätze und liegt beim Bahnhof Dammtor – und damit direkt vor dem Park Planten un Blomen. Von hier sind es etwa 10 Minuten Fußweg zur Neustadt.

P292 [K10] **Parkhaus Millerntor,** Millerntorplatz, U3 „St. Pauli". Gut für den Besuch der Reeperbahn, 504 Plätze.

P293 [O11] **Parkhaus Speicherstadt,** Am Sandtorkai 6–8, U3 „Baumwall". Gut geeignet für Besucher der Speicherstadt und der HafenCity. Das Parkhaus hat 800 Parkplätze und ist 24 Stunden geöffnet.

P294 [O10] **Tiefgarage Europa-Passage,** Hermannstraße 11, U/S „Jungfernstieg". Parkhaus mit 700 Plätzen in Hamburgs größter Einkaufspassage (s. S. 178). Nur wenige Schritte zum Rathaus, zur Binnenalster und zur Mönckebergstraße. Schließt um 23.30 Uhr, Ausfahrten sind danach dennoch möglich.

# Barrierefreies Reisen

Auch Menschen mit Behinderungen können die Hamburger Innenstadt erkunden. Viele **Museen** und **Sehenswürdigkeiten** haben sichentsprechend eingestellt und Rampen und Fahrstühle für Rollstühle eingebaut und die meisten Ampeln geben bei grünem Licht auch ein klar hörbares Signal, sodass man die Straße gefahrlos überqueren kann.

Die **Stadtbusse** haben häufig eine ausklappbare Rampe, über die Rollstuhlfahrer in das Fahrzeug hineinfahren können. Die **S-Bahnen** haben ebenfalls eine Rampe. Der Einsatz dieser Rampen durch den Fahrer ist an der ersten Tür hinter der Fahrerkabine möglich. Viele **U-Bahn-Haltestellen** bieten ebenfalls einen barrierefreien Zugang.

Weitere Informationen zum ÖPNV bietet die **Internetseite der Verkehrsbetriebe** (www.hvv.de) und dort die Unterseite „Mobilität für alle" unter dem Menüpunkt „Wissenswertes". Dort kann man auch die Broschüre „Barrierefrei unterwegs" herunterladen. Die Fahrplanauskunft des HVV („Persönlicher Fahrplan") zeigt Verbindungen, die barrierefrei nutzbar sind.

Generelle Informationen für Menschen mit Handicap gibt es auch hier bei der Hamburger Landesgemeinschaft für behinderte Menschen e. V. Auf der Homepage finden Sie u. a. auch Infos aus einem Stadtführer für Rollstuhlfahrer („Angebote").

- › **Hamburger Landesgemeinschaft für behinderte Menschen e. V.**, Tel. 85599200, www.lagh-hamburg.de
- › **www.hvv.de** bietet unter der Rubrik „Mobilität für alle" (unter dem Menüpunkt „Service") Informationen für Menschen mit Behinderung. Dort kann man auch die Broschüre „Barrierefrei unterwegs" kostenlos herunterladen. Unter dem Menüpunkt „persönlicher Fahrplan" listet die Website Verbindungen auf, die barrierefrei nutzbar sind.

# Diplomatische Vertretungen

In der Hansestadt sind insgesamt knapp 100 Nationen **konsularisch vertreten.** Hamburg ist damit eine der Städte mit der höchsten Konsulardichte weltweit. Das hat eine lange Tradition, z. B. schickte Österreich bereits im Jahr 1570 einen Vertreter nach Hamburg. Mehr als die Hälfte der Dependancen wird von Honorarkonsuln, d. h. deutschen Bürgern, die ein Land ehrenamtlich vertreten, geführt.

- •**295** [P10] **Honorarkonsulat von Österreich,** Kurze Mühren 1, U/S „Hauptbahnhof", Tel. 30801205, www.austria-hamburg.de, geöffnet: Mo.–Do. 9–12 Uhr
- •**296 Schweizerisches Konsulat,** Geb. 245, Flughafenstr. 1–3, Tel. 50752930

# Geldfragen

Hamburg ist grundsätzlich keine teure Stadt, aber man kann viel Geld ausgeben – wenn man denn will. Umgekehrt gibt es sehr wohl genügend Möglichkeiten, auch mit schmaler Geldbörse einen schönen Aufenthalt zu genießen.

Die **Hotels** in der Innenstadt gehören generell nicht zum Sparprogramm, ein Doppelzimmer für weniger als 100 Euro muss man schon suchen, aber diese Suche kann sich durchaus lohnen. Denn während die Spitzenhäuser im

## Hamburg preiswert

*Folgende **Museen** bieten Vergünstigungen bzw. sogar freien Eintritt:*

- ***Bucerius Kunst Forum** (s. S. 146): Mo. Einheitspreis von 6 €*
- *31 [P11] **Deichtorhallen:** Di. ab 16 Uhr 6 € Eintritt*
- ***Internationales Maritimes Museum** 41: ab 16.30 Uhr 7 € („Störtebecker Ticket")*
- *28 [P9] **Kunsthalle:** ab 17 Uhr 8/5 €, jeden ersten Do. im Monat 18–21 Uhr freier Eintritt*
- ***Museum am Rothenbaum Kulturen und Künste der Welt** (s. S. 145): Do. 16–21 Uhr Eintritt frei*
- *29 [Q10] **Museum für Kunst und Gewerbe:** Do. ab 17 Uhr 8 € Eintritt*

*Die **Hamburg Card** (s. S. 233) bietet Rabatte in Museen und Geschäften, außerdem kann man die öffentlichen Verkehrsmittel mit dieser Karte kostenfrei nutzen.*

*Fünf Hamburger Museen bieten für 30 € ein Gemeinschaftsticket, den **Kunstmeilenpass,** der 12 Monate lang gilt (www.kunstmeile-hamburg.de)*

*Sightseeing vom Wasser kann man mit einer **Elbfähre** (s. S. 232) betreiben, für die das ganz normale HVV-Ticket (und natürlich auch die Hamburg Card) gilt. Beispielsweise von den Landungsbrücken 43 (Brücke 3) mit der Elbfähre Nr. 62 am Fischmarkt 51 vorbei nach Övelgönne 80 zum Museumshafen 79 und weiter auf die andere Elbseite bei Finkenwerder. Von dort entweder wieder mit der gleichen Fähre zurück oder umsteigen auf die Fähre 64 und zurück ans andere Elbufer beim Fähranleger Teufelsbrück (s. S. 134). Von dort allerdings nur eine etwas umständliche Weiterfahrt mit Bus X21 bis S-Bahnhof Klein Flottbek, von wo es mit der S-Bahn zurück in die City geht.*

078hg Abb.: hf

*Das Museum am Rothenbaum Kulturen und Künste der Welt zeigt Spannendes aus aller Welt*

5-Sterne-Segment Preise haben, die für die meisten Kurzurlauber sicher nicht in Frage kommen, sind inzwischen einige neue Hotels in die Angebotslücke gesprungen. Sie ermöglichen einen angenehmen Aufenthalt in vernünftigen und eben nicht zu teuren Zimmern in der City.

Auch ein **Restaurantbesuch** kann teuer werden, muss aber nicht. In Hamburg gibt es mittlerweile einige Sterneköche und Topgastronomen, die viele sicher aus dem Fernsehen kennen (Tim Mälzer, Cornelia Poletto, Christian Rach, Steffen Henssler), daneben gibt es aber eine schier unübersehbare Vielfalt an Lokalen, Küchen und Konzepten. Generell gilt: In **St. Georg** 62, im **Schanzenviertel** 70 und auch auf **St. Pauli** kann gut und relativ preiswert gegessen werden, am Hafenrand wirds etwas teurer (oder sogar sehr viel teurer), in der Innenstadt ist es mal so, mal so. **Mittags** bieten fast alle Lokale in der Innenstadt ein gutes und preiswertes Gericht an, da hier sehr viele Büroangestellte ihren Hunger stillen.

Beim **Shopping** konzentrieren sich edle und teure Geschäfte vor allem in der Straße Neuer Wall 12 und in den umliegenden Straßen, teilweise auch in Eppendorf 74, ansonsten gibt es in Altona (s. S. 111), im Schanzenviertel und in St. Georg das genaue Gegenteil.

# Informationsquellen

## Infostellen in der Stadt

Die Büros der Hamburger **Touristeninformation** sind gut bestückt mit Broschüren, Flyern, Stadtplänen u. Ä. und die kompetenten Mitarbeiter wissen auf so ziemlich jede Frage eine Antwort. In den Touristeninformationen bekommt man auch die Hamburg Card (s. S. 233), die eine Menge Vergünstigungen für den Besucher bietet. Mit dieser Karte kann man U-Bahn, S-Bahn und Busse kostenfrei nutzen, außerdem erhält man diverse Ermäßigungen bei Museen, Stadt- und Hafenrundfahrten.

### Touristeninformationen

- **297** [L11] **Tourist Information am Hafen,** St. Pauli Landungsbrücken, zwischen Brücke 4 und 5, S/U „Landungsbrücken, tägl. 11–17 Uhr

## Meine Literaturtipps

- *Raether, Till: **„Blutapfel“**, rororo. Im Elbtunnel wird ein Mann am Steuer seines Autos erschossen. Die Polizei geht von einem Bandenkrieg aus, aber dann tauchen „amerikanische Freunde“ auf. Nun muss Kommissar Danowski ermitteln und einen anderen Ansatz suchen. Die Geschichte spielt in eher weniger bekannten Ecken der Hansestadt und ist ausgesprochen locker und spannend geschrieben. Mittlerweile sind sechs Danowski-Bände erschienen.*
- *Rademacher, Cay: **„Der Fälscher“**, DuMont. Hamburg im Jahr 1948. Die Stadt liegt noch in Trümmern, die Menschen versuchen das Leben zu meistern. Kommissar Stave bekämpft den Schwarzmarkt zu einer Zeit, als kurz vor der Währungsreform rätselhafte Geldscheine auftauchen.*
- *Timm, Uwe: **„Die Entdeckung der Currywurst“**, dtv. Hamburg in den letzten Tagen des Zweiten Weltkriegs. Ein Soldat versteckt sich bei einer Frau, die ihm das Ende des Krieges verheimlicht. In eindrucksvoller Sprache wird diese Liebesromanze vor dem Hintergrund der letzten Kriegstage in Hamburg dargestellt.*
- *Buchholz, Simone: **„Schwedenbitter“**, Droemer. Zwei tote Amerikaner werden in einer Villa gefunden. Ein Fall für Staatsanwältin Chas Riley. Die hasst ihr Büro, treibt sich lieber ermittelnd auf der Straße herum, trinkt gerne einen und fühlt sich auf St. Pauli sauwohl. Selten einmal wurde dieser Stadtteil mit so liebevol-*

*lem, aber auch unverstelltem Blick vorgestellt, wenn auch in einem schnodderigen Ton. Ehrlich und geradeheraus, so stapft Chas Riley durch die Geschichte und klärt den Fall natürlich auf. Nebenbei bekommt der Leser eine St.-Pauli-Lektion, die sitzt. Große Klasse! Weitere Titel dieser Reihe: „Knastpralinen", „Revolverherz", „Bullenpeitsche" „Mexikoring", „Eisnattern", „Blaue Nacht" und „River Clyde".*

- *Elbern, Christoph: **„Hafenmörder"**, Rütten & Loening. Ein Historienkrimi, angesiedelt in der Zeit der gerade überwundenen Cholera. Am Hafen werden mehrere Männer ermordet und mit einem Zeichen versehen aufgefunden, ein Bakteriologe hilft bei den Ermittlungen. Atmosphärisch sehr dichte Schilderung des damaligen Hamburg.*
- *Hanekamp, Tino: **„Sowas von da"**, KiWi. Die Silvesternacht steht an. Oskar betreibt einen angesagten Club auf der Reeperbahn und die letzte Party vor dem Abriss steht bevor. Soweit das Grundgerüst der Handlung. Im Folgenden werden mit viel Witz die 24 Stunden rund um diese Party beschrieben. Eine Nacht mit tragischen Tiefen und rauschhaften Höhen, wie sie nur in einem Reeperbahn-Club stattfinden kann. Tino Hanekamp haut dem Leser die Sätze in einer Rasanz um die Ohren, dass man das Buch kaum aus der Hand legen kann.*
- *Oelker, Petra: **„Tod am Zollhaus"**, rororo. Ein Historienkrimi, der im Hamburg des 18. Jh. spielt. Der Schreiber eines ehrbaren Kaufmanns wird ermordet. Für die Hamburger ist schnell klar, wer der Täter sein muss: der Prinzipal eines Wandertheaters. Nur Rosina und ihre Schauspielerkollegen sind von seiner Unschuld überzeugt. Da ihnen keiner glaubt, macht Rosina sich alleine auf die Suche. Sie schleicht sich in die feine Hamburger Gesellschaft ein und überführt schließlich den wahren Täter. Dieser spannende Krimi beleuchtet auch in eindringlicher Weise die Lebensverhältnisse in Hamburg um das Jahr 1765 und liefert ein sehr plastisches Porträt der Stadt und seiner Bewohner. Auch in weiteren Krimis (bislang elf Titel, alle bei rororo) geht Rosina auf Verbrecherjagd und bietet dabei immer einen fundierten Einblick in das Hamburg des 18. Jahrhunderts.*
- *Korn, Carmen: **„Töchter einer neuen Zeit"**, rororo. Auftakt einer Trilogie über vier junge Frauen im Hamburg des Jahres 1919. Die Protagonistinnen stammen aus völlig verschiedenen sozialen Schichten und suchen in den folgenden Jahrzehnten ihren Weg. Trotz aller Unterschiede verbindet sie eine feste Freundschaft.*
- *Westphal, Ben: **„Elbe Hafen Bulle"**, Emons. Wie schmuggelt man Kokain aus Südamerika von einem Containerschiff im Hamburger Hafen an Land? Darum dreht sich die Geschichte, erzählt aus Sicht der Schmuggler und auch der Polizei. Absolut authentisch und spannend beschrieben. Der Autor war selbst Drogenfahnder und das merkt man dem Text an. Ein echter Page-Turner!*

- **Tourist Information im Hauptbahnhof** 1, Ausgang Kirchenallee, tägl. 9–17 Uhr. Immer gut besucht, da viele Stadtbesucher, die mit der Bahn eintreffen, sich hier informieren.

### Telefonische Infos

- **Hamburg-Hotline:** Tel. 30051701. Unter der Hotlinenummer können Hotels gebucht, aber auch Eintrittskarten für diverse Veranstaltungen bestellt werden.
- **HVV (Verkehrsverbund):** Tel. 19449
- **Deutsche Bahn:** Tel. 01805 996633

### Fundbüro

●298 [A6] **Fundbüro,** Luruper Chaussee 125, Bus 3 bis „Trabrennbahn Bahrenfeld" ab Rathausmarkt oder Hauptbahnhof/Mönckebergstraße, www.hamburg.de/fundbuero, Tel. 428113501, Mo. 7–16, Di. 7–13, Do. 8.30–13 und 14–18 Uhr

### Veranstaltungs- und Kartenservice

ℹ299 [O10] **BildBox Ticket Shop Europa-Passage,** Ballindamm 40, S/U „Jungfernstieg", Tel. 30390691, geöffnet: Mo.–Sa. 10–20 Uhr

ℹ300 [P10] **Elbphilharmonie Kulturcafé,** Am Mönckebergbrunnen/Barkhof 3, U3 „Mönckebergstraße", Tel. 35766666, geöffnet: Mo.–Fr. 11–18, Sa. 11–16 Uhr

## Hamburg im Internet

- **www.hamburg-tourism.de:** die Website der Hamburger Tourismuszentrale
- **www.hvv.de:** alles über den Hamburger Verkehrsverbund
- **www.hamburg-magazin.de:** ein ausführlicher Wegweiser durch die Stadt mit vielen praktischen Tipps
- **https://www.kulturlotse.de:** eine Seite, die tagesaktuell kostenfreie Kulturangebote vorschlägt

## Empfehlenswerte Hamburg-Apps

- Mit **„Hamburg, Speicherstadt"** kann man eine interessante Zeitreise durch die Speicherstadt unternehmen. An neun Stationen werden historische Bilder oder Filme eingespielt und man kann Kurzhörspiele abrufen (kostenlos für Android und iOS).
- **„Kulturpunkte Hamburg"** von der Kulturbehörde stellt insgesamt 400 Kulturinstitutionen, -denkmäler und -objekte vor (kostenlos für Android und iOS).
- **„AINO Hamburg"** listet Veranstaltungen auf, selbst die von kleinsten Vereinen und Organisationen zu allen denkbaren Themen (kostenlos für Android und iOS).

## Publikationen und Medien

Hamburg ist eine der großen **Medienstädte** Deutschlands. Sehr viele der im Land verkauften Printzeitungs-Titel werden an der Elbe produziert, auch wenn mittlerweile die Bild-Gruppe des Springer-Verlags nach Berlin umgezogen ist. Aber nicht nur Verlage gibt es in Hamburg, auch die Tagesschau und die Tagesthemen werden von hier aus gesendet.

### Veranstaltungstipps

Für Besucher der Stadt ist es natürlich wichtig zu erfahren, welche Events und Veranstaltungen gerade stattfinden. Über das komplette Spektrum informieren in Hamburg mehrere **Zeitschriften:** z. B. „Szene Hamburg" und „Oxmox". Alle Hefte erscheinen jeweils monatlich.

Weiterhin bieten die **Zeitungen** „Hamburger Morgenpost" und „Hamburger Abendblatt" jeweils am Donnerstag eine umfangreiche Beilage mit vielen aktuellen Tipps.

- www.szene-hamburg.com
- www.prinz-hamburg.de
- www.mopo.de
- www.abendblatt.de
- www.oxmoxhh.de

## Internet

In der Hansestadt gibt es einige von der Stadt betriebenen öffentlichen **WLAN-Hotspots**, vor allem am Hafenrand, in der HafenCity, am Jungfernstieg und auf St. Pauli (in der Großen Freiheit und am Spielbudenplatz). In den bekannten **Coffeestores** und immer mehr **Lokalen** kann man kabellos ins Internet gehen, auch in praktisch allen **Hotels** ist dies mittlerweile Standard.

## Medizinische Versorgung

- **Apotheken-Notdienst:** Tel. 228022
- **Ärztlicher Notfalldienst:** Tel. 228022
- 301 [C10] **Asklepios Klinik Altona,** Paul-Ehrlich-Str. 1, Bus Nr. 1 ab Bahnhof Altona, hält direkt vor dem Haupteingang, Tel. 1818810
- 302 [R8] **Asklepios Klinik St. Georg,** Lohmühlenstr. 5, U1 „Lohmühlenstraße", Tel. 1818850. Relativ zentral gelegenes Krankenhaus im Stadtteil St. Georg.
- 303 [O10] **Europa Apotheke,** Bergstraße 14, U/S „Jungfernstieg", Tel. 32527690, Öffnungszeiten: Mo.–Fr. 8–20, Sa. 9.30–20 Uhr
- **Kinderärztlicher Notdienst:** Tel. 228022
- 304 [M3] **Uniklinik Eppendorf,** Martinistr. 52, S „Altona", vom Vorplatz mit Bus 20 oder 25 direkt bis Uniklinik, Tel. 74100. Eine der größten Kliniken der Stadt.
- **Zahnärztlicher Notdienst:** Unter Tel. 01805 050518 (Notdienstansage) oder unter www.zahnaerzte-hh.de lässt sich der aktuelle Bereitschaftsplan des zahnärztlichen Notdienstes der Stadt einsehen.

## Notfälle

### Notruf

- **Polizei:** Tel. 110
- **Feuerwehr/Rettungsdienst:** Tel. 112
- **ADAC-Pannenhilfe:** Tel. 0180 2222222
- **ACE-Pannenhilfe:** Tel. 0180 2343536
- **Apotheken-Notdienst:** Tel. 228022

### Kartensperrung

Bei **Verlust der Debit-/Giro-, Kredit-** oder **SIM-Karte** gibt es für Kartensperrungen eine **deutsche Zentralnummer** (unbedingt vor der Reise klären, ob die eigene Bank bzw. der jeweilige Mobilfunkanbieter diesem Notrufsystem angeschlossen ist). **Aber Achtung:** Mit der telefonischen Sperrung sind die Bezahlkarten zwar für die Bezahlung/Geldabhebung mit der PIN gesperrt, nicht jedoch für das **Lastschriftverfahren mit Unterschrift.** Man sollte daher auf jeden Fall den Verlust zusätzlich **bei der Polizei zur Anzeige bringen,** um gegebenenfalls auftretende Ansprüche zurückweisen zu können.

In **Österreich** und der **Schweiz** gibt es keine zentrale Sperrnummer, daher sollten sich Besitzer von Debit-(EC-) oder Kreditkarten vor der Abreise bei ihrem Kreditinstitut über den zuständigen Sperrnotruf informieren.

Generell sollte man sich immer die **wichtigsten Daten** wie Kartennummer und Ausstellungsdatum **separat notieren,** da diese unter Umständen abgefragt werden.

## Infos für LGBT+

*St. Georg* (62) *gilt als das Hamburger „Gay Village", nirgendwo sonst sieht man häufiger die Regenbogenfahne flattern. Dort befinden sich auch etliche Lokalitäten für die LGBT-Gemeinde, ein sehr beliebter Treffpunkt ist z. B. das* ***Café Gnosa*** *(s. S. 110). Auch entlang des Steindamms [R9] haben sich entsprechende Kinos, Läden und Hotels angesiedelt.*

*Auf* ***St. Pauli*** *gibt es ebenfalls etliche Läden und Kinos, speziell in der Talstraße [J10], die von der Reeperbahn abzweigt. Einige Clubs bieten an bestimmten Tagen spezielle Veranstaltungen für die LGBT-Gemeinde.*

› ***www.hamburg-tourism.de*** *bietet unter „Das ist Hamburg", „Hamburg für ..." „Queer and Friends" viele Tipps zum Download an.*
› *Die Internetseite* ***http://hamburg.gay-web.info*** *bietet allgemeine Infos zu Kultur, Sport, Veranstaltungen, Clubs etc.*

308 *[Q9]* ***M&V Bar,*** *Lange Reihe 22, Tel. 28006973, tägl. 17–2 Uhr. Beliebte Bar, in der LGBT wie Heteros feiern.*

309 *[J10]* ***Wunderbar,*** *Talstr. 14, U3 „St. Pauli", www.wunderbar-hamburg.de, geöffnet: tägl. ab 20 Uhr. Für viele das Wohnzimmer der LGBT-Community.*

› **Deutscher Sperrnotruf:** Tel. +49 116116 oder Tel. +49 3040504050
› **Weitere Infos:** www.kartensicherheit.de, www.sperr-notruf.de

# Post

Ein **Postfiliale** befindet sich im Hauptbahnhof im Zeitschriftenladen **Press + Books** auf dem Nordsteg, Ausgang Glockengießerwall, Spitalerstraße im OG. Ein weiteres Postamt liegt in der Mönckebergstraße (2) im Levantehaus (s. S. 178).

*Fortgeschrittene können sich an der Alster auch Segelboote ausleihen*

# Sport und Erholung

## Baden

› Eine gute **Übersicht** zu den Bädern der Stadt findet man auf der Internetseite www.baederland.de.

305 [R8] **Alsterschwimmhalle,** Ifflandstraße 21, U1 „Lohmühlenstraße", Tel. 188890, **bis mindestens Ende 2023 geschlossen**

306 [N3] **Holthusenbad,** Goernestraße 21, U1/U3 „Kellinghusenstraße", Tel. 474754, geöffnet: tägl. 10–22 Uhr. Das eindrucksvolle Gebäude ist im schönsten Jugendstil gehalten. Das Bad bietet sogar ein Winterfreibecken und verschiedene Saunabereiche.

307 [K6] **Kaifu-Lodge,** Bundesstraße 107, U2 „Christuskirche", Tel. 401281, www.kaifulodge.de, Schwimmbereich: Mo.–Fr.

079hg Abb.: sm

6.30–22, Sa./So. 8–22 Uhr, Freibad: Mo.–Fr. 6.30–20 Uhr, Sa./So. 8–22 Uhr. In der Kaifu-Lodge gibt es zwei Indoorpools, eine beheizte 25-Meter-Bahn und dann noch ein 50-Meter-Becken, das aber nur im Sommer geöffnet ist. Hier trifft sich die „Szene", denn die Pools gehören zu einem der größten Fitnesscenter der Stadt.

**S310** [S2] **Naturbad Stadtparksee,** Südring 5b, U3 „Saarlandstraße", Tel. 188890, geöffnet: in der Saison tägl. ab 11–20 Uhr. Eingebettet in die größte grüne Lunge Hamburgs liegt der Stadtparksee. Er hat eine Große von 107 x 138 m und ist in Schwimmer- und Nichtschwimmer-Bereiche aufgeteilt. Zum Sonnenbaden sucht man sich ein Plätzchen auf dem umliegenden großen Wiesengelände.

## Bootfahren und Paddeln

Hamburg wird von Kanälen durchzogen, hat etliche kleine Seen und die nun wahrlich nicht kleine Alster mitten in der City zu bieten. Was liegt da näher, als einmal kräftig in die Riemen zu greifen? Boote mieten kann man bei folgenden Adressen:

› **Bobby Reich** (s. S. 107). Kanus, Ruderboote, Segelboote werden vermietet, ansonsten zählt der Bootssteg mit seinem Restaurant zu einem der angesagtesten Plätze an der Außenalster, zumindest bei schönem Wetter.

› **Bodos Bootssteg** (s. S. 107). Der Bootssteg ist zugleich ein beliebtes Ausflugslokal. Ruder-, Tret- und Segelboote werden vermietet.

S311 [N2] **Bootshaus Silwar,** Eppendorfer Landstraße 148b, U1 „Lattenkamp", Tel. 476207, www.bootshaus-silwar.com. Das Bootshaus Silwar ist ein traditionsreicher Verleihbetrieb. Schon seit 1874 werden hier Kanus, Kajaks, Tret- und Ruderboote vermietet. Im Angebot sind auch noch klassische Kanus mit Rückenlehnen und Kissen und auf Wunsch gibts auch noch einen Picknickkorb dazu.

S312 [Q7] **Hansasteg,** Schöne Aussicht 20a, am rechten Alsterufer beim Café Hansasteg, U3 „Mundsburg", Tel. 22698657, April–Sept. Di.–Sa. 13–20, So. 11–20 Uhr, www.hansa-steg.de. Verleih von Kanus, Tret- und Ruderbooten.

S313 [O4] **Supper Club,** Isekai 13, Tel. 473461, www.supperclub.de. Neben Kanus und Tretbooten wird auch StandUpPaddling angeboten, Kurse und Verleih.

## Joggen

Auf zwei wunderschönen Laufstrecken kann man ordentlich „abhecheln": rings um die Außenalster oder entlang des Elbufers.

- **Um die Außenalster** 61: Die Lieblingsstrecke vieler Promis! Es geht immer entlang des Alsterufers, teilweise durch schöne Grünanlagen und nur über sehr kurze Strecken an einer Straße entlang. Gesamtlänge: 7,4 km, die gesamte Strecke ist im Abstand von 500 m mit Kilometersteinen markiert. Gestartet werden kann natürlich überall, die meisten Läufer beginnen an der Krugkoppelbrücke (U1 „Klosterstern"), dort steht auch der Kilometerstein Null.
- **Entlang der Elbe:** Bei einigermaßen schönem Wetter spazieren hier Hunderte Menschen entlang, eigentlich nicht gerade ideale Bedingungen für Jogger. Dennoch ist es eine tolle Strecke, läuft man doch fern von Autos immer am Elbufer entlang. Gestartet wird in Övelgönne am Museumshafen 79 (Endstation von Linienbus Nr. 112) und das Ziel heißt entweder Fähranleger Teufelsbrück (s. S. 134, ca. 5 km) oder gar Blankenese 81 (10 km). Zurück gehts per Bus Nr. 36, der an beiden Zielpunkten ermattete Jogger mitnimmt.

## Radfahren

Grundsätzlich ist es keine schlechte Idee, Hamburg per Rad zu erkunden. Vor allem die weiten und zugleich ruhigen Strecken entlang der **Außenalster**, am **Ufer der Elbe** entlang bis Blankenese oder auch durch die **Speicherstadt** und den **Hafen** lassen sich ganz gut erradeln. Der **innerstädtische Bereich** ist mal mehr, mal weniger mit Radwegen versehen.

Im **Uni-Viertel**, in **Ottensen** und im **Schanzenviertel** sind sehr viele Radler unterwegs, von denen einige stur auch schmale Fußgängerwege nutzen.

Fahrräder dürfen auf **Hafenfähren** immer mitgenommen werden. In U- und S-Bahn außer Mo. bis Fr. von 6 bis 9 und 16 bis 18 Uhr ebenfalls.

### StadtRAD

In Hamburg gibt es jetzt **StadtRAD,** ein **Ausleihsystem** für Räder. An insgesamt über 220 Stationen im Stadtgebiet können die 2600 roten Räder mit dem Hamburg-Wappen ausgeliehen und auch wieder zurückgegeben werden. Man muss sich einmalig registrieren (5 €) und dann kann es auch schon losgehen. Die **Registrierung** erfolgt über das Internet (http://stadtrad.hamburg.de), über die StadtRAD-App auf dem Handy oder direkt an einer Ausleihstation über einen Touchscreen. Es wird neben persönlichen

Daten auch eine EC- oder Kreditkarte benötigt, von der dann die Gebühren abgebucht werden. Die erste halbe Stunde ist kostenlos, danach werden 10 Cent pro Minute berechnet, aber pro 24 Stunden maximal 15 Euro. Nach der Anmeldung zeigt das Display die Nummern der freien Räder an. Eines aussuchen, per Kundenkarte identifizieren, per Finger die Nummer auf dem Display antippen und das Schloss öffnet sich. Dann den Sperrriegel herausziehen und los gehts.

### Fahrradverleih

S314 [N7] **Fahrradstation Dammtor,** Schlüterstraße 11, S „Dammtor", Tel. 41468277, www.fahrradstation-hh.de, Mo.–Fr. 10–13 und 14–18 Uhr

› **Hamburg anders erfahren,** Tel. 0178 6401800, www.hamburg-anders-erfahren.de. Räder werden ausschließlich geliefert.

S315 [K11] **Hamburg City Cycles,** Bernhard-Nocht-Str. 89–91, S „Reeperbahn" oder S/U „Landungsbrücken", Tel. 74214420, www.hhcitycycles.de, geöffnet: tägl. 10–18 Uhr. Tageweise oder nur für ein paar Stunden können hier Räder ausgeliehen werden. Angeboten werden auch geführte Stadtrundfahrten mit Erklärungen.

## Roll- bzw. Schlittschuhlaufen

S316 [L10] **Kunsteisbahn Große Wallanlage,** Holstenwall, U3 „St. Pauli", Tel. 74203990, www.eisarena-hamburg.de, Eisbahn: Dez.–März tägl. 10 bis ca. 22 Uhr, Rollschuhbahn: Mitte April bis Ende Sept. 9–21 Uhr. Der Eintritt ist beim Rollschuhfahren frei, beim Schlittschuhfahren im Winter kostet es eine Gebühr. Auf der großen Kunsteisbahn mitten in der Grünanlage Planten un Blomen 59 kann man im Winter auf Schlittschuhen und im Sommer auf Rollschuhen laufen.

# Stadttouren

## Stadtrundfahrten

Grundsätzlich fahren alle Anbieter von Stadtrundfahrten auf einer großen Schleife durch die Innenstadt, über St. Pauli, am Hafen entlang und – je nach Tourlänge – manche noch einmal um die Außenalster. Man bekommt also durchaus was zu sehen und kann die wichtigsten Sehenswürdigkeiten in knappen zwei Stunden abhaken. Manche Tour kann auch noch mit einer Hafenrundfahrt kombiniert werden. **Gestartet** wird an den Landungsbrücken 43 oder am Hauptbahnhof 1. Zu übersehen sind die roten, gelben oder grünen Busse praktisch nicht. Die **Preise** liegen zwischen 18 und 19 €. Kinder zahlen etwa die Hälfte. Mit der Hamburg Card (s. S. 233) gibt es meist eine Ermäßigung. **Tickets** gibt es direkt bei den Bussen.

Gefahren wird in der **Saison** (April–Okt.) meist halbstündlich 9/10–17/18 Uhr. Bei etlichen Touren können die Gäste vor Sehenswürdigkeiten aussteigen und mit dem **nächsten Bus weiterfahren.**

› **Roter Doppeldeckerbus:** Landungsbrücken, Brücke 1–2, Tel. 7928979, www.die-roten-doppeldecker.de

› **Gelber Doppeldeckerbus:** Landungsbrücken, Brücke 4, Tel. 0410244339, www.stadtrundfahrthamburg.de

› **Hamburg Stadtrundfahrten:** Brücke 2, www.hamburg-stadtrundfahrten.de, rot-gelbe Busse. Dort starten auch die blauen Busse der Hamburg Citytour.

› **HafenCity River Bus:** Ein Amphibienfahrzeug bietet eine kombinierte 70-minütige Rundfahrt zunächst an Land durch die HafenCity und die Speicherstadt und anschließend quasi als Hafenrundfahrt auf dem Wasser elbaufwärts an (Preis: 32,50 €, Kinder bis 14 Jahre 21 €, Tel. 76757500, www.hafencityriverbus.de, ab 10 Uhr alle 90 Min., Startpunkt: Brooktorkai 16 in der Speicherstadt).

## Stadtrundgänge

Mehrere Firmen bieten geführte Rundgänge mit unterschiedlichen thematischen Schwerpunkten an. So kann man beispielsweise die Kontorhäuser kennenlernen, einen Spaziergang durch die Speicherstadt machen, den Michel besichtigen oder Streifzüge durch St. Pauli bzw. die historische Innenstadt unternehmen.

- **Hempel's Beatles Tour.** Stefanie Hempel folgt den musikalischen Spuren der Beatles und zeigt, wo sie auftraten und lebten. Außerdem spielt sie unterwegs Beatles-Songs auf ihrer Ukulele. Sa. 18 Uhr. Infos: 30033790, www.hempels-musictour.com.
- **Hamburg Greeter,** www.hamburg-greeter.de. Ehrenamtlich agierende Hamburger zeigen Gästen (bis max. 6 Personen) auf einem Spaziergang kostenlos ihre Stadt.
- **Kieztour mit Olivia Jones.** Mittlerweile gibt es mehrere thematische Führungen mit St. Paulis bekanntester Drag Queen, einige Touren werden auch von Olivias Assistenten begleitet. Alles sehr unterhaltsam und mit vielen Einblicken in die kleine St.-Pauli-Welt. Sehr gefragt! www.olivia-jones.de.

*Eine der 2479 Hamburger Brücken: Die Ellerntorsbrücke führt auf die Fleetinsel* 13

- **Landgang St. Pauli** bietet Kiezführungen über die Reeperbahn, Tel. 31794934, www.stpauli-landgang.de.
- **St.-Pauli-Rundgänge.** Ein anderer St.-Pauli-Rundgang wird von der „Kurverwaltung" organisiert. Ehrenamtliche Helfer führen „Kurgäste" über den Kiez durchs Schanzenviertel und entlang der Hafenkante. Ab U3 „St. Pauli", Infos: Tel. 31790747, www.kurverwal tungstpauli.de.
- **Hamburger City Cycles** bietet täglich um 10.30 Uhr eine Stadtrundfahrt mit dem Rad (Infos: www.hhcitycycles.de, Dauer: 3–3½ Std., 33 €, Kinder 16,50 €).
- **Stattreisen Hamburg** bietet mehrere sehr interessante thematische Rundgänge an, durch verschiedene Stadtteile, darunter auch St. Pauli. Infos: Stattreisen Hamburg, Tel. 87080100, www.stattreisen-hamburg.de.
- **Hamburger Elbinsel Tour.** Maike Brunk bietet verschiedene Touren an, mit einer Barkasse durch den Hafen oder zur Elbinsel Wilhelmsburg. Infos: Tel. 27886998, www.elbinsel-tour.de, Preis: 23,50 €.

## Segway

„Hamburg erschweben" lautet das Motto dieser ganz besonderen Stadtrundfahrt. Gäste werden auf einem Segway, durch die Stadt geführt. Jeder steuert selbst und wird vor der Tour umfassend eingewiesen. Führerscheinpflicht (Mofa, Motorrad oder Auto).

- **Mindways Mobility,** Tel. 47113300, www.segway-citytour.de

## Fahrradtaxi

Ganz gemächlich kann man sich per **Fahrradrikscha** auf vier festgelegten Routen durch die Stadt bringen lassen.

**Fahrradtaxi Pedalotours** (Tel. 0177 7367042, www.pedalotours.de) bietet Stadtrundfahrten mit Erläuterungen zu wichtigen Sehenswürdigkeiten oder organisiert auch individuelle Trips.

# Unterkunft

In der Hansestadt Hamburg gibt es viele ausgesprochene **Luxushotels,** zuletzt kamen aber auch einige Häuser im **mittleren** oder sogar eher **unteren Preissegment** hinzu. Immer mehr Hotelmanager lassen nun auch ihre Häuser nach den Kriterien des Deutschen Hotel- und Gaststättenverbandes zertifizieren. Damit unterwerfen sie sich einer bundeseinheitlichen Norm, die in den fünf international üblichen **Sternekategorien** ausgedrückt wird.

Die **Zimmerpreise** für Stadthotels liegen in Hamburg eher am oberen Rand. Ein gutes Hotel mit einem Preis von un-

EXTRAINFO

### Buchungsportale

Neben Buchungsportalen für **Hotels** (z. B. www.booking.com, www.hrs.de oder www.trivago.de) bzw. für **Hostels** (z. B. www.hostelworld.com) gibt es auch Anbieter, bei denen man **Privatunterkünfte** buchen kann. Portale wie www.airbnb.de oder www.wimdu.de vermitteln Wohnungen, Zimmer oder auch nur einen Schlafplatz auf einer Couch. Diese oft recht günstigen Übernachtungsmöglichkeiten sind nicht unumstritten, weil manchmal normale Wohnungen gewerblich missbraucht werden. Einige Regierungen greifen deshalb regulierend ein.

ter 100 € für ein Doppelzimmer kann als günstig angesehen werden. Die durchschnittlichen Preise für ein Doppelzimmer liegen bei bis zu 125 €, für erstklassige Hotels steigen sie auf über 250 €.

Fast alle Hotels der Stadt kann man über die Tourismuszentrale unter der Telefonnummer 30051300 oder im Internet unter www.hamburg-tourism.de **buchen.**

Alle Privatreisenden (Geschäftsreisende sind befreit) zahlen eine **Kultur- und Tourismustaxe,** deren Höhe vom Übernachtungspreis abhängt. Sie schwankt zwischen 0,50 und 4 € je Gast und Nacht.

## Preiskategorien

Die in diesem Buch aufgeführten Unterkünfte liegen fast alle im erweiterten Zentrumsbereich. Die angegebenen Preiskategorien gelten – sofern nicht anders bezeichnet – für ein Doppelzimmer mit Frühstück.

| | |
|---|---|
| € | bis 70 € |
| €€ | 70–140 € |
| €€€ | über 140 € |

## Unterkunftstipps

### Gut und günstig

317 [K10] **Ibis Budget** €, Simon-von-Utrecht-Straße 64, U3 „St. Pauli", Tel. 31765620, https://all.accorhotels.com. **Preiswert auf St. Pauli:** 188 Zimmern mit minimalistischer, aber absolut zweckmäßiger Einrichtung, insgesamt ein gutes Preis-Leistungs-Verhältnis. Von der Lage her bestens geeignet für Kiez-Nachtschwärmer.

318 [P9] **Ibis Hamburg-Alster** €€, Holzdamm 4–12 + 16, S/U „Hauptbahnhof", Tel. 248290, https://all.accorhotels.com. **Nahe am Wasser der Alster gebaut:** Direkt gegenüber vom Hotel Atlantic liegt dieses funktionale Hotel der Ibis-Kette in einer ruhigen Seitenstraße.

319 [J8] **Instant Sleep**, Max-Brauer-Allee 277, S/U „Sternschanze", Tel. 43180180, www.instantsleep.de. **Für echte Backpacker:** Ein Budget-Hotel im Schanzenviertel mit elf Mehrbettzimmern (von 4 bis 12 Betten), es gibt aber auch Doppelzimmer. Je mehr in einem Raum nächtigen, desto günstiger. Außerdem: voll ausgestattete Küche zur Selbstversorgung, Spinde im Zimmer bzw. auf dem Flur, ein Schloss kann ausgeliehen werden.

320 [L11] **Jugendherberge Auf dem Stintfang,** Alfred-Wegener-Straße 5, S/U „Landungsbrücken", Tel. 5701590, www.jugendherberge.de. **Sensationeller Blick zu kleinem Preis:** direkt am Hafen, schön erhöht am Elbhang gelegene Herberge, obendrein in Kieznähe. Phänomenaler Blick auf den Hafen! Insgesamt 357 Betten in Zwei- bis Achtbettzimmern.

321 [Z8] **Jugendherberge Horner Rennbahn,** Rennbahnstr. 100, U2 „Horner Rennbahn", www.jugendherberge.de, Tel. 5701590. **Günstig, aber nicht zentral:** Insgesamt hat es 269 Betten in 91 Zwei- bis Sechsbetträumen. Liegt zwar etwas außerhalb der City, aber nur fünf U-Bahn-Stationen vom Hauptbahnhof entfernt.

322 [L10] **Motel One Am Michel** €€, Ludwig-Erhard-Str. 26, U3 „St. Pauli", Tel. 35718900, www.motel-one.de. **Ganz in der Nähe des Kiez:** Die Reeperbahn liegt nur fünf Gehminuten entfernt, genauso der Michel und zum Hafen bei den Landungsbrücken sind es zu Fuß vielleicht 10 Minuten. Ein großes Haus in schickem, modernem De-

sign mit 437 Zimmern, die zwar nicht übermäßig groß, aber gut und zweckmäßig ausgestattet sind.

323 [O10] **Pension Am Rathaus** €, Rathausstraße 14, U/S „Jungfernstieg", Tel. 337489, www.pension-am-rathaus.de. **Mitten in der City:** Kleine, familiäre Pension mitten in der City. Drei Einzel-, 12 Doppelzimmer teils ohne Bad. Es wird kein Frühstück angeboten.

324 [K8] **Pyjama Park Hotel** €-€€€, Bartelsstraße 12, Tel. 38078142, www.pyjama-park.de. **Günstig im Szeneviertel wohnen:** Mitten im Schanzenviertel (es gibt noch zwei weitere Pyjama-Unterkünfte) steht dieses unkonventionelle 17-Zimmer-Hotel, das fröhlich-hippes Design ausstrahlt. Drei der Räume sind Gemeinschaftszimmer mit Etagenbad, Frühstück außerhalb, mit Rabatt im Jill (s. S. 160).

› **Schanzenstern Altona** € (s. S. 158). **Ruhig in Ottensen:** jugendliches Haus. Bietet Einzel-, Doppel- und Mehrbettzimmer für 3 bis 7 Personen, alle rauchfrei. Es gibt auch Apartments.

## Wohlfühlen und genießen

325 [P12] **25 hours Hotel HafenCity** €€-€€€, Überseeallee 5, Tel. 2577770, www.25hours-hotels.com/hotels/hamburg/hafencity. **In der HafenCity:** Das Haus passt sich optisch mit seiner modernen, gläsernen Architektur hervorragend an die umliegenden Gebäude an. Innen ist das Hotel maritim dekoriert. Die Zimmer, die hier Kojen heißen, sind unterschiedlich groß. Die Kapitänskoje ist natürlich die größte (und teuerste). Freitags gibt es im angeschlossenen Lokal „Heimat" oft Konzerte mit jungen Hamburger Bands.

326 [R7] **Alsterblick** €€-€€€, Schwanenwik 30, U3 „Uhlandstraße", Tel. 22948989, www.hotel-alsterblick.de. **Mit Alsterblick:** Kleines Hotel mit 35 modernen Zimmern in einer stilvollen Villa aus dem Jahr 1891. Das Treppenhaus wurde schon mal zu Hamburgs schönstem gewählt. Die Alster erblickt man tatsächlich und sie wird schnell erreicht: Nur einmal über die Straße, schon ist man da. Ab 13 Uhr gibt es ein Kuchenbuffet.

327 [Q9] **Außenalster** €€€, Schmilinskystraße 11, U1 „Lohmühlenstraße", www.aussenalsterhotel.de, Tel. 284078570. Kleines Haus (27 Zimmer) mit Weinbistro in ruhiger Lage **nahe der Außenalster.** Hunde willkommen.

328 [N7] **Hotel am Museum** €€€, Rothenbaumchaussee 71, Tel. 44809414, www.hotelammuseum.de. **Charmante Unterkunft in einer schicken Villa:** Das Hotel bietet sechs individuell eingerichtete Zimmer mit hohen Stuckdecken in einer schönen, weißen Villa aus dem Jahr 1890, allerdings mit Gemeinschaftsbad.

329 [Q9] **Wedina** €€€, Gurlittstraße 23, U1 „Lohmühlenstraße", Tel. 2808900, www.hotelwedina.de. **Ein Herz für Autoren:** In einer ruhigen Ecke von St. Georg steht dieses farblich auffällige Literaturhotel, bestehend aus vier Häusern in den Farben Rot, Blau, Grün und Gelb mit unterschiedlich großen Zimmern. Etliche Zimmer sind einem Schriftsteller gewidmet, inklusive dessen Gesamtwerk. Die Rezeption liegt im „roten Haus", dort wird auch das Frühstück serviert.

## Ruhig und persönlich

330 [K8] **Fritz im Pyjama** €€-€€€, Schanzenstraße 101–103, S/U „Sternschanze", Tel. 82222830, www.fritz-im-pyjama.de. **Ganz nah an der Schanzenszene:** Das quirlige Schanzenviertel ist gleich um die Ecke und die nächste S-Bahnstation 10 m entfernt. 17 helle, mit individuellem Touch eingerichtete Zimmer mit Balkon, ab drei Nächten wirds billiger.

192hg Abb.: hf

## Besonders gut gelegen

**331** [N9] **Alameda** €€, Colonnaden 45, S „Dammtor“, U1 „Stephansplatz“, Tel. 344000, www.hotelalameda.de. **In der Fußgängerzone:** Sehr ruhig gelegenes kleines Haus, nur 5 Minuten vom Bahnhof Dammtor entfernt. Stuckverzierte Decke, zweckmäßige Einrichtung. Sowohl die City, als auch die Alster sind schnell erreicht.

**332** [O9] **Alster-Hof** €€€, Esplanade 12, U1 „Stephansplatz“, Tel. 350070, www.alster-hof.de. **Sehr zentrale Lage** (nur 2 Minuten Fußweg von der Binnenalster). Insgesamt 108 zweckmäßig und modern eingerichtete Einzel- und Doppelzimmer.

**333** [K10] **Arcotel Onyx** €€-€€€, Reeperbahn 1 A, U3 St. Pauli, Tel. 2094090, https://onyx.arcotel.com. **Auf der Reeperbahn:** Das Haus steht neben dem Gebäudekomplex „Tanzende Türme“ am Beginn der Reeperbahn, für Kietzbummler und Musical-Besucher also ideal. Es gibt 217 Zimmer in funktionalem Design und unterschiedlichen Standards von Comfort bis zur Suite mit entsprechend gestaffelten Preisen. Weiterhin wird auch ein Fitness- und Spa-Bereich geboten, den man nach einem ausgiebigen St-Pauli-Bummel sicher gut gebrauchen kann.

**334** [O9] **Baseler Hof** €€€, Esplanade 11, U1 „Stephansplatz“, Tel. 359060, www.baselerhof.de. Zentral gelegenes Haus mit 173 Zimmern (viele Einzelzimmer), nur zwei Minuten von der Binnenalster und fünf Minuten vom Dammtor-Bahnhof entfernt. **Um’s Eck liegt die Alster:** Der Zimmerpreis beinhaltet ein Dreitagesticket für die öffentlichen Verkehrsmittel.

**335** [L11] **Hafen Hamburg** €€€, Seewartenstraße 9, S/U „Landungsbrücken“, Tel. 311130, www.hotel-hafen-hamburg.de. **Gigantischer Hafenblick:** Das Hotel liegt schön erhöht in der Nähe von St. Pauli und bietet einen traumhaften Ausblick auf den Hafen und die Landungsbrücken. Unbedingt nach einem Zimmer zur Wasserseite fragen (etwas teurer). Ansonsten bleibt noch ein ähnlich phänomenaler Blick aus der angeschlossenen Tower-Bar ganz oben. Insgesamt hat das Haus 353 Zimmer.

**336** [Q9] **Hotel Reichshof** €€€, Kirchenallee 34–36, Tel. 3702590, www.reichshof-hotel-hamburg.de. **Historischer Charme und moderne Einrichtung:** Das Hotel befindet sich direkt am Hauptbahnhof und fällt schon von außen durch seine teilweise bodentiefen Fenster auf. Das historische Haus hat sich seinen Charme erhalten, bereits die Hotelhalle ist mit ihren prachtvollen Marmorsäulen eine Augenweide, genau wie der Frühstücksraum. Die 278 Zimmer und Suiten sind topmodern eingerichtet, außerdem bietet das Haus Sauna, Spa und Massagen.

**337** [K10] **Hotel St. Annen** €€, Annenstr. 5, U3 „St. Pauli“, Tel. 3177130, www.hotelstannen.de. **In der dritten Reihe zu St. Pauli:** Das Hotel liegt nicht einmal 10 Minuten Fußweg von der Reeperbahn entfernt in einer ruhigen Seitenstraße und hat 36 kleine Zimmer in ansprechendem Design. Weit genug entfernt von der Partymeile, um Ruhe zu haben, und doch ist der Kiez schnell erreicht. Die Zimmer sind hell und zweckmäßig eingerichtet, eine kleine Gartenterrasse liegt hinterm Haus. Ein Auto kann in der Tiefgarage geparkt werden oder der Gast erhält einen Anwohnerparkschein.

338 [G10] **InterCity Altona** €€, Paul-Nevermann-Platz 17, S „Altona", Tel. 380340, www.intercityhotel.de. **Mit Bahnhof-Anschluss:** Direkt am Bahnhof Altona gelegenes Haus einer guten Hotelkette mit 133 funktionalen Zimmern.

339 [P10] **InterCity Hauptbahnhof** €€, Glockengießerwall 14/15, S/U „Hauptbahn hof", Tel. 248700, www.intercityhotel.de. **Die City liegt um die Ecke:** Hotel der bekannten Kette mit 155 komfortablen Zimmern, schräg gegenüber vom Hauptbahnhof, keine fünf Minuten Fußweg von der Alster und der City entfernt. Im Zimmerpreis ist auch das Ticket für den HVV eingeschlossen.

340 [N8] **Radisson Blu** €€€, Marseiller Straße 2, S „Dammtor", www.radissonhotels.com. **Recht zentral und mit spektakulärem Blick:** Direkt zwischen Dammtorbahnhof und Park Planten und Blomen gelegenes Hochhaushotel (27 Etagen) mit 556 eleganten und zweckmäßig eingerichteten Zimmern. In der 26. Etage befindet sich die **Winebar TWOSIX**.

*Das Hotel Reichshof liegt zentral, nahe dem Hauptbahnhof*

## Ausgefallene Konzepte

341 [P12] **25 hours Hotel Altes Hafenamt** €€€, Osakaallee 12, Tel. 5555750, www.25hours-hotels.com. **Modernes Hotel im ältesten Gebäude der HafenCity:** Es befindet sich in einem wuchtigen Backsteingebäude, dem ehemaligen Hafenamt, einer früheren Anlaufstelle für Seeleute. Der historische Charme wurde erhalten, ergänzt um passende Möbel. Die 49 Zimmer sind modern eingerichtet. Prima Lage mitten in der HafenCity.

44 [M12] **Cap San Diego** €€-€€€. **Schlafen auf einem Schiff:** An Bord des Museumsschiffes kann man in einer der original erhaltenen vier Einzel- oder vier Doppelkabinen übernachten. Jede Kabine hat ein Vollbad, außerdem TV und Minibar sowie Wasserkocher nebst Tee- und Kaffeesortiment. Gäste können sich auf der Decksfläche frei bewegen und abends auf der Brücke den Hafen bewundern. Frühstück wird nach Vorbestellung serviert.

342 [J6] **Das kleine Schwarze** €€€, Tornquiststr. 25 (U-Bahn: U2, Emilienstraße), Tel. 23939911, https://das-kleine-schwarze.com. **Geschmackvolle Bleibe:** kleines Haus (acht Zimmer), außen auffällig schwarz angemalt. In ruhiger Lage in Eimsbüttel, bezeichnet sich selbst als „Hotel für Mensch und Kunst" und stellt zeitgenössische Fotografie aus.

343 **Die Inselpension** €€, Am Veringhof 21, Tel. 0163 2434910, www.die-inselpension.de. **Übernachten mal anders:** im Bauhaus, auf einem Schiff, in einem Ladenlokal oder auch in einem Künstlerhaus, alles ist möglich. Die Inselpension ist kein einzelnes Haus, sondern es gibt verschiedene Inseln zum Übernachten – und eine kleine Bar, die Rezeption, Bar und Treffpunkt in einem ist. Die Inselpension befindet sich im Stadtteil Wilhelmsburg, der selbst auf einer (Elb-)Insel liegt, nur drei S-Bahn-Stationen von der City entfernt.

108hg Abb.: jg

Das Hotel Hafen Hamburg (s. S. 228) bietet einen gigantischen Hafenblick

**344** [M12] **Feuerschiff** €€, City Sporthafen, Vorsetzen, U3 „Baumwall", Tel. 362553, www.das-feuerschiff.de, Einzelkabine 85 €, Doppelkabine 120 €, Kapitänskabine 140 €, inkl. Frühstück. **Schlafen im Wellenschaukeln:** Das Feuerschiff LV 13 liegt im Sportboothafen und bietet zwei Einzel- und fünf Doppelkabinen mit Duschbad an.

**345** [O12] **Pierdrei** €€€, Am Sandtorkai 46, Tel. 55822930, www.pierdrei-hotel.de. **Cooles Hotel mit Campground in der HafenCity:** Ein größeres Haus mit 212 Zimmern in fünf Kategorien, von „small" bis „extra large", das mitten in der HafenCity steht. Als Clou gibt es einen „Racker Room", eine elternfreie Zone für Kinder.

**346** [L11] **Stella Maris** €€, Reimariusstr. 12, U/S „Landungsbrücken", Tel. 3192023, www.raphaelhotels.de. **Ruhig und in der Nähe der Landungsbrücken:** Zu den Landungsbrücken sind es nur ein paar Schritte, einmal ums Eck liegt die Dietmar-Koel-Straße mit ihren vielen Lokalen und auch zur Reeperbahn ist es nicht übermäßig weit. Das Hotel verfügt über 49 Zimmer, die seemannsmäßig in drei Gruppen unterteilt sind. Entsprechend staffeln sich auch die Preise.

**347** [R10] **Superbude** €, Spaldingstraße 152, S/U „Berliner Tor", dort Ausgang Heidkampsweg, Tel. 3808780, www.superbude.de. **Unkompliziert und gut eingerichtet:** Das Haus ist eine Mischung aus Hotel und Jugendherberge und bietet neben Doppelzimmern auch Vierer- und Mehrbettzimmer an.

**348** [J8] **Superbude St. Pauli** €-€€, Juliusstr. 1–7, Tel. 807915820, www.superbude.de. **Leger und gut gelegen:** Das Hotel ist in einem unscheinbaren roten Backsteingebäude untergebracht. Der Eingang liegt an der Stresemannstraße und das Schanzenviertel ist buchstäblich nur einmal ums Eck. Es gibt EZ, DZ und Mehrbettzimmer bis zur „Sechserkoje", alle mit eigenem Bad. Außerdem gibt es einen Radverleih, Frühstück (7–12 Uhr) und eine Küche zum Selberkochen. Insgesamt bunt, pragmatisch und funktional eingerichtet, außerdem wird als Betthupferl sehr passend ein Astra versprochen.

## Für die ganze Familie

**349** [G10] **Meininger** €€-€€€, Goetheallee 9–11, S „Altona", www.meininger-hotels.com, Tel. 28464388, Preise schwankend, je nach Zimmertyp (Einzel-, Doppel-, Mehrbettzimmer oder Bett im Schlafsaal). **Ruhig in Altona gelegen:** Das Hotel befindet sich in einem renovierten Altbau in einer Seitenstraße. 116 gute, zweckmäßig eingerichtete Zimmer, eine Tiefgarage ist auch vorhanden. Neben Einzel- und Doppelzimmern auch Vier- und Sechsbettzimmer, bei letzteren mit getrennten Räumen für Bad und WC. Es gibt aber auch die Möglichkeit, ein Bett im Schlafsaal (6 bzw. 10 Betten) zu buchen, für Frauen gibt es einen eigenen Sechsbettschlafsaal.

## Campingplätze

**350** [G3] **Campingplatz Buchholz,** Kieler Straße 374, Bus 4 ab Hauptbahnhof bis „Basselweg", Tel. 5404532, www.camping-buchholz.de, geöffnet: ganzjährig. Kleiner Platz, nicht allzu weit von der Autobahnausfahrt „Stellingen" (A7) gelegen, allerdings schon ein gutes Stück von der City entfernt.

**351 ElbeCamp,** Falkensteiner Ufer 101, Tel. 812949, http://elbecamp.de, Ende März bis Ende Oktober. Der Platz liegt traumhaft an einem Naturstrand direkt an der Elbe, Zelte können direkt am Elbufer aufgebaut werden, WoMos stehen im hinteren Teil. Angeschlossen ist das Café Lüküs. In die City geht es per Bus Nr. 189 vom „Tinsdaler Kirchenweg" bis nach Blankenese, von dort weiter per S-Bahn.

**352 Knaus Campingpark Hamburg,** Wunderbrunnen 2, Tel. 5594225, www.campingplatz-hamburg.de, geöffnet: ganzjährig, U2 bis „Niendorf Markt", dann Bus 191 bis „Dornröschenweg", von dort ca. 500 Meter Richtung IKEA. Der mittelgroße Platz besteht aus einem parzellierten Wiesengelände, das direkt hinter dem IKEA-Gelände in der Nähe der A7 liegt (Abfahrt: „Schnelsen Nord" und den Wegweisern zu IKEA folgen, von dort ausgeschildert).

EXTRATIPP

### Frauenhotel

**355** [M9] **Hanseatin** €€, Dragonerstall 11, U2 „Gänsemarkt", Tel. 341345, www.hotel-hanseatin.de. Ein Hotel nur für Frauen! Die 13 Zimmer sind unterschiedlich eingerichtet, ein Garten ist angeschlossen. Drei Zimmer des Hotels haben das Bad auf der Etage.

## WoMo-Stellplatz

**353 Elbepark Bunthaus Wohnmobilhafen,** Moorwerder Hauptdeich 33, Tel. 18047215, https://elbepark-bunthaus.de. Ein reiner WoMo-Stellplatz mit ca. 80 Plätzen direkt an einem Elbe-Arm mitten in der Natur, etwa 12 km außerhalb des Zentrums. Per Bus 351 ab „Freiluftschule Moorwerder" (direkt vor dem Stellplatz) bis „Wilhelmsburg" fahren, von dort sind es drei Stationen bis in die Innenstadt („Hauptbahnhof").

**354** [S11] **Wohnmobilhafen-Hamburg,** Grüner Deich 8, S „Hammerbrook", www.wohnmobilhafen-hamburg.de, Tel. 30091890. 53 Stellplätze mit Frischwasser und Ver-/Entsorgungsmöglichkeiten, außerdem WC und Duschen. Reservierungen sind nicht möglich. Per S-Bahn gelangt man in wenigen Minuten in die City (eine Station bis Hauptbahnhof, vom Bahnhof „Hammerbrook").

# Verkehrsmittel

## HVV

Der Hamburger Verkehrsverbund (HVV) betreibt **mehrere Verkehrsmittel:** U-Bahn, S-Bahn, einige Regionalbahnen, Stadtbusse und als Hamburger Besonderheit auch Hafenfähren.

**U- und S-Bahnen** verkehren von knapp vor 5 Uhr bis ca. 20 Uhr normalerweise im 10-Minuten-Takt, zu bestimmten Zeiten sogar alle fünf Minuten. Ab etwa 20 Uhr wachsen die Intervalle auf bis zu 20 Minuten an. Seit einigen Jahren fahren U- und S-Bahnen an Wochenendnächten (Freitag, Samstag) durchgehend im 20-Minuten-Takt, außerdem bedienen noch einige Nachtbusse ausgesuchte Strecken. **Busse** fahren je nach Strecke alle 10 bis 20 Minuten.

### Tarifsystem

Für alle Verkehrsmittel gilt ein **einheitliches Tarifsystem**, das nach **Zonen** unterteilt ist. Da einige S- und Regionalbahnen auch bis ins Hamburger Umland fahren, umfasst das Gesamtnetz einen ziemlich großen Bereich. Grundsätzlich wird unterschieden zwischen einem recht engen **Citybereich**, dem **Nahbereich**, dem **Großbereich Hamburg** und dem **Gesamtbereich.** Der Unterschied zwischen Groß- und Gesamtbereich liegt besteht in einigen weit entfernten Randregionen, die nicht in den Großbereich eingeschlossen sind. Außerdem gibt es noch drei verschiedene „Ringe“, also Zonen, die entfernungsabhängig sind. Das klingt alles ziemlich kompliziert, aber für die meisten Ziele in der Innenstadt genügt ein Ticket für den „Großbereich“.

### HVV-Tickets

Tickets für den ÖPNV müssen nicht extra abgestempelt werden, wie es in anderen Großstädten oft üblich ist. **Im Bus** kann man seinen Fahrschein beim Fahrer lösen, ansonsten am Automaten oder über die HVV-App (s. S. 273). Mit einem Ticket für einfache Fahrten kann man in Richtung Ziel von einem Verkehrsmittel zum nächsten **umsteigen.**

Der Tarifbereich ist in Ringe unterteilt, für fast alle Sehenswürdigkeiten ist der Bereich des ersten oder zweiten Rings ausreichend. Kinder unter 6 Jahren fahren kostenlos. Wer mehrere Fahrten unternehmen möchte, sollte sich eine **Tageskarte** bzw. gleich eine **Hamburg Card** (s. S. 233) kaufen.

- **9-Uhr-Gruppenkarte:** Gilt für fünf Personen beliebigen Alters ab 9 Uhr, am Wochenende ganztägig. 1–2 Ringe (dieser Bereich genügt für alle hier im Buch vorgestellten Sehenswürdigkeiten).
- **9-Uhr-Tageskarte:** Gilt Mo.–Fr. ab 9 Uhr für einen Erwachsenen und max. drei Kinder (6–14 Jahre). Am Wochenende ist das Ticket bereits vor 9 Uhr gültig.

### Hafen- und Elbfähren

Für eine Hafenstadt einzigartig dürfte die Tatsache sein, dass auch alle Hafenfähren ganz regulär mit einem HVV-Ticket genutzt werden können.

**Ausgangspunkt aller Linien** (außer Fähre 64) sind die Landungsbrücken 43. Von dort schippern die Fähren in die Seitenarme der Elbe zu den Werften und Terminals, andere pendeln immer entlang des Elbufers bis Finkenwerder und Teufelsbrück. Hier eine Übersicht:

- **Fähre Nr. 61:** Landungsbrücken – Neuhof. Fährt Mo. bis Fr. von 5.20 und 18.25 Uhr von Brücke 2 insgesamt elfmal in sehr un-

EXTRATIPP

## Hamburg Card

Ideal für Hamburg-Besucher, die mehrere Fahrten mit dem HVV planen und obendrein das eine oder andere Museum besuchen wollen, ist die **Hamburg Card.** Mit ihr kann man die **öffentlichen Verkehrsmittel** des HVV im Großbereich Hamburg nutzen. Weiterhin spart man bei Stadtrundfahrten, Hafenrundfahrten und Alstertouren und in diversen Museen gibt es teilweise beachtliche **Ermäßigungen:** insgesamt bei etwa 150 Einrichtungen. Die Karten gelten jeweils am eingetragenen Tag ab 0 Uhr. Man erhält die Hamburg Card bei der Touristeninformation (s. S. 216), sie kann aber auch an manchen Automaten des HVV gezogen werden, außerdem wird sie in einigen Hotels der Elbmetropole verkauft.

- **Einzelkarte** (ein Erw. und bis zu drei Kinder bis 15 J.): Tageskarte 11,90 €, zwei Tage 20,90 €, Dreitageskarte 29,90 €, vier Tage 39,90 €, Fünftageskarte 46,90 €
- **Gruppenkarte** (bis zu fünf Personen beliebigen Alters): Tageskarte 19,90 €, zwei Tage 35,50 €, Dreitageskarte 49,90 €, vier Tage 66,90 €, Fünftageskarte 82,90 €

regelmäßiger Frequenz in den Köhlbrand und endet in Neuhof, fast unterhalb der Köhlbrandbrücke.

- **Fähre Nr. 62:** Landungsbrücken – Finkenwerder. Fährt von Brücke 3 der Landungsbrücken über Museumshafen Övelgönne 79 nach Finkenwerder auf die andere Elbseite. Tägl. zwischen 5.15 und 8 Uhr und nach 19.15 Uhr alle 30 Minuten, sonst alle 15 Minuten. Gefahren wird bis ca. Mitternacht.
- **Fähre Nr. 64:** Finkenwerder – Teufelsbrück (s. S. 134). Tägl. zwischen 5.17 Uhr (Sa./So. ab 6.17 Uhr) und 20.47 Uhr alle 30 Mi., von Teufelsbrück wird etwa 15 Minuten später gestartet.
- **Fähre 72** fährt alle 20 Minuten von den Landungsbrücken (Brücke 1) zum Anleger „Elbphilharmonie" in der HafenCity und zurück.
- **Fähre Nr. 73:** Landungsbrücken – Theater im Hafen und weiter bis Ernst-August-Schleuse in Wilhelmsburg. Mo.–Fr. zwischen 5.30 und 21.30 Uhr alle 40 Minuten.
- **Fähre Nr. 75:** Landungsbrücken – Steinwerder. Macht nur Mo. bis Fr. zwischen 5.32 und 8.17 Uhr und zwischen 14.37 und 15.37 Uhr alle 15 Min. ab Brücke 1 der Landungsbrücken den kurzen Hopser zum Eingang am Alten Elbtunnel 46.

### Busse

Knapp 100 Buslinien fahren durch Hamburg. Fahrgäste dürfen nur noch **vorn einsteigen** und müssen das Ticket vorzeigen. Neben den „normalen" **Stadtbuslinien** gibt es folgende spezielle Linien:

- **MetroBusse:** Die MetroBus-Linien mit den Nummern 1 bis 28 bringen ihre Fahrgäste auf direktem Weg in die City oder über Querverbindungen an Orte außerhalb.
- **Nachtbusse:** Die Nachtbusse verkehren von Montag bis Freitag in der Zeit von Mitternacht bis etwa 5 Uhr. In dieser Spanne ruht innerhalb der Woche der S- und U-Bahnverkehr, allerdings nicht am Wochenende. Alle Linien passieren den Rathausmarkt, hier kann man gut umsteigen. Die Frequenz schwankt erheblich, als grobe Faustformel gelten 30 Minuten. Die Busse tragen Nummern zwischen 600 und 644. Behinderte Fahrgäste können sich unter Tel. 32880 tägl. ab 24 Uhr nach dem Einsatz von Niederflurbussen erkundigen. Laut Fahrplan verkehren auf fast allen Nachtlinien derartige Busse.

## Sightseeing mit dem HVV

*In einer fremden Stadt das System der öffentlichen Verkehrsmittel und speziell der Buslinien zu durchschauen, ist oft nicht einfach. Hier sind einige Vorschläge für schönste Trips mit dem HVV.*

- ***Mit dem 113er-Bus vom Bahnhof Altona zum Museumshafen Övelgönne*** ***79****: Der Bus fährt am schönen Altonaer Rathaus* ***65*** *vorbei, dann den Elbhang hinunter und endet schließlich direkt an der Elbe am Museumshafen Övelgönne. Frequenz: alle 15 Minuten.*
- ***Mit dem 112er Bus aus der City raus nach Blankenese*** ***81*****.** *Der Bus startet in der Innenstadt, streift St. Pauli, fährt entlang der Reeperbahn* ***52****, am schneeweißen Altonaer Rathaus* ***65*** *vorbei und schließlich über ein Teilstück der prächtigen Elbchaussee, bevor seine Fahrt am Bahnhof Blankenese endet. Von dort geht es per S-Bahn oder abermals mit dem 36er zurück. Frequenz: alle 15 Minuten.*
- ***Mit dem 150er-Bus durch den Elbtunnel nach Finkenwerder:*** *Startpunkt ist der Bahnhof Altona. Von dort geht es schnurstracks zur Autobahn und durch den Elbtunnel auf die südliche Elbseite. Anschließend fährt der Bus durch Finkenwerder (an der Haltestelle Finkenwerder Fähre aussteigen!) weiter am Airbus-Gelände vorbei zum Dörfchen Cranz. In Finkenwerder gibt es nicht so viel Spektakuläres zu entdecken, aber einen ganz famosen Blick über die Elbe. Außerdem finden sich direkt am Anleger der Elbfähre Terrassenlokale, in denen man gemütlich dem Treiben auf der Elbe zuschauen kann. Zurück geht es dann mit der Elbfähre Nr. 62, die zu den Landungsbrücken schippert.*
- ***Mit dem 156er-Bus durch den Hafen zum Alten Elbtunnel*** ***46****: Gestartet wird am S-Bahnhof Wilhelmsburg (S3). Von dort geht es zunächst durch diesen Stadtteil auf der Elbinsel, bevor der Bus ins Hafengewirr eintaucht. Vorbei an Schuppen, Containern, Kaianlagen und Speditionen endet die Fahrt direkt vor dem Eingang zum Alten Elbtunnel. Dort kann man zunächst einen tollen Blick auf das gegenüberliegende Ufer mit den Landungsbrücken, dem Michel und dem Viermaster Rickmer Rickmers werfen, bevor es zu Fuß durch den Alten Elbtunnel zurück zu den Landungsbrücken geht. Frequenz: Selten! Von 5.10 bis 8.18 Uhr alle 30 Minuten, dann drei Stunden gar nicht, dann wieder zwischen 11.41 und 17.48 Uhr alle zwanzig Minuten, am Sa. nur stündlich Verbindungen bis 11.50 Uhr, dann bis 13.22 Uhr alle 30 Min., danach kein Betrieb mehr. Am So. auch kein Betrieb.*
- ***Mit dem 19er-Bus von der City nach Winterhude*** ***73****: Fährt vom Hauptbahnhof* ***1*** *(ZOB-Seite) über Mönckebergstraße* ***2*** *und Rathausmarkt* ***7****, an der Außenalster* ***61*** *vorbei, durchs feine Pöseldorf ins noch feinere Winterhude. Am Winterhuder Marktplatz kann man aussteigen und von dort mit der U1 ab Hudtwalckerstraße zurückfahren. Frequenz: alle zehn Minuten.*
- ***Mit dem Bus 5 vom Hauptbahnhof nach Eppendorf*** ***74****: Beliebte Studentenlinie! Fährt vom Hauptbahn-*

hof über die Mönckebergstraße, am Rathaus und Dammtorbahnhof vorbei und durchs Uni-Viertel (60) bis nach Niendorf und weiter bis Burgwedel. Man sollte bereits an der U-Bahn-Station „Hoheluftbrücke" aussteigen und Eppendorfer Schick zu Fuß erkunden. Zurück: Per U-Bahn oder mit dem gleichen Bus. Frequenz: alle zehn Minuten.

› **Sightseeing mit der U3:** Normalerweise fahren U-Bahnen unterirdisch, diese über weite Strecken aber nicht. Am besten an der Haltestelle „Hauptbahnhof Süd" zusteigen, auf der linken Seite Platz nehmen und Richtung Barmbek fahren. Kurz nach der Station „Rathaus" kriecht die U-Bahn ans Tageslicht und fährt langsam an den Landungsbrücken vorbei. Das tollste Hafenpanorama bietet sich dem Betrachter. Bei „St. Pauli" verschwindet die Bahn für vier Stationen unter der Erde, taucht aber nach „Schlump" wieder auf. Ab da gehts oberirdisch bis zur Endstation durch die schönen Wohnbereiche von Eppendorf und Winterhude. An der Endstation in Barmbek fährt man am besten die gleiche Tour noch mal zurück (diesmal rechts Platz nehmen!). Frequenz: alle fünf Minuten.

› **Mit der Fähre von den Landungsbrücken nach Teufelsbrück:** Einmal das Elbufer vom Wasser aus betrachten! Die Fähre Nr. 62 (Brücke 3 Landungsbrücken) fährt zunächst zum Fischmarkt, dann nach Ovelgönne zum Museumshafen und schließlich über die Elbe nach Finkenwerder. Dort steigt man am selben Bootsanleger in die Fähre Nr. 64 um, die zurück ans andere Elbufer nach Teufelsbrück fährt. Von dort geht man entweder zu Fuß am Elbufer zurück oder man absolviert die Fährtour nochmals bzw. nimmt den Schnellbus 36 in die City (Achtung: 1.-Klasse-Ticket!) Frequenz: Fähre Nr. 62 alle 15 Minuten, Fähre Nr. 64 alle 30 Minuten, Bus 36 alle 15 Minuten.

› **Noch interessanter ist aus touristischer Sicht die Buslinie 111,** denn sie passiert wichtige Sehenswürdigkeiten der Hansestadt. Diese Linie verbindet den Bahnhof Altona mit der HafenCity und befährt dabei die gesamte Große Elbstraße. Dann geht es hoch zur Reeperbahn und durch die Davidstraße bei den Landungsbrücken wieder zurück zum Elbufer. Von dort geht es dann in die Speicherstadt und weiter in die HafenCity bis zur Endhaltestelle Baakenhöft bzw. eine früher (U-Bahnhof HafenCity Universität), von wo man per U-Bahn zurückfahren kann. Eine Verbindung wie geschaffen für Besucher! Beim HVV gibt es den Flyer „Unsere Linie 111", die alle Sehenswürdigkeiten mit Haltestelle vorstellt, auch unter www.hochbahn.de abrufbar. Frequenz: alle 20 Min.

› **Mit dem Bus 17 zum Michel (49):** Der 17er verbindet die Innenstadt (Hauptbahnhof, Mönckebergstraße, Rathausmarkt) mit St. Pauli und endet an der U-Bahnstation Feldstraße. Vor allem aber hält dieser Bus direkt vor Hamburgs Wahrzeichen, der Michaeliskirche (49). Frequenz: alle 10 Minuten. Bus Nr. 16 hält dort ebenfalls. Er verbindet den Hauptbahnhof mit dem Bahnhof Altona.

## Schiffstouren

Wie es sich für eine Hafenstadt gehört, kann der Besucher in Hamburg aus einem breiten Angebot von **Hafenrundfahrten** wählen. Damit nicht genug, maritime Kurztrips (sogar nach Fahrplan!) sind auch auf der **Alster** möglich. Des Weiteren gibt es touristische Schiffstouren durch die **Fleete** und **Kanäle** und auch die **Elbe** kann erkundet werden. Fahrplanmäßig verkehrende Fähren wechseln von einem Ufer zum anderen (s. S. 238). Genügend Möglichkeiten also, sich mal den Wind um die Nase wehen zu lassen. Schiff ahoi!

### Alsterkreuzfahrten

Als „Alsterschippern" bezeichnen die Hamburger eine Ausflugsfahrt mit einem Dampfer. Diese verkehren sogar nach Fahrplan und zeigen dem Besucher einen ganz anderen Blick auf Hamburgs schönste Viertel, die rund um die Alster liegen. Die Dampfer starten am Jungfernstieg (9), fahren quer über die Binnenalster, unterqueren die Lombard- und Kennedybrücke und kreuzen über die Außenalster. An sieben festen **Haltestellen** kann man ein- und aussteigen, bevor der Dampfer seinen Endpunkt am Winterhuder Fährhaus erreicht. Von dort geht es auf demselben Weg zurück. Dauer der gesamten Route bis zum Endpunkt: 50 Minuten.

Gefahren wird ab Anfang April bis Anfang Oktober jeden Tag ab Jungfernstieg bzw. umgekehrt zwischen 10 und 18 Uhr halbstündlich ab Winterhuder Fährhaus.

› Infos: Tel. 3574240, www.alstertouristik.de, Preise: bis zu zwei Anleger 5 €, ab dem dritten Anleger 12 €, Tageskarte 20 €. Kinder bis zu zwei Anleger 3 €, ansonsten jeweils die Hälfte, Senioren erhalten Ermäßigung. Familienkarte (zwei Erw. und bis zu vier Jugendliche unter 16 Jahren): 44 € für die Tageskarte.

### Themenfahrten

Neben den Alsterkreuzfahrten bietet die Alster-Touristik GmbH noch spezielle Touren wie die beliebten Punschfahrten, den Dämmertörn, eine Dinner-Tour, einen Wine Cruise oder „Yoga auf der Alster" an. Alle Fahrten beginnen am Anleger Jungfernstieg.

› **Infos und Tickets** zu allen Törns gibt es am Anleger Jungfernstieg oder unter Tel. 3574240, www.alstertouristik.de, aber auch in den Büros der Tourist Information.

### Hafenrundfahrten

Es wird hanseatisch zurückhaltend, aber doch gezielt um Fahrgäste „gekobert", soll heißen: gekämpft, gelockt, versprochen, animiert. Der Gast möge doch, *bittschön,* zur Hafenrundfahrt auf dieses eine Schiff und nur auf dieses steigen. Das Thema beschäftigte auch schon mal die Gerichte, da ein vorwitziger Anbieter bereits im Bahnhof Landungsbrücken versucht hatte, Interessierte abzufangen.

Entlang der gesamten **Landungsbrücken** (43), also auf der vollen Länge zwischen Brücke 1 und 9, warten Barkassen, Fährschiffe und beinahe hochseetaugliche Fahrgastschiffe auf Kundschaft. Die „Koberer" stehen an der Gangway ihres jeweiligen Schiffes und locken mit Sprüchen wie „Haaafnruunn'faaht – inner Viiietelstunne gehts los, Herrrschaften, kommnSe an Boooad!"

Die **großen Schiffe** können naturgemäß nicht in kleinere Elbarme fahren, bieten aber einiges an Komfort und Verzehrmöglichkeiten. Die **kleinen Barkas-**

**sen** sind wendiger, können dadurch verstecktere Ecken zeigen und auch in die Speicherstadt 32 fahren.

Immer an Bord ist jedenfalls ein „**He lücht!**“. Übersetzt bedeutet dies „Er lügt“, was aber eine viel zu drastische Beschreibung wäre. „Er übertreibt, er flunkert, er schummelt“, trifft es deutlich besser, denn die „He lüchts“ kommentieren und beschreiben unterwegs, was man so sieht. Also: Nicht alles für bare Münze nehmen, aber meist wird sowieso klar, wenn ein „He lücht“ tatsächlich *lücht.*

› **Abfahrten:** Gefahren wird eigentlich immer, in der Regel von 10 Uhr bis ca. 18 Uhr, im Winter bis zur Dämmerung. Dauer: meist ca. 1 Stunde, es gibt auch einige Anbieter, die zwei Stunden fahren. **Preise:** etwa bei 16–20 €, je nach Anbieter und Tour. Informationen gibt es direkt an den Landungsbrücken, dort sind alle Anbieter mit kleinen Infoständen vertreten.

## Maritime Circle Line

Eine andere Schiffstour ist die **Maritime Circle Line**, die mehrmals am Tag von den Landungsbrücken 43 (Brücke 10) zur HafenCity 38 fährt, aber unterwegs noch weitere Stopps einlegt, u. a. bei der Ballinstadt 71 am Deutschen Hafenmuseum mit der „Peking“ (s. S. 144) und bei der Elbphilharmonie 39. Gäste können an verschiedenen Stationen aussteigen und mit dem nächsten Schiff weiterfahren, denn die Route führt wieder zurück zu den Landungsbrücken.

› **Infos:** www.maritime-circle-line.de, Tel. 28493936, Abfahrtszeiten an den Landungsbrücken, Brücke 10: tägl. 10.55, 12.55, 14.55 Uhr, Preis: 22 €, Kinder (5–15 Jahre) 8 € für einmal „circeln“.

*Eine gemütliche Schiffstour über die Alster ist zu jeder Tageszeit ein Erlebnis*

### Elbfähren

**Blankenese – Cranz:** Vom Fähranleger am Strandweg in Blankenese 81 pendelt in der Zeit von Anfang April bis Anfang Oktober einmal pro Stunde (6.30, 7.30 Uhr usw. bis 20.30 Uhr.) eine Fähre der HADAG hinüber ans andere Elbufer bei Cranz. Von Anfang Oktober bis Anfang April finden am Sonntag keine Fahrten statt und von Mo. bis Fr. zwischen 8.30 und 13.30 Uhr auch nicht. Erster Anleger ist Neuenfelde, von dort kann man schön auf dem Elbdeich spazieren, zweiter Anleger ist dann Cranz. Nach einem Spaziergang durch dieses hübsche Dorf kann man entweder wieder mit der Fähre zurück nach Blankenese fahren oder mit dem Bus Nr. 150 durch Finkenwerder und den Elbtunnel bis zum Bahnhof Altona.

- **Preise:** Für diese Fährverbindung gilt der Niederelbetarif, das heißt, dass Tages- oder Familienkarten des HVV am Wochenende keine Gültigkeit haben, Mo.–Fr. gelten diese Tickets. Die einfache Fahrt kostet 4 €, Kinder (4–15 Jahre) 2 €. Hin und zurück kostet das Doppelte. Ein Fahrrad kann zum Preis von 1,50 € mitgenommen werden.

### Taxi

Schnell mal vom Kiez zur Schanze rüber? In tiefster Nacht bleibt da oftmals nur ein Taxi, wenn der Nachtbus einem mal wieder vor der Nase weggefahren ist. Taxis dürfen die speziell eingerichteten Busspuren nutzen und können deshalb selbst beim Feierabendverkehr relativ rasch zum Ziel gelangen. Hier eine Auswahl von Hamburger Taxizentralen:

- **Autoruf:** Tel. 441011
- **Taxi Hamburg:** Tel. 666666
- **Hansa Funktaxi:** Tel. 211211
- **Das Taxi:** Tel. 221122
- **Jumbo Taxi:** Tel. 0800 3339990 (Großraumtaxis für bis zu acht Personen)

In Hamburg kann man auch mit dem Fahrdienst **Moia** fahren (Stichwort: Ride-Sharing).

- **Infos und App:** www.moia.io

## Wetter und Reisezeit

### Klima

„Hamburger Schmuddelwetter" ist schon fast zu einem festen Begriff geworden, aber sooo schlecht ist das Wetter hier gar nicht. In Hamburg herrscht eine jährliche **Sonnenscheindauer** von rund 1500 Stunden, das wären 34 % der überhaupt möglichen Sonnenscheindauer. Und sooo oft regnet es auch nicht: Im jährlichen Durchschnitt der letzten 20 Jahre fielen 764 mm.

Die durchschnittlichen **Temperaturen** liegen um 9,6 °C. Mitunter wird es im **Sommer** auch richtig heiß und dann macht sich an der Elbe und Alster fast mediterranes Feeling breit. Die Menschen sonnen sich am Elbstrand, relaxen am Alsterufer, stürmen die Cafés und freuen sich schlichtweg über Sonne, Strand und kurze Wege. Umgekehrt wird es sehr **selten knackig kalt.** Wenn aber doch, dann wartet die ganze Stadt darauf, dass die Alster zufriert – was allerdings sehr selten passiert –, denn dann

*Gerhard Brandes' Bronzeskulptur „Drachen steigen lassende Kinder" an der Außenalster*

gibt es einzigartiges „Alster-Vergnügen" mit Glühweinbuden und endlosen Schlittschuhtouren. Kommt nur viel zu selten vor, leider.

## Reisezeit

Hamburg entwickelt sich immer mehr zu einem **ganzjährigen Reiseziel**, aber gibt es eine ideale Reisezeit? Das ist schwer zu sagen. Da es keine Sonnengarantie gibt, muss jeder Besucher zunächst einmal ein relativ **unbeständiges Wetter** akzeptieren. Aber wenn es auch nur die kleinste Chance auf Sonnenschein gibt (und das gilt auch im Dezember!), dann ist der Hamburger draußen, dreht seine Runde um die Alster oder spaziert die Elbe entlang und hockt natürlich draußen(!) vor den Lokalen. Dann kann Hamburg wunderschön sein, selbst im Dezember. Frei nach dem Motto: „Es gibt kein schlechtes Wetter, es gibt nur schlechte Kleidung!"

Trotzdem hat man es ja doch lieber etwas wärmer und das bieten erfahrungsgemäß vor allem die Monate **Mai** und **Juni.** Außerdem finden während dieser Zeit einige Festivitäten statt, von denen vor allem der Hafengeburtstag und das Japanische Kirschblütenfest viele Besucher anziehen. Der **Juli** ist wettertechnisch eher ein Wackelkandidat, der **August** zeigt sich etwas beständiger, vor allem in der zweiten Hälfte. Der **September** ist meist noch recht nett, aber durchaus etwas frischer. Bei Reisen während der anderen Monate sollte man sich über warmes Wetter freuen, es aber nicht erwarten.

EXTRATIPP

### Den Wind beachten!

Oft wird eine banale Tatsache von auswärtigen Besuchern unterschätzt: Hamburg liegt am Wasser und hier ist es immer **einen Tick kühler.** Außerdem weht ständig **wenigstens ein leichter Wind,** der auch die Luft abkühlt, was besonders am Abend deutlich zu spüren ist. Deshalb **niemals zu dünn angezogen** auf Tour gehen, schon gar nicht entlang der Elbe oder am Hafenrand.

Während der **Ferienzeit** verreisen viele Hamburger, was man als Pendler meist in der dann doch recht leeren U-Bahn merkt. Dass dann die Lokale, Theater und allgemein die Straßen und Geschäfte leerer wären, kann man nicht sagen. Umgekehrt gibt es keine weltweit „wichtigen" Messen, die schon Monate im Voraus alle Hotels blockieren, wie beispielsweise die Buchmesse in Frankfurt oder die Reisemesse ITB in Berlin. Allerdings kommen bei einigen sportlichen **Großveranstaltungen** wie Marathon, Triathlon oder Cyclassics Tausende nach Hamburg, da wird es dann doch mal etwas eng bei der Unterkunftsfrage.

169hg Abb.: sm

*Die Alster friert leider nur sehr selten zu, aber wenn, dann tummelt sich halb Hamburg auf dem Eis*

| Durchschnitt | Jan | Febr | März | Apr | Mai | Juni | Juli | Aug | Sept | Okt | Nov | Dez |
|---|---|---|---|---|---|---|---|---|---|---|---|---|
| **Wetter in Hamburg** | | | | | | | | | | | | |
| Maximale Temperatur | 3° | 4° | 7° | 12° | 17° | 20° | 21° | 22° | 18° | 13° | 8° | 4° |
| Minimale Temperatur | −2° | −2° | 0° | 3° | 7° | 10° | 12° | 12° | 9° | 6° | 3° | −1° |
| Regentage | 18 | 16 | 13 | 14 | 14 | 14 | 17 | 16 | 15 | 17 | 18 | 18 |

# ANHANG

170hg Abb.: sm

# Register

# Schreiben Sie uns!

Wir hoffen, dass Ihnen dieser Reiseführer gefällt und er Ihnen ein guter Begleiter auf einer außergewöhnlichen und spannenden Reise ist.

Weil ein Reiseführer von Erfahrungen lebt, sind wir an Ihren Erlebnissen interessiert: Haben Sie in unserem Buch ein Restaurant entdeckt, das es nicht mehr gibt, eine Sehenswürdigkeit, die wir noch nicht aufgeführt haben, oder eine falsche Adresse? Dann schreiben Sie uns! **Wir nehmen jeden Hinweis und jede Kritik ernst und arbeiten kontinuierlich daran, die Bücher aktuell zu halten und immer weiter zu verbessern.** Jede Mail wird gelesen und beantwortet. Auch wenn wir nicht jeden Wunsch erfüllen können, machen wir uns immer Gedanken über Ihre Anmerkungen.

**Schreiben Sie uns:**
per Mail an info@reise-know-how.de oder an
Reise Know-How Verlag Peter Rump GmbH, Postfach 140666, 33626 Bielefeld

Wenn sich Ihre Infos direkt auf das Buch beziehen, würde uns die Angabe der Seitenzahl und der Auflagenzahl bzw. des Erscheinungsjahres Ihrer Ausgabe die Arbeit sehr erleichtern. Besonders hilfreiche Beiträge und Ergänzungen zu den Büchern belohnen wir mit einem Sprachführer Ihrer Wahl aus der über 240 Bände umfassenden „Kauderwelsch"-Reihe.

**Herzlichen Dank und gute Reisen**
Ihr Reise Know-How Verlag

Zugspitze, Foto: Aneta Niemitz

# Der Autor und die Fotografin

**Hans-Jürgen Fründt** kennt Hamburg seit frühester Jugend: Zunächst ist er als Junge über (fast) alle Fußballplätze getobt, dann hat er als 17-Jähriger eine Lehre durchgestanden und das Nachtleben entdeckt, sich schließlich durch die Uni gequält und letztendlich ein paar Jahre in einem Büro vertrödelt. Heute lebt er im „Speckgürtel" der Hansestadt im südlichen Schleswig-Holstein als freier Autor mit den Schwerpunkten Spanien und Schleswig-Holstein und schreibt hauptsächlich Reiseführer. Mittlerweile sind 56 Bücher von ihm erschienen.

Die Fotografin **Susanne Muxfeldt** kennt Hamburg ebenfalls seit ihrer Kindheit. Erstaunt musste sie bei der Recherche feststellen, dass viele Dinge, an denen sie jahrelang achtlos vorbeigelaufen war, im Fokus des neugierigen Blickes ganz anders wirken.

# Schreiben Sie uns

Dieses Buch ist gespickt mit Adressen, Preisen, Tipps und Daten. Unsere Autoren recherchieren unentwegt und erstellen alle zwei Jahre eine komplette Aktualisierung, aber auf die Mithilfe von Reisenden können sie nicht verzichten. Darum: Teilen Sie uns bitte mit, was sich geändert hat oder was Sie neu entdeckt haben. Gut verwertbare Informationen belohnt der Verlag mit einem Sprachführer Ihrer Wahl aus der Reihe „Kauderwelsch".

Kommentare übermitteln Sie am einfachsten, indem Sie die Web-App zum Buch aufrufen (siehe Umschlag hinten) und die Kommentarfunktion bei den einzelnen auf der Karte angezeigten Örtlichkeiten oder den Link zu generellen Kommentaren nutzen. Wenn sich Ihre Informationen auf eine konkrete Stelle im Buch beziehen, würde die Seitenangabe uns die Arbeit sehr erleichtern. Unsere generellen Kontaktdaten siehe Impressum.

## Impressum

Hans-Jürgen Fründt

**CityTrip^PLUS Hamburg**



**12., neu bearbeitete und aktualisierte Auflage 2023**



**ISBN 978-3-8317-3767-3**

**Druck und Bindung:** mediaprint solutions GmbH, Paderborn

**Herausgeber:** Klaus Werner
**Layout:** amundo media GmbH (Umschlag, Inhalt), Wayan Rump (Umschlag)
**Lektorat:** amundo media GmbH
**Karten:** Ingenieurbüro K. Wendler, amundo media GmbH
**Anzeigenvertrieb:** KV Kommunalverlag GmbH & Co. KG, Alte Landstraße 23, 85521 Ottobrunn, Tel. 089 928096-0, info@kommunal-verlag.de
**Kontakt:** Osnabrücker Str. 79, 33649 Bielefeld, info@reise-know-how.de



**Bildnachweis**
Umschlagvorderseite: ©powell83, stock.adobe.com | Umschlagrückseite: Hans-Jürgen Fründt | Umschlagklappe rechts: Susanne Muxfeldt
Soweit ihre Namen nicht vollständig am Bild vermerkt sind, stehen die Kürzel an den Abbildungen für die folgenden Fotografen, Firmen und Einrichtungen. Hans-Jürgen Fründt: hf | Jan Gerbach: jg | Susanne Muxfeldt: sm | fotolia.com by adobe: fo

# CITYATLAS

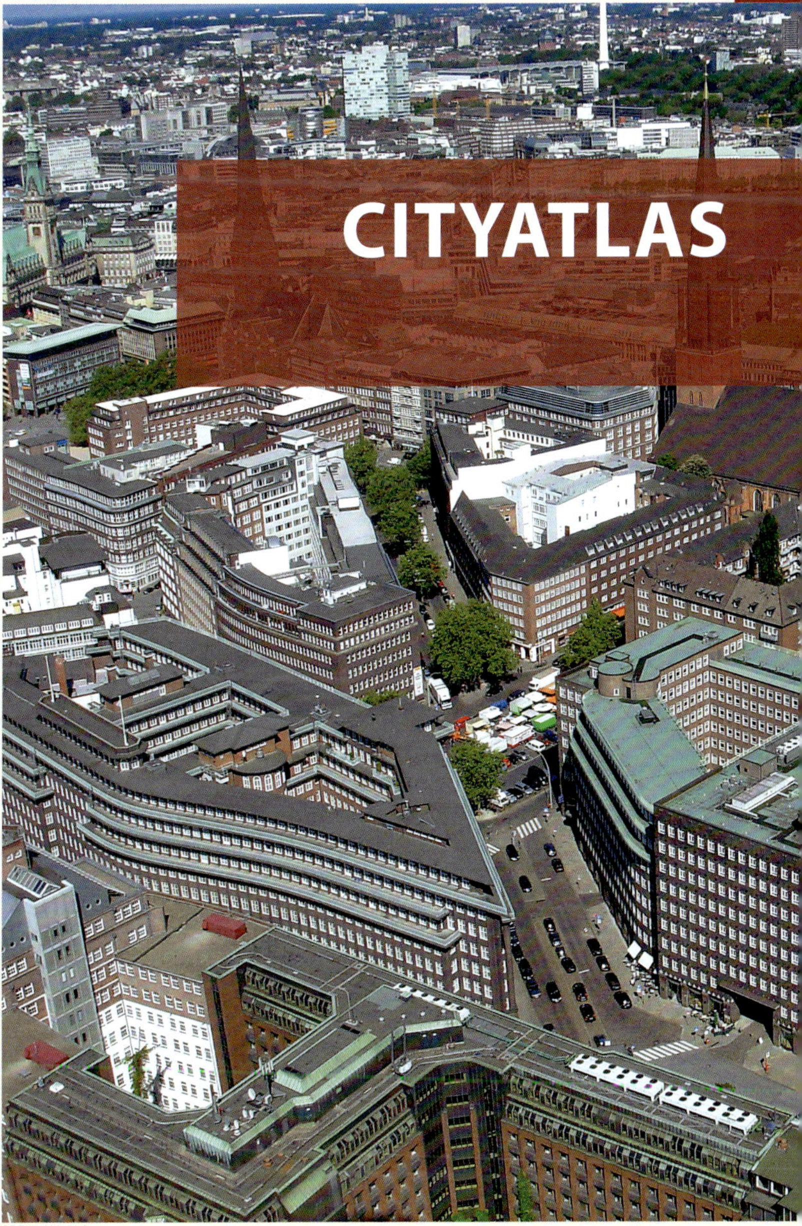

085hg Abb.: hf

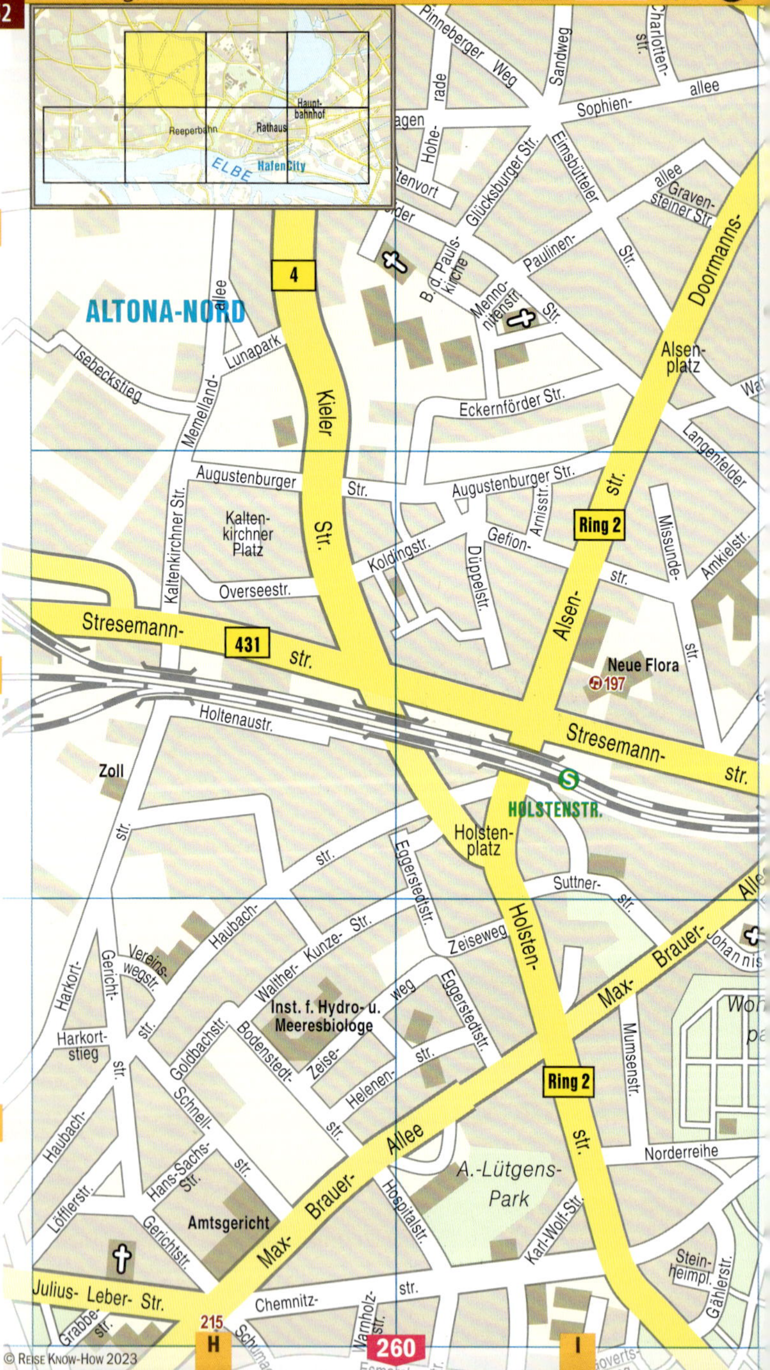
1 cm = 100 m
0
200 m
Reeperbahn
Rathaus
Haupt-bahnhof
ELBE
HafenCity
ALTONA-NORD
Pinneberger Weg
Sandweg
Charlotten-str.
Sophien-allee
Hohe-rade
Eimsbütteler Str.
Glücksburger Str.
Gravensteiner Str.
Paulinen-Str.
Doormanns-
B. d. Pauls-kirche
Menno-nitenstr.
Alsen-platz
Lunapark
Isebeckstieg
Memelland-allee
Kieler Str.
Eckernförder Str.
Langenfelder
Augustenburger Str.
Augustenburger Str.
Kalten-kirchner Platz
Kaltenkirchner Str.
Arnisstr.
Ring 2
Missunde-str.
Gefion-str.
Koldingstr.
Düppelstr.
Amkielstr.
Overseestr.
Stresemann-str.
431
4
Alsen-str.
Neue Flora
197
Holtenaustr.
Stresemann-str.
HOLSTENSTR.
Zoll
Holsten-platz
Eggerstedtstr.
Suttner-str.
Haubach-str.
Walther-Kunze-Str.
Zeiseweg
Holsten-str.
Max-Brauer-Allee
Johannis
Vereins-wegstr.
Harkort-str.
Gericht-str.
Harkort-stieg
Goldbachstr.
Bodenstedt-str.
Zeise-weg
Inst. f. Hydro- u. Meeresbiologe
Helenen-str.
Mumsenstr.
Ring 2
Haubach-str.
Schnell-str.
Hans-Sachs-Str.
Norderreihe
A.-Lütgens-Park
Löfflerstr.
Amtsgericht
Gerichtstr.
Hospitalstr.
Karl-Wolf-Str.
Stein-heimpl.
Gählerstr.
Julius-Leber-Str.
Chemnitz-str.
Warmholz-str.
Grabbe-str.
215
Schumacher
7
8
9
H
I
260

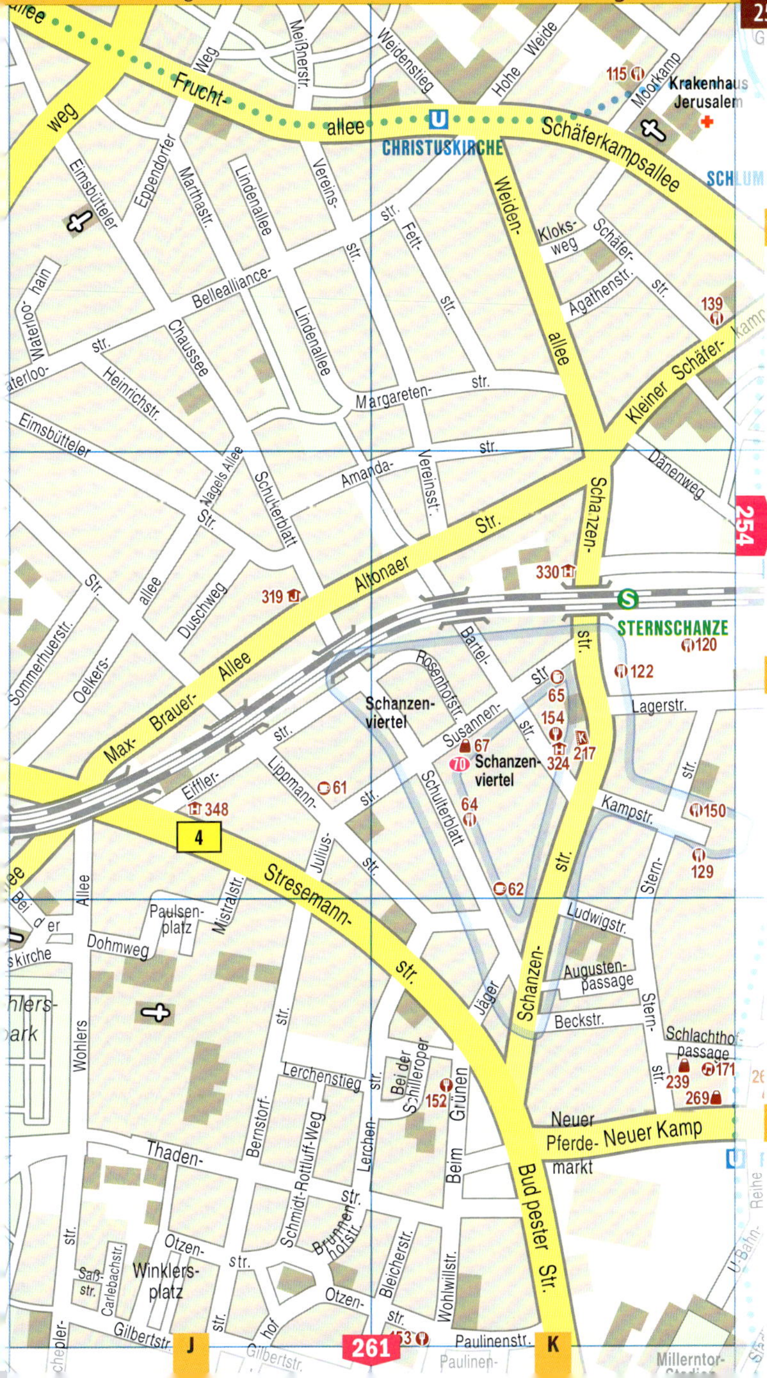
Fruchtallee
Schäferkampsallee
CHRISTUSKIRCHE
Krakenhaus Jerusalem
115
Moorkamp
Hohe Weide
Weidenstieg
Meißnerstr.
Weg
SCHLUM
Eimsbütteler
Eppendorfer Weg
Marthastr.
Lindenallee
Vereinsstr.
Fettstr.
Weidenallee
Kloksweg
Schäferstr.
Agathenstr.
139
Kleiner Schäferkamp
Waterloohain
Waterloostr.
Belleallliancestr.
Chaussee
Heinrichstr.
Margaretenstr.
Eimsbütteler
Amandastr.
Vereinsstr.
Dänenweg
Nagels Allee
Schulterblatt
Schanzenstr.
Altonaer Str.
330
Sommerhuerstr.
Oelkersallee
Duschweg
319
STERNSCHANZE
120
122
Max-Brauer-Allee
Bartelstr.
Rosenhofstr.
Schanzenviertel
Susannenstr.
65
154
217
324
67
70
Lagerstr.
Eifflerstr.
Lippmannstr.
61
348
4
Juliusstr.
Schulterblatt
64
Kampstr.
150
129
Sternstr.
Stresemannstr.
62
Ludwigstr.
Paulsenplatz
Mistralstr.
Allee
Bei der ...kirche
Dohmweg
Augustenpassage
Jägerstr.
Schanzenstr.
Beckstr.
Schlachthofpassage
171
239
269
Wohlers park
Wohlers Allee
Lerchenstieg
Lerchenstr.
Bei der Schilleroper
152
Grünen
Beim Grünen
Neuer Pferdemarkt
Neuer Kamp
Thadenstr.
Bernstorfstr.
Schmidt-Rottluff-Weg
Brunnenhofstr.
Budapester Str.
Reihe
U-Bahn
Otzenstr.
Winklersplatz
Saßstr.
Carlebachstr.
Bleicherstr.
Wohlwillstr.
153
Gilbertstr.
Paulinenstr.
Millerntor-Stadion
J
261
K

7
254
8
9

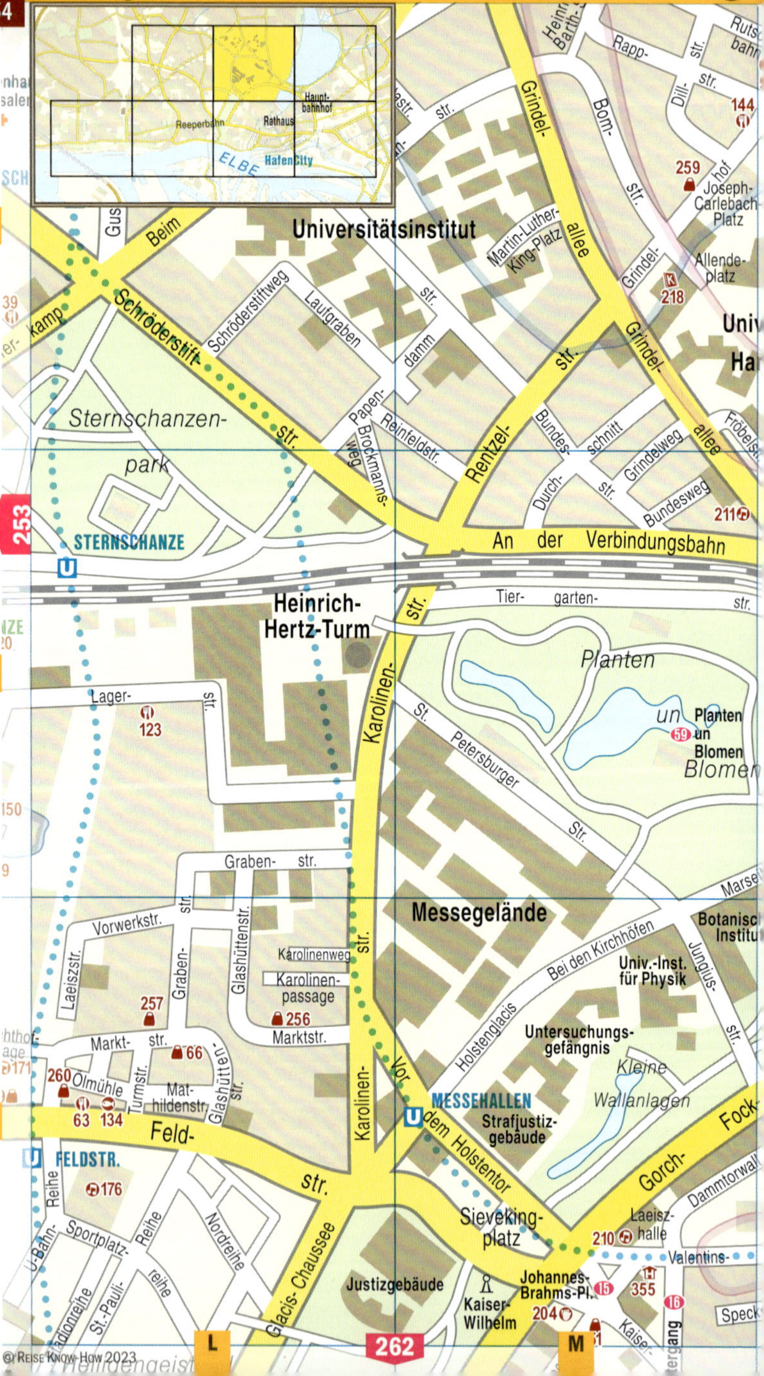
1 cm = 100 m
0
200 m
Reeperbahn
Rathaus
Haupt-bahnhof
ELBE
HafenCity
Universitätsinstitut
Sternschanzen-park
STERNSCHANZE
Schröderstift-str.
Beim
Gus
kamp
Schröderstiftweg
Laufgraben
Papen-
Brockmanns-weg
Reinfeldstr.
Rentzel-str.
Grindel-allee
Martin-Luther-King-Platz
Bundes-str.
Durch-schnitt
Grindelweg
Bundesweg
Bom-str.
Rapp-str.
Dill-str.
Rutsc bahn
Joseph-Carlebach-Platz
Allende-platz
Heinr.-Barth-Str.
Fröbelstr.
144
259
218
211
An der Verbindungsbahn
Heinrich-Hertz-Turm
Tier-garten-str.
Planten un Blomen
59
Karolinen-str.
St. Petersburger Str.
Lager-str.
123
Graben-str.
Messegelände
Marse
Botanisches Institut
Bei den Kirchhöfen
Univ.-Inst. für Physik
Jungius-str.
Vorwerkstr.
Laeiszstr.
Graben-str.
Glashüttenstr.
Karolinenweg
Karolinen-passage
256
257
Marktstr.
Markt-str.
66
260
Ölmühle
63
134
Turmstr.
Mat-hildenstr.
Glashütten-str.
Holstenglacis
Untersuchungs-gefängnis
Kleine Wallanlagen
MESSEHALLEN
Strafjustiz-gebäude
Vor dem Holstentor
Gorch-Fock-Wall
Dammtorwall
Feld-str.
FELDSTR.
176
Reihe
Sportplatz-reihe
Nordreihe
U-Bahn-
Stadionreihe
St.-Pauli-
Glacis-Chaussee
Justizgebäude
Sieveking-platz
Kaiser-Wilhelm
Johannes-Brahms-Pl.
15
204
210
Laeisz-halle
355
16
Valentins-
Speck
Kaiser-
L
M
7
8
9
253
262

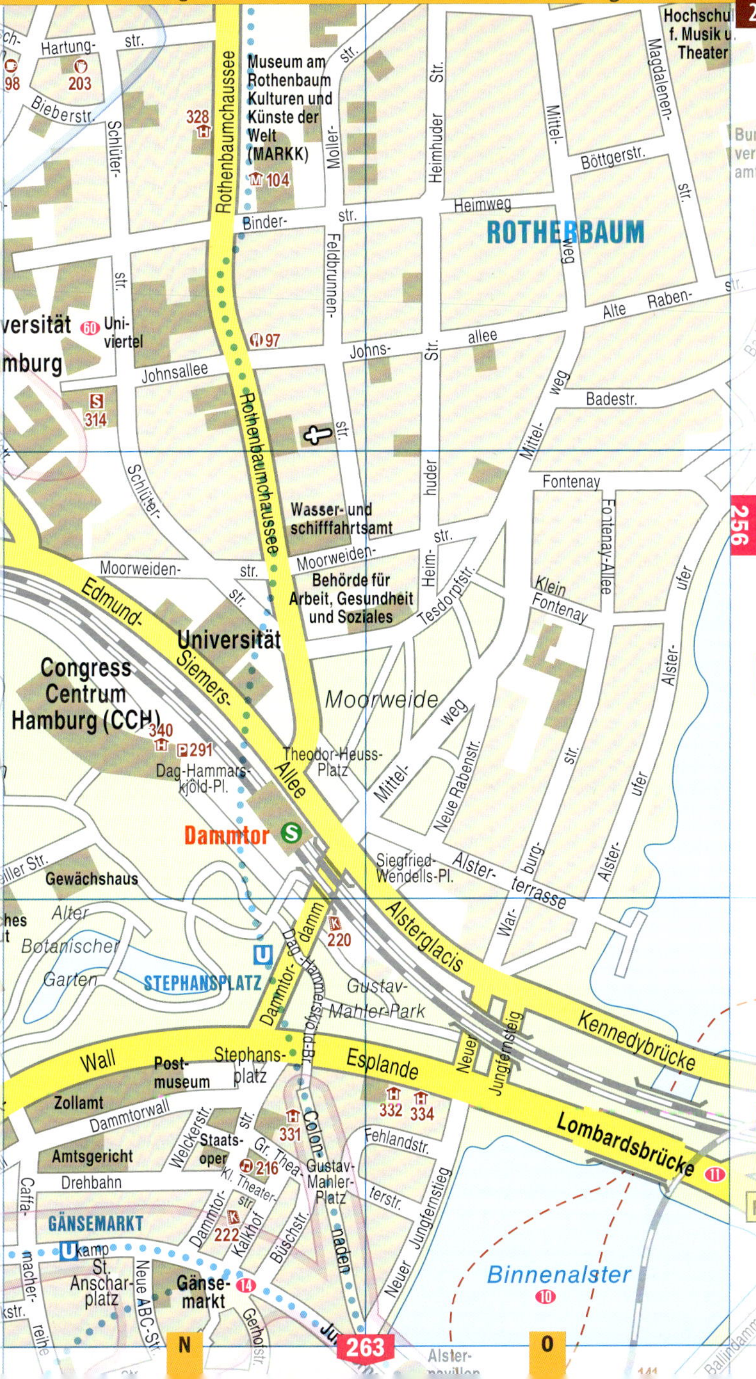
Hartung-str.
Bieberstr.
Schlüter-str.
203
98
328
Rothenbaumchaussee
Museum am Rothenbaum Kulturen und Künste der Welt (MARKK)
104
Moller-str.
Heimhuder Str.
Mittel-weg
Magdalenen-str.
Hochschul f. Musik u. Theater
Böttgerstr.
Heimweg
Binder-str.
Feldbrunnen-str.
ROTHERBAUM
Alte Raben-str.
Universität
60 Uni-viertel
Hamburg
97
Johnsallee
Johns-allee
Badestr.
S 314
Mittel-weg
Fontenay
Fontenay-Allee
Wasser- und schifffahrtsamt
Moorweiden-str.
Behörde für Arbeit, Gesundheit und Soziales
Tesdorpfstr.
Klein Fontenay
Alster-ufer
Edmund-Siemers-Allee
Universität
Congress Centrum Hamburg (CCH)
340
291
Dag-Hammarskjöld-Pl.
Moorweide
Theodor-Heuss-Platz
Neue Rabenstr.
Warburg-str.
Dammtor
Siegfried-Wendells-Pl.
Alster-terrasse
Gewächshaus
Alter Botanischer Garten
STEPHANSPLATZ
Dammtor-damm
Dag-Hammerskjöld-Br.
220
Gustav-Mahler-Park
Alsterglacis
Kennedybrücke
Neuer Jungfernsteig
Wall
Post-museum
Stephans-platz
Esplande
332
334
Zollamt
Dammtorwall
Welckerstr.
Staats-oper
331
Colon-naden
Lombardsbrücke
11
Amtsgericht
Drehbahn
216
Gr. Theater-str.
Kl. Theater-str.
Gustav-Mahler-Platz
Fehlandstr.
Caffamacher-reihe
GÄNSEMARKT
Dammtor-str.
222
Kalkhof
Büschstr.
Jungfernstieg
Neuer Jungfernstieg
St. Anschar-platz
Neue ABC-Str.
Gänse-markt
14
Gerhofstr.
Binnenalster
10
Alster-pavillon
Ballindamm
N
O
7
8
9
256
263

1 cm = 100 m
0 200 m

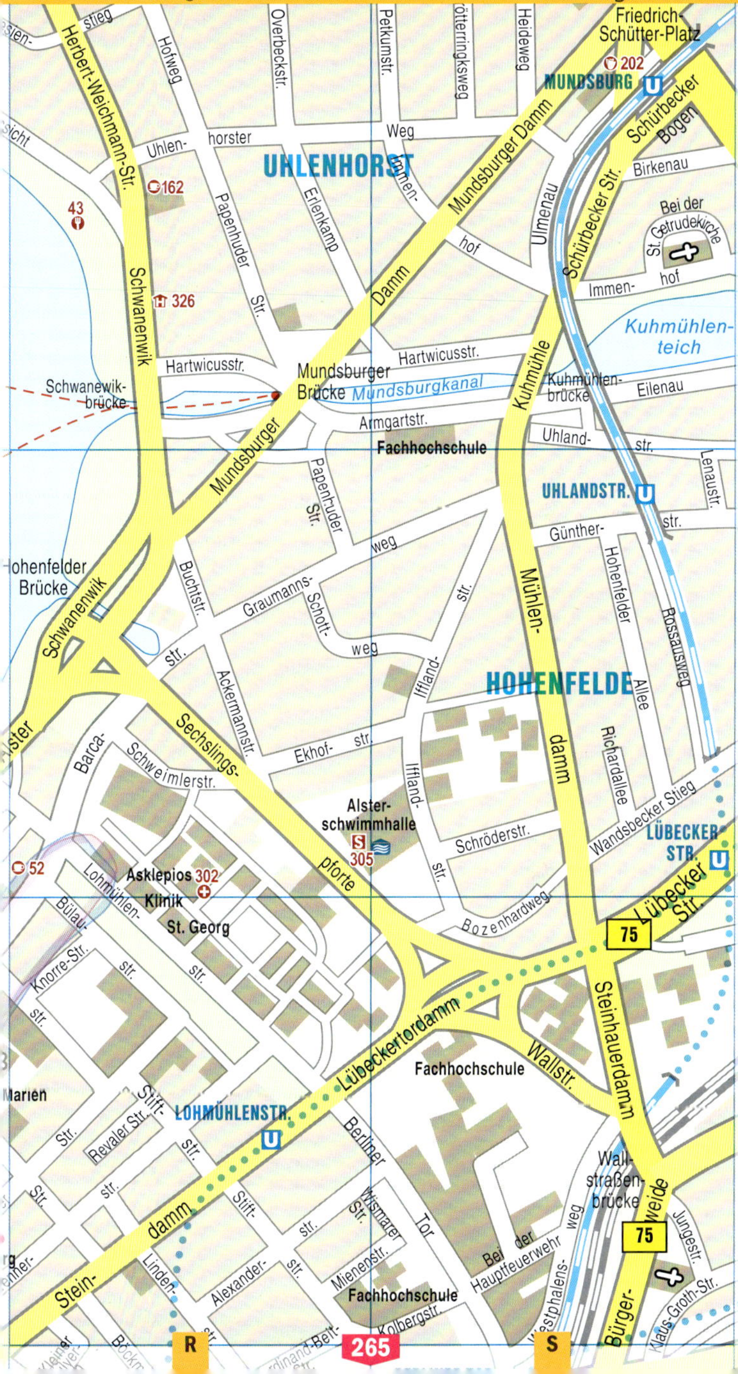
UHLENHORST
HOHENFELDE
Herbert-Weichmann-Str.
Hofweg
Overbeckstr.
Petkumstr.
Heideweg
Friedrich-Schütter-Platz
202
MUNDSBURG
Uhlen- horster Weg
162
43
Papenhuder Str.
Erlenkamp
Immen- hof
Mundsburger Damm
Schürbecker Bogen
Birkenau
Bei der St. Getrudekirche
Ulmenau
Schürbecker Str.
Immen- hof
Kuhmühlen- teich
326
Schwanenwik
Hartwicusstr.
Mundsburger Brücke
Hartwicusstr.
Mundsburgkanal
Kuhmühle
Kuhmühlen- brücke
Eilenau
Schwanenwik- brücke
Armgartstr.
Uhland- str.
Fachhochschule
Mundsburger
Papenhuder Str.
UHLANDSTR.
Lenaustr.
Günther- str.
weg
Hohenfelder Brücke
Schwanenwik
Buchtstr.
Graumanns-
Schott- weg
str.
Iffland- str.
Mühlen- damm
Hohenfelder Allee
Rossausweg
Ackermannstr.
Sechslings- pforte
Ekhof- str.
Iffland- str.
Richardallee
Barca-
Schweimlerstr.
Alster- schwimmhalle
305
Schröderstr.
Wandsbecker Stieg
LÜBECKER STR.
52
Asklepios 302 Klinik St. Georg
Lohmühlen- str.
Bülau- str.
Lübecker Str.
75
Bozenhardweg
Knorre-Str.
Lübeckertordamm
Wallstr.
Steinhauerdamm
Fachhochschule
Marien
Stift- str.
LOHMÜHLENSTR.
Revaler Str.
Berliner Tor
Wall- straßen- brücke
Stein- damm
Stift- str.
Wismarer Str.
Bürger- weide
75
Jungestr.
Linden- str.
Alexander- str.
Mienenstr.
Bei der Hauptfeuerwehr
Westphalens- weg
Fachhochschule
Kolbergstr.
Klaus-Groth-Str.
R
S
7
8
9

1 cm = 100 m
0 200 m

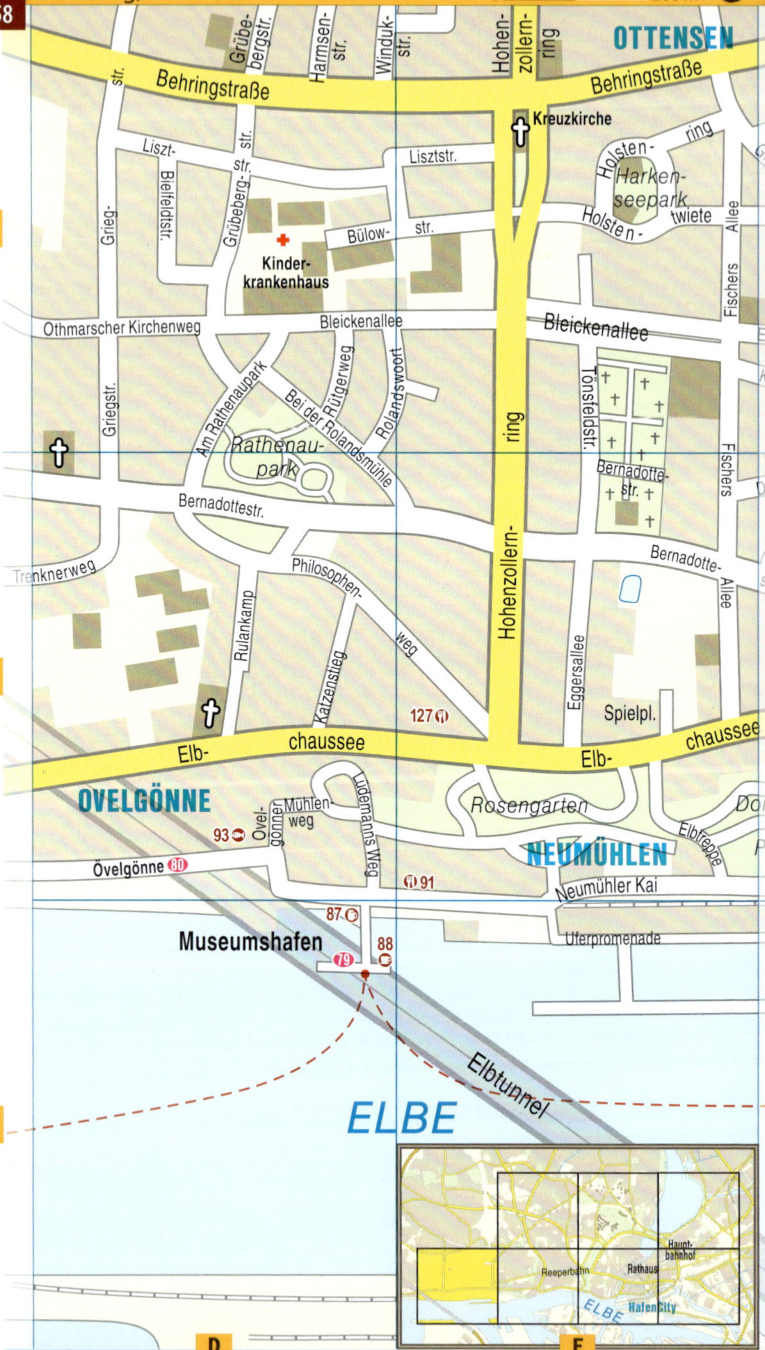

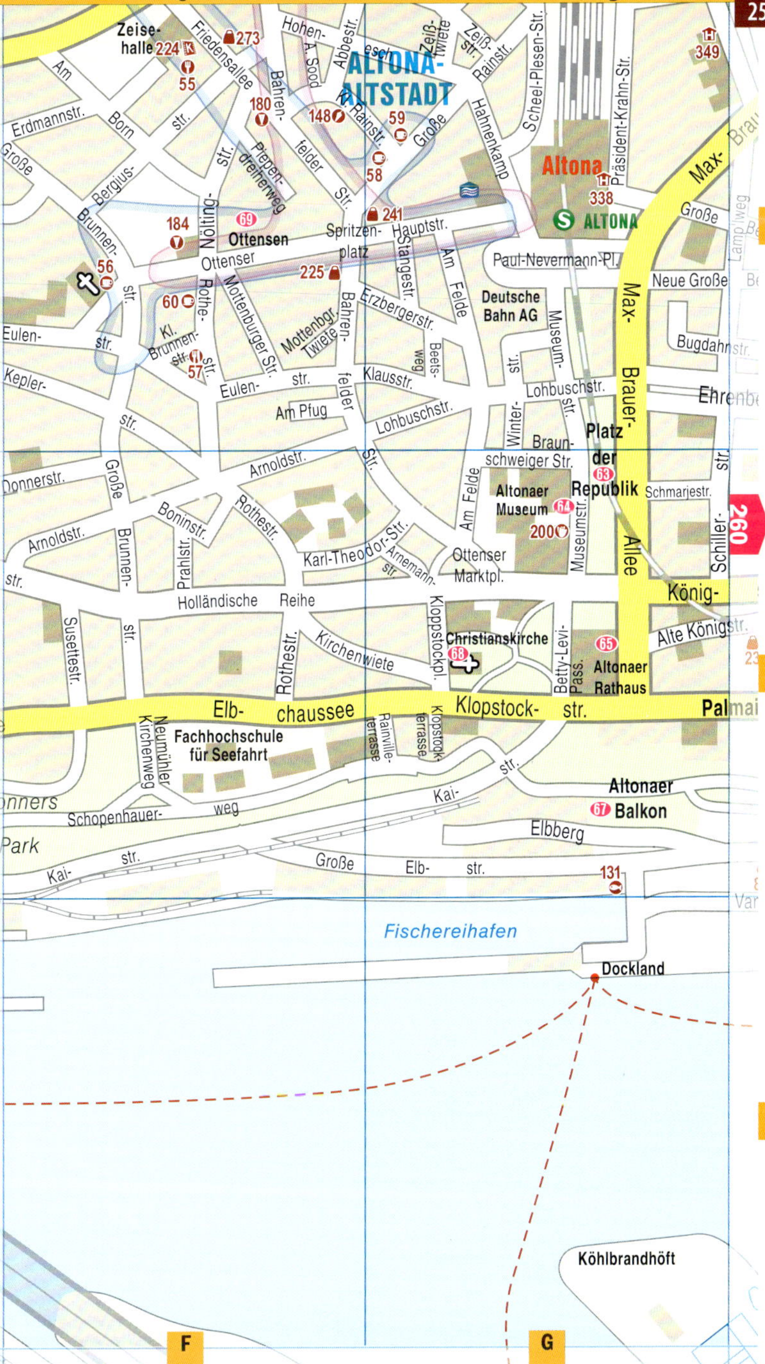
Zeise-halle 224
273
55
Friedensallee
Hohen-esch
A. Sood
Abbestr.
Zeiß-twiete
Zeiß-str.
Rainstr.
Scheel-Plesen-Str.
349
ALTONA-ALTSTADT
Am
Erdmannstr.
Born
str.
180
Bahren-
148
Kl. Rainstr.
59
Große
Hahnenkamp
Präsident-Krahn-Str.
Max-
Große
Bergius-
str.
Piepen-dreiherweg
felder
58
Altona
338
Str.
Nölting-
184
69
Ottensen
241
Spritzen-platz
Hauptstr.
ALTONA
Große
Brunnen-
Ottenser
Stangestr.
Am Felde
Paul-Nevermann-Pl.
56
225
Neue Große
str.
60
Rothe-
Mottenburger Str.
Bahren-
Erzbergerstr.
Deutsche Bahn AG
Max-
Eulen-
Kl. Brunnen-str.
Mottenbgr. Twiete
Museum-
Bugdahnstr.
str.
57
Beets-weg
str.
Kepler-
Eulen-
str.
felder
Klausstr.
Lohbuschstr.
Brauer-
Ehrenbe
str.
Am Pfug
Lohbuschstr.
Winter-
str.
Platz der Republik
Braun-schweiger Str.
Str.
Donnerstr.
Große
Arnoldstr.
63
str.
Am Felde
Altonaer Museum
64
Schmarjestr.
Boninstr.
Rothestr.
200
Museumstr.
260
Arnoldstr.
Brunnen-
Prahlstr.
Karl-Theodor-Str.
Arnemann-str.
Ottenser Marktpl.
Allee
Schiller-
str.
Holländische
Reihe
König-
Susettestr.
str.
Kirchenwiete
Klopstockpl.
Christianskirche
68
Betty-Levi-Pass.
65
Altonaer Rathaus
Alte Königstr.
Rothestr.
Elb-
chaussee
Klopstock-
str.
Palmai
Neumühler Kirchenweg
Fachhochschule für Seefahrt
Rainville-terrasse
Klopstock-terrasse
str.
Altonaer
67
Balkon
Donners
Schopenhauer-
weg
Kai-
Elbberg
Park
str.
Kai-
Große
Elb-
str.
131
Fischereihafen
Dockland
Köhlbrandhöft
F
G
10
11
12

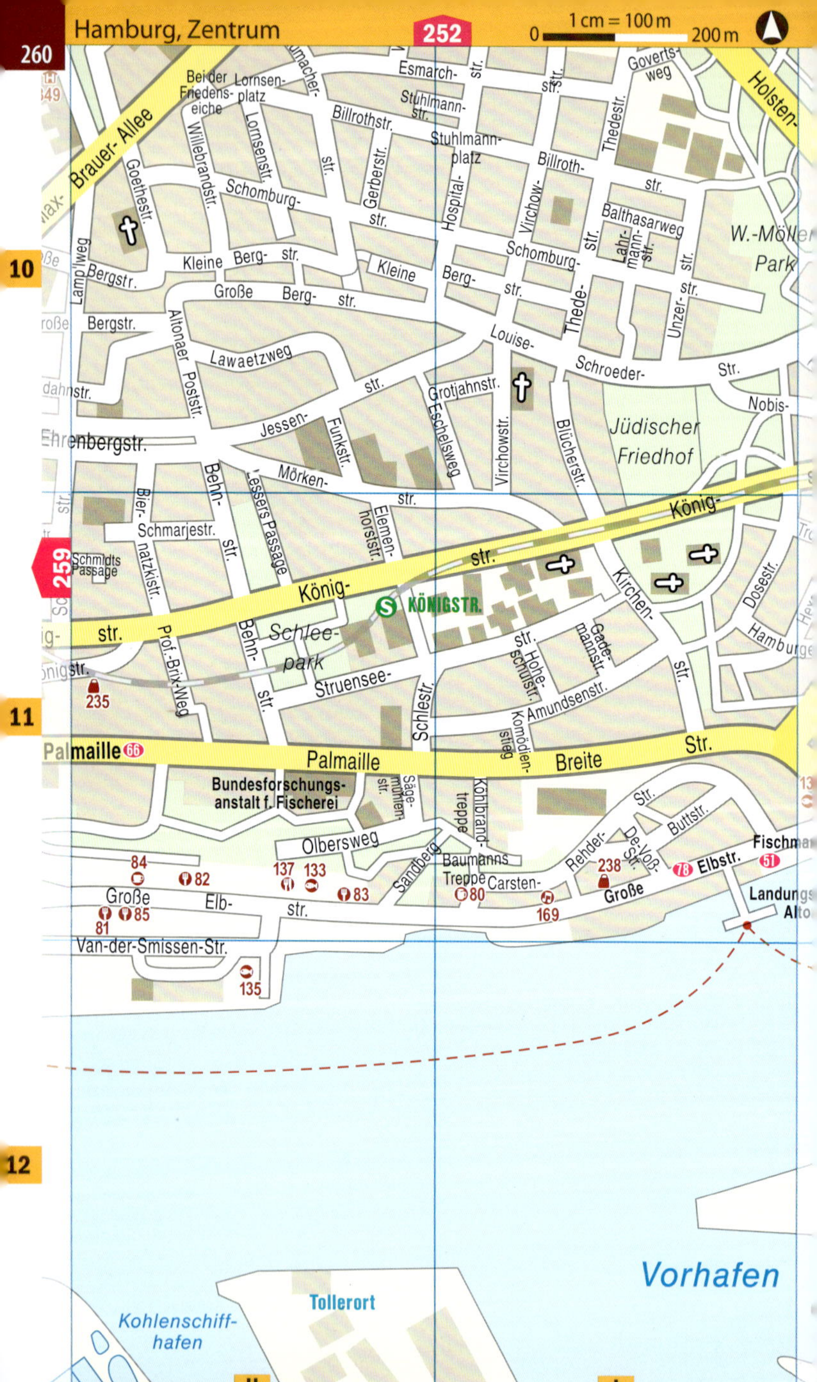
252
1 cm = 100 m
0
200 m
10
11
12
H
I
259
Max-Brauer-Allee
Bei der Friedens-eiche
Lornsen-platz
Esmarch-str.
Stuhlmann-str.
Stuhlmann-platz
Billrothstr.
Billroth-str.
Goverts-weg
Holsten-
Thedestr.
Goethestr.
Willebrandstr.
Lornsenstr.
Gerberstr.
Hospital-str.
Virchow-str.
Schomburg-str.
Balthasarweg
Lahr-mann-str.
Unzer-str.
W.-Möller-Park
Lamp'lweg
Bergstr.
Kleine Berg-str.
Große Berg-str.
Thede-str.
Louise-Schroeder-Str.
Altonaer Poststr.
Lawaetzweg
Jessen-str.
Funkstr.
Grotjahnstr.
Eschelsweg
Virchowstr.
Blücherstr.
Nobis-
Jüdischer Friedhof
Ehrenbergstr.
Mörken-str.
Behn-str.
Lessers Passage
Elemen-horststr.
Bier-natzkistr.
Schmarjestr.
Schmidts Passage
König-str.
Kirchen-str.
Dosestr.
Hamburger
KÖNIGSTR.
Schlee-park
Struensee-
Prof.-Brix-Weg
Schlestr.
Hohe-schulstr.
Gade-mannstr.
Amundsenstr.
Komödien-stieg
235
Palmaille
66
Breite Str.
Bundesforschungs-anstalt f. Fischerei
Säge-mühlen-str.
Köhlbrand-treppe
Str.
Buttstr.
Olbersweg
Sandberg
Baumanns Treppe
Carsten-
Rehder-
De-Voß-Str.
238
78
Elbstr.
51
Fischmarkt
Große Elb-str.
84
82
137
133
83
80
169
85
81
Landungs Altona
Van-der-Smissen-Str.
135
Vorhafen
Tollerort
Kohlenschiff-hafen

ST. PAULI
REEPERBAHN
Reeperbahn
Ring 2
4
Millerntor-Stadion
Budapester Str.
Stadionreihe
St.-Pauli-Reihe
Paulinenplatz
Gilbertstr.
Brigittenstr.
Gerritstr.
Lamm-str.
Paul-Roosen-Str.
Bernstorf-Str.
Am Brunnenhof
Bleicherstr.
Wohlwillstr.
Hoyer-Str.
Annenstr.
Clemens-Schulz-Str.
Kl. Freiheit
Große Freiheit
Talstr.
Hein-Hoyer-Str.
Rendsburger Str.
Bremer-Str.
Simon-von-Utrecht-Str.
Schmuckstr.
Hamburger Berg
Seilerstr.
Kl. Marienstr.
Detlev-Bremer-Str.
Beatles-Platz
Spielbudenplatz
Taubenstr.
Beim Trichter
Hans-Albers-Pl.
David-str.
Kastanienallee
Panoptikum
Panik City
Hopfen-str.
Herbertstr.
Erichstr.
Gerhard-str.
Friedrichstr.
Balduinstr.
Silbersackstr.
Querstr.
A.-Nobis-Weg
Bertha-Keyser-W.
Hutmacherhof
Trommelstr.
Hexenberg
Pinnasberg
Lincolnstr.
Silbersackw.
Herrenweide
Hein-Köllisch-Pl.
Antonistr.
Heidritterstr.
Lange Str.
Hamburger Hochstr.
Bernhard-Nocht-Str.
Bernhard-Nocht-Inst. f. Tropenmedizin
Davidstr.
Bei der Erholung
Davidstreppe
Balduintreppe
Seewarte
St. Pauli Hafenstr.
St. Pauli Fischmarkt
Fischmarkt
Bei den St. Pauli-Landungsbrücken
St. Pauli Landungsbrücken
Alter Elbtunnel
Landungsbrücke Altona
ELBE
Schanzenweg
Beim Kraftwerk
Werfthafen
Reeperbahn
Rathaus
Hauptbahnhof
HafenCity
J
K
10
11
12
262

254
1 cm = 100 m
0
200 m
Heiligengeistfeld
Große Wallanlagen
316
Glacis-Chaussee
Holsten-wall
Ring 1
Museum für Hamburgische Geschichte
57
ST. PAULI
Millerntordamm
Millerntorplatz
178
322
4
Ludwig-Erhard-Str.
Alter Elbpark
Helgoländer Allee
Zeughausmarkt
Englische Kirche
33
St.-Michaelis-kirche
49
Kramerwitwenwohnungen
50
Peterstr.
58
99
103
146
147
17
Großneumarkt
187
Wexstr.
Neustädter Str.
Kurze Str.
Pilatuspool
Poolstr.
Bäckerbreitergang
Kohlhöfen
Jan-Valkenburg-Str.
Rademachergang
Brüderstr.
Neanderstr.
Markusstr.
Thielbek
Steinwegpassage
Alter Steinweg
Michaelispassage
Brunnenstr.
Neuer Steinweg
Gerstäckerstr.
Engl. Planke
Krayenkamp
Teilfeld
Böhmkenstr.
Winckler-str.
Martin-Luther-Str.
Rehhoffstr.
Herrengraben
Seewartenstr.
335
320
Stintfang
47
LANDUNGSBRÜCKEN
181
Schwedische Kirche
268
Eichholz
Finnische Kirche
Norwegische Kirche
Dänische Kirche
290
Ditmar-Koel-Straße
48
271
157
346
Brauerknechtgraben
Schaarmarkt
Schaarsteinweg
Pasmannstr.
Schaartor
Hafentor
297
31
43
Landungsbrücken
30
45
Museumsschiff Rickmer Rickmers
Johannisbollwerk
Karpfangerstr.
Wolfgangsw.
155
Neustädter Neuer Weg
Hullstr.
Stubbenhuck
BAUMWALL
Rosenbrücke
42
Vorsetzen
Niederbaumbrücke
Überseebrücke
344
44
Museumsschiff Cap San Diego
Kehrwiederspitze
Sandtorhöft
Kaiserhöft
199
Theater am Hafen
Rohrweg
Norderelbe
Reeperbahn
Rathaus
Hauptbahnhof
ELBE
HafenCity
10
11
12
261
L
M

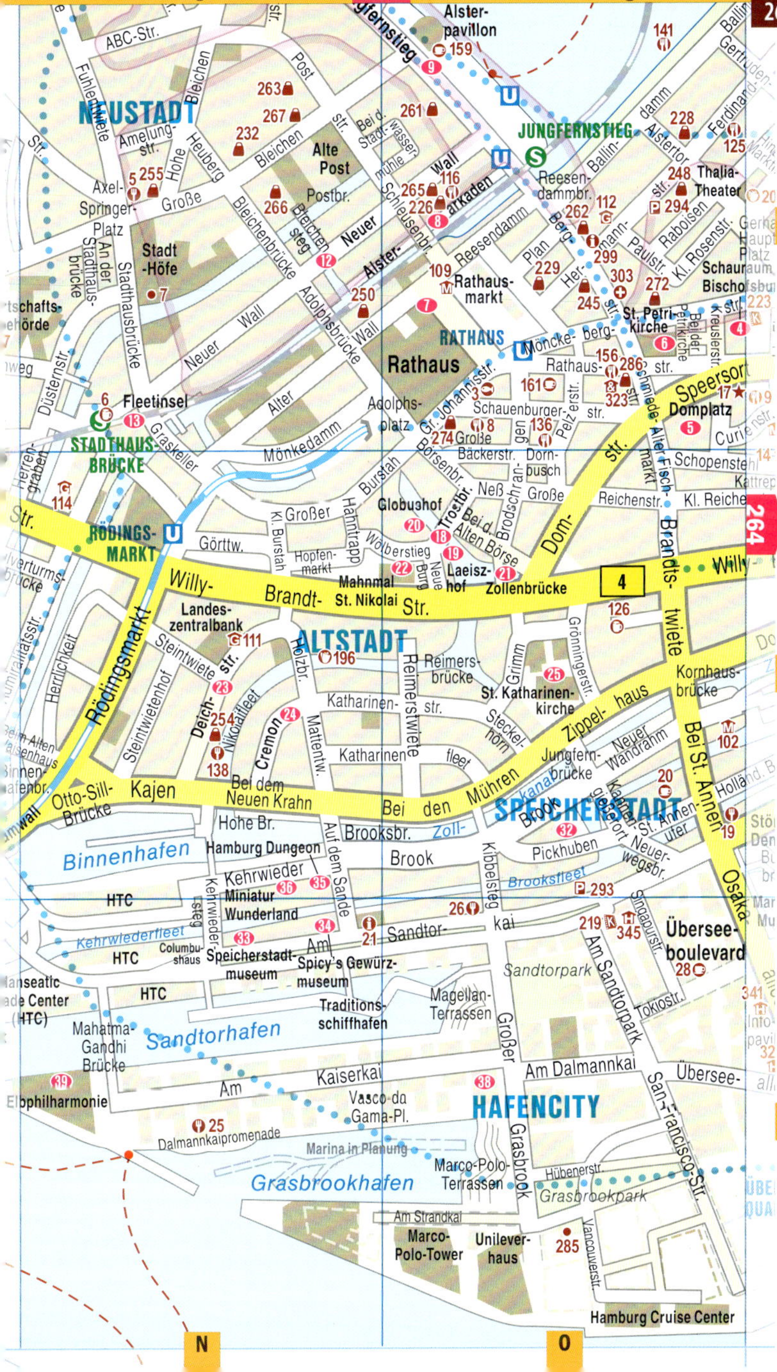
Alster-pavillon
159
ABC-Str.
Jungfernstieg
NEUSTADT
Fuhlentwiete
Bleichen
Post
263
267
261
JUNGFERNSTIEG
228
141
Ferdinand-
125
Amelung-str.
232
Alte Post
Bei d. Stadt-wasser-mühle
Wall
Alsterarkaden
Reesen-dammbr.
Ballin-damm
Alstertor
248
Thalia-Theater
Axel-Springer-Platz
5
255
Große
Hohe
Heuberg
Bleichen
266
Postbr.
Bleichenbrücke
Bleichen-steg
Neuer
Schleusenbr.
265
116
226
8
262
112
294
Raboisen
Kl. Rosenstr.
10
Stadt-Höfe
An der Stadthaus-brücke
Stadthausbrücke
7
12
Alster-
109
Rathaus-markt
Reesendamm
Plan
229
Bergstr.
Hermannstr.
299
303
Paulstr.
272
Schauraum
245
St. Petri-kirche
Neuer Wall
250
Adolphsbrücke
Wall
7
RATHAUS
Rathaus
Mönckebergstr.
Rathausstr.
156
286
323
Speersort
17
6
Düsternstr.
Fleetinsel
13
STADTHAUSBRÜCKE
Alter
Mönkedamm
Adolphs-platz
Gr. Johannisstr.
3
161
Schauenburgerstr.
274
8
Große Bäckerstr.
136
Pelzerstr.
Dornbusch
Domplatz
5
Schmiedestr.
Alter Fischmarkt
Curienstr.
Herrengraben
114
Graskeller
Burstah
Börsenbr.
Trostbr.
Neß
Brodschrangen
Große
Domstr.
Schopenstehl
Reichenstr.
Kl. Reichenstr.
264
Str.
RÖDINGSMARKT
Görttw.
Großer
Kl. Burstah
Hopfen-markt
Hahntrapp
Globushof
20
Wolberstieg
18
19
Bei d. Alten Börse
22
Burg
Neue
Laeisz-hof
21
Zollenbrücke
4
Willy-Brandt-Str.
Mahnmal St. Nikolai
Landes-zentralbank
111
126
Brandstwiete
Rödingsmarkt
Steintwiete
Holzbr.
ALTSTADT
196
Reimers-brücke
Grimm
Gröningerstr.
25
St. Katharinen-kirche
Kornhaus-brücke
11
Herrlichkeit
Steintwietenhof
Deichstr.
23
254
Nikolaifleet
138
Cremon
24
Mattentw.
Katharinen-str.
Katharinen
Reimerstwiete
Steckelhörn
fleet
Zippelhaus
Neuer Wandrahm
Jungfern-brücke
Bei St. Annen
102
Otto-Sill-Brücke
Kajen
Bei dem Neuen Krahn
Bei den Mühren
SPEICHERSTADT
Brook
Kannengießerort
St. Annen-ufer
Neuerwegsbr.
20
19
Holländ. B
Hohe Br.
Brooksbr.
Zoll-kanal
32
Pickhuben
Binnenhafen
Hamburg Dungeon
Auf dem Sande
Brook
Kehrwieder
35
36
Kibbelsteg
Brooksfleet
293
Osaka
HTC
Kehrwieder-steg
Miniatur Wunderland
26
Singapurstr.
Kehrwiederfleet
33
34
21
Sandtor-kai
219
345
Übersee-boulevard
HTC
Columbus-haus
Speicherstadt-museum
Am
Spicy's Gewürz-museum
Sandtorpark
Am Sandtorpark
28
Hanseatic Trade Center (HTC)
HTC
Traditions-schiffhafen
Magellan-Terrassen
Großer
Tokiostr.
341
Mahatma-Gandhi Brücke
Sandtorhafen
Am Dalmannkai
Übersee-
39
Am
Kaiserkai
38
San-Francisco-Str.
Elbphilharmonie
Vasco-da Gama-Pl.
HAFENCITY
12
25
Dalmannkaipromenade
Marina in Planung
Marco-Polo-Terrassen
Grasbrook
Hübenerstr.
Grasbrookhafen
Grasbrookpark
Am Strandkai
Marco-Polo-Tower
Unilever-haus
285
Vancouverstr.
Hamburg Cruise Center
N
O

1 cm = 100 m
0 200 m

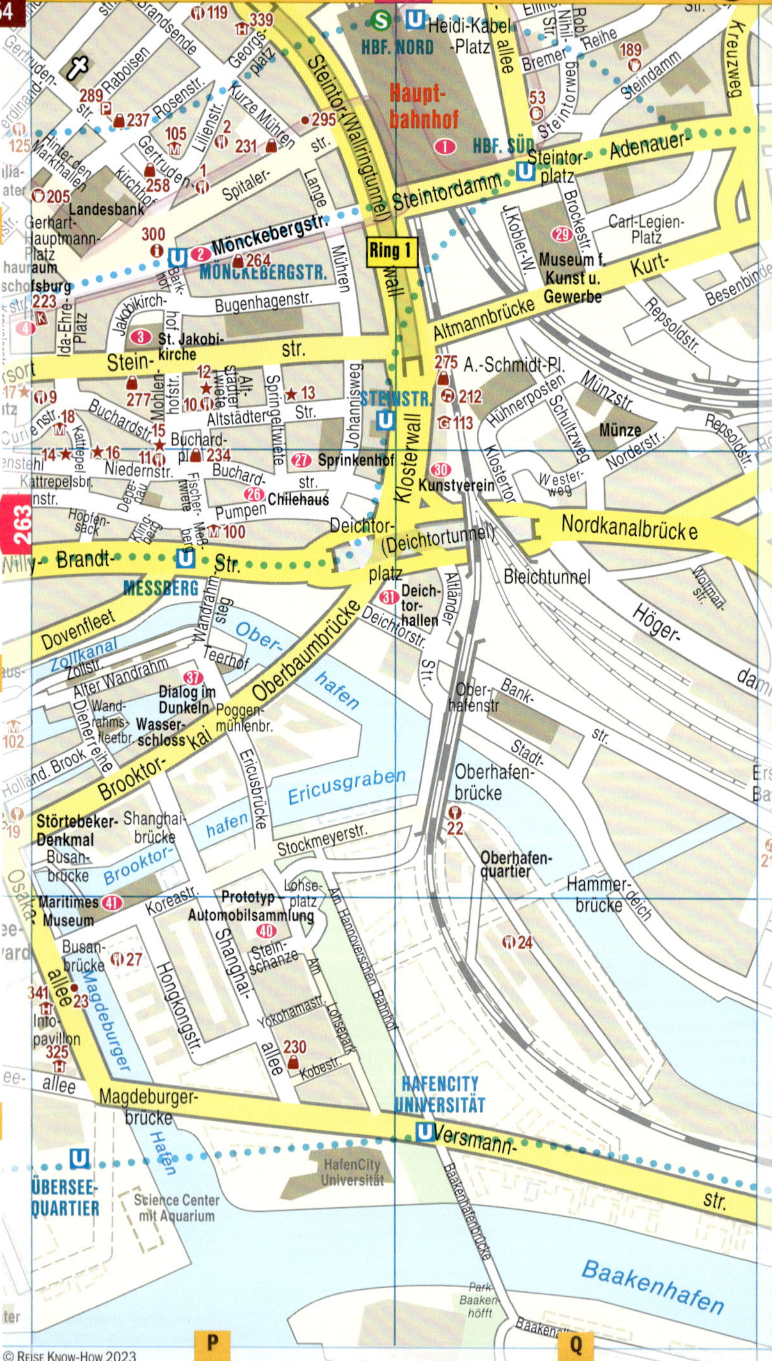

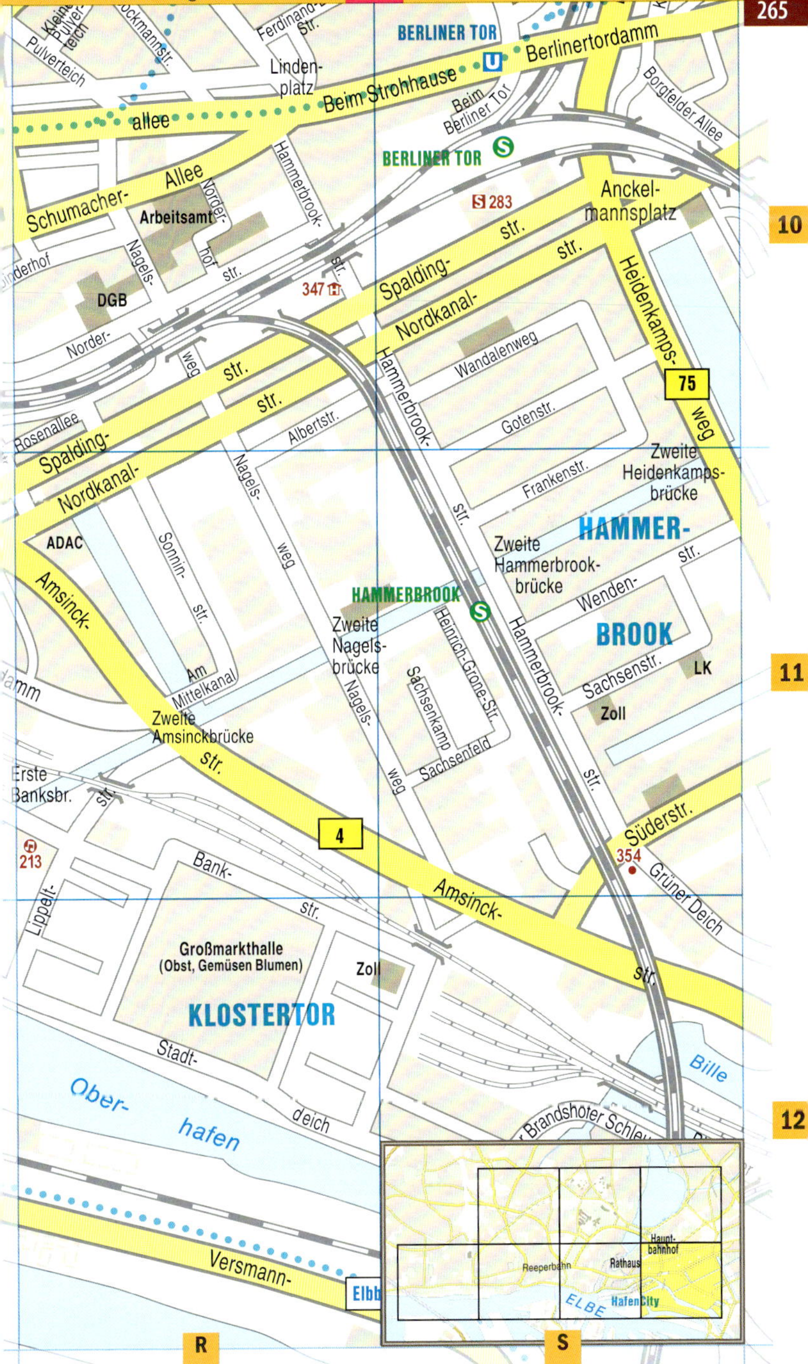
BERLINER TOR
Berlinertordamm
Beim Strohhause
Linden-
platz
Ferdinand-
Str.
Kleine Pulver-
teich
Pulverteich
allee
Beim
Berliner Tor
Borgfelder Allee
BERLINER TOR
S 283
Schumacher-
Allee
Arbeitsamt
Norder-
hof
Hammerbrook-
str.
Anckel-
mannsplatz
Heidenkamps-
weg
75
Nagels-
str.
DGB
347
Spalding-
str.
Nordkanal-
str.
Norder-
weg
Wandalenweg
Gotenstr.
Albertstr.
Hammerbrook-
str.
Rosenallee
Spalding-
Nordkanal-
Frankenstr.
Zweite
Heidenkamps-
brücke
ADAC
Nagels-
weg
Sonnin-
str.
HAMMER-
BROOK
Zweite
Hammerbrook-
brücke
Wenden-
str.
Amsinck-
str.
HAMMERBROOK
Zweite
Nagels-
brücke
Heinrich-Grone-Str.
Sachsenkamp
Sachsenfeld
Sachsenstr.
LK
Zoll
Am
Mittelkanal
Zweite
Amsinckbrücke
Erste
Banksbr.
Süderstr.
354
Grüner Deich
4
213
Bank-
str.
Amsinck-
str.
Lippelt-
Großmarkthalle
(Obst, Gemüsen Blumen)
Zoll
KLOSTERTOR
Stadt-
deich
Ober-
hafen
Bille
Brandshofer Schleu
Versmann-
Elbb
Haupt-
bahnhof
Reeperbahn
Rathaus
ELBE
HafenCity
R
S
10
11
12

# Liste der Karteneinträge

Hier nicht aufgeführte Nummern liegen außerhalb der abgebildeten Karten. Ihre Lage kann aber wie die von allen Ortsmarken im Buch mithilfe der kostenlosen Web-App angezeigt werden (s. S. 273).

## Zeichenerklärung

- 11 Hauptsehenswürdigkeit
- [L6] Verweis auf Planquadrat

- Arzt, Krankenhaus
- Bar, Bistro, Treffpunkt
- Café, Eiscafé
- Denkmal
- Fischrestaurant
- Galerie
- Geschäft, Kaufhaus, Markt
- Hallenbad, Schwimmhalle
- Hotel, Unterkunft
- Imbiss, Bistro
- Informationsstelle
- Jugendherberge, Hostel
- Kino
- Kirche
- Museum
- Musikszene, Disco
- Parkplatz, Parkhaus
- Pension, Bed & Breakfast
- Pub, Biergarten, Kneipe
- Restaurant
- S-Bahn
- Sehenswürdigkeit
- Sonstiges
- Sporteinrichtung
- Theater, Zirkus
- Vegetarisches Lokal
- U-Bahn
- Zeltplatz, Camping
- Stadtspaziergang
- Shoppingareale
- Gastro- und Nightlife-Areale

**Liebe Leserin, lieber Leser,**

ein unabhängiger Verlag für unabhängig Reisende – das sind wir, der Reise Know-How Verlag aus Bielefeld, eines der letzten Familienunternehmen in der Branche. Obwohl wir zu den größten Reiseführerverlagen Deutschlands gehören, ist der familiäre Umgang miteinander in allen Bereichen des Verlagslebens zu spüren: In der Geschäftsführung in zweiter Generation, in einer wertschätzenden Arbeitsatmosphäre, in der Nähe zu unseren frei arbeitenden Autorinnen und Autoren, im engen Austausch mit unseren Leserinnen und Lesern – und auch in der Zusammenarbeit mit Druckereien in Deutschland, in denen wir ausschließlich und regional unsere Bücher produzieren. Die sollen schließlich erst mit Ihnen auf große Reise gehen.

Alles, was wir in unsere Bücher und Landkarten stecken, soll Ihnen eines ermöglichen: Auf Ihre ganz eigene, individuelle Weise die Welt zu entdecken. Wir wünschen Ihnen viel Freude und unvergessliche Erlebnisse mit diesem Reiseführer.

Es grüßen herzlich
Peter Rump & Wayan Rump

# Hamburg mit PC, Smartphone & Co.

QR-Code auf dem Umschlag scannen oder **www.reise-know-how.de/citytrip-plus/hamburg23** eingeben und die **kostenlose Web-App** aufrufen (Internetverbindung zur Nutzung nötig)!

★**Anzeige der Lage und Satellitenansichten aller** beschriebenen Sehenswürdigkeiten und touristisch wichtigen Orte

★**Routenführung** vom aktuellen Standort zum gewünschten Ziel

★**Exakter Verlauf** der empfohlenen Stadtspaziergänge

★**Aktuelle Infos** nach Redaktionsschluss

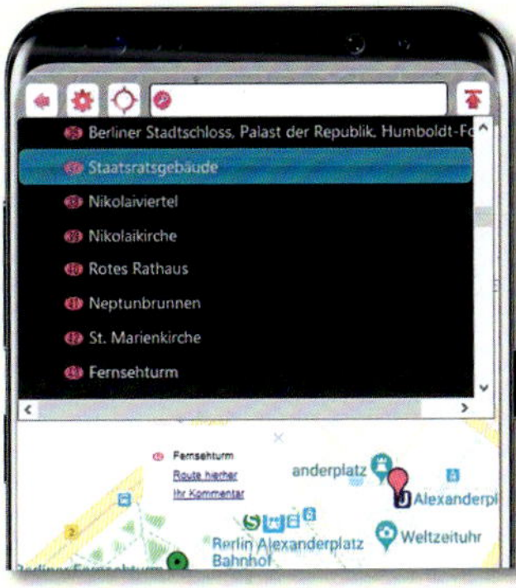


## GPS-Daten zum Download

Die GPS-Daten aller Ortsmarken und Spaziergänge stehen auf der Produktseite des Titels auf www.reise-know-how.de zum Download zur Verfügung.

## Stadtplan für mobile Geräte

Um den Stadtplan auf mobilen Geräten nutzen zu können, empfehlen wir die App „Avenza Maps" der Firma Avenza™. Über die Funktion „Store" kann die „Citymap Hamburg PLUS 2023" kostenlos geladen und dann mit vielen Zusatzfunktionen genutzt werden.

## Unsere App-Empfehlungen zu Hamburg

› **Kulturpunkte Hamburg:** Diese App gibt einen Überblick über etwa 300 Hamburger Kulturinstitutionen und Kunstwerke im öffentlichen Raum (gratis für iOS und Android).

› **HVV:** Mit der App des Hamburger Verkehrsverbunds HVV können direkt Tickets erworben werden. Praktisch ist dabei, dass man direkt einen Mietwagen buchen oder ein Taxi rufen kann, wenn es mit dem Anschluss einmal nicht klappen sollte (kostenlos für Android und iOS).

› **Hamburg, Speicherstadt:** Mit dieser App kann man dank historischer Bilder, Filme und Kurzhörspiele in die Anfänge der Speicherstadt eintauchen (kostenlos für Android und iOS).

---

# Hamburg, Übersicht